史家心语（续1）

当代科技史名家访谈录

万辅彬　黄祖宾◎主编

中国科学技术出版社
·北　京·

图书在版编目（CIP）数据

史家心语：当代科技史名家访谈录.续1/万辅彬，黄祖宾主编.—北京：中国科学技术出版社，2020.5
ISBN 978-7-5046-8674-9

Ⅰ.①史… Ⅱ.①万… ②黄… Ⅲ.①科学家–访问记–世界 Ⅳ.①K816.1

中国版本图书馆CIP数据核字(2020)第083773号

策划编辑	王晓义
责任编辑	王晓义
装帧设计	中文天地
责任校对	邓雪梅
责任印制	徐　飞

出　　版	中国科学技术出版社
发　　行	中国科学技术出版社有限公司发行部
地　　址	北京市海淀区中关村南大街16号
邮　　编	100081
发行电话	010-62173865
传　　真	010-62179148
网　　址	http://www.cspbooks.com.cn

开　　本	710mm × 1000mm　1/16
字　　数	400千字
印　　张	24.5
版　　次	2020年5月第1版
印　　次	2020年5月第1次印刷
印　　刷	北京荣泰印刷有限公司
书　　号	ISBN 978-7-5046-8674-9 / K·277
定　　价	98.00元

序　一

看到万辅彬教授主编的《史家心语——当代科技史名家访谈录》这部著作，我非常激动，因为对这样一本书我已经期盼很久了。回想过去数年间，每每拿到新的一期《广西民族大学学报》(自然科学版)，首先要读的就是万辅彬教授主持的《科技史家访谈录》栏目。读这样的名家访谈，心底好像有一股清流，总能激起万千思绪。我相信很多人，尤其是年轻学人，会有跟我一样的阅读体验，因为这些访谈带给我们很多思索和启迪。读这样的访谈，恰如与学术大师面对面对话，读进去了，会有很多的感悟。这些启迪和感悟正是年轻人学术成长所需要的养分。

我想，《史家心语——当代科技史名家访谈录》这部著作的出版至少具有三方面的价值。

首先是学术传承和学术遗产的价值。这不是一部普通的学术访谈录，而是中国迄今为止唯一的一部科技史家访谈录。科学技术史是国家一级学科，前辈学者为创立这一学科走过了艰辛的道路，他们的学识和经验值得后辈学习和继承。这部访谈录包含了前辈学者丰富的治学经验和见解，无疑是后辈学人汲取精神食粮最好的途径。有些前辈学者在访谈后不久就去世了，比如席泽宗院士、李迪教授、陈美东教授和张秉伦教授等，可以说，访谈录是他们留给后人的一份学术遗产，弥足珍贵。

其次是学科建设的价值。中国科技史学科的发展已经走过了几十年的历程，现在是开展科技史自身学科历史建设的时候了。可以说，万辅彬教授在组织当代科技史名家访谈这一活动时，已经展现出了非凡的学术远见和洞察力——在口述史热潮兴起之前，他已经在做史料抢救的工作了。这样的访谈本应由中国科学技术史学会来出面组织，万辅彬教授却利用《广西民族大学学报》这块阵地，创立了《科技史家访谈录》这一栏目，为中国科技史学科的建设与发展做出了显著的贡献。这些访谈早已超越了“史料”或“抢救”的意义，成为科技史学科建设的重要一环。现在，将这些访谈结集出版更是正当其时，因为我们已经迎来了中国的科技史学科建设和发展的又一个关键的时期。

最后是人文的价值。所谓人文的价值是指该书的影响早已超出了科技史本身的学科范围，而涉及更为广泛的人文学科。其读者也同样不限于科技史的研究者，还将包括对人文学科感兴趣的普通大众读者，这是因为该书的访谈对象大多数并非传统意义上的自然科学家，而是自然学科和人文学科的两栖学者。更重要的是，这本书展现了极为重要的人文精神，包括对前辈学者的尊重和赞誉、对科学历史的持久关注、对科学文化的倡导，以及大多数被访谈者严谨而执着的治学态度，等等。该书的影响将是广泛而深远的。

总之，作为李约瑟研究所候任所长（编者注：现任李约瑟研究所所长），国际东亚科学、技术与医学史学会的现任主席和中国科学技术史学会的副理事长，我不仅很乐意而且很荣幸为大家推荐这本书。我认为该书不仅凝聚了万辅彬教授及其合作者的大量心血，而且充分展现了他的学识、远见及他本人在中国科技史界的广泛影响。我相信，换一个人来进行这样的访谈，不会比他做得更好。最后，借此机会表达我对万辅彬教授的敬意，并期待着不久可以看到该书的问世。我相信，该书将成为每一位学习中国科技史学生的必读图书。

梅建军

2013 年 4 月 28 日

序　二

万辅彬先生主持的《广西民族大学学报·科技史家访谈录》栏目的文章即将结集出版。万辅彬先生要我写个序，实在是不敢当，但又不好违命。好在这些栏目的大多数文章在杂志发行后我都拜读过，因此可以以一个读者的身份谈一点体会。

1957 年 1 月，中国科学院成立了自然科学史研究室，这是我国科技史学科实现职业化或建制化发展的开始，至今已走过了半个世纪的历程。目前，我国的科技史学科已经具有相当的规模，无论是在学术研究、人才培养和学科建设方面，还是在服务国家建设及社会发展方面，都取得了耀眼的成绩。科技史学科几十年的建制化发展，培养了一批职业科技史家，也积累了一笔宝贵的精神文化财富，一些老科技史家的学术思想、治学方法及工作经验值得认真总结和发扬。《广西民族大学学报》创办的《科技史家访谈录》栏目在这方面做了大量工作，这对科技史学科的学术文化建设及其学科史研究都是一项很有价值的工作。现在将《科技史家访谈录》栏目的文章结集出版，以便于读者学习和广为传播，这是一件很好的事情。

《科技史家访谈录》由采访者所提的问题和受访者对问题的回答两部分内容构成，包含采访者和受访者的共同工作。访谈的目的是要展示受访者，但如何展示？展示哪些东西？这在很大程度上取决于采访者所提的问题。因此，访谈是否成功，与采访者的学识和水平关系很大。要做好访谈工作，采访者事先需要做大量的学术性准备工作，对受访者工作的方方面面尤其是主要学术成就要有较多的了解，否则就提不出恰当的问题。采访者所做的这些工作都是隐性的，是一种无名的奉献，一般读者在读访谈录时，不太容易体会到这些。所以，我在这里要代表读者对万辅彬先生等采访者表示由衷的钦佩和敬意。

这部“访谈录”至少有以下特点。

一是受访者基本上都是中国科技史领域的著名学者，少数是国外著名的汉学家。多数人是科技史学科在中国建立和发展的亲历者，是各个领域的领军人物，在学术上取得过重要成就。他们对自己工作经历的回顾、对自己学术贡献的总结，在一定程度上反映了我国科技史学科发展的历史。

二是受访者的工作领域涵盖了科技史学科的各个方面。书中受访者的工作范围包括数学史、物理学史、化学史、生物学史、天文学史、地学史、农学史、医学史、冶金史、机械史、古船史、造纸史、陶瓷与硅酸盐技术史、科学思想史、中外科技交流史和少数民族科技史等许多领域，几乎覆盖了科学技术史的各个分支学科。因此，这些访谈录不仅内容丰富，而且极具方方面面的代表性。

三是具有相当高的学术性和思想性。许多受访者在访谈中不仅总结了自己的主要工作，而且总结了自己的治学经验及研究方法，表达了自己的一些学术思想。这些内容是科技史家们多年的工作经验积累而形成的一笔宝贵的精神文化财富，不仅对青年科技史工作者具有教育意义，而且对推动科技史学科的学术发展也有重要价值。

仅从以上三方面已可看出该书的价值及意义。

一门学科的健康发展，需要有深厚的文化积淀和学术积累，需要建立自己的学术规范和传统，科技史这样的边缘学科尤其如此。否则，既不利于这门学科的发展，也容易被人认为这个学科没有规范，没有“门槛”，只要愿意，人人都可以做，不需要什么专门的训练。科技史学术规范的建立及传统的养成，没有几代人的不懈努力是难以实现的。对科技史家进行访谈，以适当的形式宣传他们的学术贡献、学术思想和治学方法，对推动这一学科的学术传统及学术规范具有重要的作用。

《史家心语——当代科技史名家访谈录》为中国科技史学史研究提供了重要的资料及工作基础。目前，科技史界还没有一本关于我国科技史学科发展历史的专著，该书的出版，可以在一定程度上弥补这方面的缺失。

读该书需用心思，细品味，从中读出采访者提问的“良苦用心”和受访者答问的“微言大义”。如是，相信读者一定能从中学到很多东西。

胡化凯

2012年6月30日

目录

五十四岁才起步的科学史家*

——访张之杰

芦 笛 / 问，张之杰 / 答

编者按：台湾学者张之杰先生早在20世纪70年代就对科学史产生了兴趣，但一直没有写过正规的科学史论文。直到1996年1月，为了参加第七届国际中国科学史研讨会，他才认真地写了一篇科学史论文。在研讨会上，这篇论文让人感到新奇，也让张之杰先生有了自信。此后，张之杰先生放弃探索多年的民间宗教、民间文学和西藏文学，专心于科学史研究。1997年，张之杰先生发起成立了“科史会”。此后，张之杰先生成果不断，发表科学史论文三十余篇，一般论述文章百余篇，得到科学史界的充分肯定。

问：请问您对科学史产生兴趣始于何时，又由何引起？

答：我于1962—1966年就读于台湾师范大学生物系，实习和服役各一年之后，在台湾“国防医学院”生物形态系攻读硕士学位，毕业后留任教职，直到1974年。可以说，我在本科和研究生阶段所受到的专业训练主要是自然科学方面的。但是我自己从小就对文史感兴趣，记得大学四年级下学

---

* 收稿日期：2012-07-20。

作者简介：芦笛（1986— ），江苏省南京市人，英国肯特大学（University of Kent）硕士研究生，主要研究方向：科学历史和哲学。张之杰（1942— ），字百器，山东省诸城市人，台湾学者、作家，业余研究科技史，为台湾中华科技史学会发起人，另研美术史、民间文学、民间宗教、西藏文学等。长期任职出版界，2005年退休，现为中国科学技术史学会理事及台湾中华科技史学会常务理事、世新大学通识中心兼任副教授、台湾“中央研究院”科学史委员会委员。

期做毕业论文时，我找年高德劭的缪端生老师为指导教授，他问道："你有什么构想没有？"我把构想了一年多的计划说了出来："我想写一本《中国生物学史》。"当然，老教授否决了我的计划，给我定了一个关于金蝇幼虫的实验题目。

我最早对科学史感兴趣，要追溯到1970年。那时国防医学院图书馆淘汰一批旧书，我捡到二十几本民国初年出版的《科学》杂志，又从图书馆的角落里找到3卷从没人借过的《科学》杂志的合订本，对民国时期的科学研究有了些了解，并想着写点什么。1975年初，我在《科学月刊》任副总编时收到一封来信，是名叫陈胜昆（医学系）和蔡仁坚（药学系）的两位台北医学院的学生写的，希望在《科学月刊》上开一个专栏，名为《中国科学家列传》。那时，我正热衷于科学本土化，为中国科学家立传正是我的心愿，便当即回信给这两位学生。经过一番洽谈之后，他们的专栏于当年4月登场，第一篇就是陈胜昆的大作《祖冲之》。那时，我不仅觉得这两位年轻人适合这个专栏，而且自己也真正开始关注起中国科技史来。可惜，陈胜昆英年早逝（1951—1989）。不然，他一定会在科技史领域开辟一片天地。我撰写过3篇文章纪念他。

问：您以前所受到的教育和训练，对于您后来从事科技史研究有何帮助吗？

答：我在大学里学习自然科学，做科学论文时又受到了逻辑方法等方面的有益训练。它们对于我以后从事科学史研究的影响不是直接的，而是间接的：理科生做研究、写论文、下结论时，一般会比文科生小心谨慎；同时，对动物、植物科学知识的系统学习也为我以后的科学史研究打下了博物的基础。离开医学院之后，我编过、写过不少科普书籍，还编过百科全书和百科大辞典，在此过程中强化和拓展了自己的常识，培养了自己对科技史料的洞察力。

问：科技史领域众多，您主要从事哪一具体领域的研究？有何特色？未来是否有系统的研究计划或者新的尝试？

答：我涉足科技史始于20世纪70年代中叶。1982年，台湾中央研究院筹组"国际科学史与科学哲学联合会科学史组台湾方面委员会"（以下简称"台湾科学史委员会"），我是创会委员之一。创会的前十几年，我只写过一些科学史杂文和论述，包括迹近论文的论述《民国十年至三十八年的生物学》(《科学月刊》1981年2月号)，但从没写过正规的科学史论文。

1988年，开放两岸往还，台湾和大陆的科学史界开始交流。1993年，“第六届国际中国科学史研讨会”在浙江省杭州市召开，我写成论文《善书与医疗卫生》。当时我的治学兴趣仍着力于民间宗教，这篇论文可说是民间宗教研究的边际收获。1995年初，中国科学院自然科学史研究所发来邀请函，邀我参加翌年元月在深圳召开的“第七届国际中国科学史研讨会”。我对深圳毫无兴趣，便将邀请函扔在一边，根本没有动参加的念头。就在这年夏天，中国科学技术史学会新任理事长发给理事们一封信，询问大家的意愿。这事引起我极大的震撼，心想：自己一向反对尸位素餐，怎么做起尸位素餐的事！当下发愿好好写篇论文参加深圳会议，如写不成，就退出委员会，不再当挂名理事。

既然决定写篇论文，写什么好呢？寻寻觅觅，在直观的引导下，最后将目标锁定在科技插图的问题上，题目暂定为《中国古代科技插图的缺失》。题目虽说出于直观，其实仍有背景可寻。1981年3月或4月的某一天，在《少年科学》和《大众科学》的联合编委会上，陈胜昆带给我一份影印的资料。那是一位留美学生的硕士论文。从这篇用英文写作的论文中，才知我国古代只有两种解剖图谱，那就是宋代的《欧希范五脏图》和《存真圜中图》。这两种图谱虽早已失传，但因广为中、日医书引用，所以至今仍可窥其面貌。

看完那篇论文，我写了一篇通俗文章《我国古代解剖学的沿面》。文中有这样一段话：“步入16世纪，文艺复兴已进入高潮，各种学问都渐渐孕育成形，解剖学就在这时奠下基础。公元1510年前后，大画家达文西（达·芬奇）为研究人体美，曾解剖过数十具男女尸体。他解剖时所作的图稿，可以看出解剖学和绘画间的关系。我国绘画不重明暗透视，层次一复杂，就无法表现出来。《欧希范五脏图》《存真圜中图》之所以粗枝大叶、层次不分，原因大概就在此吧？”

当年的一点朦胧见解化为潜意识，当搜尽枯肠寻找题目时，潜意识陡然跃出，论文题目就这么决定了。然而，我虽然看出传统科技插图的缺失，也看出西方科技插图的优势所在，却苦于缺乏参考资料。1995年9月某一天，《科学月刊》开社委会，会后搭洪万生的便车回家，我向他提起深圳会议及论文题目的事，洪万生说：“你抓到好题目了！”又主动要找一篇在美留学时所看过的文章给我。他翻箱倒柜找出的文章——*The Involvement of Artists in Renaissance Science*（艺术家对文艺复兴时期科学的贡献），是我写成那篇论文的关键，使我开始科技史与美术史会通方面的研究。

1995年11月中旬收到洪万生寄来的那篇文章，看完后决定以文艺复兴时期的两部划时代插图科技书作为参照点，并将题目改为《以文艺复兴时期事例试论我国传统科技插图之缺失》。12月初动笔，12月20日杀青，打印完毕，刚好赶上1996年1月16日的深圳会议。

这篇论文让人感到新奇，也让我有了自信。深圳归来，决定参加该年3月底台湾“中央研究院”科学史委员会举办的“第四届科学史研讨会”，临时拟了个题目——《我国古代绘画中的域外动物》，开始四处观览画册，结果除了写成那篇应急的论文，还观察到许多有趣的问题。

第四届科学史研讨会结束后，我在业余治学上做了重大抉择：放弃探索多年的民间宗教、民间文学和西藏文学，专心致力科学史。大约从1994年起，因编辑美术书，开始较认真地研读美术史。这时对美术史已稍有认识，因缘和合，开启了科技史与美术史会通的道路。为了鞭策自己继续探索下去，征得《科学月刊》总编辑郭中一教授同意，在《科学月刊》辟了一个专栏《画说科学史》。从1996年7月到1997年6月，连续发表12篇通俗论述，后来又加写两篇。这14篇论述，两篇由论文改写而成（先有论文），另12篇大多已改写成论文，或衍生出其他论述或论文。2007年秋，我将科技史与美术史会通的部分辑为《画说科学》（大陆版改名《艺术中的科学密码》），其余部分连同早期作品辑为《科技史小识》。两书2008年出版。在我的几十种书中，大概只有《画说科学》和《台湾善书小说选》可以留下点痕迹。

我不是专业学者，在治学上只好扬长避短。我的“长”是常识驳杂，洞识力较强，往往能发现一般人容易忽视的材料，如我的论文《〈点石斋画报·医疫奇效〉释解》（《中国科技史杂志》2008年第29卷第1期）就挖掘出法国医生 Alexandre Emil John Yersin 在广州实验以血清治疗鼠疫的事；“短”是读书不多，学殖不够深厚，因此尽量做些文献较少，或跨学科的题目，或大陆学者不便做的题目，如我的论文《朱洗与无政府主义：为生物学家朱洗传记补遗》（《科学文化评论》2008年第5卷第3期）。这十几年来，一直依循这几个原则探索学问。

以文献较少的题目来说，郑和下西洋的文献就那么几种，任谁都不容易在文献上占便宜，这时洞察力就重要了。再举个例子，我做过一篇有趣的论文，以画中的鹦鹉考订台北“故宫博物院”藏《阎立本职贡图》不是真迹，这是跨学科的例子。从1996年到2005年，在已发表的论文中，最重要的可能是发现商、西周的牛形器物全都取像一种已灭绝的水牛。这种水牛可能是当时的畜牛。从民国初到我提出论文，考古学家没想到“牛”的物种问题，古生物学家没想到将出土遗骸和文物相比对。这使我倍感意外，也使我对跨学科研究更具信心。

从1996年至今，我发表科学史论文约30篇（涵盖横跨科普或民间宗教的论文），至于一般论述，有多少篇没统计过，估计在百篇以上。另值得一提的是：1997年12月3日，发起成立台湾中华科技史学会（下称“科史会”），每月集会一次，至今已15年，所发行会刊已至第16期。追本溯源，这一切都是从1996年的那篇关键性论文开始的。

自1996年致力探索科学史，一路走来多亏一些朋友协助，大陆的王扬宗、艾素珍、江晓原、李国强、胡宗刚、汪子春、宋正海、林文照、曾雄生、康小青、罗桂环、刘钝、刘昌芝、万辅彬、张阳、庐笛等，台湾的王道还、王耀庭、朱文艾、李学勇、洪文庆、洪万生、郝侠遂、黄一农、张嘉芳、杨龢之、刘昭民、刘君灿、刘广定、钟柏钧等，无不惠我良多。

我做科技史研究并无具体方向，偶尔看到什么，触发了灵感，只要能力所及，即加以研究。因为我是业余研究者，无须拿论文或论著来评职称或参加年终考核，所以研究上较专业学者自由。孔子说，好之者，不如乐之者。对于科学史，我们这些业余学者大概都属于乐之者吧。

将来，我当然还会继续中国科技史的研究，只是会顺其自然。2011年四五月间健康出了点状况，从此眼睛容易疲累，已很少看书，触发灵感的机会也就少了。2011年夏至今，主要做点整理工作，譬如在大陆学者罗桂环先生的协助下，取得一份《台海采风图考》的抄本。万辅彬教授的学生张阳又助我到文津阁抄录序跋，经过缮打、注释，公布在台湾中华科技史学会的网站上。此书从日据时期至今没有一位台湾学者看过。又如,《科学月刊》和台湾商务印书馆合作，将已刊出的文章编成丛书，我参与其事，已编成两本：《科学史话》和《生肖动物摭谈》，2012年下半年还要再编一两本。只要有一口气在，我不会停止工作，只是年纪毕竟大了，人生已是“减法”，不再是“加法”，已难有什么创发。

问：除了您，台湾还有哪些学者在从事生物学史的研究？

答：台湾做生物学史研究的人不多。以我所知，科史会会员有杨龢之、李学勇、陈德勤，会外学者有陈恒安、王道还和吴永华。杨龢之是退役陆军上校，原业余研究明史，1988年被我拉来做生物史，相关论文、论述发表在台湾中华科技史学会的会刊上。杨龢之先生曾师从杂文大家夏元瑜先生，其通俗论述幽默风趣，深得乃师真传。李学勇是台湾大学植物系退休教授。他是台湾生物学史先驱于景让教授的学生，研究方向以考订植物名称为主。陈德勤是野柳海洋世界兽医部主任，研究荷据时期已还的台湾鲸、海豚文献。会外的陈恒安任教于成功大学历史系，研究科学史与科普、科学教育、通识教育等的关系，内容以演化学、生态学为主。王道环任职台湾“中央研究院”历史语言研究所，以研究演化学的发展与东传为主。吴永华可能是位民间学者，我多次试着和他联络，都没有回音。他的《被遗忘的日籍台湾动物学者》《被遗忘的日籍台湾植物学者》《台湾植物探险》《台湾动物探险》，都相当有分量。以上六家，除了吴永华，都是台湾“中央研究院”科学史委员会委员。

问：台湾推动中国科技史研究的组织有哪些？它们对该领域有何贡献？又有何不足？您对它们有何期望？

答：台湾没有专门研究科学史的机构。推动中国科技史研究的组织目前主要有两个：一个是台湾“中央研究院”“国际科学史与科学哲学联合会科学史组台湾委员会”。该委员会成立于 1982 年，我是创会委员之一。另一个是台湾中华科技史学会（简称“台湾科史会”），由我发起。20 世纪 80 年代初，台湾“中央研究院”得知大陆的中国科技史学会（成立于 1980 年）准备加入国际科学史与科学哲学联合会科学史分会，打算抢先一步加入该国际组织，遂仓促成立委员会。由于该会的组建属于被动性质，因此组织松散，没有长期关注会务的核心成员，通常一年聚会两次。所出版的《科学史通讯》，作者以我们这些业余学者为主，也很少报道会员动态。他日如有人要研究台湾科学史委员会，从《科学史通讯》大概看不出多少讯息。该会每 3 年举办一次研讨会，这大概是对台湾科学史界最大的贡献。

从 1996 年起，我开始认真研究科学史，到 1997 年已有些成果，就很想做些事。关于发起成立台湾科史会，故事要追溯到 20 世纪 70 年代末。当时环华出版公司创办《少年科学》和《大众科学》，编委中对科学史有兴趣的朋友渐渐形成一个小团体。1982 年，台湾科学史委员会成立，这群朋友（约十位）全都被拉去当委员。1984 年春，环华出版公司结束营业，这群朋友就不常见面了。1997 年年底，和刘君灿谈起当年每月聚会一次的事，刘君灿劝我出面组织一下，使当年的薪火得以延续下去。1997 年 12 月 3 日，约到王道还、李精益、郝侠遂、刘君灿、刘昭民、刘广定 6 人（李精益、刘广定不是环华出版公司的编委），议定每月聚会一次。1998 年 1 月 10 日第二次聚会，大家赞成我所提的会名“共工科学史讨论会”，取意李约瑟对共工氏的解释，集合众人之力，一起为科学史研究做点事。所以，发起台湾科史会的原意，并不是要和台湾“中央研究院”科学史委员会分庭抗礼。

我们每月举办一次公开演讲，会员的凝聚力较强。1999年7月更名为“中华科技史同好会”，次年1月出版《中华科技史同好会会刊》第1卷第1期，内容分为论文、论述、其他3部分，附有各期会讯，借以保存史料。2004年1月2日，又更名为“中华科技史学会”，会刊名亦随之更改。2008年获得立案，同年设立网站，影响面扩大。2009年，会刊取得ISSN注册（ISSN 2075-7379）。2011年，设立大陆博客，便于和大陆学者交流。从台湾科史会组建至今，已出版16期会刊，寄至中国科技史主要研究机构。每次集会都发布会讯，报道活动情形，函寄岛内外科技史界同好，至2012年6月，已发行137期。台湾“中央研究院”科学史委员会每3年办一次研讨会，我们也希望效法，但我们每年收的会费不过两万余元台币（4000—5000元人民币），扣除固定开销，已没什么剩余，举办研讨会的愿望一时恐怕还无法实现。

目前，台湾科史会注册会员有40多位，经常出席的约20位，没有一位是专业科学史学者或史学学者。台湾科史会成立初期，由于拉不到科学史专业学者，我曾以为和会名“共工科学史讨论会”有关，或许他们以为我们这些业余学者要向他们挑战吧？为此改成“中华科技史同好会”，但情况依旧。这才悟出和名称无关。学术界习于互相援引、互通有无，我们这些业余学者能给他们什么？我们的会刊未经认证，在会刊上发表论文也没多大用处。如今我们为己而学（子曰：古之学者为己），并不在意外界的观点。

关于台湾科史会的发展，我从《科学月刊》得到启示：任何无利可图的社团，都只能靠少数几位热心、有能力，且愿意出力、出时间、甚至出钱的核心成员维持。《科学月刊》1970年创刊，至今从未脱期。它没有老板，但有几位四十年如一日、长期关注社务的核心成员。尽管理事长、总编辑一再更换，遇到问题出面解决的仍是这少数几位核心成员。如果比照《科学月刊》，台湾科史会应有两三位核心成员才是。未来期望能够吸收几位核心成员，使会务可以永续发展。我也期待两岸科学史学界能有更多互动。由于台湾科史会为一非政治、非营利之纯粹学术性民间社团，经费只能靠会员缴纳的会费，因此无法和大陆的相关单位对等交往。但是，我们欢迎和大陆科学史学术团体或个人交流。我们的会刊一向对大陆学者开放。相对于台湾科学史或史学专业学者，大陆专业学者似乎对我们更为热络。

问：大陆的中国生物学史研究著作或论文之中，有哪些您印象比较深刻？大陆这方面的研究又有何不足呢？

答：我接触的不多，懂得也不多，只能对自己懂的、看过的提点看法。

我20世纪90年代初造访中国科学院自然科学史研究所，结识生物史家汪子春、刘昌芝。刘昌芝送我一本《中国古代生物学史》（辞书出版社，1989）。这是部集体著作，内容精实，年轻一辈恐怕难以有此功力。随后，又结识了该所后起之秀罗桂环。他的《近代西方识华生物史》（山东教育出版社，2005）和《中国西北科学考查团综论》（中国科学技术出版社，2009）都是掷地有声的力作，后者结构尤其严谨。21世纪00年代中又结识了该所的曾雄生。他的《中国农学史》（福建人民出版社，2008）资料翔实，具大家之风；因主编台湾科史会会刊和庐山植物园的胡宗刚通信，他的《不该遗忘的胡先骕》（长江文艺出版社，2005）和《胡先骕先生年谱长编》（江西教育出版社，2008）令我心向往之，早在40年前，胡先骕先生就是我的仰慕对象。

还有一点值得一提，1996年4月，台湾科学史委员会的第四届研讨会结束不久，我又造访中国科学院自然科学史研究所。该所的王扬宗送我一本美国汉学家谢弗著的《唐代的外来文明》。这本书让我写成多篇论文。1997年夏，汪子春送我一份德日进、杨锺健论文《安阳殷墟之哺乳动物群》复印本，使我观察出商、西周之牛形肖生器物皆取相于一种已灭绝的水牛——圣水牛，因而写成多篇论文。罗桂环长期和我通信，互相切磋学问，又助我将文章张贴在该所网站上。他们都是我业余治学的贵人。

当时，学术界受到美国影响，为评职称、申请研究计划，就得发表论文，很少能静下心来酝酿著作。像罗桂环的那两部书，台湾是不容易孕育出来的。又如任职敦煌研究院的好友王进玉先生，穷30多年写成巨著《敦煌学和科学史》，这才是真正的治学之道。大陆科技史学者能潜心写作大部头学术专著，这种风气值得台湾学习。

记得20世纪90年代参加大陆的科学史研讨会，发现很多大陆学者的论文写得像报纸的社论，21世纪00年代初还是如此。当时，台湾学者的论文纵使内容乏善可陈，起码像篇论文。可是，近10年来不一样了。我个人感到大陆科学史界进步很大，中青辈学者高手林立，特别是40岁左右留学回国的学者，更让人刮目相看。

至于大陆科学史研究的不足之处，我认为主要是思想还不够解放，仍有些有形无形的条条框框。举例来说，近年来我研究科普，发现大陆科普界推崇高士其，誉为科普泰斗。我看过他的《生命进行曲——高士其科普作品选》（福建科学技术出版社，2005），对他大失所望。又如，以研究孤雌生殖闻名的生物学家朱洗。他在抗战时写成的《现代生物学丛书》六册，识者莫不认为是当代中国科普著作桂冠，但大陆科普界很少提到这部丛书。谈起朱洗，也讳言他是无政府主义者。不过，我相信中国正在不断进步，学者迟早会从条条框框中解放出来，对此我深具信心。

问：中、西方已有大量关于中国科技史的著作和论文问世，包括大规模的系统的研究书系，您认为中国科技史的研究已经完善了吗？是否还有值得探索和挖掘的余地？

答：我不认为已经没有继续完善的需要。如果把中国科技史研究比作一棵树，那么现在这棵大树大致已经长好，但是还需要添枝加叶。大陆的《中国科学技术史》系列和李约瑟的《中国科学与文明》系列，二者所架构的系统不同。大陆是以整理古文献激发民族自信心，李约瑟是以文化史眼光探讨一个古文明。这种大规模的研究计划需要有大的架构。而我自己并没有一个大架构，也没有能力拟定一个大架构，所以主要从三方面为中国科技史添枝加叶：做跨学科的、背景文献少的、大陆学者不便做的。

问：科技面向未来，而历史检视过去，那么您对“科技史”这个“不古不今”的研究领域有何看法？您觉得它的意义和价值在哪里？

答：世俗地说，科学史研究对于科学教育是有帮助的。如果就学问本身来说，它是中性的。求知本身就是一种意义。我个人对历史很感兴趣，记得台湾编译馆编审、留法史学博士费海玑先生曾对我说（时彼 50 余岁，我 30 岁左右），他只和古人（古书）对话，不和现代人对话，为的是现代人比鬼还鬼！年纪愈大，愈能体会费海玑先生的话。在历史中了解过去并发现新知，这本身就是一种乐趣。有人说，史学家像个侦探，在史料中寻觅证据，然后试着给出结论。如果这个比方贴切——治史就像侦探探案一般，历史的趣味性就不言而喻了。

问：您钻研中国科技史已有十余载，现在是否后悔当初的选择？

答：怎会后悔呢？54 岁（1996 年）才找到人生的停靠点，虽然晚了些，总比东飘西荡好。我不搞科学史，大概会继续搞民间宗教、民间文学，但限于所学，写不出几篇论文；我会写更多杂文、散文、科普文章和小说，参与更多社会活动，但不敢挺起胸脯说自己是学者。打从很年轻的时候，我最想做的工作就是写作，其次是做学问。谈起写作，我年轻时有个梦：能够拥有一大笔钱，可以不必工作，专事文学创作。我曾经长期认为，只有文学作家才是真正的作家。我写过散文、杂文、小说、科普、科幻、武侠和少儿读物，出版过几十本书，当社会上普遍将我定位成科普作家时，我曾极端厌恶，甚至一度不再写作科普文章。可是到了 50 岁前后，也就是 20 世纪 90 年代初，文学梦已彻底醒了，我已认清自己，我的文才和不喜社交的性格，不足以成为像样的文学家，还是老老实实地做点学问吧。

谈起做学问，我的本行是生物学。生物学是一门实验科学，离开实验室即无用武之地，如何妄谈学术！然而，因为一些特殊因缘，曾做过一点文史工作，探索过辞书学、民间宗教、民间文学、格萨尔王传以及科技史等领域。我的业余学术探索始自 20 世纪 90 年代初。大致说来，1996 年以前以民间宗教和民间文学为主，兼及西藏文学和辞书学；1996 年以后重心放在科学史。

1974 年，我从台湾“国防医学院”辞职后，先到《科学月刊》当副总编辑，接着主持环华出版公司编务。20 世纪 70 年代末到 80 年代初曾主编过两部大型工具书——《环华百科全书》和《百科大辞典》，还经办过 3 种刊物。环华出版公司结束营业后，台湾科学教育馆馆长陈石贝先生邀我到该馆当副研究员，1987 年受命企划迁馆，因应付不了复杂的政商关系，再次放弃铁饭碗。1988 年秋，到锦绣出版公司任职。锦绣出版公司的老板对出版抓得很紧，跟他做事没什么发挥空间。为了填补空虚，加上这时文学梦已经觉醒，于是业余开始探索学问，这是 20 世纪 90 年代初的事，我已年届半百。

1988 年，锦绣出版公司将大陆的《中国美术全集》引进台湾，我得以浏览大批画作。约 1994 年，因为编辑《中国巨匠美术周刊》对美术史有些了解，发现一些前人不曾触及的东西。到了 1996 年深圳科学史研讨会，遂下决心放弃其他的研究方向，专攻科学史，翌年年底又发起成立台湾科史会。现在想来，我为自己那时所做的决定感到庆幸。对我来说，那是一个十分有意义的决定。

女考古学家的学术之路*

——访叶小燕

孟　欣　章梅芳 / 问，叶小燕 / 答

编者按：“性别—科学”研究自20世纪70年代中后期开始，逐渐成为性别研究的热点。恢复女性在科学历史上的地位与贡献，探讨科学女性的职业状况及女性在科学领域内相对缺席的原因，是该领域的研究重点之一。中国很多知名女考古学家均已高龄，对她们展开口述史研究已迫在眉睫；抢救她们的第一手档案资料，能为随后的考古学史和妇女史研究提供坚实的文献基础。女考古学家在中国考古学领域里是一道亮丽的风景线，她们为中国现代考古学事业的发展做出了重要的贡献。就成长环境、工作状况、学术地位及成果影响等方面，对老一辈女考古学家展开抢救性的口述史整理研究工作，对中国考古学史及“性别—科学”研究均具有重要意义。本篇是由孟欣、章梅芳于2011年5月6日对中国社会科学院考古研究所女考古学家叶小燕研究员的访谈，分享了女性从事考古事业的亲身经历与体会，这将为以后的相关研究提供一份难得的口述档案。

---

*　收稿日期：2012-02-28。

作者简介：孟欣（1987—　），女，河北省石家庄市人，北京科技大学科学技术与文明研究中心硕士研究生。章梅芳（1979—　），女，安徽安庆人，博士，北京科技大学科学技术与文明研究中心副教授。叶小燕（1933—　），女，笔名瓯燕，中国社会科学院考古研究所研究员，享受国务院政府特殊津贴，研究领域主要是战国秦汉时期考古学。主持宁夏青铜峡水库区的考古调查，参与编写《满城汉墓发掘报告》，主编《陕县东周秦汉墓》，曾任《中国文物地图册》大型丛书特约编辑和总编委。

1 家庭环境与早年教育

章：1952 年的时候，您那里女孩子上大学的多吗？您上大学，家里人都支持吗？

叶：浙江省温州市地处东南，交通不便，但一点都不闭塞，因为海路比较畅通，与上海市和台湾都有海船来往。除非家里比较富裕，农村女孩上学的少。城里的女孩子一般都读书，不让女孩上学会遭他人耻笑。当然，对她们的要求不会太高，大多念到中学毕业。中华人民共和国成立前上大学的女孩，家庭要很殷实。我们家庭人口多，只靠父亲一人的工资收入，经济不富裕。如果不是在中华人民共和国成立初期上大学受到鼓励，费用都是国家供给，我也是上不了大学的。

孟：您古文功底特别好，是在什么时候打下基础的？

叶：我念的温州中学不错。在我们那儿是最好的学校，郑振铎[①]、夏鼐[②]等人都曾就读或毕业于这学校。语言课中有不少古文，基础性的东西比较多。记得在北京大学读一年级的时候，我们学习中国历史文选课，教课老师是余逊先生。他开课之前先来一个摸底，我的功底还是不错的。

2 为什么选择考古

章：您当时为什么会选考古专业？是自己感兴趣，还是随便填报的？

叶：倒不是随便报的，我就是喜欢。我读中学时喜欢历史，当时还不知道有考古呢。当时我的理工科目学的也很好，文、理科的成绩比较平均，没有特别突出的。但我对历史课特别喜欢，一般人挺讨厌背历史年代、人物，我不知怎么就自然记住了。我有个中学老师叫徐规[③]，他后来在杭州大学当

---

① 郑振铎（1898—1958），现代作家、学者、翻译家，考古学家，新文化运动倡导者。

② 夏鼐（1910—1985），著名考古学家、社会活动家，中国科学院院士，中国现代考古工作的主要指导者和组织者，中国现代考古学的奠基人之一。曾留学英国伦敦大学，获埃及考古学博士学位。1950—1982 年任中国科学院（1977 年为中国社会科学院）考古研究所研究员，历任中国科学院考古研究所副所长、所长等职。

③ 徐规（1920—2010），著名宋史学家，于浙江大学研究院获硕士学位后留校，1949 年浙江大学紧缩编制历史系停办，应聘于温州中学教历史，1954 年于浙江师范学院任教，1958 年浙江师范学院与杭州大学合并，定名杭州大学，后与浙江大学合并改成浙江大学。

教授，是宋史专家，挺有名气的。他对我影响很大。他是我们班上的历史老师，又是我的班主任。他跟我说："你考历史吧，你的历史可以。"我就考了历史。当时第一志愿报的北京大学，北京大学录取了我。报考时没有分专业，录取后不久给我们发了通知，说北京大学历史系要成立考古专业，让我们填选专业。对考古是什么我一点也不知道。于是我又去请教徐规老师，同他商量，但他当时不主张我念考古。

章：为什么呢？

叶：我在《我在北大学考古》[①] 那篇文章里也大概提到过。徐老师说，考古是以历史实物也就是文物来研究历史，经常要到野外去，很辛苦，你还是学历史吧，我就填了历史专业。后来到了北京大学，历史系召集我们新生分专业。可能是主动填选考古专业的人数不够多，召集会上重点介绍了考古专业，有动员选学考古的意思，系主任翦伯赞[②] 先生和北大图书馆馆长向达[③] 先生都亲临指导。经老师们的耐心指点，考古课程的丰富内容和田野考古生活的浪漫前景深深吸引了我，禁不住人家的劝说，我就选择了考古专业。我感觉历史这东西上千年都有人在研究，想突破一点也是很难的，考古呢，在中国是新兴的一个专业，又有那么一点浪漫。

3　北京大学求学与田野实习

章：当时在北京大学学习考古，任课教师都有哪些呢？

叶：当时历史课的老师是本校的，都是大学院系调整后原北京大学、清华大学、燕京大学的著名老师。考古专业课的授课老师有一个特点，就是大多聘自考古研究所和历史博物馆、故宫博物院等单位。由于我们是院系调整后开设的第一个专业，也是中国有史以来开设的首个考古专业，本校师资力量不够。从外面请来的许多专业课教师都是在当时考古界最有名望的专家。系主任翦伯赞先生就说过，我们是靠他们才能办起这个考古专业的。夏鼐先

① 收入《那时我们正年轻——北京大学历史系系友回忆录》，王春梅、王美秀主编，北京：现代教育出版社（2007）。

② 翦伯赞（1898—1968），中国著名历史学家、社会活动家。曾任北京大学历史学系教授兼系主任、副校长。

③ 向达（1900—1966），中国著名敦煌学家、中外交通史家。曾任北京大学历史系教授、图书馆馆长。

生当时是考古研究所的副所长，他对我们这个专业很关心。苏秉琦[①]先生便是由夏鼐先生安排来兼任北大考古专业的主任的。

孟：这样看来，你们的专业基础应该打得非常扎实？能具体说说哪位老师对您个人的影响最大吗？

叶：是的，我们受益匪浅。专业基础知识应该都还可以。但要说哪个老师影响最大，这就不好说了。由于是外聘，每次都是开车接他们来讲课，讲完课就走，复习、自学要靠自己。总的来说对我影响最大的是夏鼐先生，我后来到了考古所工作。

章：当时您班上有几位女同学？我们想了解当时像您这样学考古的女生多不多？

叶：我们班有19个同学，女生只有4个，耿引曾[②]、唐荣芳[③]、郑笑梅[④]和我。后来真正做考古的就我和郑笑梅两个人了。

孟：你们本科毕业的时候像现在的学生这样做毕业论文吗？

叶：我们那时候还不像现在那么正规。在第四学年安排了两次田野考古实习，每次实习结束后写个发掘实习报告就代替论文了。我们当时都是在考古所实习。第一学期在西安半坡新石器时代遗址，第二学期在西安沣西西周遗址。无论是半坡遗址或沣西遗址都是考古所重要的发掘工地，都已经发掘许多年了，基础条件比较好。

章：那时，作为实习的学生，在现场都做些什么？

叶：开探方，在半坡遗址发掘时是两人一个探方，在沣西遗址发掘时是一人一个探方。

我们分成几个小组，每个小组都有辅导员，是考古所派的辅导员。这两

---

① 苏秉琦（1909—1997），中国现代考古学家。历任中国科学院考古研究所研究员，北京大学教授、考古教研室主任等职，曾主持河南、陕西、河北等地新石器时代和商周时期主要遗址的发掘。

② 耿引曾（不详），北京大学国际关系学院亚非研究所教授。1956年毕业于北京大学考古学系，之后在中国历史博物馆工作22年，后调回北京大学，在南亚研究所、亚非研究所，专门从事印度史和中印文化交流的研究。

③ 唐荣芳（不详），北京大学考古学系1952级（1956届）毕业生。

④ 郑笑梅（1930—　），北京大学考古学系1952级（1956届）毕业生，山东文物考古研究所研究员，参加或主持过黄河水库区考古调查，庙底沟遗址、半坡遗址、大汶口遗址、东海峪龙山文化遗址、苏埠屯商代文化遗址等发掘工作，享受国务院特殊津贴。

个工地的考古队队长都是有名的，是考古所的“五虎将”。负责工地的队长是有实力的，半坡发掘工地的队长是石兴邦[①]老师。我们都按部就班，认真操作、学习。沣西西周遗址是王伯洪[②]老师带队的。我们是1956年春天去的，他那里研究人员较多、技术人员比较全，除了老师们还有技工，这些技工很厉害，他们的技术不错，发掘中认土等很有经验。他们给我们当技工，我们也向他们学习。

孟：当时专业人员做些什么？

叶：当年的专业人员下工地、开探方，依考古所要求，是不能随便离开工地的，你要对探方中出土的现象负责。而且不许你带凳子，就得站着，得在你发掘的探方中来回走动观察。要动手，尤其是重要的遗迹现象要亲自动手清理，同时还要做文字记录，遗迹现象剥出来后要绘图、照相。土怎么分辨啊？手感怎么样啊？出了遗迹现象，怎么让它剥露出来呀？熟练的工人都会，你得去参与、去感受。

章：毕业之后，你们班的分配情况如何？

叶：我们班分配得很好。当年刚刚是院系调整后分配的第一届嘛。比我们早的，读考古专业的很少，所以考古所要的人比较多，我们19个人中11个进了考古所。20世纪60年代以后，考古所不需要那么多人了，1959届和1962届的分来比较多，1962届以后基本都分配到各省和直辖市去了。

4 田野发掘

章：您一毕业就下工地，当时的那些课题是研究所定的还是您自己定的？

叶：是我自己定的。一进考古所，首先让你选定专业，所里据此分配你的发掘工地，你愿意选什么就可以选什么。

孟：您去工地发掘大概有多少次？

叶：大的七八次吧。

① 石兴邦（1923—　），中国现代考古学家。先后在中国科学院考古研究所、陕西省考古研究所、陕西省博物馆、陕西省文物管理委员会、中国社会科学院考古研究所工作。现任陕西省社会科学院副院长及省考古研究所研究员、所长等职。

② 王伯洪（不详），中国现代考古学家。曾在中国科学院考古研究所商周研究组（现夏商周考古研究室）工作，领队发掘陕西丰镐地区西周时期遗址，湖北石家河罗家柏岭新石器时期遗址等。

章：您印象比较深的是哪次？

叶：庙底沟遗址是一个。发掘先后是一年。后来去三里桥龙山文化遗址和七里铺商代遗址发掘。它们都在陕县，大概到1958年才离开。在陕县三个工地一待就是两年。

章：都住在哪里呢？

叶：住在老乡家，租他们的房子。我们那会儿考古队根本没有房子。我们在庙底沟遗址、三里桥遗址发掘时，都住在老乡家里，老乡住窑洞我们也住窑洞。窑洞存在安全隐患，夏天是雨季，一下雨，有经验的农民就到处看。有一次连下了几天雨，生产队的农民看过说，我们那个窑洞不能住了，要赶快搬出去。我们说，好，我们几天内搬吧。不行，立刻搬！我们当时上午搬走，下午窑洞就塌了，我们很后怕。有的窑洞虽然不塌，但它会掉土，掉大块的土。我们有位同事住的那个窑洞半夜里就掉下一大块土，幸亏身上盖了很厚的棉被，不然后果也不堪设想。平房我也住过，窗子很小，纸糊的顶棚都破得往下掉纸片和土，老鼠不用说了，天天在顶棚上跑来跑去，还有蝎子，我都压死过。睡觉的时候不知道就压死了……地都没铺砖，都是泥地。条件是比较艰苦。

章：（笑）这个时候，您还觉得考古是件浪漫的事吗？

叶：（笑）当时也没感到苦。我们想，过去做田野发掘工作不都是这样吗。因为人多，我们自己开饭，我们考古队吃饭的饭桌子很有意思，是用砖垒的，树一劈就成了块长长的白木板，往上一摆就成了。凳子也是那样。我们周围的农民生活得比我们还艰苦。

章：白天发掘回来之后都做些什么？

叶：一般晚上都整理白天发掘的资料，每人一盏煤油灯，写记录和发掘日记。下工回来很累，都得要吃了饭立刻洗漱，完了就开始工作。有时候天气不好，刮大风，满脸都是沙土，连头发、耳朵、鼻孔里都是沙土，我们就得先洗脸，再吃饭。当时也感到艰苦，与城市办公室的生活有不少的差距，但就是这么个条件没有什么选择。有些见习员受不了。1956年向科学进军，考古所从北京各中学毕业生招了100名见习员作为研究所的辅助人员。这些见习员和我们一样，刚刚毕业分配到考古所，立刻就下工地。下工地以后，分配给我们每人两三个见习员，要我们负责辅导他们，教他们田野发掘技术，我们是刚当完学生就当辅导员。

孟：这些见习员里面有没有女孩子？

叶：有啊。女的也有几位坚持了几年下田野的，后来一个都不剩了，没有一个下田野了。

章：是不是田野工作太辛苦坚持不下去了？

叶：是的，后来都慢慢地进入各科室做技术工作了，如绘图、照相、修复、拓片、图书、资料、化验、碳14实验室的都有，也有搞行政工作的。

章：从您的经历或者体会来说，女性在考古学领域取得成绩是不是比男性付出的要多？

叶：考古是有一个特点，下工地做田野发掘工作，这是很重要的。你没有下工地发掘，等于说是纸上文章。你没有新的发现，没有第一手新资料。人家发掘的资料，通过整理和编写报告已经研究一遍了。你在人家研究的基础上再有一些新发现，难度就大了。所以，下工地参加田野发掘在考古界是很重要的。从考古来说，资料是第一手的。他的报告公布了，你才能参考。如果你去参观了，利用了人家未发表的资料也是不行的。所以，在考古学这个领域，下田野是非常重要的。当年我们在大学的时候，有位外请的老师见我们几个女的，就说你们女同志做考古可好啦，苏联就认为女同志做考古好，比较细致。我也认为这是女同志做考古的一个优点，但是呢，的确也有许多问题是不能回避的。

章：都是些什么问题呢？

叶：首先是家庭啊。现在的女考古学家不知怎么处理田野工作和家庭的矛盾。过去像我们那个时候，考古所的干部大多数是外地人，只身在北京搞专业研究，所以，在北京生活父母没法过来帮助，工资又低，想也没有想过也不可能去请保姆帮你去看孩子，都得靠自己。“文化大革命”前，产假时间短，有些女学者只能带着孩子上工地。“文化大革命”以后，女同志大部分都被调到室内工作了。研究人员还是比较自觉地争取机会下田野的，都知道下田野发掘获取第一手资料对考古研究的重要性。我也下过田野发掘，但不多。有的女研究人员事业心很强，一心扑在事业上，把孩子交给别人去养，比如说她的姊妹啊，自己做出了很大的成绩，结果这些孩子由于没有受到父母的悉心教育，说实话，都受不同程度的影响。因为你自己教与交给别人教还是有差别的。别人不能对你的孩子严格要求，重了轻了不好把握，你说对不对啊？

章：提到家庭和事业的关系，对女性来说的确是很难平衡的。科技领域有些女性常常遇到类似的问题，当和丈夫的事业发生冲突时，很多人都选择放弃自己，成全丈夫。女性应该如何在考古学领域立足？您有何看法？

叶：没办法，社会观念就是这样，没有人说让男的在家操持家务。所以我看到你这个题目，你给的题目真是很重要，我想了半天，在现实社会中这的确是一个问题。女性怎么能在考古领域立足？很难解决。从表面看生理因素是一方面，但归根结底还是社会问题，而且是几千年的传统观念遗留下来的问题。我感到在中国搞考古的女同志比国外的要艰苦多啦。我刚才说了，“文化大革命”前，根本不考虑性别差别，男的能做女的也能做。当时是这种风气，但你说全平等也不是。考古所在分配工作的时候，比较重要的一般都不给女同志。比方说，在20世纪50年代要铺开面，新成立好多考古队到各地去做田野工作，带队的全是男的。后来也有女的，不多。这种现象比较普遍，似乎很自然，我们自己也会说，哎呀，去与人家打交道，男的方便。考古队有很多行政工作，队长也不完全只管业务，跟地方上打交道啊、找工人啊等有好多工作。考古所女的当队长时间最长的就是郑振香①，她是安阳队队长。李毓芳②、安家瑶③分别当过汉长安城队和唐长安队队长。周永珍④一度也当过安阳队队长。

① 郑振香（1929— ），中国社会科学院考古研究所研究员，1959年毕业于北京大学考古系，研究生学历。曾任考古研究所职称评议委员会委员、学术委员会委员、中国社会科学院历史片职称评议委员会委员、中国考古学会理事及考古所洛阳队队长、安阳队副队长、队长等职。1976年主持发掘的河南安阳妇好墓，对我国殷商考古有重大意义。

② 李毓芳（1943— ），1967年毕业于北京大学考古系，中国社会科学院考古研究所研究员，中国社会科学院研究生院教授。曾任汉长安城考古队队长、阿房宫考古队领队等。享受国务院政府特殊津贴。曾获中国社会科学院“巾帼建功”先进个人、“巾帼建功”活动标兵及国务院先进工作者称号。

③ 安家瑶（1947— ），1982年中国社会科学院研究生院考古系毕业，硕士学位。中国社会科学院考古研究所研究员、汉唐研究室主任、西安研究室主任，中国社会科学院研究生院考古系博士生导师、西北大学兼职教授、德意志考古研究院通讯院士。享受国务院政府特殊津贴。主要从事唐长安城的考古发掘与研究，曾主持多项考古发掘。

④ 周永珍（1926— ），1948年毕业于中国大学中文系，1952年毕业于燕京大学中文系，1953年毕业于中央大学研究所、中国作家协会讲习所（后改为作家协会鲁迅文学院）文学研究生班，1952年到社会科学院考古研究所工作，副研究员，享受国务院政府特殊津贴，研究领域为商周考古。先后参加安阳大司村、洛阳汉河南县城发掘、黄河水库考古调查、西安沣西周代遗址、洛阳王城西周时代遗址等田野工作，1958年任安阳队队长，后调至考古编辑室工作。

章：那在工作能力评价方面，对女性有歧视吗？

叶：这种歧视隐蔽在习俗之中，让旁人看来很自然也很合理。考古所研究工作是以田野考古为主，女的长期下田野有困难，在考古所自然就处于劣势地位。曾经还有一段时间不要女的，考古所招收研究人员一般首选男性，为什么呢？就是因为男的能长期下田野嘛。这倒不一定是说女的不能吃苦，而是说女的下田野事儿太多，家庭、孩子，坚持不下来。所以，领导在用人选择上的这些考虑，也可以理解。后来我们所也进了不少女研究人员，遗憾的是，下田野的女性很少，总共也不到10人，有的研究室尚无一人，这在研究人员中是少于过去的。但考虑到以往的经验，这倒也是比较现实的选择和安排。

章：那在日常职称评定等方面，有没有性别歧视呢？

叶：职称评定当然对女的也有些歧视，原因和上面说的是相通的，因为在考古所主要注重的是田野工作。你知道吗，可以说是隐性的歧视吧。

章：那科研奖励方面呢？

叶：奖励，如果两口子都在考古所，有奖励一般会给男的，虽然女的比之毫不逊色。别人也感到很自然，哪能好处都给你们家啊。如果给了女的，男女双方也都不自在。归根结底，这也是社会观念问题。

章：从实际的业务水平来看，您觉得您熟悉的这些女考古学家包括您自己，在专业上的贡献还算高吗？

叶：一般来说，女考古学家的业务水平、工作能力、吃苦精神，不见得比男的低，都是不错的。不过，这事也不能泛泛而论。

5 《中国文物地图集》编审工作

章：除了下田野，您在室内做的工作都是些什么呢？

叶：我在室内的这段时间，除了整理报告写点东西，替考古编辑部审阅稿件比较多。考古编辑部的来稿量还是很大的，都要有人审阅。我不是编辑，但我们研究人员有责任，就是考古编辑部的文章一定要先经过各个研究室的人看，最早都是这样要求的。能不能发，能发的话提出修改意见。这个工作我做了不少，有《考古》和《考古学报》的，还有后来的《中国文物地图集》①。

章：能否谈谈您参加《中国文物地图集》编审工作的情况？

叶：从1991年开始，我就参加了国家文物局主编的《中国文物地图集》大型丛书的编审工作，国家文物局外聘的几个人，都是按专业聘的，开始都叫特约编辑，后来又聘我们为总编委的成员。特约编辑三人，我是审阅不可移动文物中的地下部分，即考古的遗址和墓葬部分，我负责审阅考古这一部分的稿子，等于说从旧石器时代一直到明清时代的考古资料和存在的学术问题，都得要有所了解。这个工作要求知识面要广一点，对我来说也是学习的机会。但对个人的研究工作也是有影响的，我们的所长就说了，自从做了这份工作，自己写文章就少了。

6 自我评价

章：您的发掘报告和研究文章这么多，您最满意的是哪些成果？

叶：《满城汉墓发掘报告》[②] 应该是最重要的，虽然我不是主编。满城汉墓是1968年发掘的，我并没参加。是这么回事，考古所有规矩，谁发掘谁整理。但当时发掘出了很多珍贵文物，引起了考古界的关注，连郭沫若先生也来看了，所以所里计划着手整理和出报告。当时考虑到参加发掘的人大多不是搞汉代考古的，于是让我加入了整理编写工作。因为发掘的这两座墓很重要，这个报告也很重要。这两座墓的墓主分别是西汉武帝的庶兄、中山靖王刘胜和他的妻子窦绾，西汉的显赫贵族，墓主和生卒年的考订有据，这样的墓葬在考古发掘中不是容易遇到的。而且随葬器物非常丰富，其中有不少珍品，如首次发现完整可以复原的金缕玉衣、铁“鱼鳞甲”（铠甲）、长信宫灯、鸟篆纹壶、错金银铜器、金医针等。我整理的器物中有大量的五铢钱，

① 《中国文物地图集》是由国家文物局主编，文物出版社出版。力图运用地图形式，对历次文物调查所获大量资料进行科学概括，综合反映中国文物工作中已有的学术成果和新的重大发现，全面记录中国境内已知现存的不可移动文物的状况，以充分发挥它们的作用。

② 《满城汉墓发掘报告》为中国科学院考古研究所与河北省文物工作队于1968年间在河北省保定市满城县发掘的西汉中山靖王刘胜和妻子窦绾的两座墓葬的考古报告，出土了如金缕玉衣、长信宫灯等大批珍贵文物，具有重要的考古意义。该报告为中国社会科学院考古研究所编辑，文物出版社于1980年出版。

据此修改了以往对西汉五铢钱各型的断代。在整理的过程中还与很多科研单位建立了联系，请他们帮助鉴定器物的材质，因此这本报告中所附的鉴定报告比较多，这是过去我们报告中所欠缺的。所以，这两座墓的整理和编写报告的重要意义就可想而知了。

孟：除此之外，还有哪些研究是您比较满意的？

叶：《栾书缶质疑》[①] 应该可以的。“栾书缶”，以往大家一直以为是春秋时期晋国大臣栾书所铸的青铜器，而且是青铜器权威专家鉴定的。我说是战国楚器。这是我在整理陕县后川东周墓时发现的问题。我们在整理报告的过程中要参阅很多资料，因此有了比较研究。我对这件传世名器的时代、国属、器主产生了怀疑。这件青铜器藏于中国历史博物馆，当时博物馆的馆长是俞伟超[②]，我找他要看这件器物。在他们闭馆时我仔细地看了，感到自己的看法没有错误。我去看器物的时候，他问我“你看这件器物干吗？”我说我感到这件器物的年代、国属都有问题，“那你说说”，我说了看法，“啊！对了，对了！”他说。我说那你同意我的观点？“嗯！同意，同意！”他说，“你等于把这层窗户纸给捅破了！我原来看它也不踏实。”后来，他就把这个问题给他馆里的人说了，为此馆里还开了讨论会，因为这牵涉陈列展品的说明。看了器物后我坚定了自己的看法，就把文章完稿了，交给了《文物》。俞伟超给馆里的人说了又讨论后，那个人也写了篇文章，在《文物》上我们是同时发表的。

章：嗯，等于说您的观点得到了广泛的接受？

叶：是的，他们接受了，同意了，后来我也没有看到有持不同意见的，没有出来反驳的。《“上郡塞”与“堑洛”长城辨》[③] 也还可以。还有一篇我认为也有些意义，就是河北省《文物春秋》在 1999 年约的稿，我给了一篇《燕国开拓祖国北疆的历史功绩》[④]。

---

① 瓯燕．栾书缶质疑［J］．文物，1990（12）：37–44．

② 俞伟超（1933—2003），1954 年于北京大学毕业后分配至中国科学院考古研究所工作。1957 年进北大攻读研究生，毕业后留校任教。1985—1998 年任中国历史博物馆馆长等职。同时兼任北京大学、中国科技大学、南开大学、南京大学等高校的学术委员、兼职教授。

③ 瓯燕，叶万松．“上郡塞”与“堑洛”长城辨［J］．考古与文物，1997（2）：56–63．

④ 瓯燕．燕国开拓祖国北疆的历史功绩［J］．春秋文物，1999（4）：1–6．

孟：您的墓葬整理研究，例如《秦墓初探》[①]《中原地区战国墓初探》[②] 等，我觉得也挺重要的。

叶：《秦墓初探》还可以，其中还是有我的看法的。当时我们正在整理一批陕县后川战国秦汉墓葬。秦墓的时代是在秦国“张仪取陕”[③]，公元前315年之后，正值战国晚期，它很有特点，而且年代明确，所以得出了一些结论。那时写秦墓的论文还少，这篇是比较早的文章。

章：国家文物局让您参加《中国文物地图集》的编写，您又是国务院政府特殊津贴的享受者，像您这样的女考古学家在学术圈子里的地位和贡献还是得到了承认的，您对自己的工作有何评价？

叶：哎，要说学术上很厉害那也不是。学术环境好，在考古所，总要出些成果。我们自己感到在学识上还是不行啊。

章：您的自我评价有点低啊（笑）。

叶：真的，这是实实在在的，因为我们见识过许多老专家。像我们所的夏鼐先生、徐旭生[④]先生、陈梦家[⑤]先生，好多吧，他们的学问，我们这一代是很难企及的。我们这一代比起上一代的专家是有很大差距的。遗憾的是，随着岁月的逝去，上一代专家都已老了，甚至去世了。你也知道，我们自毕业工作后，各种政治运动接连不断，前前后后少说也都浪费了十年左右的时间，而且是正值青春年华的时间。一个人一生中有多少个十年啊。但可以自慰的是，我们在工作上都努力了。

章：所以，38年来的考古工作，您对自己还满意吗？

叶：只能说，我是努力了。

---

① 叶小燕．秦墓初探［J］．考古，1982（1）：65-73.

② 叶小燕．中原地区战国墓初探［J］．考古，1985（2）：161-172.

③《史记·秦本纪》记载，秦惠文君十三年（公元前315年），“使张仪伐取陕，出其人与魏”。

④ 徐旭生（1888—1976），中国现代史学家、考古学家，1919年毕业于法国巴黎大学哲学系，曾任北京大学教授、教务长，北平师范大学校长等职。中华人民共和国成立后，先后出任北平研究院领导小组主任委员，中国科学院考古研究所研究员。

⑤ 陈梦家（1911—1966），现代著名古文字学家、考古学家、诗人。早年毕业于南京中央大学法律系。后在燕京大学学习，毕业后留校任教。1937年在西南联合大学、美国芝加哥大学、清华大学任教。1947年到清华大学任教。1952年任中国科学院考古研究所研究员、《考古学报》编委、《考古通讯》副主编等职。

章：您太谦虚了！经历 30 多年的辛苦工作，风风雨雨里，您后悔当初的选择吗？

叶：那倒没后悔。也喜欢，有乐趣，也感到这个领域很广阔。做了这个工作吧，怎么说呢，比上不足比下有余，比起同时代的女孩子来说，我是幸运多了。

章：非常感谢您能抽出时间接受我们的访谈，您与我们分享的女性从事考古工作的经历与体会给我们很大的启发，也为随后的研究提供了宝贵的口述资料。再次感谢您。

探索无界辟新径*

——访朱亚宗

陈　彪／问，朱亚宗／答

编者按： 朱亚宗教授长期从事科学思想史研究，所著《中国科技批评史》一书开创了科技批评史的学术方向，并提出了科技价值观理论体系。朱亚宗教授还在科学发展模式、科技地理学、科技发明权、科学方法论、著名科学家评价、计算思维、数学史及军事技术与战略等领域取得了大量创新性成果。朱亚宗教授独特的知识结构、治学思想、治学方法、研究艺术与创新风格很值得学习和借鉴。

陈：朱教授，您好。我采访了王菊华、金正耀先生①②后，受益良多，同时还得到万辅彬教授、黄祖宾执行主编的较高评价，这激励我继续开展科技史专家的访谈工作。我特别想采访您，因为您不但研究成果丰硕，而且知识结构、治学理念与研究方法非常独特，很值得我们学习。

朱：你过奖了。你的访谈我都看了，的确非常精彩。感谢万辅彬教授和

---

*　收稿日期：2013-02-18。

作者简介：陈彪（1979—　），广西壮族自治区博白县人，博士，中国科学技术大学科技史与科技考古系副教授，主要从事科技考古、口述史研究。邮箱 chenbiao@ustc.edu.cn。朱亚宗（1944—　），江苏省无锡市人，国防科学技术大学人文科学系教授、博士生导师，少将，主要研究方向：科学思想史。

① 陈彪，王菊华．一生为纸——科技史家王菊华研究员访谈录［J］．广西民族大学学报：自然科学版，2012，18（1）：1-10.

② 陈彪，金正耀．独辟蹊径探幽微——科技史家金正耀教授访谈录［J］．广西民族大学学报：自然科学版，2012，18（2）：1-6.

黄祖宾主编,《广西民族大学学报（自然科学版）》的科技史栏目很有特色。我也非常愿意把我的一些研究与体会同大家分享。

1 早期训练

陈：请您先简单介绍一下您的求学和工作经历。

朱：我的求学和工作经历非常简单。中学时代，我就读的无锡梅村中学，是一所设在江南古镇的省重点中学，有良好的学风和优秀的老师，并有自由读书的时间，母校使我的文理两方面都得到了均衡发展。我 1962 年考到中国科学技术大学物理系，当时学制 5 年，因“文化大革命”延期，1968 年底才离校。毕业后在湖南省洞庭湖 47 军军垦农场劳动，1970 年 3 月到湖南省隆回县气象站工作，1971 年 1 月又调到冷水江气象站。1978 年考入复旦大学哲学系自然辩证法专业，1981 年毕业后到国防科学技术大学工作。

陈：据说您在上大学期间，曾得诸多名师指点。有哪些名师，他们是怎么指点的呢？

朱：因 1962 级新生入学成绩全国最高，学校有“人才出在 62 级”的说法，著名科学家纷纷执教 62 级的基础课，如华罗庚为数学系讲授高等数学，严济慈为物理类学生讲授普通物理，钱临照为物理系讲授理论力学。因此，我大学时的授课老师有钱临照、严济慈等。赵九章、叶笃正、顾震潮等著名学者还曾亲临我们班座谈。钱临照跟我是无锡老乡。印象很深的是我听了钱临照先生的口音，就问他是不是无锡人。他说是无锡荡口人。我说我是无锡梅村人后，钱临照先生说其实他是无锡鸿声人，荡口是有名的大镇，而鸿声很少有人知道。但鸿声出的人才无人不知，仅钱氏即有 6 位院士：钱穆、钱临照、钱令希、钱伟长、钱俊瑞、钱易。严济慈先生既是科学家，又是教育家，给我们讲了整整一年普通物理。严济慈先生没有教材，仅发了部分油印讲义，当他的学生必须阅读大量参考书，培养出博采众长的自学能力。严济慈先生授课厚积薄发，风趣横生，主张“不需要准备就能讲的才讲，而需要准备才能讲的不要讲”。在课堂上经常穿插一些科学史案例、治学精神及方法，如法拉第眼明手快的观察实验能力，王国维的治学三境界，莫泊桑的名言：“一个人以学术许身，就再没有权利与普通人一样的生活法。”中国第一颗原子弹爆炸成功的消息，也是严济慈先生上课时首先告知的。

陈：为什么毕业后到农场工作？

朱：毕业时，正是“文化大革命”期间，工宣队占领大学，将“砸烂按专业对口分配”的巨幅标语贴到墙上，组织分配到哪就是哪。顺便说一句，我们毕业时没有拿到文凭，直到 1973 年才补了毕业证。当时同在洞庭湖农场锻炼的有后来的浙江省省长吕祖善，我们打过很多交道；还有后来的湖南省副省长庞道沐和学者周国平，但我们相互不认识。

陈：您后来在两个气象站工作了八年多，做哪些工作？

朱：在气象站工作，主要是为农业服务，如预报春季播种时间、柑橘防冻问题等。在工作的基础上，我提出了衡山北风型大到暴雨的预报模式①。湖南省气象局研究所提出过衡山南风型大到暴雨预报模式，那是每年 4—9 月经常发生的现象。而衡山北风型大到暴雨是一种小概率事件，当衡山转为北风后，各气象台站的预报员就不会再报大到暴雨。但我注意到衡山转北风后第二天仍有可能下大到暴雨，造成的灾害特别大，所以我决心研究这类大到暴雨的预报方法。

陈：难点在哪？您怎么解决？

朱：你这问题问得很好。首先要了解大到暴雨的生成机制。这就要懂天气动力学理论，我在大学学过流体力学，到气象站后自学了天气动力学与天气预报理论，因而知道在衡山吹北风的条件下产生大到暴雨，必须是衡山上空 3000 米以上吹南风，这样底层楔形冷锋与高层暖湿空气可能形成对峙，从而催生大到暴雨。难点在于衡山海拔仅 1260 米，不知 3000 米高空的风向。但武汉中心气象台每天下午 2 点会发布贵阳 3000 米、5000 米高空风向、风速等数据，而贵阳 3000 米高空的气流几个小时后经过衡山上空。因此，我用贵阳 3000 米高空的气流代替衡山的气流，只有当贵阳 3000 米高空吹南风时，衡山才有可能下大暴雨。

陈：为什么您能想到这个问题，并能想到用上述方法去解决？

朱：一是在实际工作中发现了新问题，即既有的预报模式不足以预测这类大到暴雨；二是对气象影响因素的深入了解，这既源于气象理论，又来自于实践经验；三是发挥理性思维的作用，充分挖掘现有气象信息的深层意义，从而灵活移用表面无关而实有联系的信息资料。

① 冷水江市气象站. 衡山风型预报短期大—暴雨［J］. 湖南气象科技，1976（3）：21-24.

陈：这个工作很重要，应该引起很大轰动吧？

朱：时任湖南省气象科学研究所所长的沈国权对我那个工作评价极高，做了省所都未能做的工作，他还认为我当气象高级工程师已绰绰有余。实际上，当时冷水江气象站只有5人，没要求亦没能力去做研究。沈国权所长还想将我调到省所，但市里不放。此外，因我在农业气象方面的工作竟被评为"邵阳地区农业学大寨先进分子"，出席地区农业学大寨代表大会。那个大会一般是由公社书记参加，像我这样的普通气象员参会是个例外。

陈：后来怎么又想到去考研究生？尤其是学自然辩证法，这和物理差别非常大。

朱：报考研究生主要是因为当时在农场同一个地区的大学同班同学张铭（现任理工大学教授）鼓动我，他自己很早就报名了。而我报复旦大学自然辩证法专业的原因，主要有三点：一是大学期间受过较多科技史教育，我对科技哲学与科技史有浓厚的兴趣，工作中也看过较多这方面的书；二是我年过三十，错过了精密自然科学高级训练的最佳时机，即使能考上，发展前景也很不确定，而年龄大对于文科或文理交叉学科都不是障碍；三是为了能顺利考上。

陈：这很有趣，请逐一来谈谈。您大学时受过哪些科技史教育？

朱：我在大学时，听过钱学森、钱三强、华罗庚、赵九章、袁翰青等人的报告，其中很多都涉及科技史。此外，在平时教学中，也讲到很多科技史方面的内容。如钱学森说自己曾在美国总结过科学思维方法，回国后发现马克思主义的认识论比其总结得好得多。钱三强谈了科研战略，强调有所不为而有所为。华罗庚则传授了"从薄到厚，从厚到薄"的读书经验，追踪引文索引的学习方法，以及"天才在于勤奋，聪明在于积累""下棋找高手，弄斧到班门"的成才途径。

陈：工作中看过哪些科技史方面的书？

朱：当时买了李约瑟的《中国科学技术史》，复旦大学的《自然科学史大事记》，弗拉马利翁的《大众天文学》，气象部门编的《气象与军事》（内部刊物）。《气象与军事》有不少有趣的故事，如日本一位气象学家为了报复美军，提出放带炸弹的气球，升到高空西风带，从日本越过太平洋飞到美国。施放后效率虽不高，但会有一定的心理影响。

陈：为什么说为了考上而去报自然辩证法专业？

朱：时间太短，没有足够的时间精力去复习。此外，大学毕业已10年，且接触物理很少，因此我觉得考物理专业的研究生难度大，而自然辩证法，对我来说难度应该小多了。

陈：考研过程中发生了什么有趣的事情吗？

朱：还真有。我是3月30日报名，而4月1日报名截止。填完表后，冷水江招生办公室主任叫我自己去寄，说如果放在他们那，若因办事员耽误就麻烦了。当时我忙中出错，本应寄两张照片，但只寄了一张。4月10日前后，接到复旦大学回信，说了两个问题：一是报名表和寄信人字迹相同，担心资料不可靠；二是少寄了一张照片。4月中旬，正是开始插秧的时间，单位又让我去乡下支农。因此，我没有理会复旦大学的来信，去了梓龙公社。4月底，我回到气象站，收到复旦大学寄来的准考证，准考证上的照片就是报名表上的照片！

陈：这很有趣，当时复旦大学的招生老师很负责。

朱：是的。后来我才了解到是宁荫老师负责的。她当时为了核实情况，还和冷水江招生办公室联系，准考证等事宜都是她帮办的。

陈：您很幸运。

朱：是的。其实幸运的不只是我，像我的同学谢遐龄，一紧张血压就升高，体检时，宁荫老师叫他先休息半小时再量血压。我收到准考证时，别无选择，只有背水一战。回来后我又完成春播期间灾害天气的调查报告，最后突击一周即参加考试。我一直对宁荫老师心存感激和钦佩，她如此爱惜人才和恪尽职守，我终身无法忘怀。2008年秋，我到上海市专程看望宁荫老师，多年不见，她已是八旬老人，却如过去一样精神矍铄、性情淡定。我衷心地献上鲜花和礼物，并告诉她，我已将那张准考证放入特制的镜框，置于卧室，一日数见，诉说着我无尽的敬畏与留念。

陈：当时考上研究生的人应该极少。

朱：冷水江共26人报考，3人参加复试，只有我考上了。考上后，大家都知道我原来还是个人才。

陈：请您谈谈学哲学的体会。理工科的人往往觉得哲学深不可测，玄之又玄。应该如何对待哲学？如果想学，应该怎么学？

朱：其实，哲学并非深不可测，哲学原理、方法并不是很多，理工科的人去研究哲学，尤其是科技哲学很有优势。哲学的特点是创造概念、构造体系，但如果没有其他的专业基础支撑，往往是空泛的。相反，如已有一两个专业背景再去学哲学，则很容易出成果。当年我们读研究生时，美国著名科技哲学家罗伯特要在中国招学生，要求学生有三个专业：本科、硕士各一个专业，再自学一个专业。他认为这样的学生以后容易培养且更易出成果。当然，理工科的人去研究科技哲学，需要将原来的知识提升，用高层次的理论将所学的知识串起来，否则原来的知识不易派上用场。

想学哲学，建议先看科学家兼哲学家的著作，如《爱因斯坦文集》第一卷、《维纳著作选》《钱学森文集》等。维纳的研究道路很有意思，他是从数学到哲学再到控制论。可能你还不知道，他第一篇控制论的文章《行为、目的与目的论》是和神经生理学家合作，发表在哲学期刊《科学哲学》上（1943 年第 10 期），此文从人、动物和机器的反馈中，发现统一的控制机制。

陈：读研究生的时候，导师如何指导学习、研究？

朱：我们考研究生时，国家刚恢复高考和研究生考试，应该说很多制度还很不健全，这是不利的方面，但同时也可以说是有利的方面。我的导师陈珪如教授大学学数学，后对哲学感兴趣，转而研究科技哲学、科技史。她是恩格斯《自然辩证法》最早的译者之一。我们入学时，陈珪如老师已经 70 多岁，她很谦和地说不能给我们多少指点，只能给我们几年学习的时间。当时课不多，基本上不考试，通过写小论文来考核，因此我们有大量的时间精力去读书、思考、讨论和听讲座。同时，陈珪如老师鼓励我们写文章，写好后随时可以和她交流，这也使我们的研究能力、学术自信得到很大的提升。我当时写的几篇文章后来都发表了。

陈：学习期间有哪些难忘的事情？对研究有什么影响？

朱：让我最难忘的还是刚才说的，老师给我们非常宽松的学习环境和研究氛围，不限定各种条条框框，让我们有条件尽情发挥。我印象很深的一件事是，研究生期间我写的一篇文章《关于改革我国社会科学研究方法的问题》①，竟成为《复旦学报（社会科学版）》1981 年第 3 期的封面文章。当时觉得我国社会科学研究方法比较落后，在费孝通方法论思想的基础上，我提出研究方法的发展之链：归纳→假设→模式→数学，并进一步提出改革我国社会科学研究方法的重要途径，包括学习和继承马克思主义经典作家和鲁迅的

① 朱亚宗. 关于改革我国社会科学研究方法的问题［J］. 复旦学报：社会科学版，1981（3）：2-7，14.

优秀研究方法、提倡文理相通、加强国际交流。文章发表后，我意外收到大学同学陈平的信，他在美国普林斯顿大学的图书馆看到此文，希望与我进一步讨论此问题。

陈：您在20世纪80年代初就觉得文理相通极其重要，这很有远见。我觉得甚至现在，不少人还没有理解文理相通的重要性，至今还是高中就开始分科，大学专业更是细化。您对这个问题怎么看？

朱：理工与人文的思维模式有很大区别，理工科擅长逻辑思维，文科强调形象思维。理工科的特点是严密，深而窄，学理工科的人多学点人文，对形象思维的提升很有帮助。爱因斯坦强调提出问题比解决问题更重要，提出问题往往需要很强的形象思维能力。而文科擅长大跨度交叉，但不严密。文理相通，这可以使一个人既有严密的逻辑思维，又有活跃的形象思维，思维更多维，就更容易出成果。

长期以来我国的教育体制存在过早分科的问题，这对于文理相通来说的确是个大问题。就目前环境来说，这需要个人有意识地去扩充多方面的知识，以形成独特而有竞争力的知识结构。其中一个方法是可以去学一些表面上看起来不相关的专业知识，甚至只是随便翻翻，很可能会带来意想不到的效果。

陈：历史上不少文理相通的科学家做出了巨大成就。

朱：是的。说个典型的例子，1924年，德布罗意觉察到，当时在物理学关于实物的基本理论中，仅仅注意了物质的粒子性而完全忽略了其波动性，他从对称性原理出发，大胆地提出了存在物质波的独创性见解，从而为建立波动力学奠定了基础。需要强调的是，很多人可能不知道德布罗意原来是学历史的。

陈：您的第二篇重要文章写的是什么？

朱：《对称性方法初探》[①]，文章也很有趣，写的是对称性的发展历史问题。通过大量的阅读和深入的思考，我发现对称性普遍存在于数学、哲学、美学领域，是人类所有概念中发育最充分，最悠久亦最时新，既定性又定量的概念，是最有研究价值的一个概念。

陈：您这观点很有趣，能具体展开一下吗？

朱：对称性概念可以作为人类概念发育程度的衡量标准。我把对称性的

---

① 朱亚宗. 对称性方法初探［J］. 自然辩证法通讯，1984（2）：18-24，35.

发展历史分成三个阶段，第一个阶段是形象对称阶段，代表人物是柏拉图，其特征是考虑了有形物体的对称，如左右、上下、前后等；第二个阶段是抽象对称阶段，代表人物是黑格尔，他将可能与现实、形式与内容、偶然与必然等都作为对称的形式，将对称的概念上升到哲学的高度；第三个阶段是数学对称（又称变换不变性）阶段，代表人物是德国著名数学家克莱因，他在几何学中强调变换不变性方法，对数学的发展产生了深刻的影响。20世纪初，物理学家们才逐渐认识到变换不变性概念和物理学对称性概念的内在联系，以及变换不变性方法对于物理学的极端重要性。

我当时写好了论文《对称性思想发展道路的历史回顾与逻辑分析》，还想将其作为硕士毕业论文。但导师担心评委会觉得哲学味道不浓，像科技史的论文。虽然导师没有要求我一定改题目，但领悟了导师想法后，我将硕士论文题目定为《对称性方法的哲学探讨》，一个月就写了三万五千字，顺利毕业。

陈：一个月写三万五千字，速度太快了！

朱：速度的确很快。主要得益于我前期花了大量时间和精力去搜集了各种资料并加以消化，写的时候基本上可以说是水到渠成了。但是我内心还是钟爱原来那篇论文。5年以后，我将其简缩为《对称性思想的逻辑发展形态》[①] 一文。当年年底还发生了很有趣的事情，学校图书馆馆长在统计科研论文时，问我是否在美国《数学评论》上发了文章？我很惊讶，后来去查才发现，《数学评论》上发了我那篇文章的英文摘要。

陈：您研究生阶段的表现真是极其优秀。

朱：我是复旦大学第一届优秀毕业生，当年毕业的约200个研究生。1981年10月25日的《解放日报》（中共上海市委机关报）头版有一条报道《毕业论文有独到见解》，赞扬自然辩证法专业的4位毕业研究生，其中就有我。

陈：研究生期间，应该也听了不少讲座。哪些给您印象最深？

朱：的确听了很多，受益良多。如杨振宁在上海科学会堂做的关于现代世界物理学史的报告，其中讲到物理学与美学。此外，1980年刚刚当选学部委员的郝柏林的报告给我留下极其深刻的印象。郝柏林是位富有哲学思想的理论物理学家。他1979年发表的一篇统计学论文解决了美国五角大楼攻关多年没有解决的问题。美国的攻关小组因而解散，郝柏林也因此一举成名。

① 朱亚宗. 对称性思想的逻辑发展形态［J］. 科学探索，1986（2）：90-94.

郝柏林对相对论研究得非常深刻，他认为学相对论，要看爱因斯坦的原始文献，而教材讲相对论，都从迈克尔逊－莫雷实验开始，都沿着"实验——理论"的线索，没有按照爱因斯坦实际的探索路径，即从理论到理论来讲，把很多信息都遗失掉了。这也说明教材编写、教师讲授必须从科学史中吸取丰富的营养，才能给学生更大的启示。

陈：印象中，您到国防科技大学工作，还请钱学森推荐。当时为什么想到国防科技大学工作？为什么想到请钱老推荐？

朱：第一届毕业研究生的选择余地很多，北京的红旗杂志社要我，南京有高校要我，我也可以通过读博留校。但我的想法是找一个独立空间较大的地方，静心做研究工作，加上家人不愿意我离开湖南省，因此我想到国防科技大学工作。

我小时候就是钱学森的崇拜者，进入中国科技大学后，在校园里能经常见到钱学森先生。有一次他作了一场才情洋溢、风趣横生的报告，对我影响甚巨，从此一直关注他的文章和讲话，并悄悄去旁听他的讲课。因此，研究生毕业时，我把我的情况写信给钱学森先生，斗胆请他推荐。我也曾把自己的一些论文、著作寄去请钱学森先生指教，他还给我回过两封信。

2 探索创新

陈：您到国防科技大学工作后，都从事过哪些科研工作？

朱：我兴趣广泛，从事过的研究较多。主要有科学思想史和中国科技批评史，此外还有科学发展模式、科学方法论、科技地理学、科技发明权、著名科学家评价、计算机和数学史等。

陈：聊到这，我想起您前年 9 月 27 日到中国科技大学作报告时提到造纸发明权问题，请简要介绍一下您对科技发明权的研究，尤其是对蔡伦造纸发明权问题的研究。

朱：关于科技发明权的争议与评判，我写过专门的文章[①][②]。科学发现和发明可分为三种类型：理论创造、技术发明、现象与物质的发现（发

① 朱亚宗．科技发明权的争议与评判［J］．求索，1985（3）：42-50.

② 朱亚宗，王新荣．中国古代科学与文化［M］．长沙：国防科技大学出版社，1992.

明）。与此相对应，科技发明权的评判标准也可分为三类。经过研究我认为，一个重大社会发明须经历三个不同的阶段：理论猜想阶段、实验试验阶段、推广应用阶段，但最重要的发明权是推广应用阶段的发明权，历史的惯例也以推广应用阶段的发明权代表整个发明权，因此造纸发明权应归属于蔡伦。

陈：我看过不少文章，觉得造纸起源问题争论最大的在于各种“西汉纸”究竟是不是西汉时的纸，蔡伦是纸的发明者还是改良者。似乎您“终结造纸术千年的争论”的想法还不能实现。您怎么看?

朱：由于条件所限，我都是用大众化的资料，关键是观点取胜，造纸起源问题争论也是如此。此外，我往往不去考察文章细节，而在综合比较的基础上再来分析。造纸起源问题，考古专家从直观的角度，结合古文物年代学来判断；而造纸专家从技术角度，提出纸张纤维的标准。参与争论的还有历史学家和科技史家等。各家标准不一，持续千年的争论还将延续下去。与他们的方法完全不同，我采用系统论的方法，觉得必须对发明过程作阶段分析，然后在此基础上做综合判断。这意味着我以哲学家的视角来参与这场争鸣，我也许是参与千年造纸争鸣的唯一一个哲学学者。

我经过对多种国内外技术发明权进行比较，发现一个重大社会发明须经历三个不同的阶段。如无线电这一重大发明，赫兹提出了无线电磁波的设想，波波夫在实验室用第一台无线电装置做了无线电通信实验，而马可尼的实用无线电装置使电波横越大西洋，结果无线电的发明权归之于马可尼。

陈：不少人往往觉得做深入的研究，各种研究细节极其重要。

朱：这是不同研究模式的问题。一种模式往往只用一种资料，很深入、细致，这可解决一部分问题，但由于面太窄，容易只见树木不见森林，不会解决所有问题。另一种模式是从宏观出发，在不同领域中周旋，可在宏观中发现他们的问题。

陈：聊到这里，让我想起第一次向您请教造纸术发明权问题时，虽然我直说您“终结造纸术千年的争论”的想法还不太能实现。您不但没有生气，反而非常高兴，还问了我的想法，回去后还给我寄书，并赠我墨宝，让我感到十分荣幸。您怎么看待学术观点不一致的问题?

朱：学者往往都认为自己的研究观点是正确的并希望得到赞同，但事实上不可能所有观点都是对的。牛顿那么伟大的科学家还说自己只是站在巨人的肩膀上。我们也知道牛顿三大定律在物体低速运动时是正确的，但高速时就不对了。我觉得真正的学者应期待学术的交流、碰撞甚至争论，这才能促进学术的发展。因此，我很欣赏你能有自己独特的见解！再和你深入交流，我发现你对手工纸有很深入的研究，很多成果都让我耳目一新。

陈：您过奖了，我还在不断学习。聊到科技发明权，记得当时您给我们作报告时，还谈到屠呦呦获 2011 年度拉斯克奖而引发的巨大争议。2012 年，您与黄松平博士的文章[①]，所用的还是您评判科技发明权的一般标准。

朱：是的。这也说明我 20 多年前提出的评判科技发明权的一般标准学术界还是认同的，而且至今还没有过时，还是很好的理论。

陈：请简要介绍科学发展模式方面的工作。

朱：我认为库恩理论较粗糙，他认为科学革命是从常规到变革再到新的常规。我通过研究发现，在常规和变革之间，往往还存在着变异。如量子力学发展过程中有波尔原子论，他认为能级是量子化的，既有经典原子论特征，也有量子力学特征。与此相似，相对论的发展过程中也出现洛伦兹电子论这一过渡性的变异理论。我在上述研究的基础上，发表《科学革命三阶段论》[②]一文，提出一种新的科学发展模式：常规理论→反常现象→变异理论→科学革命。可惜的是，这一论文发表在不久即停刊的《自然信息》，致使很多人不知晓我的模式，在国内未能引起足够的关注。只有湖南师范大学的谷兴荣教授在一本专著中将此模式与一些著名模式并列。

陈：您还写过一篇论文《科学突破的多样性与探索的自由性》。您觉得科学突破有哪几种形式？

朱：科学突破的基本环节只有三个：实验、数学和哲学。奇妙的是在各种科学突破的过程中，这三个基本环节可以有互不相同的组合方式和逻辑结构：有的突破过程发源于实验而完善于哲学，有的起因于数学而终结于实验证实，有的竟发端于哲学而实证于数学与实验[③]。这篇文章曾在内部交流，现在我也投到《广西民族大学学报（自然科学版）》了。

---

① 黄松平，朱亚宗．科技发明权与屠呦呦青蒿素发现争端的化解［J］．自然辩证法研究，2012，28（1）：86–90.

② 朱亚宗．科学革命三阶段论［J］．自然信息，1984（1）：9–13，57.

③ 朱亚宗．科学突破的多样性与探索的自由性［J］．广西民族大学学报（自然科学版），2013，19（1）：26–29.

陈：请简要介绍科技地理学方面的工作。

朱：我认为科学技术与地理环境相互影响的历史过程与规律是未被深入垦殖的荒原，科技地理史与科技地理学是亟待建构且前景广阔的学科分支。《地理环境如何影响科技创新》[①] 一文仅就其中一个核心问题——地理环境如何影响科技创新，尝试提出四种基本方式：恩赐、挑战、地缘、远因。如恩赐方式，李四光发现中国有第四纪冰川遗迹，这一科学创新取得成功的客观基础是中国太行山东麓、大同盆地与庐山等地貌提供了第四纪冰川存在的信息；袁隆平杂交水稻发明的关键之一，即是在中国南方野生水稻丛中发现了一株花粉败育的野生稻。

我上面那篇文章在2006年获得首届全军政治理论优秀成果二等奖，湖南优秀自然科学一等奖。

陈：请简要介绍著名科学家评价方面的工作。

朱：这方面我做了不少工作,《徐霞客是长江正源的发现者》[②] 是代表作之一。这文章可以说是得来全不费工夫，那是1987年，当时我在江西省参加宋应星研讨会，听说谭其骧院士正在江苏省无锡市开会，我就赶了过去。在开会时，我认为谭其骧先生的观点不对，就去和他交流，他让我先看完他的书再说。1988年，我买到谭其骧先生的《长水集》，仔细看后，还是觉得他的观点不对。

陈：您觉得您这工作的价值是?

朱：驳谭其骧先生，还徐霞客功劳，这是对徐霞客研究的一大贡献。徐霞客不仅考察，还在古纸堆中有发现。徐霞客最远到今云南省大理自治州的鸡足山，没去过金沙江。为何能提出金沙江是长江源头？就是从故纸堆中做学问。然而遗憾的是20世纪80年代，在徐霞客诞辰400周年时，北京大学一历史地理学的教授仍说徐霞客只有考察实践。文章在《自然科学史研究》杂志发表后，中国第一个文科博士、我的复旦大学研究生同学周振鹤来信说，虽然你驳了我的导师，但我完全赞同你的观点。他还将我的文章推荐为《自然科学史研究》的优秀论文。

---

① 朱亚宗．地理环境如何影响科技创新——科技地理史与科技地理学核心问题试探［J］．科学技术与辩证法，2003，20（5）：61-66.

② 朱亚宗．徐霞客是长江正源的发现者——谭其骧对丁文江辨正之辨正［J］．自然科学史研究，1991，10（2）：182-185.

陈：您还做过不少著名科学家评价方面的工作，能否简要介绍？

朱：如僧一行[①]。以前，大家一直说他发现了子午线。但我通过研究认为，他虽然测量了其长度，但并没有意识到那就是子午线。唐代没有地球是球形的概念，何来子午线？因此，不能说是他发现的。就像法国的约里奥·居里夫妇摄制并公布了第一张中子径迹照片，但未能理解它。英国的查德威克却受此启发，第一个辨认出了中子而荣获诺贝尔物理学奖。也许因为有损中国古代光辉，这一观点传播不广。这里又一次遇到民族性与科学性的冲突，其实质即是特殊性与普适性的关系。

陈：您对钱学森先生也进行过评价。

朱：前已提到，我是钱学森的崇拜者，也是钱学森推荐我到国防科技大学工作的。《既雕既琢　复归于朴》[②]一文通过分析钱学森“万斤亩”公案，立足于钱学森思想发展的自然过程和中国社会历史变迁的背景，从资料考证、思想方法、评价基旨三方面对钱学森思想中的社会性一面，提出历史唯物主义的合理解释。这一文章也表达了客观、公正、全面评价杰出科学家的愿望。

陈：您说您做过计算机和数学史方面的工作，数学史前面已经谈过一些。但对计算机，我很好奇，您连计算机都不用。究竟做过计算机哪方面的工作？另外为什么您不用计算机？

朱：我在2008年全国“计算思维与计算机导论”专题学术研讨会上写过一篇特邀论文《论计算思维》[③]，并在大会上作了报告。文章指出计算思维、实验思维与理论思维是人类三大科学思维方式，并初步梳理出可计算性原理、形理算一体原理与计算机设计原理三大计算机基本原理，还指出交叉创新是计算思维创新发展的根本途径。

计算机是一把双刃剑。有些学科尤其是需掌握最新动态或进行海量信息处理的学科需要计算机，而基础研究尤其是人文学科的基础研究，需要宏观视野、历史眼光和哲学深度，最新的资料不一定有用，反而基础材料更有价

① 朱亚宗，王新荣．中国古代科学与文化［M］．长沙：国防科技大学出版社，1992：122–129．

② 朱亚宗．既雕既琢　复归于朴——就钱学森之评价与叶永烈先生商榷［J］．长沙理工大学学报（社会科学版），2012，27（2）：5–8．

③ 朱亚宗．论计算思维——计算思维的科学定位、基本原理及创新路径［J］．计算机科学，2009，36（4）：53–55，93．

值。特别有思想的一类人，有些是不用计算机的，如诺贝尔物理学奖得主崔琦，就手写便条与研究生联络；中国香港特区写过一百多部小说的女作家梁凤仪、凤凰卫视的王鲁湘等也是这种类型。就我个人来说，只有个性化与深刻性的东西才能使我安身立命。我看重独具特色的核心竞争力。在科学竞争领域，若人人用计算机，则等于人人没有计算机。一个人的核心竞争力，除了个别天才，都源于能使优势积累的长期艰苦训练，要培养出抓住重要信息和从信息中挖掘知识的独特视角与思路。

陈：我上中国知网，发现您那篇文章至今已被引用了26次，下载近千次！《计算思维的研究及其进展》[①]一文特别提到“在国内，桂林电子科技大学董荣胜教授、中国科学院计算技术研究所所长李国杰、自动化所的王飞跃教授、国防科技大学的朱亚宗教授等多位专家学者”在计算思维方面都做了一些有益的探索。除了您，其余都是专业研究计算机的专家。

朱：谢谢你告诉我这样的信息。这我还不知道。

陈：您还做了不少与军队、国防有关的研究，能否介绍一下。

朱：军队、国防与国家的战略安全、发展息息相关，同时也因为在军校工作，我做了一些相关的研究工作。

比如提出攻防不对称律[②]。具体来说，在坦克、飞机与导弹成为重要的作战武器以前，要塞构筑坚固的防御工事可以造成易守难攻的局面，进而可以使战争的主动权转到防御方面，这是低技术条件下的攻防不对称性。然而，第二次世界大战以后，特别是海湾战争以来，随着军事技术的不断发展，进攻一方拥有更多的攻击手段，与此同时，地利优势和阵地防护作用大大减弱，防御难度和成本大大增加。由此可见，攻防不对称性显然已向攻易防难的方向逆转，进攻能力成为影响战争胜负的主要因素。对于中国这样的发展中国家，应充分发挥攻防不对称律在选择和调整军事战略方面的作用。

此外，对复合型科学大师如何超越专业界限问题也进行了探索[③]，以国防科技领域为例，主要有几种方式：一是开辟新的专业，阿塔诺索夫为求解复杂的偏微分方程，在电机工程师贝瑞的协助下创造出第一台电子数字计算机

① 牟琴，谭良．计算思维的研究及其进展［J］．计算机科学，2011，38（3）：10–15，50．

② 朱亚宗．攻防不对称律与中国战略的反省［J］．未来与发展，1993（5）：8–11．

③ 朱亚宗．复合型科学大师如何超越专业界限——以国防科技领域为例［J］．国防科技，2005（5）：19–23．

ABC；二是参与工程管理，美国曼哈顿工程的洛斯阿拉莫斯国家实验室主任奥本海默便是这类复合型人才的杰出代表；三是提供战略咨询，如爱因斯坦的原子弹建议和英国物理学家 R. W. 瓦特的雷达建议。

我还从历史机遇、参与途径与精神动力三方面系统深入地探讨了科学家献身国防这一时代课题[①]。倡导爱国主义的献身精神并恰当融合推动市场经济与纯粹基础研究的精神动力，是中国国防科技实现跨越式发展必不可少的重要条件，也是中国国防科技管理层面合理的战略选择。

3 研究风格

陈：您认为研究取胜有三种方式：资料、观点、文字。您在何时、由于什么原因有这个想法？

朱：当我毕业后到国防科技大学，发现很多想找的资料都没有，同时各种学术交流也少。因此，我研究所用的材料只是最普通最容易找到的材料。在这样的条件下，若要与国内外同行竞争，只能采取观点取胜。此外，我发现有些人既没有新材料，也没有新观点，但由于文笔好，也发表了不少文章。

陈：三种方式对人才的培养应不太一样。

朱：是的。资料取胜者，往往在学术中心，多参加国内外学术会议，且会外语或掌握孤本。而观点取胜者，需要独特的知识结构，看似平常的材料，能看出不一样的问题，能提出自己的新观点。文字取胜，最重要的是文字表达。对我来说，我从事研究时已人到中年，经历了长期的知识积累，大学时学物理，后搞过气象，研究生时学哲学与科学史，到国防科技大学后又接触军事学。此外，我个人一直有历史、文学、艺术的业余兴趣，对心理学、经济学等亦有兴趣，也就是说我具有相当独特的知识结构，观点取胜对我来说是扬长避短的一种方式。

陈：科研或者写文章怎么选题？

朱：我的经验是以一定的原始资料或常用资料为基础，结合自己独特的知识背景进行思考，只要是自己独立琢磨的，就是新颖的。直到现在，我还是这么做，我更在意自己的思考而不是去看别人的文章。可以自豪地说，我

① 朱亚宗. 科学家献身国防的机遇、途径与动力［J］. 国防科技，2011，32（4）：1–17.

按照上述思路去做研究，所写的文章几乎都发表了。

陈：您的观点和很多专家不一样，一般都强调要了解前人的工作后才确定选题，否则容易去重复前人的工作。

朱：你说得有道理，但那也只是一般情况。还有其他值得注意的研究风格与方法，像爱因斯坦和费因曼这样的人，觉得吃别人嚼过的馍没有味道。基于对原理的透彻理解与非凡的逻辑技巧，他们碰到任何问题都喜欢从最基本的原理出发去推导。这样做，看似费力不巧，但所得结论的可靠性与独特性，都是普通做法难以比拟的。李政道师从费米时，费米不允许他随意使用别人的运算结果，而要求从原理出发独立推导。我在研究工作中对最近研究成果的关注远不如对基础理论与经典著作的关注。经典著作熟悉了，基础理论掌握了，很多最近的研究成果往往可以不看了。我琢磨的题目和别人往往不一样；退一步来说，即使题目一样，研究的角度、思路也不一样。

陈：也就是说写论文的方式不一样。

朱：是的。一般人的研究方式需要去判断大量资料的真伪、水平的高低，有时这是非常繁难的事情，且容易被别人牵着鼻子走。

但我在研究时，发现自己根据基本的原始资料独立思考的结论，绝对不会与人雷同，且有创见。因此我采取的是另一种方式，主要看原始资料，且是看多种原始资料。这种方式需要掌握宽广的基本理论，如能多学科交叉则更好。宽广的知识结构，且长久积累，独立思考，才能形成独到的视角、思路。我非常敬畏和惊赞康德，他几乎没出过小镇，却能在57岁发表哲学巨著《纯粹理性批判》，最终成为一代哲学大师。

陈：印象中您说过之所以研究科技批评史，是翻阅词条时得到启发。能否展开说说？

朱：是的。当时我在翻阅《不列颠百科全书》，发现哲学家库辛创造的文艺批评中的重要概念——“为艺术而艺术（Art for Art’s Sake）”，也即唯美主义。而科技史批评中不可避免的相应概念“为科学而科学”，也即科学主义，却是Scientism。二者不仅构词不同，含义也不同，科学主义是方法论而非价值观。我当时想，科学领域也应有价值观的相应词条。由此我进行了深入研究，并形成《中国科技批评史》① 一书。在研究中，我提出了科学主义、工具主义、虚无主义与系统科技价值观的科技价值观理论体系。以前理科不

① 朱亚宗．中国科技批评史［M］．长沙：国防科技大学出版社，1995.

研究价值观，而文科虽然研究价值观但科学价值研究不受重视，我认为科学价值和方法都很重要，缺一不可。值得高兴的是北京师范大学后来还成立了科学价值研究中心。

陈：您研究的领域很广，成果丰硕。您是如何读书的呢？

朱：我将读书方式归纳为学习式、创新式与欣赏式三类。早年求学期间的读书，以学习式为主；大学毕业改行后的读书，既有学习式，又有欣赏式；从读研究生开始，到国防科技大学从事教学科研期间，则发展为创新为主而兼以学习、欣赏的读书方式[①]。在创新式的读书方式中，我还有一个做法：盯人看，即看著名的、有特色的、与自己研究风格相通的作者的论著，而不是盯主题。人文科学都有鲜明的风格，与自己风格相通的易心领神会。如李泽厚的书和文章，我从20世纪70年代开始就大量看，心书相通，受益匪浅。这是与读教科书不同的深度学习的自学方法，而大多数教科书面面俱到，缺乏个性。我个人体会盯住十几个人看后，就会进入一个新的境界。

陈：看书应该也有层次之分，您觉得应该分成哪几个层次？

朱：王国维曾提出治学三境界，即将治学分为三个基本阶段，读书是否也有类似的情况呢？我觉得也有三个境界。第一境界是高山仰止，敬畏惊赞。觉得专家水平非常高，自己望尘莫及。第二境界是深品细读，心领神会。通过深入学习，逐渐掌握其研究成果并进入其精神世界。第三境界是发现不足，超然书外。这时已经可以用批判的眼光看待专家的研究成果，至此可转向看另一个人的书。

陈：您都盯过哪些人的看？

朱：马克思、恩格斯、列宁、毛泽东、鲁迅、梁启超、梁漱溟、冯友兰、胡适、李泽厚、陈寅恪、王国维、范文澜、侯外庐、钱穆、钱钟书、闻一多、资中筠、朱东润、陆侃如、程千帆、余英时、傅雷、李约瑟、康德、黑格尔、爱因斯坦、罗素、维纳、皮亚杰、梁思成、竺可桢、杨振宁、吴文俊、钱学森、费孝通、傅筑夫、冀朝鼎、林毅夫、杨小凯、殷海光、柏杨、李敖、陈平、秦晖、吴敬琏、陈志武、崔之元等。此外，还读过大量中国古代思想家的书。按马克思和恩格斯的观点，“我们仅仅知道一门唯一的科学，即历史科学”。历史包罗万象，我从事的科学思想史是史学的一个分支，所以什么都要看。

---

① 朱亚宗. 读书的道路方法与智慧［J］. 军营文化天地，2009（1）：8-10.

陈：吴文俊的数学论文太难懂了吧？

朱：数学专业的我看不懂。吴文俊的我只看数学史部分，很有思想。

陈：为什么要盯经济学家看？

朱：要从理论上解释任一时代的科技发展，就必须了解这一时代影响科技的各种因素，当然也包括经济在内。

陈：您觉得您的研究特点是？

朱：中西结合，文理交叉。这种研究模式容易解决一些大问题，如普朗克之谜。普朗克在1900年首创量子论，但后来反而千方百计否定量子论，退回经典物理的框架之中。对这个“普朗克之谜”，我通过研究发现普朗克有一个稳定的深层哲学思想——统一性思想。正是统一性这个潜意识既指引普朗克创立量子论，又迫使普朗克否定量子论①。我有上述想法，受到皮亚杰《发生认识论》的影响。

陈：您的研究风格是？

朱：顶天立地、观点取胜、精雕细琢。顶天立地是指要有宏观眼光，有理论高度；但亦要深入实际，立足必要的资料文献。我欣赏陈寅恪的论从史出，也佩服钱钟书的广征博引，更赞叹鲁迅的博观约取，因此非常注重理论与材料的相互契合。观点取胜前已谈过。精雕细琢是力争每篇文章都如一件精美的艺术品，至少要立意新颖，文笔流畅。我写作受古代诗词韵文的影响，文字不仅求准确优美，而且要默读上口。

我虽形成了自己的特点和风格，但自知会有很多局限。治学的方法有很多，如王国维强调地上地下相结合，鲁迅则是正史野史并用。还有你经常用的田野调查法，也是极具价值的。费孝通先生就通过社会调查做出了重大的学术贡献。

陈：您觉得怎样才能一直走在科研前沿？

朱：这取决于两点：一是在成长的关键时期能否掌握扎实的基本功；二是能否形成自己独特的思想和视角，而不是跟着别人的研究走。吴文俊从法国回来后，只能看到几种国外杂志，数十年没有参加国际会议，但他一直站在拓扑学国际前沿。王淦昌大学毕业后到德国，三年拿了博士学位就回来，也是数十年没有出国，但无论在大城市还是穷乡僻壤的贵州省湄潭县都做了

① 朱亚宗．普朗克之谜与统一性思想［J］．大自然探索，1988，7（1）：145-150.

极其漂亮的研究工作。他20世纪50年代末到苏联做访问学者，又独领风骚，发现反Ω粒子；后从事“两弹”研究，一样做出非常杰出的工作[①]。也有些学者，刚从国外回来，还有些想法，可以做点工作。但很快就知识老化，过段时间又得出去充电。

陈：您是一位研究基础理论的学者，对现实问题是否也有兴趣？

朱：我一般关注深远的理论问题，因此有些研究与现实较远，但是许多现实问题的真切见解源于理论上的深刻认识，因此，我有时也很关注某些现实问题。如前面谈到的攻防不对称律，再如20世纪90年代初，科技是第一生产力成为热门话题。以于光远为代表的一种流行观点认为，科技是第一生产力只是第二次世界大战后随着现代科技革命而出现的新现象，我依据确凿的历史证据指出，科技作为第一生产力，人类史上历来如此。人类早期发明的符号文字、运算法则、栽培技术、驯养技术及各种手工技艺，其重要性和创造性高于后来发展的精致科技。只不过人类直到第二次世界大战后才自觉认识到科技是第一生产力[②]。论文发表后，被多家文摘录用。一次开会遇到刘兵先生，他对我说，现实问题也少不了你插一手啊！

4 教育漫议

陈：您指导研究生很有成绩，这方面有何体会？

朱：作为研究生导师，我应该成为一名良师。良师一是敬业，诚惶诚恐和长期不懈；二是博学，广博深厚与教学“涌现”；三是风格，扬长避短与自成一格[③]。

此外，我认为目前研究生教育应高度重视研究生的成才教育，应从成才规律教育、专业品位教育和竞争智慧教育三方面开展成才教育[④]。

---

① 朱亚宗. 杰出的科学创新大师——王淦昌［J］. 国防科技参考，2000（3/4）：92–96.

② 朱亚宗.“科技是第一生产力”的普遍意义与当代内涵［J］. 湖南师范大学社会科学学报，1992（1）：18–20，29.

③ 朱亚宗. 良师三议——如何做一位好教师［J］. 学位与研究生教育，2008（6）：5–8.

④ 朱亚宗. 研究生“成才教育”：一个亟待重视的教育环节［J］. 学位与研究生教育，2010（9）：1–7.

陈：您对目前大学教学怎么看？

朱：对于培养创新性人才来说，我觉得现今研究生培养中的一个问题是学生上课偏多，没有做到“少而精”。当年钱学森上课用三种颜色的粉笔：红色的要吃透用熟；白色的要理解掌握；蓝色的只要一般了解。严济慈先生的物理课不是平分时间，面面俱到。他对教学的理解是不需系统完整，而要重点突破，轻重有度。学生自己会举一反三，触类旁通。他讲到电磁转化规律及公式，举完例题后对学生说，规律公式如大刀，希望你们不要像周仓那样只会扛大刀。你们不仅要舞出我教给的套路，而且要舞出我没有教的花样来。此时，鸦雀无声，陷于沉思。而讲到原子物理部分时，严济慈先生异常简略，一堂课翻过几十页，将原子物理全部讲完。教学的关键不在教材，而在教师能否有深切的启发性见解。

大学教学又一个问题是没有完成从应试教育到研究教育的转变。这一方面，以前精英教育时代的不少经验仍值得今天借鉴。苏步青先生领导浙江大学数学系时，大学生考试成绩和讨论班成绩必须及格才能毕业，故能人才辈出。我在大学读书时，教流体力学的是年轻的钱鸣森老师。他的考试很特别，分为两部分，一是闭卷题四道，二是提前一个月布置的自选题及小论文。我选择用流体力学理论解释伐木工人的打木筏经验规则。我的计算很成功，有解释力。但闭卷答错了一道题，最后钱鸣森老师给我满分，并称赞我的论文全班第一名。这让我受宠若惊，也让我第一次体会到什么是创造性的工作，通过考试让学生体会到创新的乐趣，应是教学的重要目标。

再一个问题是优秀教师的成长速度跟不上大学生扩招的速度，影响讲授、讨论的启发性，也使导师学术、人格的示范效应欠缺。此外，教学管理太多，给老师、学生布置了大量的但却对创新性人才培养没有多少帮助的工作。当然，制度太严、太松都不行，要有合适的度。

陈：您曾到美国考察大学教育，发表了文章《近观与反思》①，关于中美高等教育比较，您还有什么看法？

朱：中美高等教育有很大区别。发达的高等教育是美国软实力的主要标志之一。中国是发展中国家，高等教育尚是中国的软肋之一。两者在基本体制和评价标准上有很大不同。美国大学的一些重要标准，如校长好、门槛高、淘汰率高等，只有门槛高适于中国。美国大学里教育家发挥重要作用，

① 朱亚宗. 近观与反思——美国一流大学初识［J］. 学位与研究生教育，2007（7）：1-10.

中国是集体领导。麻省理工学院物理系的教授告诉我，他们的博士研究生录取率是1/10，每次考试有一半学生不及格，而每门课程只允许考两次。美国教育以中上水平为基线，故淘汰率高；中国以中下水平为基线，故淘汰率低。与此相应，中国大学里差学生易于过关，美国大学里好学生很快拔尖。我想从这里出发，可对“钱学森之问”与教学模式的关系有所理解。

5 人生感悟

陈：您为人为学都很成功，身体与精神也很好，能否谈谈您的人生哲理与业余生活？

朱：我的幸福标准有三条：一是一定的经济基础，一直以来的工资收入已使我满足；二是有兴趣的工作，我现在的工作是中年以后自己选择的，谋生与兴趣高度合一；三是有自由支配的时间，我从不揽事，虽然参与过一些课题，自己几乎没有申请过课题。有小康经济水平后，自由是人生的最高享受之一。我的幸福标准说低也低，说高也高，人生价值观不同，不可能有统一的标准。我达到了自己的理想就心满意足，心安理得。

一个人的生活与事业息息相关。一个人一生需要有一两种运动技能。我年轻时喜欢游泳与乒乓球，现在更喜欢散步。一个人也需要一两样艺术爱好，我喜欢书法和诗词，既欣赏，也创作。我对书法的要求是遒劲、灵动而典雅。写诗偶作律诗，因功力技巧有限，深感费时与拘束，因而多作有思想性和和韵味的古体诗。我喜欢绿树和花草，能辨识不少种类，熟识它们随季节的变化，知道它们在湖南省长沙市的分布。我有强烈的大树名木心结，喜欢观赏苍劲的古树，也写过一些欣赏花木的诗文。我也喜欢旅游，并偶作散文。我还会烧几个自己喜欢吃的菜。

陈：不知不觉聊了非常多的内容，但我知道这还远远没有聊完。黄祖宾主编告诉我，您的《学林漫漫识路标》① 一文同在这一期刊发，这对于我们进一步了解您的思想更有帮助。再次感谢您，也代表万辅彬教授、黄祖宾主编邀请您到广西民族大学做客。

朱：很高兴和你交流。谢谢万辅彬教授、黄祖宾主编，也谢谢你。如有机会，我也期待去广西民族大学交流。

---

① 朱亚宗．学林漫漫识路标——科学史治学的哲理与艺术［J］．广西民族大学学报（自然科学版），2013，19（1）：16-25.

以史为学　教书育人*

——访申先甲

蒋　茜　李欣欣 / 问，申先甲 / 答

编者按： 申先甲教授于1961年毕业于北京师范学院（今首都师范大学）物理系，并留校任教。受时任系主任孙念台先生的直接影响，从1978年起开始从事物理学史的教学与研究。申先甲教授积极耕耘，努力创新。他建设硕士点，创造“潜科学”学，创办《潜科学》杂志，编著出版学术丛书及著作20余部，为物理学史的学科建设和专业发展做出了重要贡献。

问：申老师您好，感谢您接受我们的访谈。从大学到硕士研究生，我们读过您很多论著。您在物理学史方面的研究工作令我们十分钦佩。我们很想知道您是怎么走上物理学史教学与研究这条道路的？

申：我是河南省南阳市人。在中学的时候，我算是一个杂家，兴趣很广泛，什么都学一点儿。上初中的时候，我最喜欢三门课：文学、历史和物理。当时，我读过一本《大众哲学》。这本书让我对哲学也产生了兴趣。

---

* 收稿日期：2013-03-10。

作者简介：蒋茜（1989—　），女，四川省资阳市人，首都师范大学科学技术史专业硕士研究生。李欣欣（1981—　），黑龙江省齐齐哈尔市人，黑龙江省大庆师范学院物理与电气信息工程学院讲师。申先甲（1937—　），首都师范大学物理系教授，享受国务院特殊津贴，曾任中国科学技术史学会常务理事和物理学史专业委员会主任。主编出版《潜科学丛书》8本，编著出版物理学及物理学史学术著作10余部。

1961年，我从北京师范学院毕业留校，给当时的物理系主任孙念台[①]先生做助教。孙念台先生很喜欢教书。他早年放弃了去美国留学的机会留在国内教物理。他教学经验非常丰富，讲课特别生动，而且很注意物理学史在教学中的运用，经常引用一些史料。我本身就喜欢文学和历史，因此他讲课中的物理学史内容特别吸引我。我的中学物理老师也曾在课堂上讲一些物理学史上的小故事，让整堂课变得生动起来。这些经历让我体会到物理学史在教学中的重要作用。做助教后，我非常注意孙念台先生讲课时运用的物理学史内容。我跟着孙念台先生，辅导过热学、力学、原子物理学，自己主讲过热学、力学。当时，孙念台先生还想讲电磁学、光学，想把物理学的几门课都讲下来，然后编一本普通物理教学指导书，在全国发行，推动物理教学工作。

问：孙念台先生是燕京大学毕业的，曾经在北京大学、中国科学院物理所工作，物理学功底相当深厚。您跟孙念台先生做助教一定对物理教学打下了扎实的基础。您如果一直讲授物理也一定是一名很棒的物理学教授，那为何转向了物理学史呢？

申：孙念台先生曾准备在物理系开一门物理学史课。当时他跟我讲，师范院校的学生将来是要到中学去教书，不懂物理学史是一个很大的遗憾。所以，在教学过程中，能引用物理学史的地方他都尽力引用。这对我启发很大。当时国内物理学史资料不多，孙念台先生有一本原版的卡约里的《物理学史》，他让我接触到专业的物理学史。当时，我有两点深刻感触：其一是中学物理老师懂物理学史，讲原理和概念时，可以让学生的体会更生动、深刻；其二，也是孙念台先生特别强调的一点，物理学史不仅能启发学习兴趣，在课堂上活跃课堂气氛，更重要的是能够让我们知道定律、原理是怎么来的，有助于学生把握其中的物理思想，从中了解物理学家是怎么思考的，其物理概念、物理假设、物理观念是怎么形成的。后来，我们就强调学生不能光学这些干巴巴的概念、定律、定义，一定要掌握物理思想。那什么是物理思想？物理思想就是当初物理学家建立这个理论的时候，他的那一套基本观念。如果你不能理解他的基本观念，就不可能理解物理思想。再有物理方法，你如果不学物理学史，就不知道麦克斯韦的电磁学理论是跟流体力学类比过来的。所以，如果你只是学规律、概念，就不能理解大科学家是怎样看

① 孙念台（1919—1999），1941年毕业于燕京大学物理系，先后任职贝满女中、北京大学物理系和中国科学院物理研究所。1954年调入北京师范学院负责筹建物理系，后任物理系主任、教授和校务委员。

世界的，不能理解科学的世界观、物理学的世界观。

可以说，我从事物理学史教学和研究是受了孙念台先生的直接影响；也可以说，这是圆了他的那个梦想。

问：您是从什么时候开始物理学史研究与教学的？

申："文化大革命"开始后，大学在5—6年的时间里都没有招生。1972年恢复招生，北京师范学院物理系开始招工农兵学员。我从1975年开始讲授当时很时髦的"自然辩证法"课。那时，我认为"自然辩证法"应该结合物理知识讲，结合物理学中的辩证法。于是，我自编了一套物理学的辩证法，有十几个专题，如：力学中的辩证法、热学中的辩证法、电磁学中的辩证法等。当时的工农兵学员不学力学和电磁学，只学三机一泵（柴油机、电动机、拖拉机和水泵）。我认为工农兵学员也算是大学生，作为大学生难道你能对近代物理学一点也不知道？于是，我就把近代物理学的东西偷偷地加到自然辩证法课里，给学生讲辩证法、讲哲学时，捎带讲一些物理学的基本知识。1976年，我同时还教一个班的力学。我把力学史的内容穿插到教学中，学生也很有兴趣。后来，我把讲课的内容整理成了一本书《基础物理学的辩证法》，1983年由科学出版社出版。

1978年，我被派到学校农场劳动。这一年学术界发生了一件大事。1978年5月11日的《光明日报》刊登了一篇题为《实践是检验真理的唯一标准》的文章。随后，全国范围内展开了一场关于真理标准的大讨论。这场讨论为中共十一届三中全会的召开准备了思想条件。看到这篇文章时，我很受鼓舞，于是写了一篇《实践和物理学理论的发展——从上世纪末本世纪初物理学革命看真理观的斗争》，把19世纪末、20世纪初的物理学革命都写进去了，发表在《光明日报》上（1978年10月5日）。这篇文章反响很热烈，后来《北京师范学院学报》做了转发（1978年第3—4期），还被收入《哲学研究》编辑部出版的《实践是检验真理的唯一标准问题讨论集（第二集）》。通过这件事，我发觉物理学史的研究，对政治思想还有点作用。这些事后，我越发感觉到物理学史的重要性。1978年下半年，我回到物理系后，就决定给学生开物理学史课。

问：据我们了解，到"文化大革命"前中国只有一两所高校以讲座的形式开设过物理学史课，都没有出版过系统的教材，"文化大革命"时期这些教学也中断了。要开设物理学史课，困难应该是很大的。

申：是的。首先，我们在1979年建立了物理系物理学史教研室。说到建立教研室，我必须要提到两个人。一个是张锡鑫教授。他是清华大学气象系的学生，没毕业就参加了中共地下党的外围组织，当通讯员。中华人民共和国成立后曾经做过北京四中和北京十二中的校长，1956年前后，调到北京师范学院物理系做系主任助理，主要负责教学工作。1972年恢复教学后，他跟我商量一起开设自然辩证法课。他讲总论部分，我讲分论部分。1978年后半年我从校农场回来后，就跟他讨论建立物理学史教研室。1979年他恢复工作后，被任命为物理系副主任，我是物理学史教研室主任。他跟我商量开设物理学史课。另一位是仓孝和先生，仓孝和先生以前是中共地下党员，1954年北京师范学院成立时，被调来任北京师范学院教务长。1961年，他组织过一个物理系的教学改革调查小组。1978年，仓孝和先生担任中国科学院自然科学史研究所的所长。因为有之前的渊源，我们就找他谈开设物理学史课。他非常支持，找了所里的戴念祖、许良英等研究人员，开了一个座谈会，给我们提了一些建议。当时，戴念祖先生已经把卡约里和劳厄的《物理学史》译成中文。这一年，我们在上海参加了华东师范大学将要出版的一本中国古代物理学史著作的书稿讨论会，从中也了解了一些资料。接下来，我们编写了物理学史课的讲义。张锡鑫老师对古汉语有研究，他在科学普及出版社徐克明先生的协助下编写中国古代物理学史部分，我编写了经典物理史和现代物理史部分。1979年，物理学史课先以专题形式给物理系的学生授课，到1980年，第一次系统地把物理学史课讲下来。学生们以我们编写的讲义为教材，期末以一篇小论文结课。从1978年以后，我每年一个学期给物理系的学生讲物理学史课，另一个学期给文科各专业的学生讲自然科学概论和自然科学史讲座。后来，我们的讲义被山东教育出版社看上了，他们请天津大学的物理系主任杨仲耆教授、陕西师范大学物理系周衍勋教授、南开大学杨福征教授、中国物理学会的汪世清教授进行审查。几位老先生都很满意，所以1985年《物理学史简编》出版了。这本书算是咱们国内出版最早、内容最丰富的物理学史著作。

问：这之后，北京师范学院物理系获得了物理学史硕士学位授权，请您谈谈这方面的情况。

申：1982年，仓孝和先生从中国科学院自然科学史研究所调回北京师范学院任院长。仓孝和先生是自然科学史专家，他回到北京师范学院后特别支持科学史的研究。1984年，在他的主持下，北京师范学院成立了自然科学史研究室。他设想先组建一个综合科学史研究室，为组建自然科学史研究所做准备。建立综合史研究室的具体方案是以物理学史教研室为核心，那时我们物理学史教研室已经有了四位老师：张锡鑫、王士平、李艳平和我，再从数学系、生物系、化学系、地理系各请来一位老先生，分别在各自系里做各自学科的学科史。他让我拟定一个在北京师范学院设置自然科学史专业的计划。当时我认为这个专业设置计划不好确定。高校招上来的学生不具备专业知识，学习各门自然科学的学科史存在困难，综合史对他们来说更难。后来有人建议各个系在二年级后选出对自然科学史有兴趣的人来组建这个专业。但我认为这样的学生具有的专业知识基础也不够扎实。以物理为例来说，二年级的学生还没有学近代物理学。于是，我提出设置一个科学史的研究生专业，拟了一个自然科学史研究生的计划上报给了院部。在仓孝和先生的支持下，我主持申请了物理学史硕士研究生学位授权。1984 年，物理系开始招收物理学史专业的硕士研究生，这其中就有后来留校的刘树勇老师。1985 年，物理学史硕士学位授权获得批准。

问：学位点建立初期，您出版了多部物理学史方面的书籍，如《物理学史教程》（1985）、《物理学史思想史》（1993 年）、《20 世纪物理学史》（1994 年）、《当代物理学进展》（1997 年）、《中国春秋战国科技史》（1994 年）等。其中，《物理学史教程》被国内多所高等学校作为教材或教学参考书。2003 年您与李艳平、王士平、刘树勇等老师合作修订后的新版还被评为“北京市高等教育精品教材”。这些著作的出版对物理学史学科建设和研究生培养起到了重要的作用。请您谈谈这方面的情况。

申：1985 年，在云南省昆明市召开了一个全国高等师范院校物理学史教学讨论会。在会上我做了一个题为《如何讲物理学史绪论》的发言，提出，应该把西方科学哲学、物理思想的发展、物理学研究方法的发展都做了一个概括。绪论部分只要把这几方面讲透了，就能让学生对物理学史有总的认识。会上，我被推荐主持编订全国师范院校物理学史的教学大纲。1985 年，我主持完成全国第一份物理学史教学大纲的编写工作。同年，我们在大纲的基础上出版了《物理学史教程》。当时包括清华大学、天津大学在内的很多院校都采用这本书作为物理学史课的教材。

1990 年，我主持编写了《物理学思想史》。我想，科学史专业的研究生，不能只学史实，对物理学思想的发展也要有一定把握。对高等院校与物理学相关专业的高年级大学生和研究生来说，掌握物理学思想的发展历史，是他们加深理解所学物理知识的实质，培养科学思想和科学世界观，激励科学创造精神，学习科学方法论，提高科学思维和科学研究能力的有效方法之一。我主要编写了《物理学思想史》中的经典物理学部分，现代部分是华中理工大学很有才华的杨建邺老师编写的，古希腊部分由南开大学的杨福征老师编写，中国古代部分由锦州师范学院（2003 年 4 月更名为渤海大学）的薄忠信编写。编写完成后，我们请天津大学的物理系主任杨仲耆老先生做主编，由湖南教育出版社出版。书出版后很受欢迎。

问：除了学科和专业建设，您在物理学史方面还做了许多研究工作。1975 年您就出版了《牛顿的力学及其哲学思想》，当时“文化大革命”尚未结束，其间牛顿曾遭批判，而您却大胆地肯定牛顿的贡献。您当时没有因此受到什么影响？

申：没有。科学界的人，看到这本小书的内容也会默默同意的。1972 年恢复教学后，我被分到了普通物理教研组。在教学过程中，我提议让学生学点物理学史。于是我准备了一个“力学的产生”的专题，讲牛顿力学的建立和牛顿的力学思想。我在教研组里作了报告。这个报告后来以《牛顿力学的建立和牛顿力学的哲学思想分析》为题投到《物理》杂志，得到何祚庥先生的认可。当时人民出版社正想出版一些科学书，何祚庥先生将我的文章推荐给了人民出版社。人民出版社认为我这个题目很好，后来就约我写了我的第一本书《牛顿的力学及其哲学思想》，1975 年出版。

在这本书里，我指出了前人的两点错误认识，分别是牛顿的生日是 1642 年 12 月 25 日和第一推动力是牛顿提出的。我根据文献发现，按照现在使用的公历，牛顿的生日应该是 1643 年 1 月 4 日，而不是一直以来认为的 1642 年 12 月 25 日。17 世纪的西方采用的是罗马恺撒大帝制定的旧历，与现在的公历正好相差 10 天。所以，按照现在的公历，牛顿是在 1643 年 1 月 4 日出生。

第一推动力不是牛顿提出的，是亚里士多德提出的。牛顿的四大贡献包括建立机械运动的三大定律；提出万有引力定律，把天体的运动和地面上的机械运动联系起来；第一个建立起经典力学的基本体系，其经典力学原理在科学技术上有着广泛的运用，指导人类的许多实践活动；延续伽利略数学分析与实验相结合的研究道路，第一次提出科学的方法论。牛顿形而上学的机械观，一方面对自然科学，尤其是对物理学的发展，起了一定的推动作用；另一方面，他企图以同一的机械尺度去观察各种自然现象，把各种事物看作是彼此孤立的、固定不变的，使自然科学家把旧理论僵化，在长时期内对科学发展也有消极、阻碍的作用。

问：1979 年，中国出现了“潜科学”一词，从您的论著《“潜科学”在中国》和《中国兴起的潜科学》（1986 年）看，您亲历了“潜科学”的整个缘起过程，对“潜科学”必定有深刻的理解。

申：“四人帮”倒台后，西方的科学哲学逐步传入中国，一些著作译成中文出版，国内也有一批学者从研究自然辩证法转向研究西方科学哲学。我对科学哲学也比较感兴趣。当时我们在北京的几个人，我和赵红洲、柳树滋、朱新民等，组建了一个研究小组，经常一起开小型的研讨会，报告各自在某一方面的研究。我当时主要研究了科学方法论的一些问题，有两篇报告，一篇是谈“还原原则”，一篇是谈“质疑原则”。1978 年全国科学大会期间，邓小平同志发言时说要做科学界的后勤部长；郭沫若也说科学界的春天来了。这重新点燃了国内学者科学研究的激情。在 1979 年 11 月 16 日的一次自然科学理论讨论会上，我们就能不能对科学的初期发展进行研究展开了讨论。任何一个理论都是创新性的。科学家在进行创新的过程中，必然有一个科学思想的孕育过程。开始的时候他的思维可能是混乱的、不太成熟的，甚至是有些矛盾的。但是，有思想火花，有新思想、新观点。这个新思想、新观点，可能与现有理论不太一致，但是很可能就在这个火花之上，一门新的学科就发展起来了。我们当时讨论，能不能结合科学史的研究，来考虑科学发展过程、科学创新过程的规律；能不能创一个新学科，专门研究科学的孕育、发展过程，以及科学理论产生以后被社会承认的过程。新理论往往是被扼杀的，那它怎么能不被扼杀呢？怎么能慢慢被接受呢？爱因斯坦的相对论开始也是有人反对的，量子力学也是有人反对的，最后都慢慢成熟了，被承认了。“潜科学”学就是研究新理论是怎么创造、怎么孕育、怎么被人公认的。当时赵红洲就提出，库恩科学发展模式的第一阶段称为“前科学”，是还在混乱状态，没有成型，没有得到公认，没有体系的科学。我们当时认为如果再用“前”就重复别人的观点，后来采纳了我的建议，把“前”改成“潜”。于是，我们就创造了一门新的学科——“潜科学”学。

“潜科学”是指那些尚处于孕育阶段、不甚成熟和完善的科学胚胎。作为一门学科，“潜科学”学一方面研究创新性的科学技术思想胚胎从潜到显的内部孕育过程的基本规律，寻求最大限度地发挥人们科学创造潜力的途径；另一方面研究新观点、新学说，从提出、传播、鉴别和检验到进入科学殿堂的外部成长过程的基本规律，以确定新理论顺利成长的适宜条件。“潜科学”和科学史是相互渗透的，科学史上大量的实例都是由潜到显，慢慢成熟，最后得到公认。1980年，我们创立了一个刊物，叫《潜科学》。这个杂志很有意义。当时有些文章正规杂志是不登的，他们认为这些文章的研究内容不成熟，但是只要你言之有理，《潜科学》就登。我们希望通过这个杂志，积极发掘富有开拓精神和创造才能的科技人才，热情扶持已经萌芽的新思想、新学说，帮助它们冲破障碍，从而推动学术上的自由探讨和繁荣。1990年初，由于资金短缺，这个杂志逐渐湮灭了，很遗憾。从科学史的角度来说，科学孕育都是一个从潜到显的过程，有一个从不被公认到被公认的过程。研究这个规律是希望帮助中国有创新能力的学者更好地创新。“潜科学”学的研究及相关活动，包括一些科学讨论会，对开设物理学史课程也是有帮助的。开物理学史这门课，必须考虑物理学思想和方法，必须研究大量物理创新的实例。“潜科学”里大量的研究都是物理方面的实例，收集这些实例可以说是为开物理学史课做了一些准备工作。后来，我们组织出版了一套潜科学丛书，包括:《科学史上的重大争论集》《科学蒙难集》《科学发现个例分析》《技术发明个例分析》《数学猜想》《科学前沿疑难与展望》等，受到广大读者的好评，1996年获得全国优秀科普读物三等奖。

问：北京大学物理系赵凯华教授在一次学术报告中说到，他们编写《新概念热力学》时，参考了您的著作《探索热的本质》(1985年)。这本书在国内第一次比较系统地讲述了热力学和分子运动论的发展历史。您在书中提到了王充“冷不自生”的观点。您还发表过一篇题《王充的“冷不自生”思想与热力学第二定律》(1998)的文章。请您介绍这方面的工作。

申：王充针对中国古代传说中自动生风的一种植物“萐脯”，提出了“冷不自生”的观点。这个观点是热力学第二定律的早期思想。所谓“冷不自生”，指在没有相应的足够大的外界作用，而在大气中自动产生冷的效应是不可能的。热的效应也是如此。对此的认识，王充是很明确的。他在《论衡》中阐明：若存在着这种机构，则可使某些部分自动冷却下来，某些部分聚热升温，即在温度均衡的大气中自动分化出冷源和热源。对“萐脯”的否定论述，在实质上已经涵括了克劳修斯（R E Clausius，1822–1888）、开尔文（Lord Kelvin，即 W Thomson，1824–1907）和奥斯特瓦尔德（W Ostwald，1853–1932）关于热力学第二定律的各种物理表述。王充在《论衡》中多次以这一客观规律为根据，反驳种种无稽之谈。他对于“冷不自生”的认识，超出了经验性的生活常识。他把这一思想称为“天地之性”，即自然的本性，用于批驳邹衍“叹而天陨霜”的传言，并说明寒温变化不是人事国政可干扰的。他的论述，还涉及自然过程，以风可拔木而不能以反风立大木说明自然过程完全的逆变是不可能实现的。当然，我们不能说王充已经提出了热力学第二定律的明确表述。他只是通过对自然界冷热变化现象的观察与思考，确言了冷热变化规律的客观性。王充未对所考察的物质系统是否是孤立系作出严格规定，也未达到自然过程不可逆性的普遍结论。在当时的历史和科学认识条件下，王充能够从人们司空见惯的寒温变化现象中，达到“冷不自生”的认识，并且把它看作是一种自然的客观本性，是相当深刻和卓越的。

我在《中国传统思维与现代物理学思想的契合》一文中，提出中国传统思维在很多方面与近代物理学思想是契合的。中国传统的有机整体论自然观，强调万事万物相互关联，而且认为所有事物都是变化的，在不断转化中动态地联系在一起。现代物理学把宇宙看作是事物间的相互作用和不断转化连接成的一个关系网络。二者既有差异，也有一致之处。相对论表明，时空观察者自身的运动状态相联系，这与中国传统思维中强调的“天人合一，物我一体”的观念协调。在创新思维上，中国古代很多的哲学家都推崇直觉，一种直接的、整体的、非逻辑和自发性的创造性思维。这种思维形式受到了现代思维科学的重视。与直觉思维相联系的还有从具体形象符号中把握抽象意义的意象思维。现代思维科学指出，在创造性的思维中，科学家往往可能不借助语言而进行意象思维。爱因斯坦就说在他的思维机制中，主要是将一些作为“思维元素”的符号和意象进行随意的“再生和组合”。东西方的科学思想都是人类文明的宝贵财富，它们有差异，也有一致的方面，可以互相补充。把它们结合起来，顺应现代科学发展的潮流，可以让我们更完整、更深刻地理解世界。对我们来说，这也是爱国主义教育的素材，可用来发扬我们古代的精华。

问：您对物理学史的教育功能做过长时间的系统研究，发表过《物理学史与科学素质培养》《物理学史与人文素质培养》等多篇论文。1997 年，您多年的研究成果“发挥物理学史的教育功能，推动物理教育改革”获得北京市政府教学科研成果二等奖，对物理学史的教育功能，您定有自己的深刻见解。

申：物理学史的教育功能是它诸多公认的功能中最重要的一项。爱因斯坦的《论教育》，把物理学史作为很重要的内容渗入教学中。针对在教学中引入物理学史、物理学史的教育功能的方方面面研究，主要是探讨物理学史的人文教育的作用、科学教育的作用、创新教育的作用、品德教育的作用四方面。人文教育方面主要是怎样提高学生的文化素质、哲学历史与科学结合的素质和提高人文思想的高度、深度。科学教育方面主要是培养学生的科学素质。引用物理史料，可以帮助学生理解和掌握物理学知识，认识物理学知识的相对性、动态性，了解物理学基本观念的变革。创新教育作用主要是培养学生独立思考的能力和怀疑精神，培养学生的想象力和判断力。同时，通过对科学方法的学习，对学生进行科学思维的训练。物理学史中科学家们的科学理想、献身精神、光辉言行和高尚品格等精神价值在学生的思想品德教育中可以发挥重要的作用，会对学生的人生观、价值观产生深刻的影响。物理学本身就是人类历史活动的一部分；在研究方法上，历史的方法和逻辑的方法也是相通的。所以，应用物理学史革新物理教育，物理学史与物理教育结合，具有必要性和可能性。

对物理学史教学功能的发掘是我们物理学史教研室最早的研究工作。我们是师范院校，毕业生将来要到中学去教学，如果能把物理学史的教育因素渗入中学教学中，把物理学史的教育功能发掘出来，物理教学的质量、水平肯定会有提高。我们一贯倡导把物理学史融入物理教学，充分发掘物理学史的教育功能。国外那些年编撰的物理教材里，物理学史内容的逐渐增加也给了我们启示。

1982 年，中国物理学会召开了一次全国物理学史教学讨论会，南开大学、北京师范大学、苏州大学、天津大学、江汉大学、锦州师范学院等十几所高校的老师参加了这次会议。会上初步拟定了高等院校，特别是师范院校物理学史课程教学大纲的草案，这个草案就是后来 1985 年昆明物理学史教学大纲的初稿。会后，我作为北京市物理学会的理事，向中国物理学会提出申请在北京开设一个物理学史系列讲座。此后，由北京师范学院物理系承办了一次全国物理学史讲习班，有 200 多位大学、中学的物理老师参加。讲座聘请了当时国内的物理学史专家汪世清、戴念祖、邹延肃、陈毓芳、张钟静、郭奕玲、高崇寿各自选讲一两个专题，我讲了绪论和近代天文学革命。在这个讲座影响下，全国很多地方先后组织了物理学史讲座，掀起了一个学习物理学史的热潮。到 1990 年，全国各地举办“物理学史”讲习班 20 余次，接受培训者逾千人；先后有两三百位物理教师转移到物理学史教学工作中，形成一支规模可观的物理学史教学队伍；全国有 200 多所高等师范院校、综合性大学、理工学院开设“物理学史”课程。为了推动高等院校的教学工作，我们物理学史教研室以中国物理学会和北京物理学会的名义主动承担和组织了一些高等院校物理学史教学与学术讨论会，参加的主要是师范院校，也包括综合性大学和工科院校。

因为教学的需要，我们在北京市曾经组织过一个物理学史小组，定期讨论问题。北京市教育学院东城分院的巴幼泉院长曾组织多位中学物理老师参加活动。这些老师包括北京四中的陶橙老师、顺义八中的梁学军老师等。陶老师在北京四中开设物理学史选修课；梁学军老师在顺义八中组办的物理学史教学活动也是有声有色的。他组织物理学史班会、办物理学史小刊物和物理学史讲座等。这个研究小组，推动了将物理学史渗入基础物理教学的工作。我自己也做了一些这方面的探讨，先后在《物理通报》《大学物理》《物理学史》等期刊上发表了一些关于物理学史渗入物理教学、发挥物理学史教学功能的论文。

1999 年 9 月，台湾高雄师范大学邀请我去参加他们组织的“科学史、科学哲学与科学教育研讨会”，我报告了《物理学史融入物理教学》，受到与会者的欢迎。

2000 年，科学普及出版社计划组织一套中小学的科学读本。当时国内流行一个新想法，就是在中小学开设综合性的科学课。当时科学普及出版社请我做主编，从学校化学系、生物系、数学系请了三位教授，加上科学史研究室的王士平、李艳平、刘树勇等，编了一套科学读本——《科学——新世纪科普知识读本》，一共 14 本。这套书当年就发行了 10 万册，很轰动。2004 年，人民教育出版社要按照《物理课程标准》编写新的高中物理教材，请我主编高中选修模块 1–1 和 1–2 教材，共两本。这两本教材一本是电磁学，一本是热学，就是目前高中也在用的选修 1 系列。我们研究室的王士平、李艳平、刘树勇都参加了这项工作。当时人民教育出版社要求要增加大量的人文知识。我自己也感知这两本书是针对文科生，就在书中加了很多人文方面的内容，引用了大量的科学史、物理学史和物理学的社会应用、社会价值、物理学思想的材料。这样很符合文科的特点，一方面学科学，一方面关心社会。书中的序言是我写的，讲到了科学本身的功能、科学的美学价值、科学的社会价值等。我希望借此能够引起文科生的兴趣。

问：您曾经担任中国科学技术史学会理事和物理学史专业委员会主任，请您谈谈学会的工作。

申：从中国科技史学会成立我就是会员，后来当选为理事，1992 年前后任物理学会专业委员会主任，任期 2 届共 8 年。后来的物理学会专业委员会主任是我们首都师范大学的王士平教授和李艳平教授。当时学会主要有三方面工作。一是把物理学史工作从学术研究机构向高等学校推广，前边已经提到，我们组织了多次全国高等学校物理学史教学与研究交流讨论会。最初，这些会议的组织得到过中国物理学会、北京物理学会和北京科委等的支持。这样的会议先后在首都师范大学、内蒙古师范大学、成都师范高等专科学校、湖北黄石师院（湖北师院）、南京师范大学、安徽师范大学等学校举办，这就是我们现在两年一次的“全国物理学史学术年会”传统的形成，目前已经举行了近二十届。二是开办物理学史讲习班，前面也提到了。从 1983 年开始，我参加了在北京、锦州、太原、成都、荆州、广州等地的学校组织举办的讲习班。三是推动地方物理学史的研究工作。在学会的学术年会上，各地的学者交流他们的研究成果、研究方法和经验。当时，在他们申请资助、开展研究中，学会也给他们出具证明等，很多关于古建筑在物理方面的研究工作逐渐开展。比如说莺莺塔的回声、山西应县木塔的避雷研究等，这些研究后来都申请到了很好的项目，研究工作也在开展当中。当时取得了一批有影响的成果，如：莺莺塔的回声机理研究、山西应县木塔的避雷研究、湖北武当山的雷火炼殿现象研究、天坛回音现象研究等。这些研究有的后来出版了专著，有的申请到国家级项目，使研究工作得以更深入地展开。

问：您在中国近现代物理学史的研究方面也做了很多奠基性工作，您参加了《中国物理学史大系·近代物理学史》（湖南教育出版社，2002 年）的编写，此“大系”荣获国家新闻出版总署颁发的“第六届国家图书奖”，您的著作《中国现代物理学史略》（福建科技出版社，2002 年）获“2003 年华东地区优秀图书”二等奖。请您谈谈这方面的工作。

申：我们是从 20 世纪 90 年代初参加北京市科技志编写工作开始关注中国近现代物理学史研究的。这目前还是我们学科的主要研究方向之一。我们要通过丰富、翔实、新颖的史料，呈现现代物理学在中国的传播和发展历程，记述老一辈物理学家为中国现代物理学的发展做出的杰出贡献。希望你们在这个方向上继续努力，做出好的成果。

问：谢谢申老师接受我们的访谈。

致谢：感谢首都师范大学王士平教授、李艳平教授对访谈提纲和访谈整理稿提出修改意见。

情系冶金史 36 年 *

——访韩汝玢

李秀辉 / 问，韩汝玢 / 答

编者按：韩汝玢先生自 1977 年在北京科技大学冶金史研究室（现冶金与材料史研究所）任职以来，主要从事中国古代钢铁技术史的研究，在应用金相显微镜和电子显微镜等实验手段系统研究古代钢铁制品，阐明中国古代钢铁技术发展对人类文明贡献方面取得了重要的学术成果，是国内外知名的金属史家。

李：韩老师，您好。作为您多年的下属，这是第一次对您做访谈。从 1986 年自澳大利亚回来时认识您到现在已是 27 年了。虽然对您的整体工作情况比较了解，但对 1977 年选择进入冶金史研究室的原因还不太清楚。您当时虽然有金属学研究方面的知识，但是对于考古、文物等方面的了解应该是不多的，请您来讲一讲，好吗？

韩：1977 年，教育史组解散以后，我要重新分配工作，那时候有两个选择：一个是让我回到当时的理化系，一个是去冶金史研究室。当时《中国冶金简史》正在校稿，冶金史研究室的丘亮辉主任让我去修改宋代一章的小结。约两周，我把它改好、上交，丘亮辉一看还不错，就说“那你过来

*　收稿日期：2013-07-01。

作者简介：李秀辉（1963—　），女，北京人，现任北京科技大学冶金与材料史研究所副研究员、副所长，主要从事古代金属材料及其铸造技术研究。邮箱为：lixiuhui@metall.ustb.edu.cn。韩汝玢（1934—　），女，北京人，北京科技大学冶金与材料史研究所研究员、博士研究生导师，主要从事中国古代钢铁技术史研究。

吧”。我的专业背景是材料系毕业，留校以后曾经带过X光实验和金相实验等；1974年，学校派我和谢逸帆配合日本代表安装调试我国进口的第三台电子显微探针，同时还去北京钢铁研究总院的电子探针室进修过3个月，所以我在研究方法上是有基础的，缺乏的是对金属文物的了解。而且柯俊先生是编写组的导师，因此我选择留在这个冶金史研究室。

当时是创业阶段，冶金史编写组的主要任务就是在古代文献研究的基础上把金属文物蕴藏的技术、文化内涵发掘出来，因此多次组织小分队到考古遗址、博物馆去调查、考察，宣传我们能做什么。当时，我就通过向文物考古工作者学习来弥补我在考古和历史方面的缺失。1979年，丘亮辉组织我、张长生、朱寿康和胡文龙第一次到贵州、云南调查，从斑铜、乌铜的制作，东川炼铜，一直到贵州的炼锡、炼铅，搜集了很多基本的资料，特别重要的是贵州赫章土法炼锌、云南昆明斑铜乌铜走银、个旧炼锡的资料。我统计了一下，与冶金有关的有20个省、市，近130个地方。不仅仅是古代钢铁技术，涉及的面比较宽，凡是和冶金史有关的资料，我全部都记录在笔记本中，通过学习、开会、交流及考察，使我对冶金史金属文物的认识有了实质性的变化。

当时柯俊先生还让我去查化学文摘的索引，凡是和冶金史有关的，全部抄录下来，从而对国外的情况有了一个基本的了解。然后，反过来去查主题，整理了一批资料，做了一些比较扎实的基础性的工作。我的英文不好，1979年曾参加过三个月的口语补习班，查找文献的工作对我是个很好的锻炼，提高了我的英文水平。

进入冶金史研究室以后，我觉得这个工作特别有意义。我很热爱这个工作，比如到贵州、云南看到当地生活条件非常艰苦，但那里的老百姓非常淳朴，对北京来的我们非常热情。我觉得我真应该做点什么，把“文化大革命”失去的时间抢回来，所以我挺努力的，无论去哪里的野外考察，没什么犹豫，说去就去。有什么任务谈到就做去。在柯俊先生的指导下，我进行了早期黄铜文物的鉴定和模拟实验等研究。

另外，我通过讲课，给学生讲，给干部讲，包括历史、古代文献，研究方法和成果，用写大字报的形式，后来做幻灯、薄膜，那时候讲稿教材全都是自己手写。通过这些环节弥补了历史、考古背景知识的不足，虽然不够深入，但毕竟有了广泛的积累。所以，1977—1984年这7年中，通过野外田野调查、接触文物，专注搜集各方面的资料，我在专业研究上迅速成长。1984年，我开始担任冶金史研究室主任，主要专注于古代钢铁史的研究，也兼及有色金属及其加工技术的研究。2000年，我正式退休，但冶金史的研究一直还在进行；从1977年至今已是36年，我为冶金与材料史研究所的发展付出了自己辛勤的汗水，为弘扬中华民族冶金文化贡献了自己的力量。

李：您在任研究室主任和研究所所长期间，完成了学校科学技术史学科体系的建设，从无到有，先后建立了硕士点和博士点。请您谈谈在这一过程中遇到的困难与体会。

韩：1984年我接班当主任后，就开始想办法进行学科建设，争取设立硕士点。当时困难很多，首先是没基础。为了满足设立硕士点的条件，1984年柯俊先生开始招收冶金史方向的硕士研究生，梅建军是第一个硕士研究生。当时硕士研究生的一些课程是去北京大学上的。因为没有学位授予权，学生需要答辩两次，在学校先进行毕业答辩，然后到中国科技大学再做一次申请学位的答辩。1985年，我被提升为副教授，开始有资格带硕士研究生。1985年招收2名硕士生，王可和李延祥。王可挂在我的名下。当时，封建社会前期钢铁技术的发展脉络已经比较清楚了，所以我们开始研究封建社会后期的钢铁技术。我带着王可到南京、扬州、徐州去考察并收集资料，到西安搜集唐代以后的铁器，在北京得到了元大都的铁器样品。1987年招收2名硕士生，许征尼和王凯民。许征尼由我指导。这样到1990年，申请硕士学位点时，我们已有6名学生，梅建军已毕业留校工作。

自1983年研究室开始进新人，1985年、1987年又有学生留校工作，所以学术梯队慢慢建立起来，确定了三个研究方向，即钢铁、有色金属和金属加工技术。

经过10年的研究积累，古代钢铁技术发展历程的研究有了新的突破，比如我参与的河南铁生沟遗址的再探讨、百炼钢的研究等。1984年，柯俊先生派我去郑州，与河南省文物考古研究所的赵青云、李京华等人合作，重新研究铁生沟原始的发掘记录，并再次对出土的遗物进行观察与分析，对铁生沟遗址的冶炼性质有了较深刻的理解，1985年撰写的文章发表在《考古学报》上。1979年，柯俊先生关注百炼钢的问题，徐州博物馆的考古专家王恺先生发现了有铭文的五十炼钢剑，请柯俊先生检测。柯俊先生就安排我做这一项研究。在柯俊先生的指导下，我做得很细致，充分利用了我在金属材料研究方面的知识积累，使用了多种研究方法和手段，包括金相、扫描电镜、透射电镜、显微硬度、磷印试验和硫印试验，等等，从微观的到宏观的全都做了。研究结果以署名论文发表在《自然科学史研究》上。

1979年，美国宾夕法尼亚大学的麦丁教授到中国来。他注意到当时署名“李众”的两篇论文，即《关于藁城商代铜钺铁刃的分析》和《中国封建社会前期钢铁冶炼技术发展的探讨》，希望能认识论文的作者。他打听的结果是文章与柯俊先生有关。他认为，这些研究工作很重要，是经典性的。于是，他和柯俊先生磋商要召开国际性的学术会议，讨论中国古代冶金史研究的新进展。这样，1981年，就在北京召开了第一届“金属与合金的早期使用”国际学术研讨会，也就是现在所说的“国际冶金史大会”。1986年，在河南省郑州市召开了第二届国际冶金史大会。学术会议开得很成功，并参观了郑州古荥冶铁博物馆、湖北铜绿山冶铜古矿冶遗址等，国际影响很大。至今已召开了七届，第八届将于2013年9月在日本奈良举行。

1987年，以柯俊先生领衔的“中国古代钢铁技术的发展历程”项目获得国家自然科学奖三等奖和国家教委科学技术进步奖二等奖。这一重大成果为学科点的设立打下了很好的基础。

1991年，北京科技大学（1988年北京钢铁学院更名为北京科技大学）科学技术史专业硕士学位点获得教育部批准。所以，“科学技术史”硕士学位点的设立经历的时间是比较长的。通过学术梯队的建设、研究成果的展现，以及广泛的国际学术交流，我们终于实现了设立硕士学位授权点的目标。

博士点的建立是在硕士点建立5年以后了。所以，得提前创造条件：一个是必须有正教授，二就是你必须有培养博士生的条件和能力。最开始我们自己没有条件，就借用物理化学专业的博士点。李延祥是第一个做冶金史课题的博士研究生，而他的学位是物理化学专业的，都是外请的导师。1996年年底，教育部批准北京科技大学设立科学技术史（工学）博士学位授权点，1997年我们就开始招生。2000年，我们研究所划归冶金学院，学生的培养与管理才列入学院的日常管理，之前全部是代管的。

从1984年开始到1996年，经过13年的努力与奋斗，北京科技大学科学技术史学科建制的建设才初步完成，这其中的艰辛与困难是我们大家共同品尝、携手渡过的。

李：研究所的学生论文尤其是博士论文，您基本全看过并给予了详细的修改意见，为我们年轻教师做出了表率。请您谈谈在指导不同的学生时应采用怎样的方法与技巧，年轻教师要如何做才能像您那样既具备丰富的知识，又总是充满工作热情？

韩：关于评阅博士论文，很多时候我是在尽义务。虽然有些博士研究生所做的工作我不太懂，但我一定要帮助他们，把他们好好地送出去。为什么呢？因为我觉得我有义务帮那些年轻的博士生导师，促使他们扎扎实实地培养博士研究生；硕士生要求低一些，稍微好一点，博士生必须得扎扎实实地培养，我是把他们当作自己的研究生来对待的。每个学生的论文，只要是他们的导师愿意让我看，我都会认认真真地看，让那些博士生提出的问题先把我说服了，按照博士培养标准说服了：第一个就是你选题的目的和意义是什么，第二个就是你的工作量够不够，第三个就是你的创新点明不明确，这三条你把我都说服了，我就觉得你的水平到了。再怎么花哨，你不把我说服就不行，尽管有些问题我可能不太懂，但不懂的地方你更要把我说服了，否则你说得再云山雾绕的也不行。我一定认认真真读你的文献，检查你的实验数据，然后看实验数据是否支撑你想说明的问题，等等，一步一步检查并核实。这样，我才能提出一些中肯的意见和建议，绝对不是随便翻一翻就算了的。

我自己的学生，我必须得管；但其他学生也是在为我们开创事业，我也得管，因为我觉得我有责任。当其他学生与导师有矛盾时，我就有责任去调解和磨合，让导师也能跟着一同进步。我不光要教学生，也要教他们的导师，帮助这些年轻的教师提高水平。

在博士生选题方面，我主要把握几点：第一，属于科学技术史范畴；第二，满足博士生培养的要求；第三，和今后的工作有联系。这几方面把握住了，我就能够指导他们。我的强项是冶金史，冶金史成不成，我一看数据很快就能给出判断。但其他方面，如文物保护、科学技术与社会，都不太熟。之所以开辟文物保护方向，很重要的一点是我到了博物馆一看，没有专业人员，那么多文物都得不到很好的保护！这对我刺激比较大。由于没有合格的文物保护专业人员，在仓库中的文物都没有得到有效的保护。2001 年，我们开始招收文物保护方向的博士生，培养的“五大博士”现在都是各单位的技术骨干和国家文物局的中年专家。博士生的培养不在于他们的项目怎么样，而在于学会怎么做科研，这一条是最重要的。

另外，所有博士生的选题我都记得住，由于我退休后返聘有较多时间，我跟他们的交流较多，对于他们的进展、做出的新成果也都关心。导师在课题进行过程中，必须帮助学生，要尽可能多地了解他们的工作进展和遇到的困难，不能撇着学生不管，你必须得管。对于博士生导师，一个是严格要求，另外一个是要付出一定的心血，深入到学生的研究内容中，不能一拍脑袋就说“这不行”。你得深入进去，不能太随意，要换位思考这些博士生也不容易，积极想办法提高其科研的能力。令我欣慰的是他们对我的意见是很重视的。

我希望年轻的教师们，一定要观察细致一点，工作做细一点，严谨一点，而且看得多一点，这样你积累的知识面才能比较宽、经验才能逐渐丰富起来。

李：柯俊先生是您的导师。在冶金史研究所中，您是协助柯俊先生做工作最多的。柯俊先生在大家的心目中是个要求严格、不讲情面的老师。您心目中的柯俊先生是怎样的一位老师呢？

韩：柯俊先生指导我，有比较长的历史渊源。1956 年 3 月，他就指导我做毕业设计。人家全都做科研，只有我一个人做设计。当时学校要建金属物理楼，需要做些调研。柯俊先生就带着我到哈尔滨工业大学、哈尔滨军事工业学院、吉林大学、长春光机所、沈阳金属所、东北大学等单位进行调研。柯俊先生要我调查金属物理专业的物理实验课、专业实验课，能开多少课，需要哪些设备，设备都什么样的，要占多大面积，等等。所以，我收集了不少这方面的资料，为建金属物理楼提供了重要的技术参数，包括实验室面积，气、电、水等怎么分配，电子显微镜对环境的要求，相关的屏蔽设施，等等。我毕业后留校，分到金属物理教研组做助教，同时还做柯俊先生的学术秘书。1956 年入学的第一届金属物理班，就是我一个人带的。1960 年，我被提为讲师。1960—1966 年，我做金属物理教研组的支部书记，参与金属物理专业的建设。1961 年开始，为培养年轻教师，高等教育部分配 6 个年轻教师（讲师）跟着教授做在职研究生。我就成了柯俊先生的研究生。每个人都有自己的教学计划，我的教学计划就是补课，补金属物理的专业课，热力学、统计物理、量子力学、外语，就跟着同学都上，非常不容易。这些考试我都通过了，但是科研搞什么最后还没定，“文化大革命”就开始了。后来，我们拿到的是张文奇院长颁发的研究生毕业证书，算是 1964 年毕业的。

柯俊先生指导我做科研，指导我做研究生。刚开始工作，他送了我一本书，就是《居里夫人》。第二年，三八国际妇女节，他又送我一本《论列宁与青年》。书上面还有题词，要我如何努力工作。我做研究生的时候，他说要培养我做第一个用英文讲课的人。他对我有很大的期望，我觉得我要努力，不能辜负柯俊先生对我的信任。因此，1977 年我来到冶金史研究室工作，他对我从事冶金史的研究很关心，也很支持，带我去了不少地方。柯俊先生做学问的严谨认真态度，对我影响比较大。他的一些想法我很理解，但是有些限于条件而做不出来，比如古代的灌钢我做不出来，但是我能做出来的，一定尽量去做，比如百炼钢的研究，还有河南三门峡虢国墓地的研究，都得到了他的认可；再比如，他要求建立学术梯队，要求成立冶金史专业，目标一旦确定，我就想方设法去实现。也因此，他对我是比较信任的。

柯俊先生的事业心对我影响也比较大，而且他的知识面特别宽，他对很多问题的看法都很特别，高瞻远瞩；而且他想得特别多，博览群书，不断学习。他是我们学校老教师里最早使用计算机的，最早与中国科学院的网联网的。他总是兢兢业业，学术上的严谨求实赢得了广泛的称誉和敬重。柯俊先生创立的科学实验方法应用于冶金史研究，使我们研究所形成了严谨务实、重视实证的学风，也成为我校科学技术史学科建设上的特色。

李：冶金史研究室早期与国际的联系主要靠柯俊先生，1981 年第一届国际冶金史大会就是他组织筹办的。1985 年您去澳大利亚卧龙岗大学做访问学者，那时您已年过 50 岁，是研究所第一位走出去的教师，非常有意义，也非常不容易，能请您谈谈体会吗？当时都遭遇过哪些困难？

韩：1985 年，在柯俊先生的支持下，由澳中文化协会资助，我赴澳大利亚卧龙岗大学冶金系做访问学者，从事冶金史研究，为期一年。我准备了十几个样品带过去。当时我的英文比较差，说不出来就写条子。人家当我是一个角，聘我作为荣誉讲师。周一到周五，我是第一个上班，八点半上班，打扫卫生做清洁。利用他们的试验设备，金相、镶样、磨样、照相、扫描电镜、图像分析仪等，在实验员指导下，我都上手自己干，所以带来样品的分析工作，3 个月就基本完成了。因为我是中澳文化协会派来的，跟他们搞合作研究的，他们对我也挺重视的，安排我带两个学生的毕业论文。毕业论文一个研究铜镜为什么要那么高的锡，从物理的角度来看为什么是这种凸面镜；再一个是考察中国钢铁技术的发展历程。这两个学生的答辩都取得了优秀的成绩。

在澳大利亚期间，因为性格开朗，乐于助人，生活经验丰富，我还应邀在妇女活动中作有关中国妇女权益、独生子女政策问题的报告。我还曾接受墨尔本电台、卧龙岗大学宣传部的采访。通过各种活动，我了解澳大利亚的文化、习俗，并经常组织留学生开展各种活动，如组织 10 月 1 日的庆典活动，中国留学生把他们的导师们都请来，特别热闹。一次中国的远洋船到我们卧龙岗火车站的煤矿装货，我就组织留学生上船，开展“回祖国大陆”的活动，感觉特别亲切。这两个活动以后，我把卧龙岗大学的中国留学生全都团结在一块。

在澳期间，我利用卧龙岗大学的图书馆收集了大量当时国内不好查找的外文文献，复印后海运回国；我还发表了3篇英文文章，并参加了国际研讨会。通过参与几项科研课题的研究工作，我的研究视野与学识都有了长足的进步，打开了眼界，学习了人家先进的东西，回来以后咱们自己用。

我有一个比较深的体会，到一个地方去，你不能做客人。有一次他们的油都漏了，弄的到处都是柴油，我就跟他们的人一起扫。像这些事情，我都不是作为客人袖手旁观的。一年期满后，我不愿延长。1986年初，我按期回国，并立即投入到第二届国际冶金史大会的筹备工作中。

1987年，孙淑云老师作为访问学者再赴澳大利亚卧龙岗大学进行学术交流；1994年，梅建军赴英国李约瑟研究所进行为期一年的访问学习，之后又入剑桥大学考古系攻读博士学位。这些都为我们冶金与材料史研究所国际化发展创造了条件。近年来，我们研究所与国际上许多知名学者与研究机构都建立了交流与合作关系，从而为我校学科建设和人才培养奠定了坚实的学术基础。多年的工作实践，使我们大家都深刻地认识到：必须向外界宣传我们的研究成果：一是要主动走出去，参加国际会议、学习和进修；二是将国外的知名学者请进来，进行广泛的学术交流，拓展我们的研究视野。

李：非常感谢韩老师，您使我们对于研究所的发展历程，以及您自己的冶金史学术生涯有了一个比较全面的了解与认识。您的话将激励我们继续努力进取，推进学校科学技术史学科的建设与发展。再次感谢您！

姜振寰教授的技术史情缘*

——访姜振寰

万辅彬 / 问，姜振寰 / 答

编者按： 哈尔滨工业大学姜振寰教授曾担任中国科技史学会常务理事和技术史专业委员会主任、全国理工农医院校社科学报学会理事长、黑龙江省创造学会会长、哈尔滨工业大学科技史与发展战略研究中心主任等职，现为哈尔滨工业大学教授、博士生导师，1993起享受国务院政府特殊津贴，是中国著名技术史专家。从事技术史和技术哲学研究30余年，获中国专利3项，荣获“中国专利博览会金奖”“香港国际专利博览会金奖”“五个一工程奖”“国家出版奖”“中国航空航天工业部嘉奖”等多项奖励。发表论文百余篇，代表著作有《简明世界科学技术史年表》《技术社会史引论》《中日俄近现代技术发展比较研究》《当代中国技术观研究》《科学文化社会背景下的技术编年史（远古—1900）》等，主持翻译牛津版八卷《技术史》并已出版。2012年下半年，中国科学院自然科学史研究所所长张柏春先生对万辅彬说：“听说贵校学报早就有访谈姜振寰教授的计划，这很好。姜教授对中国科技史学科特别是技术史建设做出了很大贡献，希望早日实现这一访谈计划。”万辅彬回答：“姜老师是我们很尊敬的朋友，他的访谈我们要认真地去做，访谈之前必须要做好功课，争取在中国技术史第三次论坛时发出来。”张柏春所长听了后连声说：“那就好！那就好！”姜振寰教授的访

---

* 收稿日期：2013-08-10。

作者简介：万辅彬（1942—　），男，安徽省繁昌县人，广西民族大学教授，原《广西民族大学学报（自然科学版）》主编，中国科学技术史学会理事，中国科学院自然科学史研究所客座研究员、兼职博士研究生导师，北京科技大学兼职教授。姜振寰（1944—　），男，山东省莱州市人，哈尔滨工业大学教授、博士生导师，曾担任中国科技史学会常务理事和技术史专业委员会主任，中国著名技术史家。

谈录没能赶在中国技术史第三届论坛时与学界见面，实在遗憾，借此对姜振寰教授和张柏春所长表示歉意。

姜振寰教授于1962年考入哈尔滨师范学院（现哈尔滨师范大学）物理系，毕业后因“文化大革命”受到冲击，后来担任工厂厂长负责电焊机等机电设备的生产。1977年，在黑龙江绥化师范高等专科学校讲授一年的普通物理学课程。1979年，考入哈尔滨工业大学随关士续教授攻读自然辩证法硕士学位，1982年毕业留校任教。1987年，任哈尔滨工业大学人文学院硕士生导师，1998年任管理学院博士生导师，1999年创刊《哈尔滨工业大学学报（社会科学版）》，2004年创办科技史与发展战略研究中心。1983—1990年被借调到中国自然辩证法研究会从事中国技术发展战略研究，1990年回到哈尔滨工业大学任教。姜振寰教授从20世纪60年代，历经时代沧桑，求学矢志不渝；自20世纪80年代初结缘技术史以来，在技术史和技术哲学领域取得了突出的学术成果。

1　历经时代沧桑，求学矢志不渝

万：姜教授，您好，感谢您接受我们的采访。您的经历十分丰富，作为采访的开始，今天我想跟您先聊一下您的人生与学术经历。

姜：我生于山东省掖县（现莱州市），祖上有人做过县官，祖父在民国初年当过中小学校校长，父母均读过大学，留有一套三进三出的琉璃瓦住宅。住宅由于长期无人照管，“文化大革命”后被市政府扒掉盖了政府大楼。外祖父是晚清廪生，民国初经商麦秆编织品，曾获巴拿马博览会金奖。他的几个弟弟早年留日，是兴中会、同盟会成员，参与辛亥革命，曾与蔡锷南北呼应起军讨袁。

1946年全家到北平（今北京），中华人民共和国成立之初我随父母到哈尔滨。高中就读于黑龙江省重点中学哈尔滨市第三中学，1962年高考时，虽然考分很高，但因家庭历史及海外关系影响被哈尔滨师范学院（现哈尔滨师范大学）物理系录取。当时正值全国“困难时期”，高考录取率仅3%左右。

1966年大学毕业时因“文化大革命”而延期离校。造反派给校党委书记杜若牧（“一二·九”运动参与者）[1] 贴出第一张大字报后不久，我也被贴大字报并被“勒令停职反省”，因为我当时担任校管弦乐队指挥，正筹办“哈尔滨之夏音乐会”专场。1968 年因派系斗争和“反动言行”蹲了半年多牛棚，1969 年春始得“解放”，之后分配去黑龙江省安达市。在安达市工作了近 10 年，其间当过中学教师。1969 年珍宝岛事件后响应中央“要准备打仗”的号召，组织土武器及各种炸药的制造。后来担任工厂厂长，负责电焊机等机电设备的生产。我在 1971 年设计生产出重量仅 10 千克左右的手提电焊机，曾畅销全国。不过，当时没有专利制度，这一设计很快被其他厂家仿制。这期间，我掌握了电工、车工、焊工等技术，以及一些机电知识和工厂的管理知识。“四人帮”倒台后，1977 年我在绥化师范高等专科学校讲授了一年的普通物理学，借此机会对高等数学和物理学进行了一次系统的复习。同时，在郭沫若“科学的春天”的鼓励下，抓紧时间复习准备考研。

1978 年，第一次考研报考的是杭州大学王锦光先生[2] 的中国古代物理学史专业。初试通过，《古代汉语》科目居然得了 98 分（百分制），复试时因回答中国古代有无物理学家与王锦光先生发生争论而未得录取。当时我认为中国古代没有物理学家，只有零散的物理学知识。

1979 年考入哈尔滨工业大学，随关士续教授[3] 攻读“自然辩证法”硕士学位，时年已 35 岁，是两个孩子的父亲，颇有“范进中举”之感。由于多年对技术工作的热爱而主攻技术史（哈尔滨工业大学当时招生的研究方向有技术史）。为了学习这门以前接触很少的新学科，读研期间抓紧研习英国贝尔纳《历史上的科学》和哲学史，同时，为了既学习外语又能学习科技史，用

---

① 杜若牧（1913—1966），男，原名宝贤，又名伯齐，吉林梨树县人。1949 年 12 月，任辽东省人民政府教育厅副厅长；20 世纪 50 年代初，杜若牧奉调到高等教育战线工作，先后任东北工学院鞍山分院副院长、东北工业干部学校校长、北京钢铁工业学院副院长和中共北京钢铁工业学院党总支书记、冶金部教育司副司长；1957 年 10 月，调任中共哈尔滨师范学院党委第一书记兼副院长；1963 年 2 月，兼任哈尔滨师范学院院长；1966 年 8 月 31 日，含恨而逝，时年 53 岁，1978 年 9 月得以平反。

② 王锦光（1920—　），男，浙江温州人，杭州大学（现浙江大学）物理系教授。1940—1944 年先后在浙江大学、暨南大学数理系学习。曾任中国科学院自然科学史室兼任研究员，中国科技史学会第一、二届理事，物理学史专业委员会副主任，杭州市科学技术史研究会理事长，美国科学史学会外籍会员。代表著作有《中国古代物理学史略》《中国光学史》等。1978 年开始招收物理学史硕士研究生。

③ 关士续（1935—　），男，吉林永吉人，著名自然辩证法学者、技术哲学家。1959 年毕业于哈尔滨工业大学电机系。代表著作《技术与社会》《技术发明个例分析》《科学技术史教程》《自然辩证法概论》等。

了近一年时间翻译了日本菅井准一等人编写的《科学技术史年表》[①]（120余万字）。该年表是迄今为止我所见到的编排最为完整的一本科技史工具书，全书由“世界科技史年表”“20世纪科学史详细年表”“20世纪技术史详细年表”和“日本科学史年表”四部分组成，每页上2/3部分是年表，下1/3部分为该页脚注。1984年我认真整理后，中国大百科全书出版社同意出版，可惜因正文为小五号字，大量页下注为6号字，加之表格很多，当时铅字人工排版十分困难而作罢。1986年得到出版社4000元退稿费，总算给从小借琴练手风琴、钢琴的女儿买了台钢琴。这部年表的翻译对我收效甚大，我对每一项科技史事件都要弄清楚原委才敢下笔，由此打下了初步的科技史基础。

我利用这部年表对近代技术事件进行统计分析，得出主导技术和主导技术群概念，并得出近代技术史可以分为三个历史时期的结论，完成了我的硕士学位论文《关于近代技术史分期的理论探讨》。该文得到中国科学院自然科学史研究所许良英、李佩珊和东北大学陈昌曙等先生的肯定，毕业答辩十分顺利。该文被中国自然辩证法研究会筹委会看中，我受邀参加了中国自然辩证法研究会成立大会（1982，北京）。

1982年秋，硕士毕业时哈尔滨工业大学原来同意我自选单位，国防科技大学（长沙）同意接收并在总政治部批准了我的入伍名额，还答应给予副团级待遇，但到办关系时，哈尔滨工业大学校长办公会突然变卦，要求我必须留校。在当时一切听从组织安排的情况下，只好留校任教。国防科技大学利用这个名额另找了复旦大学的应届硕士生朱亚宗[②]。朱亚宗后来成为我的至交，他在国防科技大学的工作十分出色，已升为少将。

---

① 菅井准一等人编写的《科学技术史年表》是一部将自远古到20世纪50年代的科学史、技术史、社会史、文化思想史中的重大事件对照编排的大型历史年表著作，汤浅光朝利用这一年表推出著名的近代“科学中心转移”——汤浅现象. 汤浅光朝也编有《科学文化史年表》（汤浅光朝. 解说日本科学文化史年表［M］. 北京：科学普及出版社，1984.），此外还有伊东俊太郎等主编的《科学史技术史大事典》（伊东俊太郎、坂本贤三、山田庆儿村上阳一郎编. 简明世界科学技术史年表［M］. 姜振寰，葛冠雄，译. 关士续，校. 哈尔滨：哈尔滨工业大学出版社，1984.），条目丰富，解释简明可靠，是科技史工作者很好的一部工具书。相关论述参见，姜振寰. 国外技术史研究［J］. 自然辩证法研究，1987（3）；技术哲学与技术史：区别与联系［J］. 哈尔滨工业大学学报（社会科学版），2007（4）.

② 朱亚宗访谈录参见：陈彪/问，朱亚宗/答. 探索无界辟新径——科学思想史家朱亚宗教授访谈录［J］. 广西民族大学学报（自然科学版），2013（1）：1–10. 还可参阅同期文章，朱亚宗《学林漫漫识路标——科学史治学的哲理与艺术》、黄松平《厚积远识凝醇雅——朱亚宗教授的学术风格》。

1983 年 3 月刚开学不久，我正在给全校研究生上大课，突然接到校长通知，我被借调去北京协助李昌同志进行全国技术发展战略研究[①]。在北京一待就是 7 年。其间，主要是参与李昌、于光远同志以中国自然辩证法研究会的名义组织的中国技术发展战略研究，参与组织了两次全国性的大型研讨会和多次小型座谈会，对能源问题、交通问题、粮食问题，以及地区经济社会发展战略等问题进行了广泛的研讨。工作中不但结识了许多思想解放、改革开放意识强的领导干部，也有机会结识了诸如樊洪业、刘大椿、李醒民、赵红洲、金观涛、刘吉、林文照、戴念祖、周嘉华、闫康年、吴熙敬、汪广仁等学界同行。

20 世纪 80 年代，正值改革开放处于快速发展阶段，如何认识国情，认识我国所处的历史阶段，落实邓小平同志提出的翻两番目标，是政界和学界十分关心的问题。但是许多人特别是一些领导干部对此并不清楚，为此国务院主要领导发起"新技术革命与我国对策"高级研讨会。胡耀邦同志尖锐地指出："我们的同志当中，认真在追求新的现代化科学知识的人，并且把这些新知识同如何改变我们现状联系起来考察的人，一天一天多起来，这是非常值得庆幸的大好信息。但是我们必须认真地注意到，现在还有更多的领导者，首先是某些做经济工作的负责干部，对新的现代化科学知识基本上没有多少兴趣，有的人以内行自居，对世界上新鲜事物根本不放在眼里，某些人甚至把当代人类创造出来的新成果当作异端邪说，看成资本主义的糖衣炮弹。"提出要同愚昧作斗争[②]。

为筹备"全国技术发展战略思想研讨会"的召开，1984 年我与张凭组织编写了《技术发展战略思想研究》(内部资料)，共编印了 20 余期，分送各部委及省市的主要领导。其上最早介绍了"三次产业""后工业社会"等内容。而这些概念当时还被认为是"国外反动学者为腐朽没落的资本主义涂脂抹粉"。我与东北工学院的刘玉劲合作翻译了经济合作与发展组织（OECD）在 20 世纪 70 年代以"发达工业社会在未来发展中如何同发展中国家协调一致"为主题的研究报告《世界的未来》[③]（1985），此书一出版即受到社会关

① 相关内容参见：姜振寰. 李昌与中国技术发展战略思想研究［J］. 哈尔滨工业大学学报（社会科学版），1999（1）：34–36。关士续. 李昌与哈工大自然辩证法研究［J］. 哈尔滨工业大学学报（社会科学版），2000（2）：16–24.

② 胡耀邦. 在湖南科技出版社举行的"新技术革命知识讲座"讲稿出版座谈会上的意见［N］. 人民日报，1984–06–25.

③ 经济合作与发展组织. 世界的未来［M］. 姜振寰，刘玉劲，庞铁榆，译. 吴熙敬，校. 哈尔滨：哈尔滨工业大学出版社，1985.

注，两次印刷发行达4万册，其载于封面上的一句话“面对可能实现的未来，适应难以预料的趋势”，受到不少人的好评。同时，我编写了《近代技术革命》[①](1985)，也发行了4万余册。还与中国科学院科技政策与管理科学研究所的陈益升合作编写了《科技战略导论》[②]。1987年，在中国科协书记处书记李宝恒的倡议下，我参与了“中国发展战略研究会”的发起工作。我提出的“农村工业化”“农业经营企业化”等建议受到国务院有关部委的重视。

在北京工作期间，给我影响最大的是李昌同志。他青年时期在清华大学读书时参加过“一二・九”运动，20世纪50年代担任哈尔滨工业大学校长，1975年在邓小平同志支持下与胡耀邦同志向中央提出《中国科学院汇报提纲》，受到“四人帮”组织的全国批判。李昌在20世纪80年代初担任中央纪律检查委员会书记，1985年退下来后担任中国共产党中央顾问委员会委员。他最早向中央提出要加强精神文明建设，精神文明与物质文明一起抓的建议。他那一心为国家建设，对工作兢兢业业，实事求是、光明磊落、刚正不阿、朴实谦逊的精神，多年来一直萦绕在我心头。20世纪90年代，我回哈尔滨工业大学后他还经常用信件或电话提出东北地区经济发展及学校发展的有关问题和建议，每次我都认真地向有关领导作了汇报或转达。

我觉得，我国改革开放能取得今天这样的成就，是与改革开放之初“左”的思潮还十分严重的情况下，一批颇具胆识、思想开放、全身心为公的老干部的努力奋斗分不开的。

2　结缘技术史，开拓学术基业

万：您是1944年2月7日出生，按中国传统的算法您已年届古稀了，您曾担任中国科技史学会常务理事和技术史专业委员会主任，对技术史学科建设做出了许多贡献。我想问的是：您和我一样原来是学物理的，后来是怎样和技术史结缘的？

姜：前面已经讲过，我曾从事技术工作多年，从产品的试制、定型到组织生产乃至整个工厂的产供销都要去管理，由此我对技术产生了浓厚的兴趣。我们学习的历史，无论是中国史还是世界史，都好像是一部权力争斗史，一部政治集团的斗争史。其实，作为马克思主义信徒，经济基础决定上层建筑

① 姜振寰．近代技术革命［M］．北京：科学普及出版社，1985.

② 姜振寰，陈益升，等．科技战略导论［M］．北京：时事出版社，1986.

这一规律是研究历史的一大原则，而技术恰是经济活动特别是生产力中最活跃的因素。研究上层建筑，研究政治史不研究经济史，不把经济史中最活跃的因素加进去，这样的历史研究是不全面且缺乏基础的。技术的变革会引起经济的变革，最后导致社会形态的变革，这一点我们搞科技史的人是十分清楚的，没有蒸汽机及各种机器特别是工作机械的发明，不会有工业社会，更谈不上工业化；没有电子技术的发展不可能有信息社会。但是，这些内容在我们的历史书中实在是少之又少。因此我在研究生学习时即定位于对技术的研究，包括其概念、本质、历史、社会影响等。事实上，在20世纪80年代研讨中国发展战略时，科学技术史是学界和政策部门十分关注的基础性知识。

万：您的知识面很宽，研究涉及面很广，力图将技术史、技术哲学与技术社会学相结合，对技术的本质、规律及发展进行综合性研究，特点十分鲜明。为什么您的研究能够横跨技术史、技术哲学、技术经济与管理多个学科，应付自如呢？

姜：在这些学科和研究方向上，我觉得技术认识论（本体论）即对技术本质的探讨是上述研究方向的基础，技术史与技术哲学关系十分密切，我曾专门论述过这一问题[①]。技术社会学则涉及技术与社会的互动问题，其实我们的许多技术史研究对此已有很好的揭示。而技术经济与管理则是门实用性很强的管理学科，有一定的技术哲学和技术史知识，在科研选题、研究、对模型的选择构建与分析均会有相应的深度的。研究技术史和技术哲学最好有科学技术专业基础，我小时候在父母指导下学习古代汉语，本科学的是物理学，工作后从事过常年的技术工作，研究生期间又认真地学习了哲学史，这些学习对我后来搞科技史特别是技术史是很有帮助的。我们学校没有科技史博士点，我指导的博士研究生的专业是“技术经济与管理”。

我在这几方面写的文章大多汇集于《哲学与社会视野下的技术》一书中[②]，后来在《技术哲学概论》中又进一步做了归纳和整理。

万：（这种多个学科的学术探究）我想不仅是知识面的问题，更关乎研究的目的，或者说是出发点和归宿的问题，是吗？

姜：多年来，我在这方面的研究是围绕“技术”展开的，是以技术认

① 姜振寰．技术哲学与技术史：区别与联系［J］．哈尔滨工业大学学报（社会科学版），2007（4）：1-6．或姜振寰．技术哲学概论［M］．北京：人民出版社，2009：第一章．

② 姜振寰．哲学与社会视野下的技术［M］．北京：中国社会科学出版社，2005．

识论为出发点，进而探究人类技术活动的历史，由此去了解技术与社会的关系，并用这些知识渗透到教学与对研究生的指导过程中。我觉得，任何一项研究或选题，都要回答你发现了什么，怎么发现的，用什么方法如何解决的，结论是什么，有什么用途或意义。研究目的是贯穿一项研究的始终，因此明确研究目的十分重要。研究目的的确定本身就是一项复杂的决策程序，要在大量调研基础上反复推敲才能完成。经过这样的决策过程而确定的研究或选题，在课题进行中会容易得多，因为你对课题所涉及的核心知识和外围知识已经有了大体的把握。研究目的的确定中还要特别注意可行性问题。

万：您的研究面虽然很宽，但始终围绕一个中心——技术，技术是人类文明的基石，您对此情有独钟，视野开阔，而研究的视角往往很独特，很有时代感。您认为研究技术史的价值在何处？

姜：作为人类改造自然，创造适合人类生存与发展的手段的技术历史的研究，起码有两个方面意义或价值。其一，技术史研究的本身涉及国家文化建设的问题，是一个民族、一个人文化素质的表现，技术历史知识的掌握和启迪，对当代人类生存状态、社会发展的认识，都是个文化素质问题，而且研究成果都将丰富人类文化知识的宝库；其二，技术的历史可以揭示出技术自身发展的逻辑，其核心部分是工具—机器—自动化生产体系。具体技术门类的历史可以揭示其发展趋势，知识是具有继承性的，技术的历史可以很好地对此作出反映，这样对技术政策与技术路线的制定，又有其现实意义。已逝去的事件构成历史，无论你喜不喜欢它，都已成定局，我们只能去发掘、整理和认识。通过历史分析、现状考察去展望未来，更可以很好地认识现在的技术与社会。

我在大学一二年级时学习的《普通物理学教程》是译自苏联的高校教材，是苏联物理学家福里斯和季莫列娃编写的。我通过外文书店（新华书店的一个机构）买到俄文原著，学习物理的同时也强化了俄文阅读能力，哈尔滨师范大学物理系建系 6 年来我取得了唯一的俄语考试 100 分。当时，哈尔滨师范大学的党委书记杜若牧是 1957 年从冶金部调来的，是一位很有能力的延安干部，招聘上海、南京一批被打为“右派”的学术大家到哈尔滨师范大学任教，学术风气空前高涨，为此“文化大革命”中杜若牧不堪批斗而被迫自杀，年仅 53 岁。

福里斯和季莫列娃的《普通物理学教程》每章开头都是与这章相关的历史，如力学史、电学史、光学史等，正文中也有不少物理学家和物理学事件的插述，叙述生动而深入，加深了我对物理概念、定理的理解。这是我最初接触的科技史，也由此培养起我对科技史的兴趣。

万：我从网上搜到的您的著作（包括论著和编写的）有 25 种之多，可谓著作等身。您能给我们重点介绍几种对中国科技史学科建设的重要专著吗？

姜：我从事科技史特别是技术哲学和技术史的研究时，年龄已经很大了，加之所在的是教育单位，要培养博士研究生、要教学，还有行政工作和社会工作，很难有专门时间搞研究，所以只能做些能做的容易做的事。我的著作包括专著、译著和编著。

《技术哲学概论》是我多年对技术哲学研究的总结，以技术史为背景，从认识论、价值论的角度对技术进行分析，其中技术与艺术、技术与政治部分是其他类似著作中很少涉及的。其实，技术与艺术具有很深的渊源，是密不可分的，技术美学是学术界较为忽视的。

《自然科学学科词典》[①] 影响较大，不但汇集了当代自然科学、工程技术、医学与农学各三级以上学科，对一级学科的形成历史还作了介绍，可以看作是一部收录较全的学科史。出版后几乎被当时的国家教委和自然科学基金委全部购去，市场上很少。主编的《世界科技人名辞典》[②] 对历史上的科技人物收录较全，有 6500 余人，几乎涵盖了科学技术所有的门类。统一订正了外国人名的汉译名，生卒年大部分精确到日，主要著作用原文写出，这实际上可以看作是一部人物科技史。这两部词典均得到卢嘉锡和钱三强的重视，他们分别题写了书名和作序。

《科学技术史》[③] 是为大学生学习科技史编写的，是一本通俗读物和通识教育读物。其中对各时期社会变迁有所介绍，主要是考虑当前大学教育偏科所造成的学生知识面狭窄、人文社会知识不足所写的，力争知识性、科学性和可读性的结合，已经有几个学校选作通识课教材。

万：事实上您在译著上付出的心血也不少，曲折更多。听说为组织翻译牛津大学出版社 8 卷本《技术史》[④]，历尽坎坷。这是一部资料丰富的国际技术史巨著，也是目前最具权威性、篇幅最大、资料最全的世界技术与社会发展史，涵盖自远古至 20 世纪中叶人类的技术历程。您能给我们讲一讲这个故事吗？

姜：关于这套书的翻译出版过程我在“译者序”中已有介绍，这里补充

---

① 姜振寰，孙光裕，王新荣，等．自然科学学科辞典［M］．北京：中国经济出版社，1991．

② 姜振寰．世界科技人名辞典［M］．广州：广东教育出版社，2001．

③ 姜振寰．科学技术史［M］．济南：山东教育出版社，2010．

④ 查尔斯·辛格，等．技术史（八卷）［M］．陈昌曙，姜振寰，等，译．上海：上海科技教育出版社，2005。《技术史》翻译出版前后的事宜可参阅：姜振寰．翻译出版牛津版《技术史》的前前后后［J］．哈尔滨工业大学学报（社会科学版），2005（2）：6-8．

一个小插曲。1989年作为发起单位的哈尔滨工业大学出版社也遇到资金困难，多亏一位朋友资助了一万元才得以印刷，但印制质量实在太糟，我在该册书的《译后记》是这样记载的：

“一本书出版之际，在书后总要写一篇《后记》之类的文字，记述写作梗概，还要加上对协助者的感激言辞及自我谦虚的话，本书也只好循规了。

“1986年六所院校决定联合组织翻译出版后三卷，考虑到经费问题每校只出版半卷，这样每一卷分为上下两册由两所学校出版。经过译校者的共同努力，历时两年各校终于联合翻译完毕。然而，几乎所有参与出版的单位都遇到了经费无法解决的问题，因为在我们这样一个拥有11亿人口的大国里，严肃的学术专著发行量至多千八百本，出版社一定要赔钱的。出版社赔得起大学赔不起，一拖再拖，至今也未能按期出版。

“这一册也遇到了同样的问题，多亏朋友们相助，也多亏哈尔滨工业大学出版社领导的支持，书终于印出来了，可是那些辛辛苦苦译校了两年又不需要凭此书去评职称的老先生们，哪有钱给他们开稿酬呢！”①

可以说，这篇译后记真实地反映了当时学术著作出版的困境。

我国出版界在20世纪80年代经费普遍紧张，许多国外学术名著的汉译本不但印制粗劣，装潢简陋，而且大都删去插图、删去索引，大大降低了其学术价值。20世纪90年代末，特别是进入21世纪后，随着国民经济的好转，可以说出版业已经真正进入了中华人民共和国成立以来最好的时期。

3　师德育学子，学术有传人

万：真是功夫不负有心人！这样的付出太值得了！您自研究生毕业就开始登讲台教书育人，当老师几十年了，最令您觉得欣慰的是什么？

姜：我自毕业后，包括在北京工作的那几年，每年都要给全校硕士研究生，20世纪90年代后主要给博士研究生开设基本理论课，即硕士生的“自然辩证法”，博士生的“现代科技革命与马克思主义”。1987年国家教委提出博士研究生这一开课名称时，我曾公开发表文章质疑：这门课到底要讲什么，是讲现代科技革命是在马克思主义指导下出现的，还是讲现代科技革命又丰富发展了马克思主义。如是前者，证据不足；若是后者，马克思主义到

① ［英］查尔斯·辛格，等．技术史：十九世纪后期1850—1900（第五册，下）［M］．姜振寰，译．哈尔滨：哈尔滨工业大学出版社，1993：译后记．

底有什么用。后来国家教委建议各校根据各校的专业特点自行安排。我最后决定分三块，其一是科技进步与社会发展，以科技史为主线；其二是现代化的理论与实践；其三是可持续发展理论。这种安排非常受博士生们的欢迎。

我上课从不点名，一二百学生很少缺席，没有教材，大家都认真记笔记。一个教师如果在心灵上能与学生打成一片，教学相长，少一些道貌岸然的故作玄虚，他一定会受到学生的欢迎，自身也会深得欣慰。

万：30 多年来您指导过多名博士研究生和硕士研究生，您对学生要求很严格，同时又很关怀他们。应该有蛮多令您感动的事情，可以给我们讲讲吗？

姜：我直接培养的学生不多，硕士研究生 20 多名，博士研究生 30 多名，毕业后他们都顺利地走上自己的工作和学习岗位，都很有发展。让我感动的事情很多。一些来自偏远贫穷农村家庭的学生，靠自身努力求学而成为大学教师、企业骨干、政府官员的不在少数；还有一位博士，入学时已年近 50 岁，然而学习十分刻苦，在 50 岁时顺利获得博士学位。这个学位对他的职务升迁已经没有任何意义，但他凭着对知识对学问的追求，终于了结了自己的心愿。我的博士研究生年龄跨度很大，从二十几岁到五十几岁，在职博士生处级、厅级都有，我的态度是学术面前一律平等，有教无类。在论文上要求是严格的，一个标点也不能出错，因此他们的学位论文答辩都很顺利。

万：您觉得当老师最应该教给学生什么？

姜：作为教师，韩愈的《师说》中的“传道授业解惑”一句，已说得很清楚。在现代，“道”指人生观、价值观，即如何做人，如何使自己融入社会，贡献社会，这是属于形而上的为人之道问题；“业”指能立足于社会并获取报酬的知识和能力；“惑”指遇到疑难问题给予解答或共同研讨，由此学习解决问题的办法。对研究生更重要的是培养其独立分析问题、解决问题的方法，即科研能力。在当今功利主义盛行的情况下，如何培养学生具有高远的眼界、练就立世之本是个大问题。

万：我注意到您曾出过《软科学方法》[①] 一书，我还在网上查到，您在十几年前曾经给学生讲过写论文的要领。请您讲一讲教学生研究方法的体会。

姜：方法大体可分为两类，一为显性的，一为隐性的，显性可以讲述，可以示范，而隐性的只可意会。科研实践是教育学生掌握显性方法体会隐性

① 姜振寰．软科学方法［M］．哈尔滨：黑龙江教育出版社，1994．

方法的最好途径，其中包括学位论文的指导，在科技史研究的方法论方面，我觉得您与陈久金先生写的《中国科技史研究方法》[①]一书谈得很深刻，是我们研究生必读的教学参考书。至于那本《软科学方法》，是20世纪90年代为经济社会发展战略研究和政策研究者以及管理学的博士生编写的，曾得到卢嘉锡、李昌、马洪的支持。不过，其中主要是一些新兴的数学方法，如系统动力学方法、协同学方法、分形分维方法等，每种方法都是国内研究这一方法的专家执笔的，涉及的数学较深奥，我只是进行了全书的设计、组织和编校工作。

万：您觉得当前研究生教育最薄弱的环节在哪里？您有什么想法和建议？

姜：当前我国的研究生教育表面上轰轰烈烈，招生人数逐年增加，但在研究生教育方面问题不少。其一是不少指导教师本身缺乏科研的基本训练，发表几篇文章就成为硕士研究生导师，我做学报主编十余年，我的感觉是许多学术刊物登的文章基本上就两个人认真看，一个是作者自我欣赏或者检查消除抄袭、计算机剪贴拼凑痕迹，再一个是编者纠错。不少人写文章就是为混文凭或评职称，写作发表这类文章对作者的科研水平不会有多大提高；其二是许多有科研项目的导师将学生当成完成课题的工匠，忙于干活，疏于指导，更不注重专业理论的教育和科学方法的培养；其三是许多研究生是改专业读研的，硕士学制很短，加上外语、政治课占了许多时间，而毕业论文评语往往是"牢固地掌握了本专业基本理论"，"在……处有重要创新。对……有重要意义。"情况果真如此吗？实在令人怀疑。

功利主义对学术研究的侵蚀很严重，而这在许多人眼里已是司空见惯，很少去设法克服。研究生顾名思义是以"研究"为主，安排的学位课是为研究服务的。指导教师的素质提高是个大问题，研究生招生也必须少而精，少招收那些混个文凭靠家长关系安排工作的。研究生毕业去争抢清扫员工作，是对国家教育资源极大的浪费。如何培养出国家经济文化建设的急需人才，是个国家发展战略的大问题。在当前教育行政化十分严重的情况下，这一问题只能由教育行政部门去组织研讨解决。

万：您从事教学工作多年，请您谈谈当前大学教育工作的体会。

姜：当前，教育界及学界对大学颇有议论，我曾发表过几篇文章谈了不

① 陈久金，万辅彬．中国科技史研究方法［M］．哈尔滨：黑龙江人民出版社，2011.

少个人看法。我国近几十年许多大专甚至于中专都在行政部门的操办下升格为大学、学院，使大学数量猛增。虽然名义上大学数量是增加了，但大学管理远未跟进。大学行政化又是最为简单的机械性的管理方式，于是大学行政化愈演愈烈，用行政指令指导教学、科研与学生培养，官场文化取代校园文化，学校、院系各级领导也按行政规则定行政级别，按期“换届”竞争上岗。不少很有发展前途的青年人，甘愿放弃自己的专业去搞行政。学校为应付各类评比、评估不惜临时造假。大学盲目扩张造成大学培养中专化、大专化。我曾提出，李约瑟难题值得研究，但更为现实的问题是新中国成立60多年，为什么没能培养出一个诺贝尔自然科学奖获得者。

我国著名教育家梅贻琦在就任清华大学校长时提出：“所谓大学者，非谓有大楼之谓也，有大师之谓也。”他在抗日战争极为艰苦的情况下领导的西南联合大学，竟培养出一批大师级人物。他提倡技术专业人才要通晓人文科学，认为“近年来国内工业化运动的趋势，似乎过于侧重技术之用，而忽视了理论之用和组织之用。流弊所及，一时代以内工业人才的偏枯是小事，百年的建国大业受到不健全的影响却是大事。”[①]

我国20世纪50年代的大学教育，几乎完全照搬苏联，学科门类详细分化，工科学生毕业到工厂车间就会动手操作，成为当时国家工业化急需的工程师、技术员。这种教育模式至今在一些专业类院校中仍有影响，导致学生知识面过窄，要适应当代社会发展的需要就比较困难，因为好多学生毕业就面临改行。照理说大学除传授基本知识，主要是提供新思想、提供方法论，教给学生遇到新情况如何去分析、去对待、去解决，这一点各大学做得都不够，特别是工科院校。许多工科院校自称为工程师的摇篮，工程师就是大工匠，工匠主义传统太严重，这样培养的学生有知识无文化。

科学技术史在大学理应成为一门重要的通识课程，它可以为文科学生提供基本的科技知识，为理工科学生提供科学思想、技术思想和相关的人文知识，以弥补文科学生缺乏科技素养、理工科学生缺乏人文知识的不足。

大学培养的应当是通才，毕业许久才会体现出其功能，这种功能是其他教育方式无法替代的；大专、中专培养的是专才，毕业就可以进车间，开机器。大学是出思想、出人才的地方，理应是学术的殿堂，它更倡导学术的兼容并包和学术自由，倡导“百花齐放，百家争鸣”。大学必须有“大师”，英

① 梅贻琦，潘光旦．工业教育与工业人才［M］// 潘光旦．自由之路．上海：商务印书馆，1946：268．或，刘述礼，黄延复．梅贻琦教育论著选［C］．北京：人民教育出版社，1993．

国剑桥大学以其拥有 80 多位诺贝尔奖获得者而驰名世界。如何培养并拥有更多的大师级人物，减少行政化的干扰，是我国大学走向国际化、办成国际一流大学的关键所在。

4 经世致用的治学之道

万：您主持过国家自然科学基金、中国科学院知识创新工程项目、省部级软科学及科技攻关项目多项。请您介绍一下。

姜：许多科研项目的申请是按下发的表格编写的，只是按要求去完成。每年有社会科学基金、自然科学基金招标，中标的话给你钱去研究。但是这里边有很多人是不得不去申请、不得不去研究的，为了评职称不得不去被动地应付。特别是人文社科类课题，即使中了标拿了钱，十万八万的还要层层扣除各种名目的“管理费”，所剩已无几，做起来已经很难。单位的财务、审计都在控制你。我觉得什么基金也好，就相当于委托加工，项目书相当于加工合同，按双方协商，甲方提供经费，乙方按合同约定给甲方提供成果，中间的运行是乙方的责任，其他人是无权干预的。违反合同可以协商或通过法律手段解决。

我总有一个想法，科研本身特别是人文社会科学和纯自然科学，应当大力提倡自主选题、自主研究，应当注重个人的偏好。科学需要自由研究，缺乏自由研究的成果是被动的，是应付的，搞不好是变相地抄袭和剪贴。所以自己的专业偏好与上面资助的项目能恰当结合的，有可能会出好的成果。中国科学院知识创新工程项目中的成果《当代中国技术观研究》[①]、教育部的成果《社会文化科学背景下的技术编年史（远古—1900）》[②] 我觉得还是做得比较好的项目。

万：您觉得这些年来除了在教学和科研方面，您在中国科技史学会建设方面做了哪些比较重要的、有意义的事情？比如说技术史专业委员会的组织工作、举办十多次国际或全国性的学术会议……

姜：技术史是科技史学科研究中较为薄弱的部分。全国技术史学术研讨会自 1982 年召开第一次后，几乎每两年召开一次，但 1992 年在华中理工大

① 姜振寰．当代中国技术观研究［M］．济南：山东教育出版社，2008.

② 姜振寰．社会文化科学背景下的技术编年史（远古—1900）［M］．哈尔滨：哈尔滨工业大学科技史与发展战略研究中心，2012.

学召开第六次之后，由于吴熙敬先生的去世，汪广仁等人的退休，一直没再召开。为了使我国的技术史研究坚持发展下去，2003 年，我与张柏春商量，在哈尔滨工业大学召开了第七次研讨会，以后又坚持每两年召开一次。

2009 年，在张柏春建议下，几个与技术史相关的学会联合发起了“中国技术史论坛”，每两年召开一次，第一次由南京农业大学主办（2009），第二次在南宁由广西民族大学主办（2011），2013 年第三次由中国科学技术大学主办。为使这一事业坚持发展，2012 年我与中国科学技术出版社副社长吕建华商量，由该出版社出版《技术史论坛》系列丛书，每年出版 1—2 部，2012 年已出版两部《技术的传承与转移》《技术史理论与传统工艺》，2013 年还要出版 1—2 部，正在编辑中。这套丛书市场销售十分好，2012 年的两部已销售一空。通过隔年一次的全国性的技术史论坛学术研讨会，每年 1—2 册的《技术史论坛》系列丛书，只要坚持下去，我想我国的技术史研究会有很大的发展。

此外，为了保护工业遗产，将工业遗产与近现代技术史研究相结合，哈尔滨工业大学科技史与发展战略研究中心已连续举办了三次“全国工业遗产与社会发展学术研讨会”。2004 年，我们研究中心还承办过“第十届中国科技史国际会议”，会后论文集由科学出版社出版。学校领导和科研管理部门对我们承办学术会议给予了许多支持。

万：您不仅是勤奋的学者、导师，您还是一位社会活动家，曾担任十几个学界兼职，好几个政界兼职，这些兼职哪个（或哪几个）您最感兴趣?

姜：当了三届哈尔滨市政协常委，市政协社会法制办副主任，南岗区政协副主席，2000 年后担任黑龙江省人民政府参事，都是给政府出点主意。这些职务都是兼职，是统战的需要，只是做些拾遗补阙的工作。全国政协原主席李瑞环早有明确的点拨：找准位置，不要添乱。事实上政府工作是很繁复的，干部是很敬业的，你又没有实际经历，至多是“第三只眼睛看世界”。作为一个大学教师特别是人文社科类的教师，担任这类工作可以有更多机会接触社会，了解政府工作，这对提高个人的社会知识和素养和更好的从事教育工作是非常有利的。

万：您有哪些建言献策提给了哈尔滨市政府，他们采纳了吗?

姜：哈尔滨市政府历届领导是很注重政协提案和建议的，我的每次提案相关部门都给予了答复。我担任政协常委十多年，提案和建议提了很多，典型的如哈尔滨索菲亚东正教堂的维修，该教堂是东北亚最大的东正教堂，因建得太结实扒拆困难，“文化大革命”中被砍去顶端，作为百货公司仓库，四周被民宅包围。时任市长汪光焘接受了我的建议，下决心动迁周边居民、维修教堂并开辟教堂广场，现已成为哈尔滨重要景观和标志性建筑。随后土耳其清真寺、犹太教堂、天主堂、基督教堂纷纷得到修缮。遗憾的是，我们建议重建“文化大革命”中被烧毁的、位于市中心的全木结构的尼古拉教堂时，被《黑龙江晨报》头版的一篇所谓历史学家的文章《坚决反对重建殖民地建筑》而搅黄。后来，一位私营企业家在俄罗斯将原木加工成半成品，在哈尔滨近郊建成了这座代表哈尔滨建市标志的圣尼古拉教堂。

万：您是个脑筋从不闲着的人，听说您有几项发明专利，还产生了一定的经济效益，是吗?

姜：20 世纪 90 年代取得了三项关于汽车 ABS（制动防抱死装置）的专利，通过了国家级鉴定，获得了几项国家级奖励（如博览会金奖），黑龙江省公安交通管理局下文推广，还被列入哈尔滨市政府的科技攻关项目，给第一汽车集团的沈阳汽车厂、哈尔滨轻型车厂配装，在用车上也零配了不少。可惜 1997 年我担任哈尔滨工业大学人文学院院长后无力再投身，公司逐渐萎缩停业。我是哈尔滨工业大学最早拥有私家车的教师，担任院长时坐着自家车，手里拎个“大哥大”，许多老师都看不惯，说不像院长倒像个老板。校领导还是很开明的，在我当院长期间还给我成立了“哈尔滨工业大学汽车新技术研究所”，鼓励我业余研究。不过，随着年龄的增大，已进入“黄叶舞秋风”的季节，夕阳再红能量也不足了。只希望年轻人继续推动中国科技史的发展，为国家的科技文化事业多做贡献。

万：您真是身手不凡，“十八般武艺”样样精通。时间关系，今天就先谈到这里。感谢您抽出宝贵时间跟我聊了这么多。祝您福寿安康！

数学史家曲安京教授的好奇心 *

——访曲安京

陈镱文 / 问，曲安京 / 答

编者按：西北大学曲安京教授，2010 年当选国际科学史研究院通讯院士，荣获教育部 2011 年度“长江学者”特聘教授称号；现任西北大学数学系主任，西北大学数学与科学史研究中心主任、博士生导师；从事数学史研究，出版专著十余部，并以中文、英文、意大利文和日文发表学术论文百余篇，其中大多数发表在日本、丹麦、韩国、加拿大、意大利、荷兰、新加坡与中国著名的国际科学史、组合数学与汉学研究杂志上。担任国际数学史学会执委会委员，国际 HPM 学会（数学史与数学教育学会）指导委员会委员（中国代表），（中国）全国数学史学会理事长（2011—2015），英国数学史学会荣誉会员，2003 年受聘东京理科大学客座（客员）教授。2002 年入选陕西省“三五人才工程”第二层次。曾经在剑桥大学、哈佛大学、京都产业大学从事博士后研究，并出访德国、荷兰、法国、意大利、韩国、新加坡等国家与中国台湾、中国香港地区进行学术交流，应邀在剑桥大学、柏林工业大学、麻省理工学院、京都大学与台湾中央研究院等 10 余所研究机构作学术报告 20 余次。并在 2002 年北京国际数学家大会（ICM-2002）上作 45 分钟邀请报告。主持国家自然科学基金 8 项，国家社会科学基金 1 项。先

---

* 收稿日期：2013-12-30。

作者简介：陈镱文（1974—　），女，陕西省西安市人，《西北大学学报》编辑部副编审。曲安京（1962—　），男，山东省烟台市牟平区人，西北大学数学系主任，西北大学数学与科学史研究中心主任、教授、博士生导师，从事数学史研究。2010 年当选国际科学史研究院通讯院士，2011 年当选教育部“长江学者”特聘教授。现任（中国）全国数学史学会理事长，国际数学史学会执委会委员，国际 HPM 学会（数学史与数学教育学会）指导委员会委员。

后获第五届中国科协期刊特别优秀学术论文奖、首届（台湾）立青中国科学史青年学者杰出论文奖、原国家教委科技进步三等奖（第一作者）。

曲安京于1984年毕业于西北大学基础数学专业，1986年考入西北大学攻读数学史硕士学位，开始数学史的专业研究。1989年和1994年先后在西北大学获得理学硕士与博士学位。虽然是“稀里糊涂”进入到数学史领域，然而他却成为中国第一个科学史研究方向的“长江学者”。作为一名数学史家，他始终保持着对“未知数”的好奇之心，追求着自己的梦想。

1 入门数学史，际遇天文学

陈：曲老师，您好！2012年5月在成都西南财经大学开会期间我遇到了广西民族大学万辅彬教授。万辅彬教授特意委托我对您进行访谈。作为学生，我们知道您一直从事科技史研究，并于2010年当选了国际科学史研究院通讯院士，请问您是如何步入这个领域的？

曲：准确来讲，我是做数学史的。我1980年上大学，在1984年最后一段时间才选修了李继闵老师的数学史课。这个课上完之后，因为要做毕业论文，我就跟着他做了个数学史的题目。当时他好像是希望我能留下来，但是由于种种原因而没有留在西北大学，最终我被分配到其他学校工作。我刚毕业，李继闵老师就可以招研究生了。他动员我考他的研究生。1985年，我还不能考，因为工作单位不允许工作的第一年就考走，所以就等了一年才报考。1986年，我考取了李继闵老师的研究生。从那之后，我就跟着他做了数学史方向的研究生，然后才开始慢慢接触这一领域。

其实步入这个领域，感觉自己也有点稀里糊涂，当初我并非特别了解这个行当。实际上我是希望做现代数学史，进入研究生学习阶段之后，因为李继闵老师是搞古代数学史的，当时他任数学系主任，忙得一塌糊涂，根本没有时间招呼我。所以在前两年，基本上是他给我一些书，让我自己去研读，找找感觉。我们那时研究生特别少，我那一级全系大概也就10个人。他手下就我一个研究生，我就跟着他在他家上课，上了一两年时间。他从数学系主任位置上退下来之后，才稍微有点时间跟我一块儿讨论一些专业问题，然后我才开始有点进入状态。

但在很长一段时间里，我也搞不清楚数学史在研究些什么问题。最重要的原因在于李继闵老师的学问做得非常好。他做古代数学的那套东西非常好，比如对《九章算术》的研究，我每次看完他的文章，就感到无语了，觉得他把我要说的话，或者要做的事情都做完了，那我还做这些事情干什么，也就觉得没有意思了。所以，很长时间我都转不过来这个向。研究生的前两年我都没有太认真去做这件事。

陈：您在什么时候开始对数学史专业研究有感觉的呢？

曲：转机是这样一个事情。到了 1987 年的时候，李继闵老师可能觉得我始终进入不了状态，后来就跟北京师范大学的白尚恕先生（说了）。那时候中国高校的数学史界有四个比较厉害的老先生，北京师范大学的白尚恕，杭州大学的沈康身，内蒙古师范大学的李迪，还有西北大学的李继闵。因为北京师范大学有天文系，白尚恕先生就在北京师范大学天文系请了杜升云老师，给他的学生讲天文学史。李继闵老师说，你去学学天文学史吧，因为中国古代天文学和数学是挨在一起的，你去搞搞天文学吧。1987 年冬天，我就去了北京师范大学，听了 3 个月的天文学史课。十几年之后，北京师范大学白尚恕先生那边的天文学史课被废弃，也就没再有天文学史的成果，后来大概就是我一个人在做天文学史的事情。

陈：您的硕士论文选题是关于上元积年的计算，几乎所有的中国传统历法都是围绕上元积年来编排的，要搞清楚传统历法的构造机理，就必须弄清楚上元积年的算法系统，但这是一个长期以来天文学史与数学史界都未能解决的问题，您是怎样确定这个选题的？

曲：当时数学史界对天文学史的议题很感兴趣，有一个中国古代数学史中比较重要的题目，叫作不定分析。简单来说，就是不定方程，或叫一次同余理论方面的问题。这一理论在中国宋元时期发展已非常完善，比如说中国剩余定理在世界上都是非常有名的，这在数论书上都有它。那么，这个数学问题在中国古代和天文学有密切关系，是计算天文学上的起算点。当然，现代天文学上任何时间都可以当起算点，但在中国古代，这个起算点是个非常特殊的时刻。它一定是在甲子年。我们是六十年一周期，还要是在甲子日，在冬至日，在太阳经过近地点，诸如此类的条件汇合起来，还要是夜半时刻，而且金木水火土五星汇聚在一个地方上，并且发生日食等这样一个很特殊的时刻。这个特殊的时刻不是你想定就定的，必须是找出来，找这个特殊时刻就要有一种算法。这个算法就是中国剩余定理要去做的一个算法，计算出来是非常大的一个数字。

这个起算点在中国古代历法中就叫作上元。一直在元代的最后一部历法《授时历》以前，中国所有的主要历法都要计算起算点的。但《授时历》以后，说起算点不重要，不去计算它了，把它废掉了。大概从1280年以后，中国古代历法就不再去计算这个起算点了。那么，这一耽误就七八百年过去了，大家都不知道这个起算点到底是怎么计算出来的，只说数学上有一个方法可以做到，但不知道这个方法是怎么做出来的。

李继闵老师当时告诉我说，这个题目，你去做吧。我先做第一部历法，叫作《三统历》或者叫《太初历》。这是最早的一部历法，其中就开始计算上元积年了。我觉得蛮有意思的。开始做的时候，想很多办法还是做不出来。后来我发现，仅仅针对这一部历法，这个谜到底怎么回事，还是解决不了，我需要多弄几部历法才能把这件事情做出来。因为中国古代的历法换得还是比较多的，现在完整存在的历法大概有三四十部。中国古代历史上，两千多年出现的历法大概能有两百部左右，所以历法还是非常多的。每部历法的上元积年都不一样，到底是怎么计算的，这是需要我去考虑的问题。然后，我就把它们完整地放到一块去考虑这件事情。这样考虑了以后，确实是有一个很大的结果出来了。

陈：是个什么样的结果？

曲：这个结果就是，我是基本上一揽子把这件事情彻底解决了。这个谜题——上元积年怎么计算，从明末清初开始，就有很多搞古代历法的人，对这个问题非常有兴趣。他们也提出很多方案，但是都没有办法去解决这件事情。这相当于已经有三四百年的一个谜了。我基本上就把这件事情做出来了。

同时，做这个上元积年的过程中，我发现了中国古代历法中有一个天文学常数系统。天文学常数系统是现代天文学的概念，很多人都认为中国古代天文学常数是独立的。但是，我发现中国古代确实存在一个天文学常数系统。现代天文学中会有一个理论体系，给出一些定义常数，然后再选择几个基本常数，用理论体系可以把其他的一些常数推导出来了，叫导出常数。

我发现，在中国古代历法中，也存在一些基本常数，比如说朔望月、回归年。那么其他一些周期呢，比如说五星会合周期、日食周期这些东西，我觉得都是导出常数。这些导出常数，按我的天文学常数系统的理论，知道了上元积年，也知道了回归年和朔望月，基本上可以把其他常数推导出来。历法中选择什么常数，我就可以复原出来。

这是我的硕士论文中做得一个比较漂亮的结果。首先我把上元积年怎么计算的，我可以把它做出来；第二个，我这个计算出来的结果，可以用这套理论去告诉大家，其他的这些常数到底是怎么确定的，这也是比较好玩的。中国古代的历法，它有一部分是在二十四史中保留下来的，但是还有很多的部分，都丢失了，只是零星的数据还保留着。那么，我现在可以利用我的天文学常数系统理论，把这些数据全都复原出来。

陈：这件事情激发了您对数学史研究的兴趣吗？

曲：这件事情本身做出来以后，发文章是另外一件事情了。我其实在读硕士期间一篇文章也没写。后来，硕士论文发表了大概十篇文章，包括在《天文学报》发表了两篇。这些结果出来以后，大家都觉得做得挺有意思，挺好。这是给我的一个信心，我也觉得真能做出一些东西出来。我在读硕士研究生的时候，很长时间觉得使不上劲儿。最重要的原因就是说，学了半天数学好像用不上。但是，大概到了硕士二年级下半年开始，其实有很多的事儿可以做，你会发现还是能用一些东西的。因为我们那个年代的人，好像和现在的学生不太一样，当时做研究生，好像不考虑你做这个玩意儿将来找什么工作，你想找什么样的工作肯定是可以找到的，可以由着性子来做。我们没有太多的压力，然后我就对这个东西感兴趣了，以后就慢慢进入这个行当了。

陈：您的本科是基础数学专业，硕士研究生时您为什么没有选择学习应用数学或其他数学专业，而是选择了上李继闵老师的数学史方向？

曲：当时实际上是因为我大学时没有好好学（笑），大学期间对数学没有太多的兴趣。而且那时，我也不算是个好学生，虽然我的考分确实挺高。大学毕业工作两年之后，我觉得肯定是要考研究生的，但是好像也没有觉得非要考哪个方向的研究生不可。只是说，李继闵老师给我写信，他让我去他家。他说："我现在可以招研究生了，你来考我的研究生吧。"我觉得就是机缘巧合。如果说李继闵老师当时没有在我大四的时候开过中国数学史的选修课，我想我不会选这个专业的。如果说，我大学毕业以后他没有给我写信，估计我也不太可能选择这个方向，也有可能选了别的方向，去做数学研究了。如果没有这么两件特殊的事情，估计就没有我现在的数学史研究了。

陈：1987 年您在北京师范大学进修 3 个月天文学，这对您之后从事中国古代数理天文学研究起到了怎样的作用？

曲：那个影响是比较大的。中国古代叫作天算不分家。在中国古代，你很难说有纯粹的数学家，或纯粹的天文学家，因为它都是放在一起的，都是大学问。现代科学就分得很清楚了。如果我没有在北京师范大学去读3个月天文学的话，要想进入天文学这个行当还是比较麻烦的。我是从数学出身的人，我现在对它稍微有点了解，是在北京师范大学这3个月使得我破除迷信了，破除对另外一个行当的恐惧感、陌生感。你敢进入另外一个行当，你首先要去接触一下它。这3个月对我来讲，还是比较重要的。

我做硕士论文时，比如说上元积年计算，或者中国天文学常数系统这件事情，这和天文学更深刻的东西接触不太大。但现在把数理天文学这套东西全部搞清楚，要是没有那3个月的积累，可能是会有问题。数学史的很多同事，对天文学史也很有兴趣，但都不太敢进入这个行当。首先是把那些概念搞清楚，花的功夫太多，成本太高。所以，那3个月还是挺好的，实际上白先生花了很多精力，给我做了这么一件事情，我非常感谢他。

陈：这3个月的学习您觉得艰苦吗？

曲：不艰苦，我觉得很快乐，因为年轻嘛。我觉得那是件很好玩的事情，也有新鲜感，就是对那个学习有新鲜感。杜升云老师，当时还有薄树人老师，这两位都是非常好的老师。薄树人先生已经去世了。薄树人先生是个非常好的天文学史家。薄树人先生当时已经是博士生导师了，20世纪80年代的博士生导师非常少，他的地位是很高的。杜升云先生是北京师范大学的天文学教授，人非常好，我现在和杜升云先生还有联络。他们让我觉得很愉快，而且和北京师范大学那几个朋友关系也挺好的（笑）。他们本科比我小一级，研究生又比我高一级。甘向阳啊，胡明杰啊，还有已经留校的刘洁民，我们都相处得挺好。当时，白尚恕先生手下还有个留学生，日本的城地茂。

2 中国数理天文学研究的奥妙

陈：中国是天文学发达最早的国家之一，古代制历与天象观察都需要数学，您能给我们谈谈之前中西方学者在中国数理天文学方面的研究情况吗？

曲：数理天文学在中国古代其实是编历法的学问。历法在中国古代是非常受重视的。中国古代是以农立国，历法这个事一直是个大事，像二十四史中就会有专门的一卷叫作《天文律历志》。不过，近代以来，这门学问几乎变成了一个绝学。在西方人看来，这个学问，它没有一个很坚实的理论支撑。因为西方天文学是一个几何模型体系，比如说古希腊的天文学，是有很明确的几何模型作支撑。但在中国古代历法书上，它只是告诉我们一些算法。这些算法怎么来的，它不说，然后你就去计算吧，计算出来结果好像还蛮精确的。很长的一段时间，在西方学者看来，中国历法其实不是一门学问，它是一个经验的东西。包括像李约瑟写《中国科学技术史》的时候，他完全把历法这套东西忽略了。所以，在很长的时候，整个欧美的科学史家，对中国历法是没兴趣的。但是，在20个世纪40年代，薮内清改变了这一看法。他有两个同班同学，就是日本最早获得诺贝尔奖的物理学家汤川秀树和朝永振一郎。薮内清第一个在历法中，用现代天文学的理论去构造一些模型，发现这些模型简化以后就是中国古代的东西。然后，他觉得中国古代这个东西里面，确实蕴含着比较好玩儿的事情，不是像我们想象的那么简单。薮内清以后，西方人开始觉得，中国古代历法中应该是有些比较重要的内容值得研究。

在中国，明末以来一直有人在做历法的东西，但是真正像薮内清做得这么深刻的应该是到了20世纪70年代以后了。当然，在此之前，像严敦杰先生，做得非常好，但是零星的。接下来就是陈美东先生，我觉得陈美东和刘金沂这两个人做得非常深刻。他们把中国古代历法中的很多算法一个一个都搞清楚了。他们做了很多的工作，包含中国古代历法系统的清理，这些算法对应的现代公式，以及它的精度，做了很多。我的工作大概是从这个地方开始的。

陈：您已经把中外数理天文学研究状况梳理出来了，从薮内清到自然科学史所的陈美东老师等在前面都做了他们各自的工作，请您谈谈您的工作？

曲：简单说来，一直到陈美东先生，这些老先生做的最重要的事情是中国古代历法中有什么，他们是用现代天文学的观点来看的。我的工作是：中国古代的这些东西已经发掘出来了，那么，他们是怎么来的。把这件事情做出来有意思的地方在哪呢？就是你可以发现中国人真正的科学思想在哪了，古人构造这些算法的一些想法是什么。这个是我的工作。

陈：您在用8年时间完成的《中国数理天文学》一书后记中说，希望用这样一本书，说清楚一件事情，什么是中国数理天文学。您认为有三方面很重要，第一个是硕士论文的研究成果——上元积年的计算，第二部分是日食理论，第三部分是行星理论。传统日食和行星算法都存在极为困难的问题，您是怎样完成这两部分的工作？

曲：硕士论文对我的重要性在于我起步进入这个行当。我觉得硕士论文中，最得意的一件事情就是我构造出来了一个所谓的中国天文学常数系统的理论框架，可以解决很多问题，比如复原残缺历法。

真正进入天文学很核心的东西呢，必须要对日食和行星有所了解，这是很困难的东西。实际上，在我刚进入这个行当的时候，我是不敢涉足的。因为日食理论非常复杂。这个复杂性就是它牵扯很多的因素，导致这个计算非常复杂。举个简单例子，我们计算日食时，是从地心去计算的，但是实际上，你是站在地球表面上看到的日食，这两个时刻是不一样的。如果仅仅从地心去计算日食的话，这是比较容易的，但是把你放在地球表面以后，视差也就出来了。这就把整个计算变得非常复杂。

中国古代日食理论的结构到底是什么样子？很长时间没人说得清楚。我大概是1999年去哈佛大学访学时，花了比较多的精力开始去读薮内清等人的文章。中国古代日食理论中有几个很核心的算法，比如日食三差算法。薮内清他们已经认证出这些算法是在计算什么。但是，仅仅从这个公式上根本体现不出它的天文模型是什么样，就是说他的物理背景是看不出来的。

我认为，应该想办法搞清楚这些算法的构造思想。薮内清是用现代天文学的理论构造了一个模型，然后用这个模型去验证中国古代算法的计算精度。我的做法是什么呢？薮内清构造了一个很复杂的方程组。我把这个方程组进行了一些简化，就是进行了一些变换，变换出来以后，形成了一个公式。然后，我把中国古代的算法，也进行了一个变换，也倒腾出来一个公式。然后，最令人惊异的地方就是，这两个公式是完全一样的，是完全一样的结果！我就觉得这是一个极其漂亮的结果！这样一下就看清楚了中国人的想法是什么了，他的天文学背景在哪个地方，就把这件事情做出来了。大概应该是在1999年的时候做出来这个结果，是在哈佛大学访问的时候做的一件事情。

2001—2002年在日本访学时，我就希望写一本中国数理天文学的书。《中国数理天文学》最后一个部分就是行星理论，是最难写的一个部分。行星理论太复杂，但日食问题的解决给了我很大的信心。在日本的一年多里，我花了很多精力，在搞行星模型，最后给出中国古代行星理论一个完整的解释。

在这期间，还发生一件事。20世纪60年代，薮内清、中山茂和席文有一个很大的计划，就是把中国古代最好的一部历法《授时历》翻译成英文，同时把它翻译成日文。这个计划在20世纪60年代开始，因为薮内清搞了一辈子数理天文学，他们就觉得这个计划可以做。如果把这个历法翻译成西方文字以后，就可以向西方科学史界或西方知识界介绍中国古代数理天文学系统是什么样子的。这个计划最后就搁浅了。最重要的原因就是行星理论没办法解决。行星理论中有一个很关键的概念，怎么都解释不清楚。这一搁浅就是40年。

我到日本以后，中山茂先生就来找我。他在东京，到京都的时候就来找我，邀请我去奈良玩儿。我们俩在路上就说这些事情，讨论这些问题。我告诉他，我基本上搞清楚这些东西了。他很高兴，让我把结果告诉他，他觉得我的这个结果很好。当时薮内清已经去世了，他把他和薮内清写的那个《授时历》翻译的日文版，加了最后一章，有一部分就叫“曲安京登场了”（大笑）。这章就在讲行星理论，他就用我的想法把行星理论中他们遇到的问题解释清楚了，这本书最终也就出来了。所以这个部分，我觉得还是蛮得意的，是在当时做的一个比较好玩儿的结果吧。

行星理论出来以后，当然这个没有做完，我做的这个模型主要是对于外行星的。但是，有这么一个框架以后呢，我就觉得已经可以解释很多的事情了，也就可以完成《中国数理天文学》这本书了。

陈：您刚提到的他们在研究行星理论的时候没有做下去，其中关键是有个概念解释不了，这个概念是什么？

曲：这是在计算过程中出现的一个概念，叫限度。他们说不清楚为什么要计算限度这个概念。限度本身是一个参数。为什么要去计算它，说不清楚，没有道理。

中山茂跟我聊天的时候说，他当初看到限度这个概念时，非常激动。因为他认为这个概念可能和日心说是有关系的。如果中国历法中用日心说的理论在支撑它的话，那不就是很了不得的一件事情嘛。所以他们当时很兴奋，一直要往这个方向去想，最后还是没想通。其实不是这个事情，和日心说没有关系。它是一个数值模型。

陈：您把这个问题顺利解决了？

曲：对，这是一个彻底解决的事情。这个事情解决以后，就是像中山茂他们都觉得我很厉害，包括何丙郁何先生他们也觉得我挺好的。有一年李浩去到香港大学访问，刚好何丙郁先生也在那个地方。何先生就当着会上很多人说，你是西北大学来的，你们西北大学有一个人物很厉害，就说到我了。然后，李浩当时就给很多人发短信，说曲安京是个世界级的（大笑），大概意思就是说我做的这件事情。他们认为，日本人后来都不太做数理天文学，就是觉得没办法赶超薮内清。我的这些事情呢，在薮内清先生的工作上做了一些进展。

3 数学史研究的第三条道路

陈：2002 年您参加了国际数学家大会，并被邀请作 45 分钟的特邀报告，这在数学界是个很高的荣誉。作为一个中国的数学史家，您为什么被邀请去作一个 45 分钟报告？这个报告的内容是什么？

曲：这个事情还是比较重要的。国际数学家大会每四年一届，国际数学界层次最高的一个会议了。这个会议日程上会邀请作两类报告。当然，最高规格报告叫 1 小时大会报告，下面分了很多小组，叫 45 分钟邀请报告。所有的数学家如果能够被邀请作 45 分钟以上的报告，都是一个荣誉。我举一个例子啊，像很多菲尔兹奖获得者他们写简历，如果被邀请作 45 分钟报告，他们都会把这个写上去的。就是说，这是一个很重要的荣誉，确实很重要的荣誉。

每届国际数学家大会都有一个数学史单元，每次会在全世界挑选三个数学史家作邀请报告。我是第二个被邀请的中国人，第一个是吴文俊先生。在这之前，吴文俊先生作为数学家，有几次被邀请作 45 分钟报告，但均未成行。直至 1986 年，吴文俊先生才作为数学史家，第一次受邀作了 45 分钟的邀请报告。

我的报告内容和吴文俊先生有点关系，报告题目是《数学史研究的第三条道路》。2001 年，我接到作邀请报告的邀请函。那时我正好在日本访学，有很长的时间可以去思考。我认为这个邀请报告需要选一个比较系统的题目去做，当然也可以选一个比较具体的问题，比如说数理天文学的题目，但后来我是选择了一个方法论方面的题目。

其实我是想宣扬一个东西。我想说两件事情。第一，我觉得中国数学史的研究经历了一种研究范式的转换，这是一个非常重要的事情。在世界数学史研究领域，这也是非常重要的一件事。

最早的中国数学史研究遵从纯粹史学的研究范式。那时的数学史研究，你拿一篇数学史的文章出来，审稿人一看，他首先问的一句话就是，你发现了什么新东西吗？你说没有，那就拒绝了。当然，发现是很有意思的一件事情，就是要从这个古代的书里面去发现新鲜的东西出来。在这个研究范式指导之下确实取得了很多的成果。把中国古代的这些数学史的内容都翻了一遍，弄得很清楚。但是有一个问题，当然也可说是重要的事，即大家特别强调世界第一。中华人民共和国成立初期，在爱国主义的传统下，这种研究方法和理念很受重视，大家也就都很在意这件事。20世纪70年代时，依这种方法再去研究数学史，那就很困难了。古书就那么多，你翻上几遍之后，也就发现不了什么新的东西了。因此，数学史的研究要发展，也就存在比较大的问题了。

我认为在20世纪70年代，这个研究范式出现了一次转换。而引导这次转换的人物就是吴文俊先生。吴文俊先生说，数学史研究，发现当然是很重要的，这只是一种纯粹的历史研究法，但发现中国古代有什么，还不够，更重要的是，我们希望知道这些东西是怎么来的。当时吴文俊先生提出的一个研究方法论，叫古证复原。

我觉得这是一次研究范式的转换。第一个研究范式，是李俨、钱宝琮的研究范式，即李钱范式，我把它命名为发现。第二个研究范式叫复原，我把它叫吴范式，即吴文俊范式。这两个范式，在20世纪80年代一直到90年代都非常红火，特别是在20世纪80年代。我那时要做数学史的一个会议，一来就是100多个人，都讨论一个题目，大家争得一塌糊涂，就是因为我们去复原这个东西到底是怎么来的时候，大家各抒己见，会从不同的角度去想这个问题。因此，大家也就有很多工作可以去做。这个热闹到了20世纪90年代末的时候，就开始沉寂下去了。在这种学术的争鸣中，那些复原的研究工作，也就做得差不多了。

第二件事情是当时数学史研究遇到了一些困难。很长时间以来，我们没办法在中国开展近现代数学史的研究。最重要的原因在哪？就是近现代数学史研究很难有什么新的发现。因为那些东西都是 on the surface，都在表面上放着呢，你不用去发现。现代数学的论文都写得清清楚楚，那些思想也讲得很清楚，你也不用再去复原。如果我们遵从的是发现或者复原这两种研究范式，刨去现代数学本身的难度，你还是会觉得很困难。

很多搞数学史的人都希望在中国开展近现代数学史研究，我当时就提出，数学史还应该有第三条道路，就是为什么要做这件事情，为什么要研究数学？用英文讲得更清楚，就是 What mathmatics，how mathmatics，and why mathmatics。按照这个次序，我们来讲这个不同的研究范式，这是我当时讲的第三条道路。这就是在国际数学家大会上作的邀请报告。

陈：这是您第一次提出数学史研究范式这个想法吗？

曲：对，中国数学史研究范式是我第一个提出来的。我认为吴文俊先生是一个非常重要的数学史家。他对中国数学史界的影响非常大，这就在于他创造了一种范式，这是很了不起的一件事。世界上其他国家和地区的数学史研究不存在范式的转换，只在中国有。我在作报告之前，吴文俊先生还说，你的报告我就不一定参加了，我最近怎么忙之类的，我也没敢让他来参加（笑）。但我作报告那天他还真来听我的报告了。我相信，吴文俊先生很赞同我的想法（笑）。

陈：在 2008 年出版了《中国数理天文学》这本书之后，您的研究重心是不是转向近现代数学史？您是如何考虑的？

曲：大概 2008 年这本书出来以后，我觉得数理天文学这件事情就告一段落了。我开始想另外一件事情，就是近现代数学史的研究。近现代数学史研究是我进入这个行当时候的一个想法，但是没有做成。现在年龄稍微大了以后，觉得数理天文学也告一段落了，需要选择一个有挑战性的方向来做一下。2008 年以后，我开始全身心地转向做近现代数学史的研究。

近现代数学史，在中国像李文林老师、胡作玄老师，他们都做得非常好，也做了很多年。我们这个点也毕业了很多近现代数学史方面的博士。但是，我觉得还是没有成气候，还需要更进一步的努力。起码这样讲吧，我觉得我们近现代数学史的研究还不能够完全地跟国际接轨。

2008 年的时候，我发现近现代数学史研究要解决的问题，首先是数学问题，历史问题是第二步的。现代数学这么庞大，怎么解决数学问题呢？我希望能够把近现代数学史理一个线索。这个线索不是数学史家可以帮我去做的，我要在全世界挑选，看看哪些对数学文化、对数学历史有兴趣的大数学家对这个东西有兴趣。

还是机缘巧合，2007 年的时候，日本京都大学的一个大数学家，日本数学协会会长上野健尔先生，听他们日本的朋友说，在中国谁搞数学史比较好。他到陕西省西安市来开会，突然就找到我，要跟我交往。2008 年的时候，他邀请我到日本京都大学。他开数学史会议，让我到那边去访问。我到那就去给他们作报告，之后我也听了他的一场报告。他在讲椭圆函数历史的一些东西，我觉得他的想法挺好玩儿的。我当时给吴文俊先生写了一封信。我说，我准备搞一个讲座，想用你的名字命名。吴文俊先生说好，同意（笑）。

我就开始做这个吴文俊近现代数学思想讲座，请上野健尔先生过来。他当时来的时候，希望用两个星期时间把近现代数学史的整个线索捋清楚，但是只讲了一个星期就发现不行。然后，我就给他讲，你不要考虑时间。你随便讲，但是我需要讲得细致。你不要害怕我的学生听不懂。我说，只要我能听懂，就可以让他们都能听懂，而且你不要担心时间不够，你想讲多长时间就讲多长时间，没有任何问题。

这样一来，他就开始讲，我基本上每个学期请他过来一次，到现在都连续请了六七次了吧，我们在一点点做这件事情。我想今年（2013 年）开始应该能够出东西了，慢慢可以有一些结果出来了。我希望能够有一些比较好玩儿的结果出来。

最近一段时间，我大概开始能够形成一个近现代数学史研究的方法论，然后来做这件事情。确实是太难了。我还记得当初，第一次开吴文俊近现代数学思想讲座的时候，把广告做出去以后，全国各地来了好多人。但是，听了以后就越来人越少。开始的时候，他们完全凭想象，可能这是一个简单的事情，但是听一听就会发现这太难了，所以大家就打退堂鼓了。上野健尔先生后来有一段时间也有点打退堂鼓，我就鼓励他，再慢慢做。

4　利用学术平台，打造研究团队

陈：您当选了教育部“长江学者特聘教授”后，希望组建一些研究团队，近现代数学史研究也是未来规划之一？

曲：对。2011 年长江学者第一次向科学史开放了。我现在应该算是第一个做长江学者的科学史家，这也是个比较好的事情吧。最起码这对科学史这个冷僻行当的同人是一个鼓励（笑）。

我想利用这个平台做几件事情：第一，在近现代数学史这个领域，我希望能创建一个有影响力的学术团队。第二，我认为中国科学史仍然是非常重要的研究领域，它对整个历史学的研究也是比较重要的。我自己虽然已经不做了，但还是希望有人来接着做这件事情，不能放弃它。第三，我对科技政策、科技评价、科技战略等这些东西也比较有兴趣。我希望用“长江学者”这个平台，将来能建立这三个方向的团队来开展这些方面的科研工作。我们要充分利用好“长江学者”给我们提供的一些条件，做出点事业来。

陈：在您的学术生涯中，您觉得哪个时间段或时间点对您来说非常重要？

曲：如果从学术角度来讲，第一次出国可能比较重要一些。1994 年我第一次拿到李氏基金到英国剑桥大学李约瑟研究所访学，在那里待了一年时间。我觉得那一年的时间对我来说，是比较重要的。对于一个年轻学者来讲，我觉得在国外待一年时间，去静静地思考一些问题是非常重要的，尤其是在那个环境下，一个很静的研究所。所以，从那之后，我就很喜欢出国了。隔一段时间，我觉得国内太过嘈杂了，然后就会出去一趟，在外面待一段时间。当然做博士和做硕士论文时，必须专心致志去做，那是可以得出一些结果，但剩下很多重要的事情大概都是在我出国的那几次做出来的。我在剑桥大学待过将近两年，在哈佛大学待过一年，在京都待过一年半，我大概都是在这些时间里做出了一些比较好玩儿的事情，能够有很静的时间去思考一些事儿。我觉得这个对我来讲，还是挺有帮助的（大笑）。

陈：您在剑桥都思考什么呢？

曲：开始是想到那儿去玩玩儿，也就是休养、放松。但实际上第一次还是有点压力，因为年轻嘛，后来就没什么压力了。环境比较静的话，有些问题就可以慢慢地去思考，比如像行星、日食问题等，要是没有一个很长的安静的时间，有些问题是无法想清楚的。

举个例子，2009 年搞近现代数学史时，我花了一个月时间在香港中文大学研习伽罗瓦理论，那个东西要弄清楚是挺麻烦的，比较抽象，不太好搞懂。我在那儿待了一个月，把香港中文大学图书馆里所有关于伽罗瓦理论的书全都借过来，我决定要从理论上把它吃透，弄清楚它到底是怎么回事。那时我就跟当年做博士论文一样，一天可以读十几个小时的书。然后我就在那儿思考，后来终于把它弄清楚了。但你在国内这个环境下，怎么可能呢？一会儿一个电话，一会儿一个会议。你把电话关掉，其实蛮幸福的事（大笑），你稍微打断一下，思路也就跟不上了。

当然，也不是成天思考，我没事就会到山上去转转。在日本访学，有时比较烦闷，就在网上下下围棋；实在没事干了，就骑个自行车跑到京都城那条河的三岔角，坐在那儿看看河，愣愣地看上一个小时，看小孩在那儿玩儿，再回去，有些问题也就想通了（大笑）。我觉得这种方式对我来讲，还是挺好的。

陈：您给我们讲了很多，这里面出现一个词，您经常会提到“好玩儿”这两个字，就我的理解，可能跟创新、挑战有关联的，您能给我们解释一下吗？

曲：对，我喜欢用“好玩儿”这个词。我觉得好玩儿是这样的。因为你真正能够做出一些创造性的东西的时候，你会体会到乐趣，好玩儿。什么事情是好玩儿呢？是因为它有乐趣。如果说你做这件事情很痛苦，读书很痛苦，那你一定不会觉得好玩儿；你上课觉得很痛苦，也不会觉得好玩儿。因为你在做这件事情的过程中，你体会到乐趣了，你就觉得蛮好玩儿的，对吧。

我记得在哪本书的序言或后记上我说过这个话，说辛苦肯定是有的，但是辛苦和痛苦是两个概念。我觉得要太痛苦，就不要做这个事了。我现在还在回想，做硕士时，前两年还是觉得蛮痛苦的，因为找不着路，如果说第三年，在上元积年这方面没有突破，那个硕士论文当然还是要混出来的，但我肯定会转行的。我一定不会在这个地方待下去。

但是，它就给我了一条路，让我走下来了。我一直觉得很快乐。我要觉得痛苦，我就不会再往下走。因为你要痛苦的话，你就不会有动力。短暂痛苦可以，但是不能说很长时间是痛苦的。我不相信一个大的科学家，他整天很痛苦。我觉得他一定有乐趣在里头。所以，这个乐趣和好玩儿是在一块儿的。

后记：曲安京教授访谈中提到的那本书是2005年科学出版社出版的《中国历法与数学》。2004年10月13日他在英国剑桥李约瑟研究所完成该书的自序。《序》中他提及儿子的问题：你写它的意义何在？他这样写道：是啊，经常会有人问我类似的问题：你做的这些到底有什么用呢？我总是心有戚戚地回答，没什么用。不过，有时候会接着说，如果你熟悉科学史，你就会明白，科学家很少是以有用为目的来从事他们的研究的，从某种意义上来说，科学的目的就是为了满足人类的好奇心。那么，对一个数学史家来说，破解一些被岁月尘封的历史之谜，就是满足我自己最大的好奇心了。给历史留下一份档案，这就是我的目的。这也许就是一个数学史家的追求。

孙淑云教授的冶金史治学之路*

——访孙淑云

章梅芳 / 问，孙淑云 / 答

编者按：孙淑云教授，1969年毕业于北京师范大学生物化学专业，1972年到北京钢铁学院工作；1974年开始从事科学技术史研究与教学，主要研究冶金与材料史；1987—1988年，在澳大利亚卧龙岗大学冶金与材料系进行冶金考古合作研究；1992—2004年，历任北京科技大学冶金与材料史研究所副所长、党支部书记、所长，享受国务院政府特殊津贴；是“中国古代钢铁技术的发展历程”研究项目的主要完成人之一，该项目1987年荣获国家自然科学三等奖、国家教委科学技术进步二等奖；作为主要参加者和项目负责人先后承担“中国早期铜矿开采与冶炼技术的发展”“铜镜‘黑漆古’形成机理研究”“冶金技术的社会功能研究”“北京琉璃河西周燕都遗址出土金属器的科学研究”“早期冶金技术对中华文明起源的作用”“中华文明探源预研究”等国家级、省部级多项科研项目；并作为子项目负责人完成了“中日古代青铜器制作技术的比较研究”和“中日古代文物产地来源研究”两项中日合作项目及“中国冶金起源与早期交流”的中美合作项目；发表《中国早期铜器的初步研究》《甘肃早期铜器的发现与冶炼制作技术的研究》《铜镜表面“黑漆古”中痕像的研究》《广西、云南、贵州古代铜鼓锈蚀产物的研究》《中国传统响铜器制作工艺考察》《商代早、中、晚期青铜器的比较研究》《黄铜表面着色研究》等学术论文120余

---

* 收稿日期：2014-02-24。

作者简介：章梅芳（1979—　），安徽省望江县人，北京科技大学副教授，中国科学技术史学会理事。孙淑云（1945—　），女，山东省烟台市人，北京科技大学教授、博士生导师，曾任中国科学技术史学会理事、金属史专业委员会主任，中国著名冶金史学家。

篇，主编出版学术专著3部，在阐明中国冶金技术起源与早期发展的规律，以及中国古代独特的工艺技术方面取得了突出的学术成果。

1 机缘巧合，决心研究冶金史

章：孙老师，您好！第一次见到您是2005年的冬天，当时我到北京科技大学冶金与材料史研究所面试工作。您对我的情况及学术报告的提问，留给我极深刻的印象。9年过去了，于我而言，您既是严谨认真的学术大家，是温润如玉的君子，亦是谦和慈爱的长辈。尽管如此，今天却是我第一次给您做访谈。我记得您是1964年考入北京师范大学生物化学专业的，那个时候能考上生化专业应该是很不容易的，不知道您当时是怎样的情况？为什么要选择这个专业？

孙：正如你所说的，那时候能考上北京师范大学生物化学专业很不容易。在20世纪60年代初，生物化学在中国还属于新兴学科，全国只有复旦大学和北京师范大学设有生物化学专业，每年招生的人数很少。1964年，我以优异成绩考入北京师范大学，成为该校生物化学专业15名学生中的一员。回想起来，这得益于我良好的中小学教育基础。小学、初中和高中我都是就读于北京市的名校，按现在的话说，就是重点学校。而且我从小学习比较努力，年年被评为“三好学生”。1961年，我从北京市第九中学初中毕业，获得北京市金质奖章，被保送到北京师范学院（现首都师范大学）预科读高中。这是一所非常优秀的学校，是北京师范学院为保证本校获得高质量生源而专门兴办的学校。因为预科学校背靠师范学院，让我们的高中时代早早地融入了大学的因素，我们经常有机会参加大学的一些活动，比如，听学术报告，欣赏艺术家的表演，到大学图书馆阅读书报杂志。在这样的学习环境下，使我开阔了眼界，树立了将来当科学家，建设祖国的远大理想。在每个人的一生中，总有一个重要阶段，它影响着人生的道路、事业的成功、生活的幸福。对我来说，这个阶段就是在预科学校度过的高中时代。可以说，北京邮电学院预科高中阶段的教育为我奠定了人生的坚实基础。

章：孙老师，您本科学的是生物化学专业，后来又是为何走上冶金史研究之路的呢？

孙：我开始冶金史研究，是一个偶然的机遇。大学二年级期末，也就是1966年6月，暑假前夕就发生了“文化大革命”，这打乱了我的目标和理想。1972年，我到北京钢铁学院基础部化学教研室做助教工作。不久，基础部解散，我被分到材料系金相教研室。1974年暑假，学校组织所谓“评法批儒”暑期学习班，金相教研室主任派我去参加。这个学习班分为“教育史组”和“冶金史组”，统称“理论组”，我被分配到“冶金史组”。这个小组主要研究冶金史上的儒法斗争，当时的任务是从西汉桓宽写的《盐铁论》看儒法两家思想对冶金技术发展的不同影响。要找到儒法两家影响冶金发展的证据，首先要寻找历史上冶金技术如何发展的资料。

我们想到早在20世纪50年代，北京钢铁学院就有一批老教授从《二十四史》里把所有冶金资料都汇总起来，整理成一本本资料，收藏在学校图书馆。这太珍贵了，当时我们赶紧把资料拿来翻阅，结果发现古代冶金发展跟儒法斗争没有什么必然联系，但在研究这批资料、阅读相关书籍过程中，我对冶金技术的历史产生了浓厚兴趣。所以，暑假结束后，我决定不回金相教研室了，跟“冶金史组”的几位老师一起留下来编一本《中国冶金简史》，从此开始了我的冶金史研究之路。

编写冶金简史光凭文献不行，我们还必须出去考察，搜集实物资料。所以1974年底，黄务涤、王克智、我和姚建芳就开始到河北、河南、陕西、山西各省去“周游列国”，一去3个月，那时正是“文化大革命”后期，出差在外，交通、吃、住条件都很艰苦。我们先后考察了河南省的滑县、林县、巩县和山西省的侯马市等地冶金铸造遗址，去了河南省郑州市博物馆、河南省博物馆、河北省博物馆、河南省新乡市文管所，还有中国科学院考古研究所在河南省安阳市、山西省侯马市的工作站，到十几个文博单位的库房去找那些出土的古代金属实物资料。当时，我们结识了一大批考古人员，像李京华、于晓星、韩伟、张万忠等考古学家。也是从这时开始，奠定了我们与文物考古界的紧密合作关系，也使我后来的研究一直坚持历史文献与考古实物资料、实验分析与田野调查相结合的综合研究方法。

2 潜心科研，硕果累累满枝头

章：我们知道您的很多工作与有色金属相关，这个方向跟您原来的专业方向差异很大，您刚开始工作时一定遇到了很多困难吧？不知道您是如何克服这些困难的？如果能分享到您的经验，对我们年轻的研究生和学者都会有启发和激励意义的。

孙：我在生化专业只学了两年基础化学，外语学的是俄语。要搞冶金史，我的知识结构是远远不能适应的。我必须要补充冶金、材料专业的相关知识，提高阅读古汉语，把握古典文献的能力，还要重新学一门外语。为此我做了自学、补课的规划，边工作边学习。那几年，我一方面在北京钢铁学院旁听冶金、铸造、金相、材料等专业课；另一方面在北京师范大学旁听历史系的课程，重点听了古代史尤其是世界古代史。1977 年又参加了北京师范大学化学系举办的“回炉班”，共学习了两年，系统补充了化学专业的课程。同时，我抓紧一切时间和机会学习英语。1986 年学校从美国请了外语老师开设教师英语培训班，时任我校冶金史研究室主任的韩汝玢老师非常支持我报名参加学习。除了上课，每天晚上听英语磁带，还自录自听，有时半夜醒了也戴上耳机听，上班坐在公交车上也在背单词，学英语入了迷。一年下来，我英语听力、口语有很大进步。1988 年，柯俊先生写信推荐我去澳大利亚卧龙岗大学冶金系进行学术访问研究，在那里工作了一年，使我的专业研究水平和英语能力有了进一步提高。当时在澳大利亚国立大学组织的一个关于亚洲青铜器的会议上用英语成功作了学术报告，这算是对自己勤奋努力的一个回报。并且，在澳大利亚期间与 J Dunon，N Kenon 等冶金材料学家密切合作，还有幸结识了 N Banard 和 R F Tylecote 等冶金史专家。回国后与他们一直保持通信联系，得到很多信息。有一次我收到 R F Tylecote 托回国的叶杏脯老师带给我的很厚的一叠冶金史外文资料，他是把资料从英国寄到比利时，当时叶杏脯在那里工作，这令我非常感动。

章：您的这段自学经历，真是让人感动。您在冶金史领域取得的成就，虽然离不开柯俊先生等前辈的引导和支持，更是您本人敢于迎接挑战，积极弥补不足，并且几十年如一日地坚持这种刻苦钻研精神的结果。我们知道，您是中国早期铜器研究方面的著名专家，例如关于“黄铜锥”的研究就在国内外学术界引起了广泛关注。您能谈谈这方面的情况吗？

孙：对中国早期铜器和冶金遗物进行分析检测，并把结果置于世界冶金起源和发展的大背景下进行研究，对探讨我国冶金技术起源和早期发展的轨迹具有很重要的意义。我从事冶金史研究的重点就集中在这方面。30多年来，我自己和指导研究生做的早期铜器研究样品近300件，还有一些炉渣、炉壁、坩埚壁等冶铸遗物样品。年代从约公元前3000—前1500年，地域分布主要在新疆维吾尔自治区及甘肃、陕西、河南、河北和山东省的新时期晚期遗址。研究结果初步揭示出中国早期铜器的总体特征，以及不同地区的差异，阐述了中国铜冶金技术的产生和早期发展不同阶段的技术水平，探讨了各地区之间以及与西亚早期铜冶金技术的互动关系。这项研究是中华文明探源的基础性工作之一，其中有些研究在国内外都具有影响。如对甘肃东乡林家马家窑文化遗址（2740B. C.）出土的青铜刀和铜渣研究、山东省胶州市三里河龙山文化遗址（2300–1800B. C.）出土黄铜锥的模拟实验研究。

关于中国早期遗址出土的黄铜锥问题之所以能引起考古界的关注和争论，是因为金属锌的冶炼比较困难，锌的沸点低，只有906℃，氧化锌在950—1000℃才能较快还原成锌。还原温度高于锌的沸点，得到的是锌蒸气，如果没有特殊的冷凝装置，在还原炉冷却时，锌蒸气被炉气中的CO_2再氧化成氧化锌，则得不到金属锌。因此，很多考古学者认为，在四五千年前的古代，不可能冶炼出金属锌。那么早期黄铜是怎样得到的呢？我们采用了模拟实验的方法进行尝试。实验表明，在古代炉温不高的原始条件下，冶炼温度在950—1200℃用碳还原铜锌混合矿或共生矿都可得到黄铜。这种冶炼温度在新石器晚期烧陶技术水平下是可以达到的。所以，早期黄铜锥是古人炼铜初始阶段，在原始冶炼条件下偶然得到的产物。黄铜在中国早期出现原被美国著名冶金学家John W Cohn视为不可能，他在了解实验过程及结果后完全信服。模拟实验结果作为论文《中国早期铜器的初步研究》重要内容，发表于1981年《考古学报》，在学术界产生重要影响，1983年由美国Julia Murray全文翻译刊登于美国的*Early China*杂志。

章：除对早期铜器的研究之外，您还对中国古代金属器包括铜镜、铜鼓、响铜器等展开过专题技术研究，尤其是您关于中国古代铜镜“黑漆古”问题的分析，同样在国内外学术界产生了广泛影响，您能谈谈这方面的工作吗？

孙：对中国古代铜镜“黑漆古”形成原因的研究是一个非常有吸引力的课题。在考察大量出土的铜镜和兵器表面“黑漆古”时，我发现有很多迹象表明“漆古”的形成是自然腐蚀生成的，而不是像国内外一些研究者所说的

"人工有意所为"。比如，出土的有些破碎铜镜，不仅镜面、镜背，而且其断茬都为"漆古"。如果"漆古"是人工所为，不可能把断茬也制作成"漆古"，更何况铜镜作为陪葬物，不可能把破碎的埋入坟墓。铜镜破碎肯定是在地下受应力作用的结果，所以"漆古"是受自然环境中某些腐蚀剂的作用而形成的。从 1986 年开始，在柯俊先生、韩汝玢老师的指导下，我和化学教研室马肇曾老师一起合作指导研究生金莲姬开展腐殖酸腐蚀高锡青铜形成"黑漆古"的研究，1994 年又协助柯俊先生指导博士研究生周忠福进行"黑漆古"更深入的形成机理研究。

综合运用了多种分析方法和多种检测手段，我发现在铜镜表面透明的矿化层即"漆古"中，保留着原高锡青铜铸造组织的各相形貌，称之为"痕像"。但其成分由原来的铜锡合金变为以二氧化锡为主的组成，这表明"漆古"不是沉积在铜镜表面的附加物，而是铜镜自身腐蚀矿化了的部分。对于这层"痕像"的形成可以从自然界矿物"假象"的生成得到启示。如木化石虽保留着原木材的形貌和纹理，但成分已经不再是碳氢化合物，而被二氧化硅所替代。自然腐蚀生成的铜镜表面的这种矿化层与自然界矿物"假象"的生成过程一样，经历了一系列氧化、水解、凝胶析出及脱水的复杂过程。

"黑漆古"的研究成果发表后在学术界产生了一定影响。1992 年，研究所派我参加在美国加州大学洛杉矶分校举行的第 28 届科技考古国际会议。我提交并在会上宣读了关于土壤中的腐殖酸对"黑漆古"形成影响的英文论文，引起与会学者们关注。研究"黑漆古"的美国华盛顿弗利尔艺术馆的 T Chase 立即出钱邀请我访问他们研究所。麻省理工老教授 H Lechtman 随后写给柯俊先生的信中，对我的研究给予充分肯定，并加以赞赏。我深知这不是对我个人的肯定，是对柯俊先生带领下的我们这支研究队伍的信任和评价。

章：您在青铜镀锡和焊接研究方面，也有十分突出的成果，能否谈谈这方面的研究情况？

孙：镀锡和焊接是中国古代重要的工艺技术，具有悠久的历史，从考古出土器物看最早可追溯到西周时期，在春秋战国时期到汉代得到很大发展。对我国这两项重要技术开展研究很有意义。我的兴趣集中于对镀锡和焊接样品的界面特征的研究。利用金相显微镜、扫描电子显微镜、X 射线能谱分析仪对样品截面分析，发现镀锡层 / 青铜基体、铅锡焊料 / 青铜基体具有共同的界面特征，即铜锡金属间化合物由界面向镀锡层或焊料深入。探讨界面这一特征形成的原因，是在热镀锡或焊接时，溶化成液相的锡或铅锡焊料与基体青铜接触时，基材中的铜溶解在熔融的锡或铅锡焊料中与锡发生反应，在界面处生成铜锡金属间化合物 ε 相和 η 相，并向镀锡层或焊料中生长。这项研究结果对考古样品镀锡层和焊接层的组织成因做了解释。验证了古代热镀锡工艺的存在。

我对镀锡的研究还有就是通过比较宁夏回族自治区的固原、四川省的巴蜀地区和云南省的青铜器表面镀锡层的厚度、组织和结构，发现三者之间的差异，探讨在镀锡工艺上存在的不同。从工艺角度对古代镀锡技术在中国的起始应用和传播进行了初步探索。

对中国古代焊料研究的论文在印度召开的第七届国际冶金史会议上做了大会交流，引起同行研究者的关注。

章：由您牵头主编的《中国古代金属材料显微组织图谱》对冶金史研究而言，是十分重要的经典之作，能谈谈您当时编写此书的想法吗？而且，该书的第一章《中国古代铜与铜合金显微组织》占了全书近 80% 的篇幅，这与您多年来在中国古代铜及其合金技术研究方面的成果密切相关，您是否愿意再介绍一下您在这方面的研究情况？

孙：我们研究所自 1974 年成立以来，在全国文物考古单位的大力支持与合作下，收集并研究了数千件历代金属文物样品，通过对其显微组织的研究，揭示出中国古代冶金与材料发展的光辉成就，对阐明中华文明的建立与发展及其对世界文明的影响具有重要学术意义。30 多年来我们采用金相和扫描电子显微镜对中国古代金属材料显微组织进行研究，积累了大量丰富的资料，已经发表了上百篇相关论文、出版的专著中也附有大量相关金相图片，但是一直没有出版过一本系统展示显微组织的图谱。国内外也没有专门介绍中国古代金属材料显微组织的图录出版。考虑到研究生教学的需要和冶金史、冶金考古等领域研究人员的需求，我就牵头向研究生院申请了编写经费，由我和韩汝玢、李秀辉一起编写《中国古代金属材料显微组织图谱》，共出 3 本，由我负责有色金属卷，韩汝玢老师负责总论和钢铁卷。其中《中国古代金属材料显微组织图谱 · 有色金属卷》已经在学校“211”项目和研究生教育发展基金资助下，于 2011 年由科学出版社出版，受到业内同行的好评。

中国古代有色金属材料包括铜、锡、铅、金、银、汞、锌及它们的合金。其中，铜与铜合金是使用最早，具有重要地位的金属材料。我们研究所由于和全国各地博物馆、文物考古单位有密切的合作关系，有幸获得 2000 多件有色金属样品，其中绝大部分是铜及铜锡、铜锡铅合金，这是构成商代、西周、春秋战国时期，乃至汉代大量精美青铜器的主要金属材料。我的主要研究方向是古代有色金属及合金，因此铜及铜合金技术是我和我的学生研究最多的材料，粗略统计有330余件。分析检测的样品绝大多数来自考古工作者发掘的重要遗址、墓葬。如湖北省的黄陂盘龙城商代前期遗址、四川省的广汉三星堆商代晚期遗址、广东省的博罗横岭山商周时期墓地、北京市的琉璃河西周燕国墓地、山西省的太原金胜村春秋时期晋国赵卿墓、深圳市的大梅沙春秋晚战国初遗址、湖北省的当阳赵家湖楚墓、江苏省的淮阴高庄战国墓、广东省的广州象岗西汉南越王墓等。分析检测采用了多种分析仪器，对样品主要进行成分、金相组织、矿相的检测，其次有微量元素分析、铅同位素比值测定等，工作量很大，但这是为研究提供科学数据的基础性工作，值得去做。研究结果以分析报告形式提交给考古学专著使用以及与考古学者合作在期刊上发表研究文章，初步统计有30余篇。这些成果为阐明中国铜及青铜合金技术的发展及交流传播提供了重要依据，从技术层面丰富了中国灿烂青铜文化的内涵。

章：除了冶金史研究，您还在文物保护方面做了青铜器锈蚀研究以及关于利用氢还原法保护铁质文物的实验研究。能否也请您谈谈在这方面的研究情况？

孙：研究青铜器锈蚀产物及其形成机理，对铜器防腐蚀、实施有效保护具有重要参考价值，所以我在对青铜器材质的分析过程中，十分重视对青铜器锈蚀的研究。金相、矿相、X射线衍射检测表明，青铜锈蚀产物种类很多，最常见的是铜的氧化物、硫化物、氯化物和碳酸盐，还有锡的氧化物，铅的碳酸盐。在显微镜偏光下观察，它们呈现不同的颜色和特征，与基体组织有着密切联系。在《中国古代金属材料显微组织图谱·有色金属卷》有一节是专门介绍青铜器锈蚀显微组织的。出土青铜器的锈蚀的机理较复杂，是青铜与埋藏环境介质发生化学、电化学反应的结果，我的有关这方面研究结果，不少体现在青铜器材质研究报告中，专门的青铜器锈蚀论文主要集中于“黑漆古”的形成机理研究和广西壮族自治区及云南省、贵州省的古代铜鼓锈蚀的研究。

我对铁器锈蚀和保护方面没做多少工作，只做过一次利用氢还原法保护铁质文物的实验研究。为什么要做这个实验研究呢？起因是北京市文物考古研究所在北京老山挖掘的一个汉墓墓道中出土一块残铁器，似乎是车的轴瓦的一部分。由于锈蚀很严重，形成一个铁疙瘩，无法对其绘图，更无法展览。2000年4月的一天，主持发掘工作的王武钰所长把这个“铁疙瘩”交给我，请我帮助除锈。开始我采用国内传统处理铁锈的方法，无法解决问题。因为铁锈与铁器结合十分紧密，形成的硬壳用机械处理方法，又锤又凿怎么也分离不下来。如果用酸浸泡，又担心腐蚀到铁基体。于是我从文献上查到，国外在20世纪60年代初采用氢还原法处理铁锈很有效，就想用这个方法试一试。正值由柯俊先生主持的教改课题“大材料”专业试点班的学生进行结业选题，于是我就指导了一名学生进行氢还原法保护铁器的实验。实验原理是氢气在常压和一定温度下与铁器锈蚀中的氧结合生成水，同时高价态的铁氧化物被还原成低价态的氧化物，体积发生变化，锈蚀变得疏松，容易将其清除。在校内电解质实验室的大力协助下，将氨气裂解产生的氢气通到放置“铁疙瘩”的电阻丝加热炉，低温还原处理60个小时。结果“铁疙瘩”表面硬壳变得疏松很容易就被剔除干净了，露出了轴瓦的真面目，由于还原温度低，基本不改变铁器的原始组织。这次试验除了处理这件轴瓦，还做了几枚铁钱的氢还原试验。方法除了“氢气还原法”，还在金属物理实验室配合下做了“氢等离子法”还原铁钱的实验，都取得有效结果。

章：如您在前面提到的，冶金史研究从一开始就非常重视田野调查、文献调研和实验室分析相结合的综合研究，这一点在您的工作中都有鲜明的体现。您能在这里和我们分享一下您几十年来冶金史研究的心得和体会吗？尤其是研究方法。

孙：在研究方法上，采用文献与实验相结合的方法，是我们冶金史研究的独特之处。

一是文献的搜集整理方法。在我们冶金史组开展研究之前，国内外冶金史研究方法主要集取古代文献整理研究方法，包括李约瑟研究所在内，这是进行科学技术史研究必不可少的重要方法。中国古代文献中有关冶金的记载虽然不多，但为我们了解和研究古代冶金技术提供了宝贵的资料。我们在重视古文献的同时，注重我国近代开始到20世纪初的地质矿产调查，这些调查多是由受了科学教育的地质、冶金工作者进行的，因此调查报告和资料较古文献具有较高的科学性，不仅对发展我国的采矿冶金工业具有重要意义，也为今人研究古代冶金提供了宝贵的资料。二是调查研究的方法。包括矿冶遗址考察与研究和传统工艺调查与研究。矿冶遗址保留有古代采矿冶金的大量信息，如古矿洞、矿石、采矿工具、残炉壁、炉基、炉渣、风管、坩埚、陶范等遗物，是今人研究古代冶金技术的珍贵资料。与考古工作者合作对遗址的年代、性质进行考察、收集冶金遗物做进一步的分析是冶金史研究的重要方法。另外，我国是一个具有很强传统继承性的国家。许多工艺技术往往是代代相传，经世不绝。因此，调查研究现存的传统工艺对了解古代技术成果有着十分重要的价值。三是检测与实验的方法。包括样品的检测分析和实验模拟。样品的检测分析是指利用现代分析仪器和方法对古代金属器物的成分、组织和炉渣、炉壁、陶范等进行检测分析。冶金史的研究方法是我们全所教师和学生在长期研究工作中总结出来的，具有我们冶金史所的特色。这方面我也有很多体会，举一个白铜的例子谈谈冶金史研究方法是如何运用在我的研究中的。

关于中国白铜的问题，是柯俊先生关心的重要课题之一。中国清代云南白铜出口到欧洲，成为 18 世纪西方贵族用以炫耀身份和财富的餐具、烛台等奢侈品。后经德国仿制成功，在当时的市场上出现类似中国白铜的产品，被称为“德国银”。我们研究冶金史就要还历史的真实面目。但关于中国白铜的产地、规模和数量，虽在明清时期的文献中有不少记载，这些文献非常可贵，为我们研究白铜提供重要线索。但古文献具有一定局限，比如涉及白铜生产技术的描述甚为含糊。如清同治九年刻本《会理县志》中记有“煎获白铜需用青、黄二矿搭配”，虽指出冶炼白铜的原料，但未言及冶炼过程，亦不知青、黄二矿为何物。所以，光靠古文献还不行，而查阅我国早期的地质资料，就会发现所记内容不仅明确而且多用专业名词，使今人极易读懂。我在地质档案馆查到于锡猷先生于 1940 年写的《西康之矿业》，其中他根据清末冶炼技师所述，对生产镍白铜的矿产有如下记载：“会理镍矿发现后，即有人用铜矿与之混合冶炼，然不知其为镍，故呼之为白铜矿。人从其带有黑色，又呼之为青矿。”他还详细记述了镍白铜的冶炼工艺流程，清楚地说明了清末镍白铜的生产不是现代意义上的由纯铜和纯镍配制而成的，而是由氧化铜矿（黑铜矿）与硫化镍铁矿（青矿）混合，经反复冶炼多次就得到铜镍合金（青铜）。这种铜镍合金在云南加入一定量锌制成世界著名的白铜器。这是为中国白铜正名的很珍贵的冶金史料。

冶金史研究离开对考古实物的研究不行。很有意思的是，我手里刚好有一件中国历史博物馆送交检测的宋徽宗时期“库银”锭，经分析检测为含铅的铜—镍—锌合金，这正是白铜制品。接下来我根据文献记载和实物分析资料，在实验室模拟镍白铜的生产过程，用不同配比的镍铁硫化物和铜氧化物合炼进行实验，得到了白铜锭。证明中国白铜正如文献记载的那样生产的，白铜是中国的发明。有关这部分研究内容柯先生在美国召开的第17届科学技术史大会上作了中国白铜的报告，受到学界关注。

3 锐意改革，谱写团队新篇章

章：您从1999年开始担任冶金与材料史研究所所长，在学科建设、人才引进、研究生培养等方面提出了许多重要举措，开展了大量的工作，使整个研究团队在国内外学术界的影响力更强大。您能谈谈这方面的工作吗？

孙：我虽然最早参加研究所工作，但在年龄结构上，很长时间是处于小字辈的。研究所开始是邱亮辉做所长，吴坤仪做副所长、支部书记，后来很长时间是韩老师做所长，他们为研究所的建设和发展，花费了好多心血，做了很多工作。很多研究所事情都是他们在考虑，我是在大树底下好乘凉，基本上是服从团队和组织的安排，努力去开展和完成工作。自1999年，我接手做了研究所所长后，才深刻体会到“不当家不知柴米油盐贵”的道理和苦楚。我们冶金与材料史研究所的科研成果，在很长一段时间都是国际重视，国内并不重视，校内也不重视，甚至无所依附。原因很多，其中有一条就是研究领域狭窄，与现实联系不紧密，不能产生直接的经济和社会效益。因此在招收研究生、申请大的科研课题方面都很困难，没什么经费来源，教师的待遇也低。研究所陷入一种苦苦挣扎的境地。我和大家意识到，如果这样“抱残守缺”，就可能自生自灭，我们所热爱的事业，也无法继续。研究所要生存、要发展，就必须改革。我们有硕士学位授权点、博士学位授权点的优势，为什么抱着金饭碗讨饭吃呢？为此，我确定了自己担任所长的12字指导思想：“承前启后，改革创新，促进发展”。

人才引进，是一个学术机构发展的重要方面。我们这个研究所要取得更好的发展首先要有人才，而且是高端人才，所以我想到要引进。为此，我在任期间花大力气引进了梅建军和李晓岑，潜伟博士毕业后也留校任教。他们现在都是我们研究所的骨干力量，是冶金史、传统工艺以及科技与社会研究方面的专家。其中，梅建军的引进是从2004年开始，当时我身体挺不好的，尽管柯俊先生和韩汝玢老师都动员我再做一届所长，但我觉得还是应该让年轻人来接班。梅建军是柯俊先生亲手培养的第一个研究生，而且是我们所毕业的第一个硕士，他受我们所的传统教育比较多，继承了我们的一些好的传统，而且他又在英国拿到博士学位，在李约瑟研究所和日本做过博士后的研究，具有开阔的国际学术视野，是能和国际接轨的人才，所以决定让他接任所长职务。事实证明，梅建军任职以后，研究所的科研经费、人才建设、学生培养和学科发展都有长足进步。他现在已被李约瑟研究所聘请为所长，但仍为我们研究所做贡献。

关于增设研究方向，我的想法是新方向不能脱离科学技术史，文物保护是一个不错的选择。当时国家对文物保护比较重视，我们曾经办过培训班，有一些文物保护的人对咱们挺有感情，也经常保持联系，都说你们那有文物保护多好，我们去你们那里学习，我就觉得文物保护跟我们是直接联系的。然后，我们还可以增设科学技术与社会方向。当时，柯俊先生强调不能把眼光局限于文物的检测分析，还要从宏观上把握冶金技术的发展与文明之间的关系。而且，这样一来，我们还可以吸引许多学文科的学生到研究所深造，对他们进行文理科综合的培养，这可能对他们将来发展有很大的促进作用。这样的话我们就新开了两个方向，开始招收研究生。刚开始我们还缺乏相应的师资力量，为此我想办法先聘任文物保护领域和科技与社会研究领域的专家学者来讲学，帮助指导学生的学习和研究。当时，像周宝中、吕乃基等专家都无偿地给我们的学生上课，扶持我们这个方向的发展。没有他们的支持，我们这两个方向很难有今天的发展成绩。

章：除引进人才，开设新的研究方向，聘请国内外专家学者等举措，您在任所长期间还大力促成了“科学技术与文明研究中心”的成立，不知您当时是如何考虑的？成立这个中心对于冶金史学科的发展有何重要意义？

孙：冶金史研究越深入，越发现中国古代冶金的发展，是与中华文明和科学技术整体发展密切相关，要想提高冶金史的科研水平，必须把宏观的科学技术与文明作为研究的新视角、新思路。聘请相关科学技术与文明研究的各学科专家作为顾问，对冶金史研究的深入开展是很有必要的。成立这个中心有利于整合全校的科研人才、设备使用和实验力量，推动冶金史研究的进展。成立中心有利于更广泛深入的国际交往。成立这个中心，拓宽学科研究方向，也有利于当前社会发展对科技史人才新的需求，有利于研究生招生和培养。事实也证明，此中心的成立对冶金史研究的深入和科技史领域研究的扩展起到很好的推动作用。中心的成立使我们的学科建设上了一个新台阶。

4 培育英才，学术馨香永流传

章：您从 1994 年开始担任硕士研究生导师，1999 年开始担任博士研究生导师，为冶金史和文物保护培养了大量的优秀人才，您的很多学生现已成为相关领域的中坚力量。在这里，您能谈谈您对学生培养的心得和体会吗？

孙：我的感受就是“教”“学”相长，“师”“生”共进。“学为人师，行为世范”这是北京师范大学的校训，我把它作为我的座右铭，伴随我 30 余年从教生涯。校训告诫我，做一名合格的教师，必须要毕生学习。不但要学习新知识，不断充实自己；学习新技术，掌握新的科研方法，还要学习如何施教，不断改进教学方法；做一名合格的教师，一言一行都要为人师表，成为世人所遵循的行为典范。研究生教学主要是培养学生独立科研的能力。我在教学中从选题的确定、文献的搜集，到实验的设计、论文的撰写，都为学生的自主创新留下空间，又不放任，随时讨论研究进展和存在的问题，在关键之处做一些具体的指导。他们要进行调研，我尽力帮助联系，亲自带他们下去考察。有国际会议或出国开会、考察的机会也带上他们。我把修改学生们的论文，当作一种教学手段，不管是平时发表的还是学位论文都给予一字一句地修改。对自己不熟悉的领域，就抓紧读书、看文献，请教专家，同时向学生学习。如文物保护方面，我名下的学生梁宏刚、铁付德、龚德才，其他老师的学生郭宏、杨军昌等，他们来冶金史所读博士前都在文物保护单位工作过，在所从事的领域独有专长。我从他们那里学到不少东西，“教学相长”不是一句空话。

章：您的经验值得我们好好学习。我想，您所说“让他们有自主创新的空间，同时又不放任，在关键之处做具体指导。”这实际上要求导师自身有很高的学术造诣和管理艺术，并非易事。您能具体谈谈吗？

孙：学海无涯，不能说我有很高的学术造诣和管理艺术，我只是凭借自己多年的科研和教学经验，体会到培养学生自主创新的能力是研究生教育的根本。一是热爱学生，建立亦师亦友的关系。认真研究每个学生的学科背景和研究兴趣，根据他们的特点指导他们的论文选题。二是博士论文最重要的是创新性，启发学生在充分掌握国内外研究进展的基础上，首先思考选题是否有创新性？指导和帮助他们重点寻找学术观点和研究方法上的创新点，以及如何实现创新。三是在研究生进行科研调查、实验和研究过程中，针对不同学生的特点给予具体指导意见。比如，文科背景的学生在实验方法上遇到困难，就首先让他们自学必读的参考书和资料，适当给予答疑，让他们懂得基本原理和实验基本方法。实验过程中再给予具体指导。再比如，对单纯做文献研究的论文，也要贯彻我们冶金史实证研究的传统，要对文献资料记录的内容量化，有时要具体指导他们如何量化，避免写成文献综述式的论文。对于理工科背景的学生，要避免写成实验报告式或结题报告式的论文。指导他们的理论提升是考虑的重点。

章：其实，除了您自己负责指导的研究生，研究所其他老师的学生，只要他们把论文送到您那儿，无论是想发表的小论文还是毕业的学位论文，您都极为认真细致地帮助他们修改，提出很多的指导意见。您身体还不好，是什么想法让您一直坚持这么做的？

孙：研究所是一个团结奋进的集体，研究所的事情有分工也有合作，只要是对研究所有益的事情，不分你的我的，只要需要做，谁都不会推辞的，这是研究所近 40 年形成的传统，也可以说是一种习惯的力量。研究所的学生都是自己的孩子，有困难和问题找到你，当然得管了。有时候看到某研究生实验中出现的现象，正是自己研究领域中所涉及过的或存在疑问的问题，就会主动点拨一下，让学生抓住这个现象，深入做一些实验和研究工作，就会提升学生的研究能力和论文水平。这对学生、对研究所都是好事，何乐而不为？

我原来身体挺好，爱好体育运动，初中时还得过北京市少年中长跑 800 米第三名。由于长期努力忘我地工作，中年时体质下降，1998 年我得了脆性Ⅰ型糖尿病，至今 16 年了，每天靠输入胰岛素调整血糖，麻烦之极，还不时出现血糖忽高忽低的现象，有时工作忙了顾不得关注血糖，就会出现严重低血糖或高血糖酮症。但是我没有消沉，我觉得人是要有点精神的。兵来将挡，水来土掩，认真对付就是了。因此，疾病没有阻碍我继续工作。书还得教、研究生还得招，研究所所长还得当好，该出差调研就出去，该做实验就待在实验室，该熬夜写论文就加班加点，总之该怎样干还是怎样干。问我为什么这样坚持？那就是对冶金史的热爱和对事业的追求。

章：您的精神真是令我们感动，是我们后辈学习的楷模。除了指导学生，您在研究生教材编写方面也花了很多精力，例如《中国古代冶金技术专论》一书还获得北京科技大学第六届优秀教材一等奖。您能谈谈这方面的情况吗？

孙：研究所的发展，加强教材建设是很重要的一个方面。我给本专业研究生开设的课程中有“矿冶史”“考古冶金研究方法”，讲了很多轮。每每感到缺少一本专业的教材，学生很需要这方面的书。当时我想我们研究所有近30年的研究成果，特别是近期研究又有很多新进展，编一本教材是有雄厚学术基础的。为什么不编写一本教材，较全面、系统而简略地介绍中国古代冶金技术与金属材料的发展历史与成就？它既可满足我们自己教学需要，也能为兄弟院校相关专业提供教学参考书，对科技史、科技考古，甚至考古学、历史学等学科的研究人员也有参考作用。所以，2002年我牵头向学校申请资助，获得批准，被列为“北京科技大学‘十一五’期间教材建设规划”。《中国古代冶金技术专论》由我任主编、李延祥任副主编，韩汝玢、李秀辉、王克智几位老师参与了编写。编写进展得很顺利，2003年6月出版时还得到全国高协组织教育发展中心和香港科教文出版有限公司的资助。此书出版后，在我校科学技术史教学中发挥了很好的作用，因此获得北京科技大学第六届优秀教材一等奖。

5　寄语新秀　攀登学术高峰

章：对将来冶金与材料史研究所和科学技术与文明研究中心的发展，对国内科学技术史学科的建设和发展，您有什么建议和想法吗？

孙：当前从国家到基层领导，包括我们这些研究人员都要加深对科学技术史这个学科的价值和意义的认识。科学技术史学科的科研成果不像技术学科那样能立即开发产品，产生商业利益。但是，它所揭示的科技发展规律对国家乃至人类的现实发展具有重要的借鉴作用。举个现实例子，对雾霾我们现在非常头痛，如果我们借鉴一个世纪之前，英国以及其他发达国家大力发展钢铁、水泥、化工业导致环境污染及其治理的历史，我们就可以避免走弯路，要知道人类的很多错误都是重复了历史上的错误。因此，科技史学科应该得到发展，并且应该得到高度重视。

不必讳言，由于经济问题，在西方这个学科的发展势头受到影响。在中国这个学科发展方兴未艾，成为中国科技发展战略研究的重要部分。我们有五千年文明史，把这个财富开发出来是我国一种重要的软实力，对人类也是一种贡献。所以，在当前这种形势下，应该抓住机遇，深入开展研究，使科学技术史学科得到更好发展。

我们研究所由于发扬了团队精神，在学校和冶金学院的支持下，特别是梅建军、潜伟、李延祥、李晓岑、李秀辉、章梅芳、陈坤龙等年轻教师的出色工作，还有刘建华、程瑜等实验人员的积极配合，2013 年我们学科被评为全国科学技术史学科第一名，得到学校奖励和教育部的经费支持，使研究所全体深受鼓舞，也给我们提出了更高的要求。我认为应该把压力变成动力。我对研究所的年轻人寄予更高的期望，在此对研究所和中心的发展也谈几点想法。

第一，要从中国文化走向世界的战略高度，看待中国科学技术史研究的作用。我们要努力和世界科技史研究接轨，让世界了解中国古代科学技术成果，更好地了解中国现在的科学技术史研究。第二，要根据国家科技发展战略，抓国家的重要科研项目，发挥团队力量，取得更大的科研成果。采取有力措施，加强国际国内的学术交流，努力打造世界级科研团队。第三，要加强创新人才的培养。一方面，给年轻教师创造更好的条件，在科研教学中提升他们的能力，尽快成为国内一流、国际知名的专家；另一方面，加强研究生学术创新意识，鼓励学生积极探索，拿出具有创新价值的科研成果。

过去的成果已经成为历史，新的历史篇章已经翻开。此时，不仅应该看到我们的成绩，也要看到我们的不足，更要看到兄弟院所的长处，我们应该加强与他们的联系，向他们学习，取长补短，共同推动中国科学技术史学科的发展。今年（2014 年）我已 70 岁，作为退休者，我已经退出主要的学术舞台，但我愿意在后台做一些辅助工作；我更愿意坐在台下，看台上年轻人出色的创新演出，为他们喝彩加油。我的情感与冶金史割不断，因为它和我一生的事业相连。

章：谢谢！我们会谨记您的教诲，努力踏实地干工作。相信在您的支持下，我们的学科会发展得越来越好！同时，也祝您福寿安康。非常感谢孙老师！

科学史“地方研究”*

——访罗见今

姜红军／问，罗见今／答

编者按： 内蒙古师范大学罗见今教授于1963年考入内蒙古师范大学外语系学习俄语专业，毕业后被分配到内蒙古自治区杭锦后旗中学任教；1978年，考上内蒙古师范学院数学系自然科学史专业研究生，1981年获理学硕士学位，留校工作，时年40岁；1987年，破格评为副教授，任硕士研究生导师；1992年，晋升教授；1996年，任西北大学兼职教授和博士生导师。曾任中国科学技术史学会数学史专业委员会副理事长（1994—2002年）、内蒙古师范大学科学史研究所所长、内蒙古师范大学科学史与科技管理系主任；现为校学位委员会委员、内蒙古数学学会理事、国际东亚科技史学会会员。1989—1990年赴苏联敖德萨大学力学数学系跟随伽夫利洛夫教授进修，并到莫斯科大学数学史研究室、列宁格勒师范学院数学系、苏联科学院科学史研究所访学，参加了全苏第43届科学哲学与科学史大会。1993年起，享受国务院政府特殊津贴，1998年被列入国家级科技成果评审专家名录，是中国著名的数学史专家。主要研究科学史、数学史、组合数学和考古年代学。出版著作6部，发表学术文章200余篇。罗见今教授在科学史研究中，坚定“地方研究”，即“内蒙古自治区的科学史研究”。30多年来他主要关注三方面：内蒙古自治区包头市第九中学组合数学家陆家羲、蒙古族科学家明安图、额济纳居延汉简年代学的研究。

---

* 收稿日期：2014-05-20。

作者简介：姜红军（1976— ），男（满族），内蒙古自治区赤峰市人，内蒙古师范大学科学技术史研究院院长助理，博士，副教授。罗见今（1942— ），男，河南省新野县人，内蒙古师范大学科学技术史研究院教授、博士研究生导师，校学位委员会委员，中国著名数学史家。

1 由文转理：半生坎坷的求学经历

姜：罗老师，您好！受广西民族大学万辅彬教授所托，希望能做一篇您的访谈。我们虽然经常在一起工作，但很多事并未深入交流过，借今天这个机缘，特来向您请益。能否先谈谈您的身世？

罗：我是一个普通教员，从内蒙古自治区西部来。祖籍江西省彭泽县，籍贯河南省新野县，1942 年出生于重庆市北碚。我家五代人都是以教书为业。父母为复旦大学、小学教员。早年我历经疾病、战乱、饥荒、迫害，幸免于难。1947 年，上河南省开封市第一小学，6 岁时重病腿残，冒着被轰炸的危险，随家迁至豫西解放区。我读书不易，时辍时续，小、中、大学（含读研）前后各 8 年，共 24 年。1958 年，我毕业于河南省开封市实验中学，考高中未被录取，于是到内蒙古自治区投亲，当过中医学徒、夜校教员等。翌年，考入内蒙古自治区杭锦后旗奋斗中学高中，高考考入内蒙古师范学院（内蒙古师范大学前身）数学系，却“不予录取”，于是，在内蒙古自治区杭锦后旗东马路小学当民办镇中的教员。1963 年，参加高考考入内蒙古师范学院的俄语专业，“文化大革命”时期未参加派争，就开始自学数学。1968 年，被分配返回内蒙古自治区杭锦后旗陕坝镇的西马路小学当镇中教员，后又下乡进学习班，到内蒙古自治区杭锦后旗永胜公社教高中数学 5 年……1978 年，考入内蒙古师范学院数学史专业攻读硕士学位，师从李迪先生研习数学史，毕业后留数学系工作，那时已 40 岁了。

姜：原来您还在农村教过那么多年的书，您的学习经历真可谓是半生坎坷。您从基层来到大学工作，并且由文科转入理科，这种情况非常少见，您是怎样面对这一变化的？

罗：在这西部小镇，我读书、就业、成家前后 24 年，由行政转教学、文科转理科。从事科学史研究，我属于“半路出家”。现在的硕士 25 岁就已毕业，与之相比，我晚了 15 年，可以说是“四十而立”。干了 20 年后，我就得退休，发展空间非常有限。这和后来的人情况是很不同的，所以，我一直以来的想法也不大一样。

那时科学史从业人员很少，研究方向、方法都是自选：或古或今、或中或西，或像开采露天煤矿一样层层掘起，或像打钻孔取样一样定点深挖。人家怎样做有人家的想法，我只能依自己的条件，不攀不比，眼睛向内，定位在"带好学生，开展地方研究"上。为此，我先后辞去《中国数学史大系》《中国少数民族科技史》等编委，较早转向地方专题，争取做一点深入的研究。

1982年之后，我给内蒙古师范大学生物、地理、物理系上过5年高等数学课；其间还给对俄外贸翻译班讲授过1年俄语；我带的科学史专业硕士、博士研究生在内蒙古师范大学27年30余人（含2名俄籍博士），在西北大学兼职20年带出近20人，退休后3年在浙江大学兼职，协助带硕士研究生若干。另外，2001年任科学史与科技管理系系主任，2006年内蒙古师范大学获科技史博士点授予权，2012年内蒙古师范大学60年校庆时写过一篇科技史研究院的简史①。

2 丰硕的科学史"地方研究"成果

姜：那就谈谈科学史研究吧。您是怎样做起科学史的？

罗：我的著作不多，论文和文章至今已发220篇，专业约占80%。刚入道时李迪先生让我研究李善兰的《垛积比类》，我是从组合计数的角度来探讨的，先谈谈这个研究的背景。

近代数学经历了从有限到无限、从离散到连续、从常量到变量的飞跃，逐步形成了现代数学的体系。由于传统数学只有无穷级数（明安图）和微积分（李善兰）的初期成果，没有进入数学连续全面发展的时代，故可认为，传统数学总体而言属于离散型、常量型。而计算机科学的发展带动了现代离散数学的兴起，作为东方数学重要特征的归纳性、实用性、计算性、机械化、程序性、算法倾向等，从20世纪70年代末起逐步受到学界重视。那时我开始研习组合学，读徐利治、吴利生、张忠辅诸先生的文章（后来登门求教），力图用离散的观点来认识中算史。硕士论文研究《垛积比类》，属于计数史②；1983年，我加入刚成立的中国组合数学会，接触到前沿，后成为理事。1984年，在北京召开第3届中国科学史国际会议，我的报告题目是

① 罗见今，郭世荣. 内蒙古师范大学科学技术史研究院基本情况概述［C］//内蒙古师范大学科学技术史研究院. 揆古察今，志在所专：内蒙古师范大学六十周年校庆·科学技术史研究院纪念文集（内部资料），2012：5-34.

② 罗见今. 李善兰对Stirling数和Euler数的研究［J］. 数学研究与评论，1982，2（4）：173-182.

晚清数学家的计数函数①；1986年，在悉尼召开第4届，我作的报告题目是戴煦的正切数②；1988年，在圣迭戈召开第5届，我的报告题目是明安图，重点在无穷级数③和首创卡塔兰数④。在组合数学史方面，连同明安图、陆家羲的传记、教材等发表80篇文章。

我在中国数学会和中国科技史学会，曾担任过一届数学史分会的副理事长，数学史的文章一直在做，连同科学史、《清史》、古哲、简牍等，发表近百篇论文（不含上述80篇）。

2.1 现代组合数学家陆家羲的研究

姜：您所说的“地方研究”指的是什么？

罗：就是内蒙古的科学史研究，30多年来主要关注三方面：包头九中组合数学家陆家羲，蒙古族科学家明安图，额济纳居延汉简年代学。

1980年，包头九中物理教师陆家羲（1935—1983，上海人）来参加内蒙古数学会成立大会，他的报告属于组合设计，内容很新，没人明白。我在做组合史，所以还能谈得来，了解到他研究的前沿性，自此开始交往。他说他的论文在国内发表不了，我建议他向外投稿。我在内蒙古大学和内蒙古师范大学找人，希望能调他来，为此数学系一副主任还到他家访问，但未能办成。1983年他把在美国《组合论杂志》A辑发表的“大集定理”前3篇论文⑤送我。这年我俩参加了大连工学院全国首届组合数学会⑥，他宣布解决“大集定理”的小组发言升格为大会最后报告，获得全场热烈掌声。10月，他作为特邀代表到武汉参加全国数学会代表大会，和陈景润在一个组里，他的报告获得高度评价。这次大会吴文俊院士当选为中国数学会理事长。陆家羲31日返回包头家中，突发心肌梗死不幸去世。噩耗传来，社会震动，大概有几十

① 罗见今．徐、李、夏、华诸家的计数函数［C］//杜石然．第三届国际中国科学史讨论会论文集．北京：科学出版社，1990：43-51．

② 罗见今．戴煦数［J］．内蒙古师范大学学报（自然科学汉文版），1987（2）：18-22．

③ 罗见今．明安图计算无穷级数的方法分析［J］．自然科学史研究，1990，9（3）：197-207．

④ 罗见今．明安图是卡塔兰数的首创者［J］．内蒙古大学学报（自然科学版），1988，19（2）：239-245．

⑤ Lu Jiaxi. On Large Sets of Disjoint Steiner Triple Systems Ⅰ Ⅱ Ⅲ［J］. Journal of Combinatorial Theory，Series A，1983，34（2）：140-182．

⑥ 罗乐军．全国组合数学首届学术会议在大连召开［N］．光明日报，1983-09-09．

个媒体发表了成百篇报道和文章表示沉痛悼念。

姜：陆家羲是内蒙古唯一获得国家自然科学一等奖的人，可能也是获得这一殊荣的唯一一位中学教师。人们对他怎样通过评奖程序很感兴趣，能谈谈经过吗？

罗：评奖时陆家羲已经去世，主要依靠中国数学会、组合数学会和内蒙古数学会的努力。我是后两会理事，也参与其中。当然，作为他的生前好友，应尽力替他争取，这是义不容辞的。

1984 年，“大集定理”后 3 篇 50 多页英文论文[①]清样从荷兰的印刷厂寄到包头陆家羲家中，遗孀张淑琴大夫带包头科委介绍信来找内蒙古数学会，让我校对，24 小时后须寄往美国；接到授权后，我请资深教授张立仁先生一同连夜工作，按时完成。在给《组合论杂志》编辑部的回函中说：He dead in his post（他已以身殉职）。全部原稿、清样及信函复印件均存内蒙古数学会。

1984 年 4 月，我（当时还是讲师）同郭世荣、刘洁民几位硕士研究生到上海访学，访顾云龙、胡道静、蒯斯曛诸先生，到上海博物馆读善本书。当时，联系要见苏步青先生谈陆家羲的事，适遇苏步青先生给中学教师讲几何，于是科协让我给中学数学教师百余人讲陆家羲的成就，我说：“骁骑战斗死，驽马徘徊鸣”，痛感英才早逝、天不假年。

1984 年 9 月，由内蒙古科委安排，内蒙古数学会理事长陈杰先生出面，邀请国内组合设计专家吴利生、康庆德、魏万迪等，在钟集先生主持下召开“陆家羲学术工作评审会”。我也忝列委员，在专家评审之前，报告斯坦纳（Staner）系研究的百余年历史。会上经热议，推选陆家羲的成果申报国家自然科学一等奖。在数学界、组合学界的支持下，5 年后被批准。这次会议我是秘书，保存了部分会议文件。2006 年，交给陆的母校东北师范大学校史馆保存。会后，我给吴文俊先生写信汇报陆家羲的生平遭遇、学术成就、品质为人等，得到吴先生的支持，他在 1984 年 11 月 3 日给我的回信中说：“虽然最近社会上对陆的巨大贡献已终于认识并给予确认，但损失已无法弥补。值得深思的是：这件事要通过外国学者提出才引起重视（他们是真正的国际友人），否则陆家羲可能还是依然贫病交迫、埋没以终，怎样避免陆这类事件的再一出现，是应该深长考虑的。”这是吴文俊先生对数学界的期望和对我们的要求。

---

① Lu Jiaxi. On Large Sets of Disjoint Steiner Triple Systems Ⅳ Ⅴ Ⅵ［J］. Journal of Combinatorial Theory，Series A，1984，37（2）：136–192.

姜：您前边说陆家羲研究的大集定理与组合设计、斯坦纳系之间是什么关系？这些问题发生在西方，有 100 多年的历史，您是怎样找到有关研究资料的？

罗：简单来说，离散数学含组合数学含区组设计含斯坦纳系含大集定理，后者是一个 130 年未解决的平衡不完全区组设计（BIBD）的基本定理。

当时还没有互联网，我设法获取了 Staner 系研究资料，共得千余目录，其中经兵器工业部包头五二研究所终端通过太平洋卫星向美国 Dialogue 信息库索取有关史料。撰写成文后，寄给吴文俊先生。1985 年，广州组合数学第二届全国会议让我作大会报告，经吴先生推荐在《数学进展》上发表[①]。1990 年，在辽宁教育出版了《科克曼女生问题》[②]，将陆家羲 20 世纪 60 年代 3 次投稿均被退回的《寇克曼女生问题的解》（1965）经组合学家吴利生先生审查后首次公布，作为历史资料存留于世。

1986 年，组合学界有 50 多位外国学者计划 1988 年要在呼和浩特市召开研讨会，同时纪念陆逝世 5 周年，我是联系人。陈杰教授写介绍信，让我到京拜访吴老和杨乐院士，但这个会因多方原因没能开成，后来转移到屯溪去了。

我向港台地区[③]、德国、日本学界介绍陆家羲的成果，前后发表了 12 篇学术研究的论文[④]和传记[⑤]等；并且追踪“大集定理”的影响和以后的相关研究；还在十余所高校报告了《学习陆家羲的科学精神》，至今这些都已作为博、硕士研究生的教学内容。后来，我把 30 篇原始资料（包括陆家羲的笔迹、论文，吴文俊院士、自治区副主席赵志宏的信，各类信件文件等）赠送给陆家羲母校东北师范大学校史博物馆的陆家羲陈列室，并两次应邀到该校作报告。我在研究院和计算机系报告过他的成就，那是为了纪念陆家羲逝世 30 周年。

---

① 罗见今. Steiner 系若干课题研究的历史回顾——陆家羲学术工作背景概述［J］. 数学进展，1986，15（2）：175-184.

② 罗见今. 科克曼女生问题［M］. 沈阳：辽宁教育出版社，1990：1-204.

③ 罗见今. 关于陆家羲证明“大集定理”的对话［J］. 数学传播，1989，3（3）：48-55.

④ 罗见今. 陆家羲［C］//《科学家传记大辞典》编辑组. 中国现代科学家传记（第 1 集）. 北京：科学出版社，1991：102-107.

⑤ 罗见今. 陆家羲［C］//钱伟长，王元. 20 世纪中国知名科学家学术成就概览（数学卷 / 第三分册）. 北京：科学出版社，2012：302-312.

2.2 蒙古族科学家明安图研究

姜：我们在翻译李迪先生的《蒙古族科技简史》，其中有一章关于明安图的内容，参考了您参加撰写的《明安图传》(1992，蒙古文)，能谈谈这方面的情况？

罗：此书第五部分数学成就是李迪先生当时约我写的。明安图研究先是从史学界开始，后来蒙古学界、科学史界参加，李迪先生是先行者。

李迪先生研究明安图（1692？—1765？），在1978年已出了书[①]。史料缺乏，其生卒年为估计。《清史稿》载明安图系“蒙古正白旗人”。1992年或是他诞辰300周年，在呼和浩特市召开了国际会议，李迪先生为主席、我为秘书，请来了北京天文台台长王绶琯院士、书记和约30位外国学者，引起学界、社会关注。当时考虑，要把古代科学家从书斋中解放出来，使之回归民间，为当务之急；追踪、发掘他的确切籍贯和生卒年证据则是各学界的长期任务。

我主要研究明安图的数学成就，发现他在18世纪30年代就已首创卡塔兰数（Catalan numbers），而欧拉应用它在1758年，卡塔兰为1838年。1987年，这一消息在《人民日报》海外版、《光明日报》和香港三家报纸报道。这年我刚评上副教授。因卡塔兰数在现代组合学、图论中应用广泛，当时国外发表了约600种论著，我便继续研究明安图的遗著，多次参加国际会议作报告。自1998年出版《割圆密率捷法译注》[②]，迄今论著共发表26种。内蒙古中学生“明安图杯”文理科竞赛胜利者，奖品中送一本《割圆密率捷法译注》。

算法和程序设计的先驱者、斯坦福大学高德纳（D. E. Knuth）教授在他的名著《计算机程序设计艺术》中说：“中国蒙古族数学家明安图1750年前在研究无穷级数时算出了卡塔兰数”[③]，他引用了我的“明安图是卡塔兰数的首创者”等两文，还给我来信。英国德尔比大学组合学家拉坎布（P. J.

---

① 李迪．蒙古族科学家明安图［M］．呼和浩特：内蒙古人民出版社，1978.

② 明安图．割圆密率捷法译注［M］．罗见今，译注．呼和浩特：内蒙古教育出版社，1998：1-382.

③ Knuth D. E.. The Art of Computer Programming，Vol. 1，Fundamental Algorithms，Third Edition. 2002：407. D. E. 克努特（高德纳）．计算机程序设计艺术［M］．基本算法．北京：清华大学出版社，2002：407.

Larcombe）博士和我多次联系并索要原著和我文，发表7篇相关论文[①]，证明了我据原著表述的卡塔兰数生成函数定理[②]，推广了明安图的成果[③]。苏州大学的组合学家马欣荣博士的文章[④]引起拉坎布的兴趣，展开了讨论[⑤]。这是外国学者承认、追踪清代数学成果并证明、推广的实例。我在西北大学带的4位博士研究生也都发表了这方面专门的学术论文。

姜：前些年，自治区评出蒙古族十大科学家，明安图名列首位。我和您2012年曾到正白旗参加明安图天文馆揭牌仪式，印象很深。能谈谈这之前的有关情况吗？

罗：2002年5月，由中国科学院提议，经国际天文联合会通过，将新发现的第28242号小行星命名为“明安图星”；正白旗政府所在地命名为“明安图镇”。8月，全旗庆祝，2万牧民参加，并举行那达慕大会。王绶绾院士、中科院地理所滕吉文院士、各有关方约500人莅会。我应邀出席学术会议，讲他对天文数学和地理测绘的贡献。

2012年8月，在正白旗明安图科技文化中心的现代建筑（耗资3500万元）前举行明安图天文馆揭牌仪式，国家天文台、锡林郭勒盟部分领导和全旗干部与会，我俩应邀参加，馆内陈列有我提供的天文数学展品。来宾中我年龄最长，乐于到二中给各族几百学生讲他的故事。在当年那达慕跑马场上，一座新明安图镇已建起，科技文化中心的建筑前矗立着高十多米的他的塑像，穿清朝“钦天监监正”（皇家天文台台长）朝服。他终于回归民间，成为蒙古族心中的伟人，受到各民族的供奉。中科院国家天文台在正白旗建

---

① Larcombe P. J.. On the History of the Catalan Numbers: A First Record in China., Mathematics Today [J]. Bulletin of the Institute of Mathematics and its Application (IMA), 1999, 35 (3): 89.

② Larcombe P. J.. On a Finite Polynomial Generating Function for Catalan Subsequences: An 18th Century Observation Proved Congresses Numerantium (Winnipeg Canada), 141 (1999), pp. 49-60.

③ Larcombe P. J., French D. R.. On Expanding the Sine Function with Catalan Numbers: A Note on a Role for Hypergeometric Functions [J]. The Journal of Combinatorial Mathematics and Combinatorial Computing (JCMCC), 2001, 37: 65-74.

④ 马欣荣. 关于明安图一项数学成就的几点评注 [J]. 数学研究与评论，2002，22 (4): 595-598.

⑤ Larcombe P. J.. On a New Formulation of Xinrong for the Embedding of Catalan Numbers in Series Forms of the Sine Function [J]. The Journal of Combinatorial Mathematics and Combinatorial Computing (JCMCC), 2002, 42: 209-221.

起明安图天文基地暨射电频谱日像仪天文观测站（耗资近亿），100 座射电“大碗”按三支螺线分布在锡林郭勒草原上，都指向太阳，吸引了一批批外国天文学家来此观测，并利用天文馆的先进科学设备召开国际研讨会。

“夫风……起于青萍之末”，始自诸位史家的明安图研究，继而获得地方政府和国家天文台领导的高度重视，能带动起这样的社会效应，为始料不及。30 多年来，我们一直和蒙古族记者、研究者、白旗领导等保持联系。

在中国科学院编《中国科学技术史·人物卷》（1998）、国家清史编委会的《清史·类传·科学家传》中由我撰写明安图的传记；通过中德日编《数学文化史杂志》（英文，1992）、台北《数学传播》（2010）、日中编《德国斯普林格数力学文集》（英文，2013）等向国际数学界介绍明安图的成就。

科学史研究不单是著文出书，而是一种社会责任，需要连续投入，使之成为大众的知识财富，成为共同精神生活的一部分。

姜：您能否讲讲 1990 年到乌克兰学习的情况？现在那儿已成了国际的热点问题。

罗：1989 年后，社会情况有了很大变化。我通过国家俄语考试，先在北京语言学院补习半年，1990 年到乌克兰敖德萨大学数力系访学，导师是长我 20 岁的伽夫利洛夫教授。还到莫斯科大学数学史研究室、苏联科学院科史所、列宁格勒分院、列宁格勒师范学院数学系等各访问一位著名学者。我参加了全苏第 43 届科学哲学与科学史大会，这是历史上的最后一届，台上我是唯一的外国人，亲见两派学者激烈争辩，我还给每个人拍了照。1991 年，回国不久后苏联解体了，现在又出克里米亚和乌克兰问题，感触颇多。以后有机会再谈吧。

2.3　拓展学术领域：科学史的简牍学研究

姜：20 世纪 90 年代，内蒙古师范大学的科学史研究所经历了一些变化，您接替李迪先生担任所长后，还到西北大学做兼职，有什么体会？请您谈谈是怎样做起简牍研究的？

罗：1992 年，我被评为内蒙古师范大学教授。1993 年 9 月，西北大学李继闵先生去世，当月我和李文林先生一同去西安，支持那里的数学史博士学位授权点建设；每年都去一段时间，迄今 20 多年。1996 年，接任所长，面对经济等诸多困难，但内蒙古师范大学的十几位科学史硕士陆续考上西大（即西北大学，下同）博士研究生，所以还是有劲头的，我得两头跑。西大给我安排的住房，恰是著名史学家陈直先生家属的原来所居。我了解一些他将出土简牍与历史文献相结合的研究方法。另外，居延（在内蒙古额济纳旗）汉简是中瑞西北科学考察团贝格曼于1930年发现的，而该团中方团长徐炳昶先生是我父亲的老师。1968年，我还到考古所去访问他，对他们的工作感兴趣。1995年后，我的部分注意力转向简牍年代研究。

20世纪，北方简牍大量出土，特别是居延汉简，震惊国际汉学界，近万枚原简藏在台北中研院史语所（台湾中央研究院历史语言研究所，下同）地下室。2001年，我到史语所开会，允许参观，见到很少；20世纪70年代，出土的居延新简、肩水金关简等各随其主，极难见到。简牍照片与释文集较贵，本地学界罕见有人问津，国内科学史研究也相对较少。

我与呼和浩特市郊区一位蒙古族农民关守义结识，他为研究古历以重金购得几十种简牍文集，于是结成读简小组。20年来，我主要应用数学和历法知识研究简牍年代问题。我向李学勤、谢桂华、高敏、薛英群诸先生登门请教，在《中国科技史料》①、中国台湾的《汉学研究》②、中华书局的《文史》③《敦煌研究》④《简帛研究》等刊物发表30篇论文，其中近半数为两人合作。

2001年，我到长沙参加简牍发现百年国际会议，会议有不少著名汉学家参加。会议期间，我继历谱简、纪年简、月朔简之后又定义了“无朔简”，使历简体系臻于完善；在南阳参加东方天文学国际会议，提出中国历法的五个周期性质⑤，我们的主要成果均是它的应用。2007年，参加庆祝自然科学史研究所成立50周年，报告《简牍发现百年与科学史研究》⑥，表中列出查到的20世纪152项出土，统计出简牍总数至少有23.2万枚。近年，我又参加李学勤先生主持的《清华大学藏战国竹简（肆）》算表的研究。

① 罗见今.《居延新简——甲渠候官》中的月朔简年代考释［J］. 中国科技史料，1997，18（3）：72-83.

② 罗见今，关守义. 敦煌、居延若干历简年代考释与质疑［J］. 汉学研究，1997，15（2）：37-50.

③ 罗见今，关守义.《居延新简——甲渠候官》六年历谱散简年代考释［M］. 文史（46辑），北京：中华书局，1998：47-56.

④ 罗见今，关守义. 敦煌汉简中的月朔简年代考释［J］. 敦煌研究，1998（1）：158-165.

⑤ 罗见今. 中国历法的五个周期性质及其在考古年代学中的应用［M］//黄留珠，魏全瑞. 周秦汉唐文化研究（第三辑）. 西安：三秦出版社，2004：6-18.

⑥ 斯琴毕力格，关守义，罗见今. 简牍发现百年与科学史研究［J］. 中国科技史杂志，2007，28（4）：468-479.

3　经世致用：中国珠算申遗

姜：李迪先生牵头建立起我国少数民族科技史研究会，我院一直重视研究非物质文化遗产，成立了北方民族传统工艺研究所，您也参加了争取珠算列入非物质文化遗产保护名录的工作，能讲一讲这方面的进展吗？

罗：事情要从我在西大带博士生说起。1998年的一天，中国珠算史学会原理事长李培业先生找我，商量共同培养珠算接班人的事。珠心算方面推荐的考生刘芹英被录取，研究明代珠算的发展，2003年毕业，到财政部科研处中国珠心算协会做研究工作。

珠算历史悠久、应用广泛，但在计算机普及的今天，社会上出现轻视、贬低珠算与套用数学机械化拔高珠算的两种对立倾向，珠算申遗须整合力量。

我加入中国珠心算协会担任常务理事，从2005年初开始，参与一些学术活动。在上海珠心算协会理事长张德和、华东师范大学张奠宙先生带动下，珠算、数学史、数学教育等界进行联合，我也跻身其间。在几个会上说：如果让珠算在我们这一代断掉，或者让别国申遗成功，那么我们上对不起祖宗、下对不起后代。

吴文俊院士非常关心珠算事业的发展[①]。2006年3月4日，他在给我的信中指出："珠算有它的优越之处……因此是打不倒的。""珠算不管在某些方面有它的独到优越之处，但终究具有很大的局限性"，对两种倾向都有批评，这是理论上的有力支持。我们将吴先生的指示传达给各位研究者，成为联合申遗的思想基础。

2006年5月15日，在上海召开"弘扬中华珠算文化"研讨会，强调"珠算是中华传统数学文化中的瑰宝，一项影响深远的非物质文化遗产"，确定了珠算理论研究的大方向和建立了联合申遗的平台，各方力量开始向珠算申遗集中。

在中国珠心算协会理事长迟海滨先生主持珠算申遗的工作中，我们提出了一些具体建议。2008年6月7日，珠算顺利列入第二批国家级非物质文化遗产名录。经过两次申报，2013年12月4日，联合国教科文组织巴库会议宣布"中国珠算"项目列入人类非物质文化遗产代表作名录，传承人代表刘

① 罗见今．吴文俊院士关心珠算事业的发展［J］．内蒙古师范大学学报（自然科学汉文版），2009，38（5）：503-507．

芹英当场表了态。2013年12月21日，我们怀着愉快的心情到北京国家会计学院参加了庆祝申遗成功的会议，共商今后发展珠心算事业的计划。

4 结语：无坐标和无参照系的巨大空间

姜：罗老师，您今天重点谈了五六个问题，希望再有机会听您继续讲。不知道您最近做哪方面的工作？很想听听您今后的研究安排。

罗：我已72岁，除日常教学和研究外，时间安排顺其自然，随机化、碎片化，常说“哀莫大于心不死”，没有什么大的计划。有一次我在北京大学的科学史教学会上讲，欢迎大家到内蒙古来，这里有无路的草原，无坐标的沙漠和无参照系的巨大空间。偏处塞上，天大地宽，远离漩涡，早已习惯，心情一直愉快就好。有人问那些论文不能出版吗，我想什么时候能整理出来，有网站要的话，贴出去就行了。

姜：罗老师，您辛苦了！非常感谢您抽出宝贵时间接受这次访谈！

多样性的研究与多元的立场*

——访刘兵

章梅芳/问，刘 兵/答

编者按：刘兵教授1982年毕业于北京大学物理系，1985年毕业于中国科学院研究生院。现为清华大学社会科学学院科学技术与社会研究所教授，博士研究生导师，中国科协—清华大学科学技术传播与普及研究中心主任，上海交通大学等国内10余所高校的兼职教授或名誉教授。任中国自然辩证法研究会常务理事、中国自然辩证法研究会科学与艺术专业委员会（筹）主任、中国妇女研究会理事、中国科学技术史学会综合研究专业委员会副主任、物理学史专业委员会副主任、中国科学学与科技政策研究会科学社会学专业委员会副主任、中国图书评论学会副会长。主要研究领域为科学技术史、科学传播与科学文化研究，出版有《克丽奥眼中的科学》等12本专著，《刘兵自选集》等8本个人文集，《超导史话》等6本科普著作，《正直者的困境》等7本译著，主编《科学大师传记丛书》等多套丛书，发表学术论文250余篇，其他报刊文章400余篇，在科学编史学、一阶科学技术史、科学传播和科学文化研究多个领域均取得了突出的学术成果，体现出独特的学术理念和人文社会学者的社会关怀。

---

* 收稿日期：2014-09-18。

作者简介：章梅芳（1979— ），女，安徽省安庆市人，博士，北京科技大学科学技术与文明研究中心副教授，研究方向：科学技术史、科学技术与社会。刘兵（1958— ），男，辽宁省海城市人，清华大学社会科学学院科学技术与社会研究所教授，博士研究生导师，研究方向：科学史、科学编史学、科学文化传播。

1 科学技术史

章：刘老师，您好！我记得上一次给您做访谈是2007年。岁月如水，一晃7年过去了。毕业之后，尽管在学术上一直受到您的指导和教诲，甚至与您合带研究生，但由于我个人研究领域相对较窄，对您在多个领域的新进展还真是知之不多。我想，是不是可以先从我相对熟悉的科学编史学方面的研究开始，您与我们分享一下您的新进展？

刘：时间真是过得太快，一转眼，7年就过去了。

我经常会有这样的感觉，就是在过了几年之后，回想几年前自己的情形，总会发现自觉不自觉地又有了某些变化。这些变化包括在学术意识方面的、学术思考方面的、学术兴趣方面的，甚至生活态度方面的，也有一些自己似乎可以明确地感觉到但却又很难确切地表达出来的变化。所以，即使这次访谈的话题与7年前的在表面上可能有某些相似，但我的回应，应该还是有不少变化的。

7年前我们做的访谈，是为广西民族大学社会科学版的学报做的，因为那个刊物的主打方向是人类学，那期的封面人物还把我说成是"人类学家"，真是有些不敢承受。其实，因为那期的主题是科学人类学，因此，为了适合那个主题，访谈在内容上就变得更加多元，科学史只是其中一部分而已。不过，科学人类学现在依然还是我很有兴趣并依然重点关注的方向之一，2013年，我还受《科学与社会》杂志的委托，专门为那个刊物组了一组科学人类学专题的文章，发表在2013年年底的那一期上。其中，也还有我和我以前带的博士后张朵朵合写的一篇名为《当代少数民族手工艺技术变迁中的文化选择分析——以贵州苗族刺绣为例》的论文。其实，这方面的研究也仍与科学史有密切的关系，不过，这个问题可以留在后面再细说。当然，这次的访谈，从刊物的栏目和你的标题来看，我倒真的主要是以科学史研究者的身份出现了。

既然你先特别地问到了科学编史学的研究，那我也就先说说这方面的工作吧。科学编史学依然还是我继续在关注和研究的重要领域，而且在我所带的博士研究生的学位论文的选题上，也还有很多是属于这个领域的。例如，过去我在上海交通大学指导的博士研究生王延峰所做的关于美国科学史家皮克林"建构夸克"的科学史的编史学研究、杜延勇关于西方爱因斯坦研究的编史学研究，以及快要毕业的宋金榜的关于视觉科学史的编史学研究等；还有我在清华大学（以下简称“清华”）所带的博士研究生，除了你曾做过的关于女性主义科学史的编学研究，还有卢卫红关于科学史中人类学研究进路的编史学研究、王哲关于建构主义科学史的编史学研究、谭笑关于科学史中修辞学进路研究方法的编史学研究、董丽丽关于美国科学史家伽里森的科学史研究的编史学研究，以及现在仍在读的王晶金关于证伪主义科学史的编史学研究等。至于我自己，也有一些相关思考和研究，如在上次访谈之后，出版《克丽奥眼中的科学——科学编史学初论》（增订版）时补充的关于科学史的客观性的研究，以及现在考虑比较多的关于科学的多元性和地方性知识等方面的研究。

经常有人会这样批评说，没有做过一阶的科学史研究的学生不适合做科学编史学的研究，因为没有直接的一阶科学史的研究经历，会影响到对科学史的把握和对科学编史学的理解等。对此类说法，我既认同又不认同。如果按照这样的要求类推，中国几乎所有大学中文系就都可以不必招生了，因为中文系主要并不是培养作家（文学意义上的一阶），而是培养文学理论研究者。又如同研究科学哲学的人不一定非要曾经直接从事过具体的科学研究一样。当然，如果能先有研究一阶科学史的经历再做科学编史学，那也许会更好些，但这却并非从事科学编史学的必要条件。

我想，就科学编史学来说，我还是会在这个领域中继续做下去。这些年比较多的是通过带学生、与学生合作的方式，把自己的某些想法诉诸实践，可以效率更高地多做些工作。不过，有些遗憾的是，现在博士研究生招生名额限制太严，学生有限，而且我在清华大学指导的一些博士研究生也开始在科学传播方向做论文，这都在一定程度上限制了科学编史学研究的进展速度。不过，原来曾计划的将博士研究生的科学编史学研究的成果汇集起来作为《克丽奥眼中的科学》的续论来出版一本新科学编史著作的计划，现在差不多也可以开始准备了。

另外，还可以提到的一个有意思的事是，目前在清华还没有科学史的博士学位授权点，我带的博士研究生都是挂在科学技术哲学的学位点，在这个有中国特色的学科点中，从目前的学科方向分类来说，科学传播的方向也是与科学史的方向合并为一个大方向，与其他，像科学哲学、科技政策等方向并列。所以说，在清华这里，就算是那些做科学传播的学生，也还是属于广义的科学史领域的。

章：我记得几年前您曾发表过一篇文章，专门讲科学编史学在国内科技史和科技哲学领域的状况，曾提到“近亲的排斥和远亲的接纳”问题，多年过去了，您感觉这种情况是否有所改变？在科学编史学长期处于边缘位置的情况下，您是如何坚守阵地的？能否谈谈您的感受和想法？

刘：从这几年发展的情况来看，还是有了一些变化，尽管还不能说是完全令人满意。如果你注意一下在我们这个领域的期刊上发表文章的情况，会发现有关科学编史学的文章的数量还是在增长中。或许，随着现在学术界研究压力的增加，像过去一些比较歧视科学编史学的学者，大多都顾着去做课题、搞创新，而不太有心思顾及歧视科学编史学了吧。

不过，总体上讲，科学编史学还应该算是处在不那么中心的边缘位置。但这也没什么关系。十多年前，我曾出版过一本集子，书名就叫《驻守边缘》，可以说，对此我是颇有心理准备，并乐在其中的，并不觉得有什么太大的不安。边缘也有边缘的好处，可以有更长远的发展前景。本来，大家一窝蜂地全聚集在热门领域，也不一定就是最佳的研究策略。不过，还有一个我觉得比较有趣的现象就是，在我的研究经历中，有好几次都是在我开始研究某个问题或领域时，比如像超导史、女性主义、科学传播等，都是属于当时比较冷门的，但过了一段时间就会发现这些领域已经颇为热闹了。

章：可能正因为如此，大家感觉您一直只重视科学编史学，而不关注一阶的科学技术史研究。我想，这绝对是一种误解。在这里，您是否愿意分享一下您早期所做的物理学史的研究工作？

刘：确实，我进入学术领域，是从科学史开始。在科学史领域中，我是从一阶的研究开始。在读硕士研究生阶段，我做的是关于超导物理学史的研究，当时那也还是一个比较冷门的研究领域，但同样幸运的是，在我完成了毕业论文之后，突然出现了“超导热”，我也就跟着这个不可预料的“热潮”，一下子出了3本关于超导史的书。这在那个年代刚毕业的研究生中，还真是挺少见的现象。事后，我也曾多次在回顾中，就这个例子谈及学术研究的“冷”与“热”的关系。因为，不那么赶热潮，而是就你的思考、就你的所长去做你认为值得做的选题，这才会做出能够留得住的工作。

而且，直到现在，其实对超导史的研究，我也还一直保持着关注。前两年，还曾在我们研究所李正风教授主持的有关名老科学家学术传承方面的一个重大项目中，与我当时带的博士后吴燕一起承担了一个子项，即关于我国著名超导物理学家赵忠贤的科学方法的研究。基于更进一步的研究，也发表了一些东西。2014 年，在美国物理学会的年会上，有一个“20 世纪中国物理学家和物理学”的分会场，我还受邀去作了题为《关于 20 世纪 80 年代末中、日、美超导研究竞争中的几个问题》的报告。

也许是由于科学编史学的研究及其他一些工作带来的影响和思考，在一些像学生开题、学术报告等场合，我发现我对于一些一阶的科学史研究经常会有一些新的想法，我真希望能有更多的时间让我再去开拓一些新的一阶的科学史研究，来把我的想法诉诸实现。有这样的希望，也许就会有这样的机会吧。

章：事实上，不只是物理学史，近年来您还指导了很多研究生从事诸如蒙医、侗锦之类的研究，将一些新的研究视角，例如人类学和女性主义，运用到了本土的科学技术史案例研究之中，您能谈谈这方面的情况吗？

刘：我指导的学生的研究方向似乎比较多一些，看上去有点杂。我在指导学生时的思路，大致是既要考虑学生的不同背景和优势（包括我理解的潜在优势）所在，再结合当下的学术发展，选择一些有新意的、更有可能做出与众不同但又有学术意义的成果的研究。像你说的对于蒙医的研究、对于侗锦的研究，还有像关于新疆坎儿井的研究、对于蒙古族传统马学与西方马学的比较研究等，其实也都是按照这个思路，也都可以说仍是在科学史的领域中的研究的扩展。在这样的关于本土的地方性的科学和技术的研究中，运用一些像人类学的、女性主义的、修辞学的视角、理论、方法等，会更有针对性，更加适用，也更容易有新的发现和提出新的观点。在这其中，也更能体现出基于多元的科学观、知识观的学术立场。

章：那么，能否以您的这些研究为例，谈谈运用西方科技史界新的编史视角来做本土的案例工作，需要注意些什么问题？这样一些研究与传统的科技史研究又有什么相同和不同之处呢？

刘：你提的这两个问题其实是相关的。我在这期刊物提交的文章，也间接地涉及这点。首先，我认为，对于初学做科技史的学生来说，专业的基本功是必要的，当然，不同的研究，如理论性的或实证性的，所要求的基本功的类型可能在重点上有些差别。比如，像做一阶的实证科学史研究，对史料的运用、基本的考证方法等；对于做理论性的研究，对于各种相关的重要基础理论的理解、把握和运用等，都是必不可少的基本功要求。

其次，是要认真思考，想明白，知道传统的研究的优势和局限是什么，这样，才有可能运用新的视角和理论来做出有新意的研究。不过，我说的这种有新意的研究，与那种为了所谓的“创新”而“创新”的“研究”不同，是要真正有学术见解（尽管不一定是主流的见解——实际上往往主流的更是传统的），而且，我更希望能有比较高的学术品位。学术品位也是我近几年来一直在教学和指导中所强调的，不过，这更是一种需要积累和修炼才能有所意会和理解把握的东西。

最后，还有一点也是近几年来我有所变化的，就是似乎在观念上，一方面在对新探索的追求中表现出来的某种激进，另一方面更加平和一些的包容心态。我也会承认传统的研究自身的价值和必要性与合理性，只是由于自己的追求不同，自己更愿意做些非传统的工作而已。

2　科学传播

章：同样地，在其他研究领域您似乎也经历了从分析和研究国外理论到走本土化探索的这样一条道路。例如科学文化传播方向，您早期带的研究生注重介绍和分析了国外关于科学传播的基本理论和模型，后来的研究生则开始分析本土的科学传播案例，您能详细说说这方面的进展吗？您有何心得体会？

刘：你的观察还是挺敏锐的。确实如此。不过，这与我做科学编史学与一阶科学史的关系很有些类似。一个领域，在开始研究的阶段，了解更多的国际背景和已有成果，是必不可少的准备和积累。其实，现在国内很多做科学传播的工作，虽然名称上改称科学传播（以代替传统的科普这个概念），但其实质上，仍然还是沿用老一套的思路和方法，这就很难做出新意来，同时也对研究的意义带来了局限。但相对来说，我觉得毕竟科学传播研究比起有更长研究历史的科学史在理论积累方面还是要相对简单一些。所以，在做了一些前期的基础性的准备研究之后，我便在一定程度上转而关注一些现实的（其实，历史上的许多东西也是现实的，只不过不是当下的）问题，带学生做一些一阶的科学传播研究。

不过，在这样的研究中，同样是可以选取一些有新意的视角、理论和研究对象的。比如说，像视觉文化的理论方法，像一些地方性知识的科学传播研究等。所以，我会指导学生在论文选题上，做了诸如像科学家肖像的科学传播研究、对科普作品的修辞隐喻研究、对科幻作品的科学传播研究，像蒙医在蒙古族公众中的理解问题的科学传播研究等这样一些工作。比较新的，你和我合带的研究生所做的关于侗锦的研究，其实在归类上，同样也可以带有相当程度的地方性技术的公众传播的意味。而且，近些年来，国际上科学史的研究领域也在不断扩展，科学传播史实际上也被一些研究者作为扩展了的科学史的一部分内容来研究。这也就是说，在新的科学史观中，与科学相关的内容要扩充很多，不仅仅要研究科学知识的生产，对科学知识的消费也是非常值得研究而且以往是被人们关注不够的。因此，科学传播史的研究也是我近来关注并带着学生开始去做的方向之一。当然，现在这样的研究还都是针对特定的对象。

另外，在研究对象上，除了对那些初始目标就是做科学传播（或科普）的传播活动和形式的研究，把研究对象拓展到那些并非以科学传播作为初始目标但其传播结果又有相当的科学传播效果和影响的传播形式，也是我现在关注的新方向。

还一个我涉及的也可以算是科学传播研究相关的研究领域，是基础科学教育。我曾担任第一届国家新课程标准物理初中、高中课程标准组的核心成员，现在还是第二届教育部基础教育课程教材专家工作委员会的委员和科学课程教材的评审专家。在这个领域中，除了原来所受的物理教育背景，主要是利用我在科学技术与社会方面的研究背景，而这在现在的基础科学教育研究中，又恰恰是一种迫切的需求。这样的实践，也可以算是一种对现实科学传播工作的直接参与吧。

章：听说您还参与了国内关于转基因问题的听证会，您能否从科学传播的角度谈谈您在转基因问题上的态度，以及您对类似听证会的看法？

刘：其实严格地讲，不是参加什么听证会。不过，我确实比较关心转基因问题。这既是一个与科学技术与社会（传统的 science，technology and society，STS）相关，更与对科学技术的人文社会研究（亦被译为“科学元勘”“科学技术研究”甚至“科学技术学”，即 science and technology studies）相关，也与科学传播、科学文化甚至科学史相关，而且是一个非常有争议但又十分重要的现实问题。对这样的问题的关注，也本应是人文社会科学工作者的社会责任感的一种体现。比如，我曾参加关于呼吁延缓商业推广转基因主粮的公开信的写作和传播，曾组织有关转基因问题的研讨会，曾参与有关公众对转基因食品理解问题的试验版的“共识会议”的研究项目，如此等等。3 年前，当我被采访，关于我对转基因作物从 STS 立场上的观点（以及我的照片）出现在 *Science* 杂志上的一篇相关的综述报道上时，还真有不少人颇为吃惊呢。前些天，在国内的 *National Science Review*（《国家科学评论》）杂志刚组织的一次视频论坛中，我也是以社会科学家的身份，作为 5 位嘉宾之一（其他嘉宾包括研究转基因的科学家、科学管理者、NGO 的代表等），参加了座谈讨论。这次讨论的纪要，将发表在下半年的这个刊物上。我觉得，像我们现在有关转基因的争论，其实是有很多问题和误区的，甚至与许多人的看法不同，我觉得这首先不是一个科学问题，而更多的是人文和社会科学的问题，涉及文化、传统、发展、可持续发展、生活方式、管理、风险、对科学和技术的功能与局限的理解等一系列的问题。作为一个人文社会科学工作者，当你对此有所思考时，当然应该有责任在争议中发出自己的声音。

章：这是否可看作您从学术研究走向实践参与的一个事例？能否结合这一点，谈谈您对学术研究和社会活动之间关系的理解，以及您对理想知识分子的看法？

刘：也可以这样说吧。其实类似地，也正像当你研究科学传播，你也可以在做理论研究的同时，写、编一些一阶的科普作品一样。学术性的理论研究与社会生活中的现实的实践相结合，其实既是一种工作方式，也可以在两者中相互促进。

我认为，对于学者来说，可以有不同的定位，有人可以偏重甚至只做学理性的研究，也可以有人关心现实的实践参与，当然更可以两者都有涉及。其实，就是专门只做学理性研究的人文社会科学学者，其研究也不可能完全脱离现实，只不过其间的关系可能间接一些而已。当然，我更欣赏那些有社会责任感并基于良好的学术研究背景而关心和参与现实问题的学者。我记得，有一位在韩国非常有名气的 STS 研究者，叫金性旭，他是韩国最好的大学国立首尔大学的教授。有一次在中国访问做学术讲座时，他曾说到自己觉得，恰恰因为他的大学过于科学化和工程化，所以他能向那些被培养成未来的科学家和工程师的学生教授有关科学和工程技术的社会伦理等 STS 学说，是他在那里研究和教学工作的重要价值和意义。

在过去，标准（或按你说的“理想的”）的知识分子的概念，本来就是指那些不仅仅只有技术性的专业知识，而是对社会和人类的问题有独立思考和见解，并积极关心社会事务的学者。这很有些我们这里所说的“公共知识分子”（“公知”）的意味。只不过，现在在我们这里，“公知”的概念已经非常被污名化了。这里面既有原本非具备理想的“公知”素养而硬要以“公知”的形象来作秀的人自身的问题，也有社会的偏见，甚至还有一些更复杂的原因，而“公知”概念被污名化这件事本身，恰恰说明社会现实存在问题。但无论如何，我仍然认为，一个理想的社会及其理想的发展，是真正需要那些并不因为个人利益而屈从于主流的、有独立思考、有深刻见解、有社会责任的理想知识分子的。

3 科学文化

章：近年来，在提升国家文化软实力的背景下，国内科学文化研究也日益兴盛起来，作为这个领域的资深专家，您对目前国内科学文化研究有何看法？

刘：现在恐怕还不好说国内的科学文化研究就已经是日益兴盛了。由于多方面的原因，其实就从事科学文化研究的人员数量、研究成果的数量和质量来说，仍然远远不尽如人意的。从出版物的角度来看，比起前些年，甚至还有下滑的趋势。

因为科学文化概念其实是一个并不清晰明确但又包容性很强的概念。不同的人有不同的理解。例如，我与上海交通大学的江晓原教授持续长达 11 年每月一次在《文汇读书周报》上已经刊出 140 多期但仍在进行中的对谈专栏“南腔北调”，也可以说是我们理解中的一种“科学文化”的普及性写作。但那个专栏的一个核心主题，就是对科学主义的反思和批判。我觉得，无论在什么意义上讲科学文化，既然文化的概念进入了，就一定不只是那种技术性的科学知识的相关研究，而是有着人文立场的将科学作为对象（或与科学相关）的人文社会科学研究。而对一个人文学者，是否有人文立场是颇为关键的。如果我激进一些地讲，我会不那么客气地认为，一些人虽然从事的研究领域是人文研究领域，但其是否真正具有人文意识，却不一定。这个领域中，一些人曾经受过科学教育的训练（这在过去曾被认为是研究科学史等的必备要求或理想前提），其“缺省配置”（这个形象的说法是北京大学刘华杰教授的发明）是科学主义的；一些人虽然过去受教育的背景不是科学，但由于社会上主流意识形态的影响，思想观念中仍然也有很强的科学主义成分。但我会更激进地认为，如果一个人文研究者经过其思考和研究还没有完成从科学主义向非科学主义的转变，那他就还没有真正成为一个合格的人文学者。当然，这种看法姑且算是我个人激进的偏见也行。

相应地，我认为，现在的科学文化研究，面临的最关键的问题，恰恰是与上述说法有关，即许多的所谓科学文化研究，并不真是具有人文立场的研究，而只是在内容形式上具有科学文化研究包装的、与科学相关的研究而已。

章：您和江晓原老师的对谈是赫赫有名的，当是国内科学文化研究的一面旗帜。但据我了解，您在此方面的工作并不限于此，或者说您刚才提及的观点与立场在您的科学史、科学传播的研究亦有深刻的体现。我记得您带了一名博士生，研究中医理论框架下的“上火”概念，听起来十分有意思，不知道您具体是如何设想的？这样一项研究是否既可以理解为科学文化研究，也可以理解为医学社会史或文化史的研究工作？

刘：正像前面所说的，科学文化是一个并不十分明确的概念，在宽泛定义中，科学史等也可包括其中。不过，如果类比一般常见的“文化研究”，对于像“上火”这样的问题的研究，倒也更有些科学文化研究的味道。不过，如果把它放在医学社会史或文化史的分类中，也是成立的。这恰恰表明了像这样的研究的跨领域性。或者我们甚至可以说它究竟属于哪个分类并不是最重要的事，最重要的是它是否值得研究而且能够研究。我们这里学科分割的意识非常强烈，如果一个题目不能确切地定出其属于哪个学科，好像就成为一个大问题。那我们划分学科又为了什么呢？其实这就像“文化研究”也很难明确地定位在我们现有的学科分类中一样。我们日常在做的 STS，不是在现有的学科分类中也很难定位吗？人们干脆把它说成是跨学科的，但即使“跨”了，不也还是重要而且值得进行研究吗？现在人们或是在“科学技术哲学”，或是在“科学技术史”等学科点上招收 STS 的研究生，其实这不也只是为了对付现有学科分类的一种权宜之计吗？

你问道，我让学生去研究“上火”，是如何设想的。这又涉及研究的选题问题。在我这里，像“上火”这样的研究论题并不是独一无二的，有时人们会觉得有点新意，或觉得有些怪，或觉得不太符合常规，其实原因还是由于思想上的自我约束。我有这样的一个说法，即其实没有什么东西是不能研究的，问题只在于如何去研究。有人经常会觉得选定一个研究的选题是件很困难的事，其实值得研究并可能进行研究问题实在是太多太多了，只要你放开思路，就会发现这点。比如，“上火”这个概念对在中国文化环境中成长起来的中国人，是一个无须过多解释并在日常生活中可以体验到的东西，它涉及对身体的理解问题，背后有相关的理论支撑，对生活有实在的影响（如影响到对饮食和生活方式的选择以及对身体不适时如何做相应的调整等），但又与现在流行的主流西医理论体系不相容（即不可完全通约），如此等等。你想，像这样一个可以带出这么多问题的题目，难道不值得我们研究吗？这时它究竟属于什么学科，还是个首位重要的问题吗？采取不同的研究进路，它可以更侧重于接近某个学科，但这也不是唯一的。

章：是啊，跨学科性质的研究在现实中往往会遇到很多困境，比如申请课题的时候。但是，这并不表示这些研究是没有价值的，相反它更可能避免功利，更为纯粹和具有真正的学术品位。说到这里，我又想起您正在指导一名博士生做"科学漫画"，甚至还有一名硕士生在做"侦探电影"，这听起来更为有趣了。这类工作好像也是同时兼具科学传播和科学史的研究性质，不知您是如何考虑并给出类似选题的？

刘：我在前面也已经提到，一是我在做科学史，二是我在做可以属于在科学史的新发展中被包括进来的科学传播史，像你说的这几个选题，也正是可以放在这样的分类中。如果说特殊性的话，倒不是在学科分类上的特殊性，而是在研究对象上的特殊性，因为在这些学科里传统是不研究这些对象的。不过，如果我们换个思路，把那些本来不是以科学传播为初始目的但又在实际上具有某些科学传播效果的传播活动形式也纳入研究中来，如果我们真正关心的是以各种可能的方式涉及科学的各种活动及其传播效果，那么，由于像侦探电影这种其中既带有科学和技术手段的内容，又带来科学逻辑的推理思路，甚至连带地还承载了对科学之应用的某些看法，加上这样的影片一直又是大众喜闻乐见的，那么，这种影响对受众的潜移默化的科学传播影响，难道不值得研究吗？至于像你说的"科学漫画"，除了上述理由，还可以加上近年学界对于视觉文化越来越重视，对图像材料的研究越来越多这个研究背景。

章：是的，视觉文化研究在国外 STS 领域的重要地位已逐渐体现起来了。除此之外，您还指导了多名博士后从事科学与艺术相关的研究工作，这类研究是否可以看成是在实践意义上致力于填补斯诺所言的"两种文化"的鸿沟？

刘：当然你也可以这样说，但我们这个领域及相关领域的工作，无论是科学史、科学哲学、科学社会学还是科学传播，哪个领域的工作又不是在填补"两种文化"的鸿沟呢？科学与艺术，作为一个交叉性的研究，其实本来就已经是学界研究的热点领域了。当然，之所以会做这样的工作，也与一些外部因素和自己的兴趣有关。就外部因素来说，这些年我在清华美术学院带博士后就是其中之一，这样，选择科学与艺术的研究方向，也就顺理成章了。作为我们学科领域里的学术系统来说，自然辩证法研究会下面就有一个“科学与艺术专业委员会”，虽然目前还是筹办阶段，我还是这个专业委员会的主任，这也说明了这种交叉性研究的某种学科合法性吧。说到个人兴趣，其实有时倒是会更超出学科限制一些，例如，近来我还承担了一个更纯粹是艺术类的课题呢，而且马上就要结项了，这个课题是“呼和浩特地区蒙古族传统图案艺术表现与应用研究”。这也说明，在有兴趣的前提下，适度地做一些跨领域的事，也完全是可能的，而且除了对于个人的收获，跨领域的背景，有时也会是研究的某种优势。

章：说到这里，您能否说说您所从事的科学文化研究的最大特色是什么？或者说，您理解的科学文化研究的学术和实践主旨应该是什么？

刘：到目前为止，这差不多是你所提的最难回答的问题了。之所以难，是因为我自己反而没有专门想过这个问题，同时，也很难做出全面和准确的总结。不过，我还是试着回答一下吧。我觉得，我所从事的科学文化研究的特色（我还是把“最大”这个限定词去掉吧），大致可以包括坚持人文的立场，努力扩展视野并借鉴相关的新的研究进展，尽力探索新的视角、新的研究对象，发现新的有价值的问题，以及注意研究的学术品位这样几项吧。而我所理解的科学文化研究的学术和实践主旨，这个问题就更难回答了。也许，承担对人文研究者应有的社会责任，为了社会的理想发展，增进对历史和现实的更好理解，如此等等，可以算是主旨吗？听上去似乎有点高调，但作为目标，也还是成立的吧。

4 结语

章：从上面的访谈可以看出，和7年前相比，您依然坚持的是多元化的研究路线，并且在科学技术史、科学传播和科学文化研究领域均有重要突破。我的一个感觉是，您在上述领域的学术工作似乎都经历了一个从理论研究到本土探索的过程，而且更加注重实践行动。不知道我的这个判断是否准确？也请您谈谈您个人对这些年学术和实践工作的总结看法？

刘：你的这个判断大致是准确的。这里面，也在很大程度上是因为个人的性格等因素形成的结果。如果让我做我个人的总结看法，我想，一是我至少总是在坚持一种开放的心态，坚持学习和努力思考，通过学习和思考，使自己也在不断地改变。我并不赞同那种坚持一种观念和立场永远不变的方式，作为学者，如果没有变化，那你还学习、研究和思考什么？那样的话，你就不是一个合格的研究者。通过学习、研究和思考，正是要让自己向着某种更理想化的状态有所前进，这也就是所要追求的变化。当然，也不是为了变化而变化，当你一直坚持这样做的时候，其实自身的变化自然也就产生了。这也就是我在这次访谈一开始的时候所说的感觉，算是一种个人的体验和经验吧。

章：尽管您说您具体的学术观念和立场一直在变化之中，但我感觉您几十年来的多元化学术研究其实是“形散而神不散”。能否告诉我们，跨越您所从事的多个研究方向的“神”是什么？换言之，您在从事这些领域的研究时，是否贯穿着一套基本的学术理念？

刘：在7年前的访谈中，我曾回答过类似的问题。当时你用的是“根基”或者说“主线”这种说法，我当时回答说，科学史研究是我的一个基地，从这个基地出发，是可以四通八达地走向许多领域的。现在再想，我觉得，以前的回答也不能说不对，但还是比较形式化和表面化。如果反思的更深层一些，现在我愿意说，这个“神”，是一种哲学意义上的人文立场，是一种对于多元性的认同和坚持，是一种对于兴趣和学术的结合，是一种对于学术品位的追求。这些理念，贯穿在多个领域的研究中，而在形式上，在个人学术发展中，科学史则是一个出发点。

不过，还要补充一句，从最初学习科学史到现在，经过这二三十年，现在我理解中的理想的科学史，显然与开始的理解是非常的不同了。

章：十分感谢您回答学生这么多琐碎的问题，最后再提一个：您认为做学问最重要的是什么？也请您对我们年轻学者的学术研究提些建议？

刘：我还是两个问题合并为一个来回答吧。我认为，重要的是：要读书，要会读书；读书学习要思考，也要会思考。这里面没有一定之规，只能在持续的学习、研究和思考中自己摸索，但有意识的摸索与盲目显然会有所不同。此外，如果能够将你的学习、研究和思考与个人的兴趣有所结合，那就已经是一种很高的境界，是一种幸福了。

章：好的，今天的访谈就到这里。刘老师，再次感谢您与我们分享您的学术成就与心得！您的建议将是我们的宝贵财富！

中国科学思想史研究的开拓和创新 *

——访周瀚光

韩玉芬 / 问，周瀚光 / 答

编者按： 周瀚光先生从 20 世纪 80 年代初期开始，就锲而不舍地致力于中国科学思想史的研究。他与袁运开合作主编的三卷本《中国科学思想史》于 2000 年出版后，得到了学术界的一致好评，被誉为“国内外学术界所见到的最系统、最完整的关于中国科学思想史研究的力作”。李约瑟在世的时候曾读到过那部著作的写作提纲。他在给作者的信中，盛赞该书的写作“是我们这个时代最令人兴奋的进展之一”。周瀚光先生早年钻研道家道教与科学技术的关系，中年转攻古代儒家与科技发展，在学术界较早提出肯定儒家对古代科技发展积极影响的观点，最近又推出新著《中国佛教与古代科技的发展》，对李约瑟否定佛教对科技促进作用的观点提出了商榷和批评。此外，他在中国数学史以及中国古代的科学方法论和中医逻辑学研究等方面，也取得了很多重要成果，提出了不少独到见解。

1　搭建哲学史与科学史之间的桥梁

韩：周先生您好，很高兴能有机会对您进行采访。您在中国科技史的研

---

*　收稿日期：2014-09-10。

作者简介：韩玉芬（1972—　），浙江省长兴县人，浙江省湖州职业技术学院副教授。周瀚光（1950—　），浙江省宁波市人，华东师范大学古籍研究所教授，博士研究生导师。

究方面可谓硕果累累，已经出版的学术专著有8部，主编的学术著作有10部，发表的学术论文有100多篇，尤其是您与袁运开先生一起主编的三卷本《中国科学思想史》更是享誉学界。但据我所知，您原来在复旦大学就读研究生时的专业是中国哲学史，后来怎么会走上中国科学思想史研究的学术道路呢？这令我很感兴趣，我们就先从这个问题谈起吧。

周：好的。你说得没错，我是1980年考入复旦大学哲学系的研究生，专业是中国哲学史，导师是著名的哲学家和哲学史家严北溟先生。至于怎么就走上了中国科学思想史的研究道路，说来可就话长了，一会儿我们细细地聊。

韩：好的。听说您读研之前学历只是初中毕业，后来既没有读过高中，又没有读过大学本科，居然直接就考上了复旦大学的研究生，简直令人难以想象。要不您先简单说说您的求学经历？

周：好，这也许就是造化弄人，机缘巧合吧。我初中毕业的时候，正赶上“文化大革命”，高中读不上了，直接被分配到建筑系统当了一名工人。那时每天都在建筑工地上干着又苦又累的活儿，但只要一有空闲时间，我总不忘找一些书来读，好像有一种“读书饥渴症”的感觉。当时读得最多的是传统文化方面的书，无论是经史子集还是诸子百家，反正能借到什么书就读什么书。再一个就是英语书，读一些简编的英语文学作品，例如《雾都孤儿》之类。没想到这两个东西后来在考研时都派上了用场。正应了那句“机遇偏爱有准备的人”。其实，在报考复旦大学研究生的同时，我还报考了当时上海社会科学院面向社会招聘的实习研究员，并且也接到了录取通知书。经过权衡，我最后还是决定先去复旦大学读书，把基础打得更扎实一些。

韩：那您在读研究生的时候，又是如何确定您之后的学术研究方向的呢？

周：这确实是我刚进复旦大学读研时一直困惑着我的问题。我的专业是中国哲学史，研究方向是先秦哲学，这是入学时就已经定下来的。但是先秦哲学已经被人研究了2000多年，该研究的和能研究的问题前人基本都已研究得差不多了，就算有，也只剩下一点修修补补的工作。我觉得这样不行，我一定要开辟出一条新的研究道路，一条属于我自己的独特研究道路。正好当时哲学史界也在反思，正在试图跳出原来教条主义和极“左”思潮的束缚，重新认识哲学思维发展与科学技术发展的联系。一些德高望重的老哲学家如张岱年、冯契先生等先后都发表了探讨哲学与科学关系的论文。这个新的学术思潮启发了我。我一下子觉得豁然开朗，感觉我应该而且可以在研究中国古代哲学与自然科学关系这个领域里找到我的定位，发挥我的作用。

韩：但是，研究古代哲学与科学的关系，必须要有比较系统的哲学基础和理科知识结构才行。您为了做这个方向的研究，先后做了哪些准备工作？

周：是啊，我当时觉得需要补充的知识实在是太多了，尤其是理科和科技史方面的内容。因此，我除了在系里选修科学思想史的课程，还到数学系选修了高等数学，课后一有空就做高等数学的习题；我还跑到上海中医学院（现上海中医药大学）去旁听了医学史的课程。这些都是专业课以外的课程，没有学分。因为我对数学一直比较感兴趣，所以后来就确定以“先秦数学与诸子哲学”作为我研究生阶段的主攻方向。

韩：那您真是下不少功夫。您刚才提到您对数学一直很感兴趣，这应该也是您《先秦数学与诸子哲学》这部著作的写作缘起吧。

周：是的。我之所以选择这个研究方向，实际上是希望在哲学史和科技史两门学科之间搭建一座沟通的桥梁，一座飞度的桥梁。这对于我以后走上专攻中国科学思想史的研究道路，可以说是迈出了非常关键的第一步。这样一个选择的做出，一方面是得益于复旦大学宽松自主的学习环境和我的导师严北溟先生自然洒脱的治学风格；另一方面也是因为得到了当时哲学史界和科技史界一些德高望重的老前辈们对我的热情鼓励与支持。如果没有他们鼓励、支持、帮助和提携，我也不可能取得今天你所看到的这些成绩。这是我时刻铭记在心而不敢忘记的。

韩：听说您研究生毕业分配工作的时候，是冯契先生点名要您去的华东师范大学呢！

周：是的。冯契先生是上海著名的哲学家和哲学史家，当时担任上海市哲学学会会长。早在去复旦大学就读研究生之前，我就曾经去拜见过冯先生，主要是向他请教有关明末思想家王夫之的一些问题。冯先生脱口而出地引述了王夫之的好几段语录，并明确地告诉我这些话在《船山遗书》的哪一卷、哪一篇、哪一节。这令我对他极为钦佩。要知道，《船山遗书》一共有近百种著述，共400多卷呢！后来我在选择以古代哲学与自然科学的关系作为我的研究方向的时候，曾专门写信向他征求意见，他亲笔回信表示支持和赞赏。在我研究生毕业的时候，冯契先生正好要在他招收的研究生中开辟一个新的研究方向——中国古代哲学与自然科学，所以就把我要过去协助他做一些这方面的教学管理工作。正是在那段时间里，我与科技史界的一些前辈和学者建立了很好的联系和友谊，这为我以后研究中国科学思想史提供了很大的帮助。

韩：我知道，您长期以来都与学术界的许多前辈和学者都保持着很好的关系。听说您至今还保留着不少他们写给您的信函。如今，他们中有好几位都已经去世了。您能再具体说说这方面的情况吗？

周：好。在哲学史和思想史领域，除了我的导师严北溟先生和刚刚提到的冯契先生，对我帮助或影响较大的还有北京大学的张岱年先生和南京大学的匡亚明先生；在科学界和科技史界，则有李约瑟、钱学森、钱临照、席泽宗、胡道静等诸位先生。这几位先生先后都已作古。至今还健在的前辈中，则有我校的老校长袁运开先生、上海中医药大学的傅维康先生、复旦大学的潘富恩先生，以及中国科学院自然科学史研究所的杜石然先生等对我帮助和影响比较大。

韩：您能具体说说他们给您的帮助或影响主要有哪些方面吗？

周：我觉得这些前辈学者都有一些共同特点。第一，是他们都非常谦虚，可以说越是有学问的人越是谦虚。比如胡道静先生，他要比我年长37岁，但每次给我写信时都尊称我为兄。这些不经意的细节显示了他对年轻人的尊重。当年编撰《十大科学家》一书时，出版社方面原来是想请他担任主编，但因为他工作太忙、事情太多，于是出版社就请我协助他组织作者队伍并承担统稿工作以及一部分书稿的撰写工作。胡老多次写信给我，要求把主编的头衔让给我，我自然不能接受。最后在出版社的协调之下，他才勉强同意与我一起共同担任主编。再比如钱学森先生。他这样一位科学大师、学界泰斗，在给我的信中竟然说："对科技古籍的研究，您是我的老师！"这样一种虚怀若谷、博大宽阔的胸襟，令我们后学深感钦佩和由衷叹服。第二个特点是那些老先生都对青年后学竭尽帮助、鼓励、提携之能事。例如张岱年先生曾多次写信鼓励我说："您研究中国哲学与科学技术的联系，成就卓著，甚佩甚佩！""现在李约瑟先生已逝世，希望中国亦涌现中国科学史大家，希望您成为科学史大家。"李约瑟先生在收到我给他寄去的三卷本《中国科学思想史》撰写计划和详细提纲后，立刻给我回了一封热情洋溢的信，称这个计划"是我们这个时代最令人兴奋的进展之一"。钱临照先生也曾就我们撰写《中国科学思想史》一书之事写信给我说："数年之后，我国自写的中国科学思想史将与李著并美问世，为我科学史界增光。"另外，严北溟先生和胡道静先生曾为我的《传统思想与科学技术》一书作序，冯契先生曾为我的《中国古代科学方法研究》一书作序，序里都讲了很多鼓励的话。可以说，我的每一个进步、每一点成绩的取得，与这些前辈们的支持和鼓励都是分不开的。

韩：是啊，在您的身上我也能看到那些老先生们的遗风呢！

周：那我可不敢跟他们相比啊。我只是想把他们那些好的作风继承下来，然后再通过我们这一代人传承下去。

2 对中国科学思想史研究的执着追求

韩：在读研究生的时候，您想要在哲学史与科学史之间搭建一座飞度的桥梁，之后您的研究方向也尽量朝这个方向努力。那么，这种努力最早是什么时候开始得到科技史界的接受与认可的呢？

周：这恐怕要追溯到30年前也就是1984年初夏在重庆举行的一次小型的数学史研讨会了。那次会议由自然辩证法通讯杂志社举办。主持会议的是樊洪业先生，参加会议的有杜石然、郭书春、李迪、沈康身、刘钝、王渝生、罗见今等诸位数学史界的专家学者。我因为此前曾发表过几篇讨论先秦数学的学术论文，所以也有幸被邀请与会。会议主要讨论的是中国数学在明清以后为什么会停滞不前这个问题，同时也涉及古代数学发展的其他方面。在讨论到魏晋时期的大数学家刘徽的时候，大家一方面对刘徽在数学理论方面的成就非常赞赏，另一方面又对这一历史现象感到困惑：为什么中国历史发展到魏晋的时候，才出现刘徽这样一位数学家来为中国古典数学奠定理论基础，从而把《九章算术》以后的中国数学提升到一个新的高度呢？当时，大家都觉得这个历史现象不太好解释。有一位学者干脆开玩笑说，那不需要什么理由，就因为刘徽是天才，天才500年出一个嘛。我当时提出了一个想法，认为这可能跟魏晋时期思想解放的社会氛围，尤其是跟墨家思想重新流传和复兴有关。因为墨家学派在先秦时就已经具有了理论数学的萌芽和丰富的逻辑思想。刘徽读过墨子的书，他把逻辑学方法融入数学研究，用概念、命题、推理等一系列逻辑学手段来重新解读《九章算术》，这就为中国古典数学奠定了理论基础，并由此而把中国古代数学推向了一个新的高度。我这个想法提出来之后，大家都觉得有点意思，觉得从思想史发展的角度去看，还真能解释一些数学史上说不太清楚的现象。尤其是主持会议的樊洪业先生，要我回去以后一定就这个观点写一篇论文给他。这篇文章后来以《刘徽的思想与墨学的兴衰》为题，发表在那一年的《自然辩证法通讯》杂志上。从那次会议之后，我与国内数学史界的专家学者们就成了很好的朋友，以后又加入了中国科技史学会和中国数学学会的数学史分会（又称全国数学史学会），还担任了一届理事。可以说，数学史界的朋友们对我的工作和成果（如《先秦数学与诸子哲学》《刘徽评传》《数学史话》等著作），还都比较认可和赞赏的。

韩：您刚才提到了您的专著《刘徽评传》。我们知道中国科学院自然科学史研究所的郭书春先生主要从事中国古代数学史的研究。他也曾经花了大量的精力和时间在刘徽研究上，并出版了著作《刘徽传》。请问您和他关于刘徽的研究有哪些不同之处？各有什么特点？

周：数学史界研究刘徽的专家学者很多，郭书春先生可谓是其中的佼佼者。刘徽的数学成就是通过注释《九章算术》体现出来的，而对于《九章算术》历代版本的考订和研究工作，可以说迄今为止，没有比郭书春先生做得更细、更好的。我和郭先生在刘徽研究方面有许多共同的观点。比较而言，我更注重对刘徽数学思想和科学方法的把握，以及对刘徽学术思想渊源的探究。

韩：那么，又是从什么时候开始，您萌发了要编撰一部系统的《中国科学思想史》著作的想法？听说早在20世纪80年代，您就在华东师范大学主持召开了全国首届中国科学思想史研讨会议。您能说说那次会议的情况吗？

周：好的。那个会议不能说是我主持召开的，我只是承担了会议的部分组织、联络以及会议召开期间的会务工作。这次会议由中国科学院自然科学史研究所、华东师范大学哲学系、华东师范大学自然辩证法暨自然科学史研究所以及西北大学中国思想文化研究所4个单位联合发起，由华东师范大学哲学系主办，同时也得到了中国科技史学会的支持。会议从1987年10月21—24日连续开了4天。参加会议的专家学者有50多人，分别来自国内科技史界、哲学史界、思想史界及自然辩证法研究界等领域。北京方面来的有中国科学院自然科学史研究所的杜石然等先生，陕西省西安市方面来的有西北大学中国思想文化研究所的董英哲等先生，上海市的冯契、胡道静等前辈也都出席了会议。会议讨论了中国科学思想史研究的一些基本问题，如：中国科学思想史研究的意义、目的和方法，中国科学思想史研究的对象、内涵和范畴，以及科学思想史与科技史、哲学史、思想史的关系等，同时还交流了国内外关于中国科学思想史及中西科学思想比较研究的动态和进展。会议代表各抒己见，畅所欲言，整个会议充满了热烈、坦率和融洽的气氛[①]。会议期间

① 关于此次会议的具体内容，可参看：周瀚光. 中国科学思想史研讨会综述［J］. 中国哲学史研究，1988（2）：81.

还收到了李约瑟先生的来信，信中表示对本次会议的举行“深感鼓舞”。会议结束后，杜石然先生专门给我写了一封信，信中说：“此次会议，蒙您多方努力，终于功德完满地开了一个大家都满意的会。”“科学思想史的研究工作将因此次会议而有一个较好的推动。”

韩：把科技史、哲学史、思想史等各方面的专家学者聚合在一起交流讨论，这确实是一件很不容易的事情。而且，作为首届中国科学思想史学术会议，对这个研究领域的推动和深入的确功莫大焉。您那时年富力强，精力充沛，真的可谓积极进取，努力作为。听说在那次会议之后，您又主持举行了两次有关中国科学思想史方面的学术会议？

周：是的。一次是在 1989 年 11 月举行的“道家道教与科学技术研讨会”，这是一个小型的、在上海学术界召开的研讨会议[①]。再一次是在 1990 年 4 月举行的“传统思想与科学技术研讨会”，是一个全国性的、规模和影响都较大的学术研讨会。

韩：那您能简单介绍一下 1990 年那次“传统思想与科学技术研讨会”的具体情况吗？

周：好的。“传统思想与科学技术研讨会”于 1990 年 4 月 24—27 日在上海华东师范大学举行，发起单位有华东师范大学、复旦大学、华东化工学院（现华东理工大学）、上海师范大学、上海社会科学院、清华大学、内蒙古师范大学、中国科技史学会、中国天文学会等 15 个高校、科研机构和学术团体。来自全国 15 个省、自治区、直辖市的近百名专家学者出席了会议。这次会议汇集了当时学术界研究中国科学思想史的绝大部分知名学者，可谓是群贤毕至。其中有来自北京的何兆武、杨涤生、杜石然、范楚玉、郭书春、王渝生、宋正海、艾素珍、张九辰、徐道一、胡孚琛、李申、吴彤等；来自内蒙古的李迪、罗见今、郭世荣、王荣彬、徐义保等；来自安徽的唐明邦、李志超等；来自山西的孟乃昌、邢润川、冯礼贵等；来自福建的周济、郭金彬、李良松等；来自南京的林德宏、罗宗真、干祖望、赵定理等，以及在上海的袁运开、冯契、胡道静、李国钧、潘雨廷等诸位先生。中国科协主席钱学森先生、中国哲学史学会会长张岱年先生和南京大学名誉校长匡亚明先生等前辈都给会议发来了贺信。会议共收到学术论文 80 余篇，内容主要涉及

① 具体内容可参见：周瀚光．道家道教与科学技术研讨会综述［J］．哲学研究，1990（1）：128-129．

六方面：①儒、道、佛、《周易》及诸子百家与科学技术的发展；②传统思想对天文、数学、农学、医学等各学科发展的作用和影响；③中国传统的自然观、科技价值观和科学方法论；④传统科学思想与西方科学的交流和融合；⑤传统思想在当代科技发展中的价值；⑥传统思想与科学技术的其他有关问题。那次会议开得非常成功，在科技史界产生了很大的影响，后来又由浙江教育出版社出版了本次会议的论文集[①]。

韩：您认为这次会议和首届会议相比，在中国科学思想史方面的研究有哪些比较明显的推进？会议上提出了什么特别响亮的观点？

周：我可以转引胡道静先生在那次会议报告中的两段话来回答你这个问题。胡先生总结得非常好："两年后的今天，我们的这次会议实际上也是中国科学思想史的研讨会议，不过规模和质量都大大超过了上次的会议。""我们应该在他（指李约瑟）的工作的基础上，把科学思想史的研究更向前推进一步。"[②]

韩：嗯，我们可以从胡先生的总结中听出他对这次会议的认可。听说在那个会议上还专题讨论了儒家思想与古代科技的问题。我想请问您当时对这个问题持什么观点，有什么创见吗？

周：儒家思想与古代科技的关系问题，是中国科学思想史研究的一个绕不开的问题。我对这个问题一直比较关注，并且较早地提出了肯定儒家对古代科技发展积极影响的观点。早在20世纪80年代，我就已经撰写和发表过有关儒家与古代数学和儒家与古代医学的论文[③]。到了1990年"传统思想与科学技术研讨会"举行的时候，我正式提交了一篇论文摘要，题目就是《儒家思想对科学技术的积极作用》。但因为长期以来我国学术界对儒家思想一直持批评和否定的态度，而科技史界又受到李约瑟否定儒家积极作用的观点的影响，因此在那次会上，我的观点基本上属于少数派，大部分学者还都认为儒家对中国古代科技的发展主要是消极的和否定的。

韩：您提出的传统儒家对古代科技起到积极作用和影响的观点，基于哪些方面的理由？

周：我在那篇论文摘要中，主要提出了三个方面的理由。首先，传统儒

① 袁运开，周瀚光．中国科学思想史论［M］．杭州：浙江教育出版社，1992.

② 袁运开，周瀚光．中国科学思想史论［M］．杭州：浙江教育出版社，1992，8–10.

③ 周瀚光："先秦儒家与古代数学"，载《齐鲁学刊》1986年第5期；"宋明道学对古代数学发展的作用和影响"，载《论宋明理学》，浙江人民出版社1983年版；"中国古代的医学与哲学"，载《传统思想与科学技术》，学林出版社1989年6月版。

家对中国古代的主干科学——天文、数学、医学、农学，不但不反对，而且积极参与，颇有贡献。这是有大量历史事实作为依据的。其次，儒家的一些思想认识方法对于古代科技的发展也有积极作用，孔子的“举一反三”、孟子的“苟求其故”、荀子的“以一知万”等认识方法，就经常出现在古代的科技著作中。其三，在中国科技发展史上，有两个时代特别重要。一个是汉代，是各门学科初具规模、奠立体系的时期；再一个是宋代，是传统科学走向高峰的黄金时期。而在学术思潮发展领域，这两个时期恰恰一个是独尊儒术（汉代），再一个是儒学复兴（宋代）。显然，至少在汉代和宋代这两个时期，传统儒学与科技发展之间存在着一种正相关的联系。

韩：您的观点确实是相当有道理。那么，这次会议以后对这个问题的讨论又有哪些进展呢？

周：随着我国思想界的逐步解放和对这个问题研究的逐步深入，时至今日，学术界已经有越来越多的学者认同了我的观点，肯定了儒家对古代科技发展的积极作用，其中包括已故的席泽宗先生以及现在在美国加州大学任教的程贞一先生等。1996 年我去韩国首尔参加第 8 届国际东亚科学史会议的时候，带去的论文题目就是《论儒家对科技发展的积极影响》，副标题是“兼评李约瑟对儒家的偏见”。在论文宣读后的讨论阶段，当时主持会议的李约瑟研究所所长何丙郁先生也表示认同我的这个观点。会议结束后不久，程贞一先生还专程从美国给我寄来了他和席泽宗先生合写的论文《孔子思想与科技》，并表示希望与我就这个问题作进一步的讨论。后来在 2000 年 3 月去美国参加“科学与文化”研讨会时，我在会上又一次演讲了这个观点，也得到了当时与会代表们的赞同和支持。

韩：据我了解，就在那次会议召开几个月后，也就是 1990 年 9 月 5—7 日在中国科学院自然科学史研究所召开的“中国科技史国际学术讨论会”上，自然科学史研究所的范楚玉老师提交的论文《儒学与中国古代科学技术》中，也专门讨论了这个问题。在那篇论文里她强调了儒学对中国古代科学技术的积极作用，当然也提及了消极影响的方面。她明确提出，如果过分强调儒学的“统治”作用，中国古代科技在世界上长期处于先进水平的事实就无法解释。她还特别强调，历代统治者制定方针政策总是根据其统治需要而兼收各家学说为其指导思想的。可以说，国家政策对科技发展的影响不能都归到儒家账上。范老师的这篇论文应该说是对您此前所提出观点的一个有力的支持。在 2001 年出版的、由席泽宗先生主编的《中国科学技术史·科

学思想卷》中，汪前进老师所撰写的第六章第五节《儒家思想与科技》中，开篇的叙述就是：“儒家思想对于科技发展的影响是多方面的。这里主要叙述前人较少论及的、对科技进步有积极作用的思想。”显然，您当时提出的观点与后来学术界的主流观点已经一致了。我是不是可以这么认为：在中国科学思想史研究领域，您比较早地提出了肯定儒家对中国古代科技发展的积极作用的观点，并且在此后为论证和推广这个观点做了大量的工作？

周：我觉得说“比较早”肯定没有问题。虽然不敢说我是最早提出者，但至少是最早提出者之一。当然，席泽宗先生也是比较早的提出者。

韩：范楚玉老师应当也算是一位。现在我们回过头来再说说您主编的那套堪称巨著的三卷本《中国科学思想史》。是不是在那次“传统思想与科学技术研讨会”之后，您就开始着手做那套书的编撰工作了？

周：不错。在那次会议上，许多代表都提到，除了李约瑟《中国科学技术史》的第二卷论到科学思想史，学术界还没有一部我们中国学者自己撰写的中国科学思想史专著，这与我国科技史研究不断发展的形势很不相称。这就使我们萌发了想编撰一部中国人自己撰写的系统的中国科学思想史著作，以填补这方面空白的愿望。同时，也正好在那次会议期间，有安徽科技出版社的代表表示希望出版一部这方面的著作。这样一来，简直是一拍即合，这件事情就基本定下来了。1990 年那次会议结束以后，我们组织了一支由 20 多位专家学者组成的编委和作者队伍，先后花了 5 年的时间，最终完成了三卷共约150万字的《中国科学思想史》写作任务[①]。由于出版社方面的一些原因，整套书一直到 2000 年才全部出齐。而那一年，正好是李约瑟诞生 100 周年，逝世 5 周年。

韩：真真可谓是十年磨一剑。我听说此书出版后，得到了学术界的广泛好评，被誉为是当时“国内外学术界所见到的最系统、最完整的关于中国科学思想史研究的力作”，后来还先后获得了第十三届中国图书奖、第五届安徽图书奖一等奖、第六届上海哲学社会科学优秀成果二等奖以及第十届全国优秀科技图书奖等多个奖项。现在有很多高校的科技史专业或其他专业，都把这部书列为研究生的必读书或参考书呢。

周：这部书出版后确实在科技史界、哲学史界和思想史界等领域都产生

① 袁运开，周瀚光．中国科学思想史（上、中、下）［M］．合肥：安徽科学技术出版社，2000．

了较好的和较广泛的影响，这是令我们深感欣慰的。

韩：我还想知道，在这套三卷本的著作中，您作为主编，除了组织和协调各位参与作者完成各自的写作任务，个人提出了哪些创见？

周：我个人在这部书当中，主要执笔撰写了“绪论”“结语”以及第三章和第六章的一部分。其中，最重要的是“绪论”，阐发了我对中国科学思想史研究的若干基本理论问题的独创性见解。这些问题包括中国科学思想史研究的意义和价值、对象和内涵、起源和演变、分期和特点，以及科学思想史与一般科学技术史和哲学思想史的区别与联系等方面。因为在此之前，这些问题还都没有一个明确的界定和描述；而不搞清楚这些问题，全书的提纲编列和具体写作就根本无法进行。所幸的是我的这些观点都得到了编委和作者们的一致认同，这就为以后全书的提纲编列和各章写作提供了一个统一的思想基础。令人高兴的是，此书出版后的十几年来，我们对这些基本理论问题的看法，得到了科学思想史界越来越多的同行们的重视和认同。

韩：听说您在 2003 年的时候得了一场大病，此后很长一段时间基本上以休养治病为主。令人意外的是，2014 年您又推出了一部新著《中国佛教与古代科技的发展》[①]，在学术界又一次引起了广泛关注。您能说说这前后的大致情况吗？

周：2003 年那年，我确实得了一场大病，是急性广泛性心肌梗死，差点要了我的性命。经过“开膛剖心”（心脏搭桥手术）、“剥皮抽筋”（把腿上的静脉血管取出来移植到心脏里）的抢救后，总算大难不死，又活过来了。在病后的相当一段时间里，我自己也觉得，我的学术生涯差不多到此为止了，但随着身体的逐渐康复，我的思想又开始不安分起来了。关于中国佛教与古代科技发展的关系，一直是我的一个研究夙愿。这里有两方面的因素让我对这个问题总是不能释怀。一方面是因为我一直不能认同李约瑟对佛教总体否定的结论，觉得应该对它作一个深入、系统而全面的研究才能得出较为正确的结论；另一方面是因为这个问题涉及佛教史和科技史两大领域，一般学者很难同时拥有这两大领域的知识结构，所以绝大多数的学者就都知难而退了。而我自己原来学的是中国哲学史专业，我导师严北溟先生又是一个佛学专家，在我身上多多少少有一点佛学思想的浸润。

① 周瀚光．中国佛教与古代科技的发展［M］．上海：华东师范大学出版社，2013．

再加上这二三十年来我自己对中国科技史领域的研究和参与，我觉得我应该就是做这个事情的最佳人选。说得不谦虚一点，真有一点舍我其谁的感觉。

韩：那您能简要说一说这部著作的主要观点吗？

周：这部著作的核心内容，就是在全面梳理中国佛教与古代科技发展关系的基础上，就中国佛教对古代科技发展的作用和影响这一问题，做出一个总体的和客观的评价。我们不能认同李约瑟所说的“总起来说佛教的作用是强烈的阻碍作用”的观点。我们的观点是，佛教虽然有其不利于科技发展的某些因素，但从总体上来说，中国佛教对古代科技的发展主要起到了积极促进的作用和影响。这个结论，是建立在大量历史事实的发掘、整理、分析和概括的基础上的，应该是经得起历史的检验和时间的考验的。

韩：李约瑟对中国传统的儒、道、佛三家都有研究，但他特别赞赏道家和道教对古代科技发展的贡献，而对儒家和佛教则总体持否定的态度。您对李约瑟否定儒家和佛教的观点都不赞同，那么您觉得应该如何从总体上去认识传统儒、道、佛三家与古代科技发展的关系呢？

周：我认为任何时代的科技发展都是一种社会合力的结果。就学术思潮而言，同样也不应该是某种单一的学派思想独立推动的结果。在中国古代，儒、道、佛三家都对科技的发展起到过积极推动的作用，但它们在不同的历史时期和不同的学科领域所起到的作用和影响是很不相同的，这与它们各自的学派发展特点和学术价值取向有着密切的关系。我想以后如果有机会的话，可以就儒、道、佛和诸子百家对科技发展影响的异同，做一点比较研究。至于李约瑟在这方面的先驱性工作和创造性见解，我个人是非常尊崇并且钦佩的。而他的某些偏见，应该也是毋庸讳言并且可以理解的。我想，我们对李约瑟先生的最好纪念，莫过于在他研究成果的基础上再不断地向前推进。

韩：嗯。您的观点比较客观，也比较符合事实。这和业内其他一些科技思想史研究的前辈的看法也是不谋而合的。

3 在中国古代科学方法论和中医逻辑学方面的探索和创新

韩：听了您上面所说的这些工作、成果和创见，让我对您在中国科学思想史研究领域的开拓、创新和贡献有了进一步的了解。除此之外，我知道您在中国古代科学方法论和中医逻辑学的研究方面也有不少创新性成果，您能给我讲一讲这方面的情况吗？

周：好的。按照我们的理解，科学方法和科学逻辑也都属于科学思想的范畴，因此，中国科学思想史研究理所当然地应该包括中国古代的科学方法论和科学逻辑学。在科学方法论研究方面，我的成果和创见主要集中在《中国古代科学方法研究》这部书里[①]，而这部书的写作则是在20世纪90年代初两个方面的动因促使下的结果。

韩：是哪两个动因呢？

周：第一个也是最重要的一个动因，是冯契先生在20世纪80年代非常郑重而又正式地向学术界提出了这个课题。他在专著《中国古代哲学的逻辑发展》（上册）一书中，首先引述了爱因斯坦对中国古代缺乏演绎几何体系和实验归纳方法的评论，然后说："这是一个外国的伟大科学家提出来的问题。中国古代有那么多科学发现和创造，是用什么逻辑、什么方法搞出来的？这确是一个令人惊奇、需要我们认真研究的重大问题。"冯先生这个问题的提出，激发了我强烈的好奇心和探索欲望。第二个直接的动因，则是当时《科技日报》社的编辑想在该报上开辟一个专栏，专题连载中国古代的科学方法，邀请我担任这个专栏的作者，并要求每周完成一篇稿子交给他们。这就逼着我启动了这方面的研究工作。日积月累，全书的轮廓就这样慢慢地成形了。

韩：您能简要介绍一下这本书的观点和创见吗？

周：那本书虽然篇幅不不大，但凝聚了我对中国古代科学方法的主要观点，其中最重要的创见有三方面。首先，书中列出了中国古代36个具有典型性和代表意义的具体科学方法。它们一半来自科学家和科技著作，另一半来自哲学家和哲学著作。其时间跨度上起自《周易》，下终于明末的王夫之。这些都是我从大量的古代文献中一个一个钩沉和提炼出来的。其次，在

① 周瀚光. 中国古代科学方法研究［M］. 上海：华东师范大学出版社，1992.

分析和概括这些具体科学方法的基础上，进一步归纳出中国古代科学方法的6个特点，那就是：①勤于观察；②善于推类；③精于运数；④明于求道；⑤重于应用；⑥长于辩证。而这些方法论上的特点又在一定程度上影响和决定了中国古代科技发展本身的特点和风格。最后，再通过这些具体的科学方法和主要特点，找出中国古代若干重要学科共同遵循的一般方法论模式，我把它概括为“实际问题→概念方法→一般原理→实际问题”这样一个包含四个步骤的基本模式（即从实际问题出发，提炼出相应的概念方法，再上升到一般原理，最后再运用到解决实际问题中去），并认为这一基本模式主要是科学发现的逻辑而不是科学证明的逻辑，它有助于说明中国古代科学为什么会取得那么多的发现和发明，而且对当代科学的发展也有启迪和借鉴作用。

韩：真是非常精辟的创见。可以想见您当初在这个研究方向上所花费的工夫和精力。

周：令我高兴的是，科技史界的朋友们对我的这一工作都很感兴趣。席泽宗先生曾专门来信向我要这本书。他在给高校学生作有关科学方法的学术报告时，还特意把我的这部书列为第一部主要参考文献向大家推荐。

韩：那么，您后来怎么又会想到去研究中医逻辑学的呢？

周：我对中医学一直很感兴趣，除了在读研究生时去上海中医学院旁听中国医学史的课程，还专门自学了一些中医学的基本理论知识，非常认真地读过《黄帝内经》《伤寒杂病论》《本草纲目》《濒湖脉诀》等中医药学的经典著作。研究生毕业后，我在上海中医药大学傅维康教授的引荐下，加入了中华医学会上海医史分会（傅先生当时是该分会的主任委员），经常有机会参加一些中医学界的学术活动。当时，中国医学界有一个新的学术动态引起了我的注意，那就是引入了西方医学界刚刚兴起的医学逻辑学学术思潮。我就联想到中医，以前人们都说中医学用的是辩证思维，没有形式逻辑，那实际情况究竟是不是这样呢？中医治病究竟用的是什么样的逻辑思维方法呢？中医逻辑思维的优点和缺点在什么地方？能不能从逻辑思维方法的角度，加快推进中医现代化的进程呢？正是对这些问题的思考，促使我在一段时间内集中精力投入了对这个课题的研究。

韩：那您又是如何着手做这个事情的？取得了哪些成果？

周：我觉得还是要先从搞清楚中医治病究竟用的是什么样的逻辑思维方法这个问题入手。我首先从《黄帝内经》开始，撰写了《论〈黄帝内经〉阴阳说的逻辑思维模式》[①]，认为《黄帝内经》的阴阳学说“提供了一个辩证逻辑和形式逻辑相统一而以辩证逻辑为主、演绎逻辑和归纳逻辑相统一而以演绎为主的逻辑思维模式”。接着是考察张仲景的《伤寒杂病论》，撰写了《论〈伤寒论〉治疗方法的逻辑基础》[②]，认为“在张仲景的思想中，形式逻辑的指导和运用有了长足的发展，并且在辩证逻辑的统率下发挥了极大的组织思想和条理思想的作用”。“张仲景在一定程度上克服了《黄帝内经》形式逻辑相对薄弱的缺点，从而使中医的逻辑方法得以进一步完善，成为近两千年来一直有效地指导着临床诊断和治疗的科学方法。”在这个研究的过程中，我发现中医逻辑学其实有很多工作需要系统地开展研究，例如详细地梳理历代医家在逻辑思维上的发展脉络，对中医从诊断到治疗的整个过程（诸如八纲、六经、三因、治则、组方等）进行详尽的逻辑分析，对典型医案做周密“解剖”以发现中医逻辑的经验教训，等等。而这些绝非是凭一己之力所能完成的，所以我又撰写了《论建立中医逻辑学》一文[③]，呼吁中医学界建立“中医逻辑学”这门新的学科。由于我的这些想法对中医学界来讲都是全新的观点，因此很快得到了中医学界的呼应，还被邀请在上海中医药大学的文化节上作专题的报告。那个报告后来以《论中医学的逻辑思维方法》为题发表在《中医药文化》2007 年的第 1 期上。

韩：您作为中医学界之外的学者，所撰写的论文能发表在专门的中医学杂志上，所提出的观点能得到中医学界这样的重视，实在不容易。这足以说明中医学界对您研究工作的认可和肯定。

周：可惜的是这项工作以后由于时间和精力的原因没有能够继续进行下去，这让我感到非常遗憾。

韩：您的工作已经涉及了如此广泛的领域，毫无疑问，可以说是一位多面手和多产专家。我知道您还编写过好几部科普著作，除前面提到的《十大科学家》《数学史话》外，还有《发明的国度：中国科技史》《百工竞技》和《中国古代科技创新一百例》等，好像还获得过上海市科普优秀作品奖呢。

周：哈哈，那些都不值一提了。

① 载《学术月刊》1985 年第 12 期。

② 载《传统思想与科学技术》，学林出版社 1989 年 6 月版，《医古文知识》1996 年第 2 期。

③ 载《中医研究》1988 年第 4 期。

4 追求自由而洒脱的人生

韩：您不仅在学术研究方面取得了那么多的成就，而且在教学和讲课方面也做得非常成功。您桃李遍天下，深得学生们的爱戴。您讲授的课程也深受学生的喜爱和欢迎。请问，您是如何分配您的时间和精力的？您有哪些工作中的经验和体会可以跟我们一起分享呢？

周：经验不敢说，体会倒是有一点的。我觉得作为一名老师，最重要的是要对学生们永远存有一颗爱心，只求付出，不求回报。每次讲课，都要做好精心的准备，绝对不能照本宣科，敷衍了事。在上课的时候，还有三个细节我认为也非常重要。一是仪容端正，二是表述清楚，三是板书漂亮。[当然现在都用演示文件（PPT）投影了，同样也要做得漂亮、夺人眼球] 这三个细节做好了，学生们一下子就对你刮目相看，接下来的课就比较好上了。另外，要注意用生动浅近的语言来说明深奥复杂的内容，这本身也是一种讲课的水平和艺术。我最反对有的老师在课堂上故意卖弄一些谁也听不明白的概念名词，把学生们搞得云山雾罩，以此来显示他的高深莫测。

韩：听说您的父母亲都是教师。这对您的职业取向是不是有较大的影响？

周：应该是有一点的。我对教师职业有一种天然的亲近感，感觉当教师是最适合我的工作了。尤其是在大学里面，学术研究比较自由，思想言论也相对自由一些。我觉得这应该是我人生的最佳社会定位。所以，以后虽然也有一些从事行政工作的机会，但我都想法主动避开，宁可不要那些一时的利益和发展。

韩：在人生的定位和发展问题上，您对年轻人有什么好的意见和建议吗？

周：因为每个人的情况都不一样，所以很难有一种普遍适合的生活模式，我只能讲我自己的想法供大家参考。我比较倾向于生活在“有意无意之间”这样一种状态。所谓“有意”，就是说人的一生，必须要有积极进取，努力奋斗的一方面，在为社会做贡献的同时，不断地提升自己和完善自己。所谓“无意”，则是说对那些功名利禄也不要太过在意，过于斤斤计较那些一时的利害得失。该“有意”时当“有意”，该“无意”时且“无意”。如此，人生才能既得到发展，而生活又能相对过得比较自由而洒脱。1986年夏天，我在威海海边曾经写过一首《雨中望刘公岛述怀》的小诗，表达的就是这样的意思。诗是这样写的："仙境何必尽蓬山，但得烟云亦飘然。浪穷似隐非隐处，人在有意无意间。"这种对"有意无意间"的追求，大概可以说是我几十年来一贯的生活信条吧。

韩：听来真有一种仙风道骨之感。我还读过您在《刘徽评传》一书中写的《刘徽像赞》那首七律："生当乱世起英豪，不向刀丛觅绣袍。术有九章安忍没？注称独步亦堪骄。囊中财物未足算，筹里乾坤无所逃。但任浪沙淘魏晋，风流一代数君高！"那首诗是不是也寄托了您自己的志向在里面？

周：应该说，那首诗既表达了我自己对刘徽的崇敬心情，同时也是对刘徽科学精神的一个概括。我在诗里面实际上是把刘徽的科学精神概括为三条：一是不求功名、献身科学的精神（生当乱世起英豪，不向刀丛觅绣袍）；二是继承传统、推陈出新的精神（术有九章安忍没？注称独步亦堪骄）；三是甘于贫困、勇于超越的精神（囊中财物未足算，筹里乾坤无所逃）。我认为这三条科学精神直到今天仍有其重要意义。

韩：您说得有道理。您既能做学术研究，教学工作也堪称好手，还能写一手好诗，称您为多面手的确不为过。听说您还喜欢乐器，喜欢旅游，喜欢下棋，围棋和象棋的水平都相当高。象棋比赛还得过市里的名次，拥有"棋士"证书。而且您夏天在青岛避暑，冬天去南方避寒，生活过得丰富多彩，真叫人羡慕。

周：是啊，人生本来就应该是丰富多彩，有滋有味的，谁说搞学术研究的人就一定要把自己弄得像一个苦行僧一般？下棋不仅能锻炼思维，增添乐趣，而且还能以棋会友，增加友谊，又何乐而不为呢？记得有一次从北京坐飞机去呼和浩特开会，因为航班误点，我和中国科学院自然科学史研究所的何绍庚先生就在候机大厅下棋，不仅没觉得等候无聊，反而还觉得时间太短没有尽兴！还有一次去韩国首尔开会，陈久金先生特意带了一副围棋过去。到了首尔，我们白天开会，晚上下棋，回想起来，真是其乐融融。还有像辽宁师范大学的王青建先生，上海交通大学的江晓原先生，山西师范学院的冯礼贵先生，内蒙古师范大学的罗见今、郭世荣先生等，我们既是同行，又是棋友，每次开会见面都会抽时间切磋一下，不仅交流了学术观点，还交流了棋艺，增进了感情。

韩：一转眼，您经历了 2003 年的那场大病以后，又过去 10 年多了。我看您现在神采奕奕，气色很好，一定对人生有了更深的感悟。

周：是啊，孔子曰“五十而知天命”。我迟钝一些，大概要到 54 岁那场大病以后才开始有点知命了。回顾我 60 多年的人生历程，大约每经 27 年历一次大劫，每历一次大劫都有一次大的感悟，现在已经到达生命的第三阶段了。

韩：哦！此话怎讲？

周：在我 27 岁的时候，正好逢上中国社会的一个大动荡和大转折，那就是“文化大革命”的结束和改革开放的开始。经过急剧变化的政治形势和思想观念的冲撞洗礼后，我对自己的社会定位有了一个比较清醒的和自觉的认识，从而基本确立了今后人生道路的方向。至于 54 岁时的大病则是一次更大的大劫，劫后余生，价值观和人生观又有了新的提升。孔子讲“知命”，庄子讲“逍遥”，佛家讲“放下”，直到现在我才算是对他们所讲的内涵有了一点点的了解。如果老天能再假我数年，争取在大病后再活一个 27 年，那么从现在到九九归一，我想我一定会更加珍惜生命，珍惜人生，努力做好自己想做的一些事情，让自己活得更加自由，更加洒脱。

韩：其实，我觉得与其说您经历了两次大劫，不如说是经历了两次大的人生转折。现在，您的确过得非常自由，也非常潇洒。我注意到您还常常在网上和学生们一起玩“人人”，玩“QQ”，而您的 QQ 签名是长期不改的“我的幸福指数一天比一天高”。我想，这一定反映了您目前的心情和生活状态。再次感谢您接受我的采访，衷心地祝福您身体健康，永远幸福！

周：谢谢！

科研、编辑两相宜，苦在其中，乐在其中*

——访林文照

韩玉芬 / 问，林文照 / 答

编者按：林文照先生 1964 年毕业于厦门大学物理系，分配到中国科学院自然科学史研究所，长期致力于科学外史、物理学史、技术史、科学史学史等不同领域的研究工作，发表专业论文数十篇。历任副研究员（1986）、研究员（1988），先后担任《中国科技史料》常务编委（1984—1986）和常务副主编（1987—1996）；《自然科学史研究》副主编（1985—1987）、主编（1988—1998）。第四届全国古籍整理出版规划小组成员。协助筹建中国科技史学会，曾任中国科学技术史学会常务理事兼综合研究委员会主任委员，是全国 STS 学术讨论会的最早发起组织者之一。先后担任大型工具书《中国历代文献精粹大典》副主编兼科技卷主编、《中国科学技术典籍通汇》副主编兼综合卷主编。1992 年起享受国务院政府特殊津贴。

1　得前贤器重　科学外史研究

韩：林先生您好！非常感谢您能接受我的访问。作为中国科学院自然科学史研究所的前辈，您和学界其他同人有些许不同之处。您做过不少中国科

---

*　收稿日期：2014-09-10。

本篇访谈录为访问者在中国科学院自然科学史研究所访学进修期间的成果。

作者简介：韩玉芬（1972—　），浙江省长兴县人，湖州职业技术学院副教授。林文照（1938—　），福建省永泰县人，中国科学院自然科学史研究所退休研究员。

技史的研究工作，成果颇丰。与此同时，您还长期主持《自然科学史研究》和《中国科技史料》的编辑工作。我偶然在《钱学森书信补编》里发现钱学森于1990年9月24日写给您的一封信。信里提及每期《自然科学史研究》他都如期收到，对此表示感谢。在信里，钱学森还向您推荐一位作者的文章。[①] 您跟钱老熟悉吗？

林：1978年，钱老曾给我的一篇文章审过稿。当时我写了篇题为《科技史上三大发明的重要意义》的论文[②]，对人类使用蒸汽机、电力和原子能的技术历史作了系统的梳理，着眼点在于技术进步与经济发展的相互促进关系。文章投到《历史研究》杂志社，杂志社请钱老评审。钱老的审稿意见是"此稿甚好，同意刊用"。整篇稿子一字未改，只是用铅笔在某段话旁写了一句："此处为什么不加毛主席语录呢？"

韩：真有意思，那时候文章里加毛主席语录的风气还在。您怎么会想到写这篇文章呢？

林：1978年春天，《历史研究》杂志社向所里杜石然先生约写科技史主题的稿子。杜石然先生之前曾看到过我在《科学家小传》中所写的《近代电磁学的奠基人法拉第》以及在1978年4月3日《北京日报》"理论战线"上刊登的《谈谈自然科学基础理论对实践的指导作用》两篇文章，从内容到文笔都有较好的印象，所以特地找到我，问我是否有兴趣撰写这次约稿。对《历史研究》杂志社约稿，我当然非常乐意；如果是给他们投稿，能否录用发表就难说了。由于当时杂志社没有给明确的选题，所以只能自己定。我花了几个星期时间最终写成这篇文章。署名时我没和杜石然先生商量就加了他的名字，并且将其放在了前面，直接把稿子寄到了杂志社。当时我的考虑有二：一、这次写稿机会是他给的；二、论资历，杜石然先生比我大八九岁，又比我先到所里八九年，这要是在大学里就应该是老师了，因此杜石然先生应该算是我的老师辈。

由于杜石然先生是第一作者，《历史研究》得到钱老的审稿意见后就把稿子寄给了杜石然先生。杜石然先生对文章里瓦特蒸汽机的提法作了些修改，用铅笔对署名作了"乙转"，即将他的名字移到后面，把稿子给了我。我拿

① 钱学森．致林文照［M］//钱学森书信补编3（1987.10—1991.11）．北京：国防工业出版社，2012：292.

② 杜石然，林文照．科技史上三大发明的重要意义［J］．历史研究，1978（6）.

到稿子后，根据钱老的意思，在文章里加了一句毛主席语录。[①] 然后又对杜石然先生在署名上标的乙转符号再来个“反乙转”，仍然把杜石然先生的名字放到前面，将稿子寄回了杂志社。

韩：最终，杂志社还是采纳了您的意见。

林：是的。杜石然先生很耿直，他爱才，对陈美东、金秋鹏、范楚玉都很器重，对我也比较重视。那时，他要编一部大的“中国科技史”，所以要网罗一批人才。

韩：您跟钱老后来还有过交往吗？

林：有过交往。那时钱老的学术报告很多，我也听了几次，但因都是在大礼堂，我所在的听众席距钱老较远，无由与他交谈。1984 年春节前后，钱老在中南海怀仁堂又作了一个报告。那次我也有幸参加了。由于场所比较小，我离钱老较近，在报告中间休息时，就上前去主动向他作了自我介绍。我跟钱老说，我是林文照，就是那个写蒸汽机、电力、原子能三大发明对社会发展的重大作用并发表在《历史研究》上那篇文章的作者。虽然已时隔六年，但钱老马上就回想起来了。这让我感到惊讶。我知道钱老关心现代科学技术的发展，对科技史研究也比较重视，在他的许多报告中，都可以看出这一点。但他这么快就想起这篇文章来，还是有些出乎我的意料。说明我这篇文章在他的脑子里头还占有小小的位置。他对我说：“这篇文章写得很好。你还可以在这些方面继续做下去，比如计算技术、生物技术，等等。”那次，他跟我谈了将近 20 分钟。

后来我做了《自然科学史研究》主编，就给钱老寄杂志，并附上简短的问候信。由于钱老对我还算熟悉，因此有时就给我写信。

韩：原来是这样。我注意到您对民国时期中国科学的建制化历程也有过专门的研究，包括中国科学社、中央研究院、北平研究院的历史等。您怎么会想到研究这方面的题材呢？

林：我关于民国期间科技史的研究开展得比较早。1977 年初夏的一天，我到北京市的王府井北口中国科学院图书馆去借书，顺道去郭永芳先生那里

① 关于这段语录引文，文章中的原文是伟大领袖毛主席指出：“技术革命指历史上重大技术改革，例如用蒸汽机代替手工，后来又发明电力，现在又发明原子能之类。”该文脚注所标出处为：转引自《中共中央关于召开全国科学大会的通知》（一九七七年九月十八日）。

聊了一会儿天。郭永芳先生在院图书馆工作，学问很好，对科学技术史也很有兴趣，所以我若有机会总会去找他聊天。那次他跟我说，隔壁中国社会科学院近代史研究所的民国史研究又开始了。我说："这是应该的，后代研究前代，是史家的职责。民国时期的科学研究、科学建制究竟是个什么样的情况，都取得了哪些成就，也是我们应该弄明白的问题。"我跟郭永芳先生说想看看民国时期科学技术史方面的资料。他就给我找出了早些年《文史资料选辑》上任鸿隽先生那篇回忆中国科学社的文章①。我认真阅读了此文，感觉内容比较丰富。中国科学社这个机构很庞大，历史也比较久，查下去一定是富矿。于是，我把我们所和中国科学院图书馆里几十卷《科学》杂志都借来，粗粗地浏览了一遍；后来，我还到国家图书馆进一步查阅资料。同时还看了中国工程师学会的刊物和其他一些杂志，做了很多笔记，光卡片就有好几个抽屉。那时做学问一个非常辛苦的地方是所有的资料都得靠手抄，当时国内还没有复印一说。看了这些资料之后，发现任鸿隽的文章中还有一些问题没说到。中国科学社在 20 世纪 60 年代初"自动消亡"了，有些成果和观点是中国科学社创始人任鸿隽当时不便也不敢言说的。因此我决定也写一篇关于中国科学社的文章。经过努力，于 1978 年夏写成《中国科学社的建立及其对我国现代科学发展的作用》② 一文，对中国科学社作了充分的肯定。文章后来发表在创刊不久的《近代史研究》上。

韩：文章发表以后，有反响吗？

林：这篇文章 1982 年发表以后，在社会上反响还比较大。没多久就有刊物向我约稿。后来，上海科学技术出版社还希望我写一本关于中国科学社的书，但我从 1985 年起就担任《自然科学史研究》副主编、主编，稍后又接管《中国科技史料》，实在无暇顾及。又过了几年，大概是 20 世纪 90 年代初，高等教育出版社编审胡南琦先生也看到了这篇文章。他父亲胡刚复先生是中国科学社的早期成员。他找到我，跟我说严济慈先生要见我。严济慈先生当年是胡刚复的学生，民国时期曾经做过北平研究院镭学研究所所长，是中央研究院院士，也是中国科学社的成员。他很关心中国科学社的事，非常希望

① 任鸿隽．中国科学社社史简述［M］//史资料选辑（第 15 辑）．北京：中华书局，1961。此篇文章除前言和结语之外的主体内容后以同样标题在《中国科技史料》1983 年第 1 期再次刊发。

② 林文照．中国科学社的建立及其对我国现代科学发展的作用［J］．近代史研究，1982（3）：216-233.

中国科学社能够恢复活动。当时，严济慈先生已经是全国人大常委会副委员长。他找我，就是想认识认识我，了解我做中国科学社历史的过程，看看我之前都看了哪些材料。于是，胡南琦先生就带着我去了严济慈先生家。严济慈先生是浙江省义乌市人，说话口音很重，听起来非常吃力。胡南琦就在一旁给我做翻译。谈话结束之后，严济慈先生专门送我们到门口。从那以后，我跟严济慈先生就有了比较多的交流。

韩：哦！当时关心中国科学社的人还不少。

林：是的。中国科学社是民国时期至中华人民共和国成立初期我国重要的科技社团。深入研究后我就发现，关于中央研究院、北平研究院的材料跟中国科学社的材料都有关联。中国科学社成员和中央研究院、北平研究院的成员很多都是交叉的。于是，我就顺藤摸瓜，接着往下做。

韩：听说您还曾替周培源先生代写过回顾中国现代科学发展历程的文章？

林：是的。那是1979年的事了。1979年5月4日是五四运动六十周年。成立不久的中国社会科学院要召开纪念大会，邀请周培源先生参加，并请他写一篇大会发言文章。当时，周培源先生已近八十高龄，同时兼任中国科学院副院长和中国科协主席，工作繁忙，写这篇文章有些力不从心。经过研究，最后确定由我和中国科协研究室的林京耀研究员合作替周培源先生完成这项任务。林京耀先生是一位大才子，早在“文化大革命”前就是中宣部于光远手下的笔杆子。我能同他合写文章，感到很荣幸。起先，周培源先生定的题目是《中国科学六十年》。这个题目实在太大太硬。我们两人商量后，把它软化为《六十年来的中国科学》，得到周培源先生的首肯。即便如此，这篇文章写起来仍然很不容易，限于篇幅，既不能太细致，也不能太简略；既要表明这六十年中国科学发展的连续性，又要显示阶段性；既要有综合的概括，还要突出重点人物与事项；既要总结出一般规律，还得写出具体特点。时间紧迫，从3月初接受任务开始着手，我们跑图书馆、查资料、跑访谈，连写带改前后花了一个半月时间，于当年4月中旬完成任务把文章送给周培源先生。周培源先生看了很满意。之后，他还专门征求了王竹溪、李宝恒、杜大公、郭罗基等先生对稿子的意见。纪念大会结束之后，这篇文章发表在当年的《红旗》杂志上[①]。文章署名是周培源，但几十元的稿费由我和林京耀对分。这次经历，使我对近代以来的中国科学技术发展有了进一步的

① 周培源. 六十年来的中国科学［J］. 红旗，1979（6）.

了解，增强了我研究民国时期科技史的兴趣，为以后进一步的研究打下了基础。我后来所写的有关中央研究院、北平研究院以及中国近代科技体制化、中国近代科技社团等文章均植根于此。

韩：我注意到在《中国科学院自然科学史研究所五十年论文选》（2007 年）中，您选的文章是《磁罗盘在中国发明的社会因素》。您比较看重这篇文章，对吗？

林：是的。之前，大多数从事中国古代科技史研究的学者做的是对具体事物的考证，也就是研究“有什么”或“是什么”的问题；较少从社会、经济、文化的角度来分析科学技术的发展，也就是“为什么”的问题，但我认为这些问题很重要。况且，从科学史学史的角度上说，我的这篇文章是较早的[①]，所以我便选了它。

韩：您还专门写过一篇《近代科学何以未在中国产生之若干原因的分析》[②]。

林：对。我这篇文章是 1982 年 10 月份在“中国近代科学落后原因”学术讨论会上宣读的。那次会议在成都召开，由自然辩证法通讯杂志社主办。文章后来发表在 1983 年第一期的《自然辩证法通讯》上。

韩：1997 年，范岱年先生在《关于中国近代科学落后原因的讨论》[③]一文中，特别提到了成都会议，还专段提及了您的这篇文章。他说有的人关于这个问题的研究是重复了您的观点或者稍加发挥。

林：范岱年先生评价是中肯的。说起来，我这方面的研究还是受了杜石然先生的影响。早在 1977 年，杜石然先生就找到何绍庚和我，说要一起写一篇关于清代科学技术的综合性文章。这就涉及中国近代科技落后原因的探讨问题。落后问题当时还是个禁区，只在中华人民共和国成立以前讨论过。中华人民共和国成立以后，为了提振中华民族的自尊心和自信心，一直都是在讲中国古代科技伟大的发明发现。谁敢讲落后？尽管那时“文化大革命”已结束，但人们的思想还不是那么解放。杜石然先生这个想法是相当大胆而且也是有远见卓识的。于是，我们三个人分了工，杜石然先生写顺康时期，我

① 这篇文章最初发表在《自然辩证法通讯》1985 年第 5 期。

② 林文照．对近代科学何以未在中国产生之若干原因的分析［J］．自然辩证法通讯，1983（1）：7-13.

③ 范岱年先生此篇论文原载香港中文大学中国文化研究所主办《二十一世纪》1997 年 12 月号，后收入《中国科学与科学革命——李约瑟难题及其相关问题研究论著选》（刘钝、王扬宗编，辽宁教育出版社，2002 年）。

写雍乾时期，何绍庚先生则写嘉咸以后。后来因篇幅实在太长，便分为三篇发表。我问杜石然先生，我那篇文章的题目该怎么起。他回答说：“《清中期的中国科学技术》[①]。”三篇文章写的时间并不长，发表的时间倒拖了很久。刊载我们这三篇文章的那本《科技史文集》直到 1980 年才出版。从那以后，我就开始关注中国近代科学落后的原因，这个在学术界也是比较早的。所以，我在成都会议上提交的那篇论文不是即席而作的。这就不难理解范岱年先生对我的文章作这样的评价了。

韩：您后来同范岱年先生还有学术交流吗？

林：有，应该说还不少。1987 年秋天，在中国科技史学会常务理事会的“综合组”会议上，范岱年先生说：“这十来年国外关于 STS（科学、技术与社会）的研究开展得很活跃，这几年我国也开始有人做这方面工作了。”并说：“老林，你写的好几篇文章也都属于 STS 的范畴。我们综合组是否也可以开一次这方面的全国学术讨论会？”范岱年先生的这一提议得到与会的丘亮辉等先生的赞同。我当时是综合组的组长，对此也表示同意。但是我说，现在诸事较忙，不妨先筹备着，等来年开春再落实。在这一次会上，丘亮辉先生提议把综合组改为“综合研究委员会”，以与其他各专业委员会的称呼统一。这一提议也得到与会者的赞同。

第二年春天，在综合研究委员会的会议上，我与丘亮辉、高之栋两位先生商定，于 1989 年在陕西省西安市召开全国第一届 STS 学术讨论会，后因故改在 1990 年召开。由中国科技史学会综合研究委员会、中国自然辩证法研究会技术哲学委员会、陕西省科技史学会、西安石油学院、陕西省机械工程学会联合主办。第二届、第三届的会议分别于 1991 年、1994 年在湖北省武汉市和广东省深圳市召开；第四、五、六届先后于 1995、1996、1999 年在贵州省安顺市、江苏省连云港市、福建省福州市召开。当时，于光远、朱厚泽、童大林等老先生亦受邀参加，还做了大会发言。在第三届讨论会上，由我主持成立了全国 STS 研究会筹备委员会，李宝恒先生为主任委员，袁正光、殷登祥、魏宏森和我为副主任委员。理事 30 多名，由国内各所大学的相关教师组成。原则上，一所大学一位理事。筹委会挂靠在中国科协科普研究所，实际负责人是袁正光先生；其后一直挂靠在中国社会科学院哲学研究所，实际负责人为殷登祥先生。

① 林文照．清中期的中国科学技术［M］// 自然科学史研究所．科技史文集：第 3 辑（综合辑）．上海：上海科学技术出版社，1980．

2 醉心于物理学史、技术史研究

韩：您是学自然科学的，做科技史研究困难大吗？

林：困难当然大。那个时候我们搞科技史研究，不像现在的研究生那样有人指导，基本上都是自己摸索。理工科出身的人，古文的功底通常比较薄弱，读古籍断句就是个大问题。有一次我到所图书馆借了本郑复光的《镜镜詅痴》。之前有人在书上用铅笔作了断句符号，但断得乱七八糟。好在我童年时曾经在蒙学馆读了几年私塾，成年之后对古文也一直有所留意，所以略有一点古文基础。像《镜镜詅痴》这样的书，慢慢地看，还是能看得懂的。

韩：后来您写了一篇研究《镜镜詅痴》的文章[①]。

林：是的。《镜镜詅痴》是一部非常值得研究的著作，但在1978年我对它进行研究以前，学术界对它是漠视的，认为它没什么学术价值。

韩：什么原因呢？

林：因为没读懂。其实我这篇文章的价值在于对许多学者原先没有看明白的含义作了正确的解释。郑复光在书里实际上是对透镜的焦点、焦距等问题进行了阐述，但他书里用的那些语言和术语和现在人们使用的完全不同，很多人都不明了其确切含义。当时我到图书馆借这本书时，也不是一定要探究其中的重要价值，只是想随便看看，因为很多人都说它无甚价值。没想到大有收获。1978年夏秋之间，戴念祖先生着手编《科技史文集》的“物理学史专辑”，请钱临照先生做主编，陆学善先生担任顾问。戴念祖要我也写篇物理学史的论文。于是我就把研究《镜镜詅痴》的心得写成论文交给他。1979年春，戴念祖把我这篇稿子送给钱临照先生审阅。钱临照先生评价很高。他专门写了很长一页的评语，说此文对他有很大启发，改变了他以前认为《镜镜詅痴》仅是舶来品、无甚学术价值的看法，等等。他还特地通过戴念祖先生约我去谈话。见面后，他详细询问我研究《镜镜詅痴》的方法，特别问我是否做了实验。我回答说做了，即用透镜按郑复光所说的反复操作了好多遍，才慢慢理解书里的内容。他点头称是。

---

① 林文照．十九世纪前期我国一部重要的光学著作——《镜镜詅痴》的初步研究［M］//自然科学史研究所．科技史文集：第12辑（物理学史专辑）．上海：上海科学技术出版社，1984．

这篇文章1979年送出版社，可是那本《科技史文集》直到1984年才出版。

韩：您还专门研究过司南，有没有专门做实验？

林：做过。当时我向中国历史博物馆借了王振铎先生制作的整体天然磁石司南Ⅰ型和勺体天然磁石配勺柄木质司南Ⅱ型，先后放在光滑的漆木地盘和铜盘上做了定向实验，验证了天然磁体司南在地盘上定向的有效性。

韩：我注意到您对王振铎先生非常敬重，对他的研究尤其推崇。

林：我的确很钦佩也很敬重王振铎先生。王振铎先生的功底、学养极为深厚。他为中国历史博物馆展品撰写了大量说明，特别是对很多中国古代器物做了深入考证研究和复原工作，但那些都是不署名的。因为20世纪五六十年代不兴个人署名。这也是我们国家的特色。以致现在许多人到博物馆看到这些精美的古器物复原件时，都不知道是谁考证复原的。

韩：您的研究涉猎面很广，还写过火器史的文章。

林：对。这是技术史范畴的问题。1981年，我和郭永芳两人一同开始对西方传入我国的火炮火枪的历史进行研究。在经过对大量史料做了分析研究后，决定写两篇论文。第一篇《明清间西方火炮火枪传入中国历史考》[①]，由郭永芳执笔；第二篇《明清间中国对西方传入的火炮火枪的制造和研究》[②]，由我执笔。第一篇完成于1982年初，第二篇完成于1983年中。两篇文章都由我修改定稿。在论文讨论和撰写的过程中，郭永芳的老朋友黄盛璋先生曾到过他的办公室。黄盛璋先生是学养深厚的历史地理学家和古文字研究专家。当时他正在筹办大型文集《亚洲文明》。在我们论文还没写出来之前，他就说好要把两篇论文分别发表在他的《亚洲文明》第一和第二期。我们很高兴，1982年初，第一篇一写好，立即就给了他。第二年，又把完成的第二篇交给他。没想到，好长一段时间，《亚洲文明》的出版毫无进展。那时，我们也是江湖义气，为了学术上的诚信，没有一稿两投，即便后来我做《自然科学史研究》的副主编、主编。要知道这两篇文章可是我们的得意之作啊！

① 郭永芳，林文照．明清间西方火炮火枪传入中国历史考［M］//黄盛璋．亚洲文明论丛（第一集）．成都：四川人民出版社，1986：199-214.

② 林文照，郭永芳．明清间中国对西方传入的火炮火枪的制造和研究——我国早期火器专题研究之二［M］//黄盛璋．亚洲文明论丛（第二集）．合肥：安徽教育出版社，1992：195-216.

直到1986年,《亚洲文明》第一集才出版，登了我们的第一篇文章；第二集则拖到1992年才出版，登了第二篇文章，整整拖了近十年！此时郭永芳先生已经作古好几年了[①]。我想，黄盛璋先生大概也是很无奈的啊！

韩：这几篇文章，花了您和郭先生很多心血。回头来看，您怎么评价当初的这项研究？

林：要知道我们这项研究是在20世纪80年代初做的。从时间上说，在学术界应当算是比较早的了。研究过程中的艰苦程度也难以言表。虽然，当初我和郭先生都很看重这两篇文章，但实际上它们在学界的影响相当小。一方面是因为出版的时间实在拖延得太久；另一方面，两本《亚洲文明论丛》的发行量都很小，范围又窄。所以，很多人都没见到过我们这两篇文章。我在这里说早在20世纪80年代初就写成了这两篇文章，还有两个旁证。其一，1982年春，受钱临照和张秉伦两位先生之邀，我去中国科技大学讲学，讲的就是佛郎机等西方火炮、火枪传入中国及对其仿制的历史。其二，1983年冬，我投给第三届中国科技史国际会议的论文《佛郎机火铳最早传入中国的时间考》[②]就是取自第一篇《明清间西方火炮火枪传入中国历史考》的一小部分，不过又作了增补而已；而这次会议是于1984年夏在北京召开的。

3 服从需要的中国科学史学史研究

韩：您还写过中国科技史研究历程的文章，那又是什么原因促成的呢？

林：其实这也是因为需要。1980年，中国科学院自然科学史研究所负责筹备成立中国科学技术史学会。研究所所长仓孝和先生要在当年8月份的成立大会做一个回顾总结中国科技史研究历史与现状的报告。是年4月初，仓孝和所长把这个任务交给了我。这意味着我要进入一个新的领域——中国科学史学史的领域。毫无疑问，难度是相当大的。此前这方面的研究相当少。严敦杰先生有一篇两三千字未成文的草稿，内蒙古师范大学的李迪先生发表过一篇四五千字的文章，内容都较为简单。因此，这项工作注定非常辛苦。20世纪80年代，资料找起来很困难。那时，严敦杰先生主编的那本《中国

① 郭永芳先生于1989年2月去世。

② 林文照，郭永芳．佛郎机火铳最早传入中国的时间考［C］//杜石然．第三届国际中国科学史讨论会论文集．北京：科学出版社，1990：216-221.

古代科技史论文索引》[①] 还没编辑，研究所图书馆只有一本十分简单的论文索引打印本。其实即便有了索引，还必须到报纸杂志上把论文找出来看才行。更难的是还得看得懂才好。隔行如隔山，要看懂并不容易。另外时间也不允许。

经过 3 个月的连续奋斗，我总算按时交出了 3 万多字的稿子——《中国科学史研究的几个发展阶段》。我把中国科技史研究的历程分为三个阶段。第一阶段是萌芽阶段，从春秋时期的《世本》记载的“谁造车”“谁做酒”开始，到后来沈括的《梦溪笔谈》、李濂的《医史》，直到晚清的《畴人传》，包括《二十四史》里的记载，等等。总之是一些对科技史实的记录或记载。第二个阶段是开创和形成阶段，从 21 世纪初到中华人民共和国成立前。第三阶段为继续发展阶段，从中华人民共和国成立后到 1980 年。这一阶段虽然有十年因“文化大革命”而停顿和破坏，但总的来说比中华人民共和国成立前还是有较大的发展。后面两个阶段有不少研究专著，论文也相当多。前面说的找原文看原文，指的就是这些论文。不过，有些论文还是来不及看。

这篇稿子经研究所学术委员会讨论通过以后，就作为中国科学技术史学会成立大会主题报告的唯一参考文献。后来，仓所长希望大会主题报告的稿子仍由我来起草。他构思了大会主题报告的框架，与我一起讨论。两人前后花了大约十天时间，最后完成了 1 万多字的主题报告稿。

4 饶有兴味的科技史编辑生涯

韩：您长期主持《自然科学史研究》和《中国科技史料》的编辑工作，一定有不少值得说的故事。

林：故事还真不少。我先跟你说说我是怎样到编辑部当学报《自然科学史研究》主编的。

1985 年 4 月底，李佩珊副所长找我谈话。她说：“我们所领导考虑让你当学报《自然科学史研究》副主编。过两年，现任主编王奎克先生退休后，就由你来继任主编。”

韩：这么直接？您当时答应了吗？

林：对，就这么直接。李佩珊是个学者型的领导，工作能力很强，作风

① 严敦杰. 中国古代科技史论文索引（第一版）[M]. 南京：江苏科学技术出版社，1986.

直截了当，不拖泥带水。当时我没有马上答应。我跟她说：“学报副主编要由研究员，至少副研究员来担任。我现在还只是助理研究员，不想做副主编、主编。我还想做副研究员、研究员。”

韩：李佩珊先生怎么说？

林：她说：“找你当副主编，就说明你已经有比较高的水平了。你想做副研究员、研究员，以后还可以照样参评。我们选你做副主编，理由有三个：第一，你科技史的知识面比较宽；第二，文笔比较好；第三，为人公正。”

韩：做学术期刊的主编、副主编工作，知识面宽和文笔好很重要。当时所领导为什么还特别强调“为人公正”？

林：这里的公正是有它的含义的。当时在自然科学史研究所里，因为彼此之间的研究方向相互有别、学术观点各有不同，研究中国古代科技史的与研究世界科技史的常因怕被对方排挤而发生争论，不可避免地产生了一些矛盾。而我那时比较超脱，不明显偏向哪边，所以领导觉得我比较公正。

韩：后来您就答应下来了，对吗？

林：对，答应了。1985 年 5 月，我正式就任学报副主编。那时，学报主编是王奎克先生。他治学态度严谨，自然科学、史学和文字学功底深厚，为人也很公正。他对稿件要求很高，改稿幅度特别大。一篇稿子改下来，常常是一片一片的红。有的地方就是一大段直接划掉，他自己重新写过。他当时已年近七十岁，有时候改稿子改到半夜两三点钟，还让他夫人不睡觉：他改好一页，就让他夫人当即就誊抄出来。

韩：那样做，王奎克先生很辛苦，他的夫人也辛苦。

林：是啊。我最初做编辑就是向他学，像他那样对待作者稿子的。后来，我觉得这样做似乎也有不妥之处，每个作者的文风各不相同，还是要尽量保留，能不改的就不改。但我认为，在《自然科学史研究》上发表的文章一定要有论，而论证要有一定的逻辑性。有的作者论说能力比较欠缺一点，编辑就要帮助改。

做学术期刊的编辑不容易，尤其是科技史这个学科，要求比较高。有时还要向编辑部外的专家请教，特别是研究外国科技史的稿子。有一次，我就请北京大学哲学系翻译欧洲哲学史的专家王先睿先生帮忙，做一篇关于牛顿哲学思想论文的编辑加工工作，因为里头涉及对牛顿文献的翻译。他还真的发现了不少问题。当时他要求作者提供外文文献的复印件，因他觉得有些地方好像翻译得不太对。

韩：作为主编，您对期刊上论文选题的把握是不是也有一定的倾向性？

林：这个是有的。《自然科学史研究》上发表的论文主要是中国科技史研究和世界科技史研究两大部分。头两年我组稿对两大部分是平等对待，后来逐渐地还是更倾向于前者，即中国科技史研究的题材。这是因为，当今中国正在崛起，肯定会引起世界越来越多人的关注，并且从中国的昨天看中国的今天，从中国的今天预测中国的明天，他们需要研究中国的历史，而科技史是历史的一个有机组成部分。人们从中国古代的科技成就可看出中国人的聪明才智和性格，看出中国人的特点和民族性。从这个意义上看，我们也只有做好关于中国的科技史内容才能够引起国际上的重视，才能提高我们刊物的国际地位。因此，我要在《自然科学史研究》上为中国科技史研究者提供更多一些的机会。当然，对外国科技史研究较为深入的学者撰写的研究文章我也是十分欢迎的。

韩：您的倾向是明显的，也是有原因的。请您再说说您后来接手的《中国科技史料》的情况吧！

林：《中国科技史料》的情况有点不同。这是中国唯一一份系统汇集中国科技史料的学术性期刊，兼具资料性与学术性。和《自然科学史研究》相比，资料性的色彩更浓。我其实很在意这份杂志。我认为其最重要的价值和意义是抢救性地保存中国的科技史料，尤其是民国以来的材料，包括中华人民共和国成立以后的这段时期。这份杂志上的文章不要求作阐发性的论述，主要是对珍贵一手科技史材料的辨析和解读。不过，后来我不再负责这份杂志的编辑工作，之后的情况我就不太清楚了。

韩：除了负责这两种期刊，您还做过其他的编辑工作吗？

林：做过。早在 1975 年，我就做过《科学家小传》的编辑工作。其后，还断断续续地编过一些论文集、传记、辞典等，其中值得一提的有两部书。一部是《中国历代文献精粹大典·科技卷》，由我做主编，汪子春、郭书春两位先生担任副主编。另一部是《中国科学技术典籍通汇》，此书是由河南教育出版社向我们所提出编写的，由华觉明副所长牵头负责这个事，书名也是华觉明先生定的。华觉明先生觉得我的科技史知识面较宽，他要我同他和陈久金先生共同做全书的副主编。华觉明先生这么器重我，我当然是尽心尽力的。出版社要求主编要由全国知名的学者来担任。于是我们三人商定请任继愈先生做主编。任继愈先生欣然答应。这套丛书分为综合、天文学、数学、物理学、化学、生物学、地学、农学、医学、技术共十大卷，外加《索引》一卷。综合卷的主编由我兼任，副主编则由汪前进先生担任。

5 回望、体会与感悟

韩：现在，关于您的工作，可以做点总结了。

林：好。回顾我自己的工作，总的来说，我的研究涉猎的面太宽太广，所以不够精深。我常常对史料有较为敏锐的洞察力和较为深入的分析能力，可是实际动手却比较少。精力不足是原因之一；但惰性更是主要内因，我好像对什么都觉得无大所谓，也就缺乏主动性。其实，我一生都是很被动的。就像是一个铁球，让我滚到哪里，就停在哪里，很沉。这个比喻之前谁好像说过，我觉得用在我身上也很恰当。

韩：您对自己的论文有一个怎样的定位？

林：我对写文章还是很重视的。我把写论文当成制作艺术品来对待，每篇论文都是字斟句酌，字字推敲的。

韩：对学术文章的撰写，您有什么特别的经验和体会吗？

林：我认为，写文章，要形成一条龙。这条龙是要活的，而不是一堆死材料。文章里的每一个材料都可以当作龙身上的一个脊椎骨发挥作用。同时，“问题意识”很重要。做研究要多问为什么，要想别人没有想到的问题；对那些古代文献的文字要有洞察的深度。很多人不会提问题。能提出问题，能发现问题，文章就有新意。我对《镜镜詅痴》的研究就是这样。

我还可以再举一个例子。《淮南子》里有一条关于磁石的材料，说是“取鸡血与针磨捣之，以和磁石，用涂棋头，曝干之，置局上，即排拒不休”。很多人弄不明白为什么磁石要用鸡血与针捣磨，甚至觉得它荒唐。但是我读到这条材料的时候，就想，这里头肯定有原因。后来，我终于想明白了。其实这是中国古代物理学史的一条重要的史料。一般的天然磁石极性很混乱，捣碎以后，磁粉末就会因极性而排列。那为什么要用鸡血呢？因为鸡血一开始是液体，把它涂在棋子头上，撒上磁粉，在鸡血凝固前，磁粉在液态下按照极性可以自由排列，等鸡血凝固后，磁极性就固定下来了。许多撒上了磁粉的棋子就跟有极性的磁石一样，会因“同性相斥、异性相吸”而排拒不休。我还专门做过实验验证过，不过磁力很弱，排拒得很微小。由于磁铁在水中可大大减少阻力，因此我把棋子用葫芦瓢盛着，然后把葫芦放在水盆里，慢慢地静下来，就会有很轻微的排吸运动的发生。后来，我还到地质博物馆找来几块天然磁铁，做静止的定向实验。不过，这项研究最后没有成文，因为当年较忙，做实验、拍照、洗照片都很花时间。当然，归根结底，还是因为我比较懒。

韩：这么好的材料没写成文章真可惜。听您说下来，您对做实验还挺在行的呢！

林：其实，我在工艺上的动手能力的确比较强。我父亲是做金银首饰工艺的。我从小就学会打戒指、手镯、耳环等。还会鎏金和贴（包）金。鎏金是用水银融化金粉涂在银器上，再经高温让水银蒸发，而后打磨抛光即可。贴（包）金则是把金打成非常非常薄的金箔，裁成5厘米见方，用镊子屏息静气地轻轻镊起，贴在银器上，稍经加热，让金箔贴紧银器，再打磨抛光。

韩：原来您从小就受过专业训练。

林：也可以这么说吧！

韩：再次感谢您先后腾出这么多时间配合我做这次采访，让我们年轻人对那个时代科技史学人的研究工作有了更为具体切实的认知与了解。谢谢！

致谢：感谢张柏春研究员对本次访谈所给予的大力支持与切实帮助！

哲人与儒将*

——访刘戟锋

黄松平 / 问，刘戟锋 / 答

编者按： 刘戟锋教授，国防科技大学军事高科技培训学院院长，博士研究生导师，少将。先后毕业于国防科技大学、北京大学、中国人民大学，师从龚育之教授、孙小礼教授、黄顺基教授。从1981年开始，一直从事军事技术哲学和军事技术史的教学与科研工作，是国内著名的军事技术史和科学技术哲学专家，军事技术哲学领域的重要开拓者和奠基人之一。先后在《人民日报》《光明日报》《解放军报》等重要报刊发表学术论200余篇，出版学术专著《世纪工程——星球大战与当代世界》《军事技术论》《武器与战争——军事技术的历史演变》《兵器进化之路》等10余部，主编《国防科技发展战略》《科学与和平》等16部。出版译著有《不幸的观念》等8部。其撰写的《军事技术论》，通过对军事技术进步的外部环境和内部机制的缜密分析，揭示了军事技术发展的一般规律，提出了颇具新意的见解；主编的我国首部国防科技发展战略的力作《国防科技发展战略》，则开辟国防科技发展战略这一新的学术园地。此外，刘戟锋教授在国防科技大学人文与社会科学领域学科建设和军事人才培养方面，也做了大量卓有成效的工作。

---

* 收稿日期：2015-03-02。

作者简介：黄松平（1980— ），男，苗族，湖南省靖州自治县人，空军空降兵学院讲师，哲学博士，研究方向：科学技术与社会。刘戟锋（1957— ），男，湖南省邵东市人，国防科技大学军事高科技培训学院院长，教授，博士研究生导师，少将，研究方向：军事技术哲学、军事技术史。

黄：刘老师，您好！很高兴从母校博士毕业一年后能有机会采访您。几年前，石海明博士曾对您做过一次全面而系统的采访，并在此基础上出版了《虎狼之翼——关于科学技术与军事变革的对话》[①] 这本著作，我读后受益匪浅。随着时间的推移，您一定又有很多新的思想和观点，这是我这次想采访您的原因所在。

刘：时间过得真快，一晃几年过去了。这几年国际国内都发生了很大的变化，科学技术的发展更是突飞猛进。我也一直从军事技术哲学角度思考一些问题，有一些新的心得和观点愿意与大家分享，希望能对大家有所启发。

1 契合时代、丰富全面的青年经历

黄：我最近在拜读您的博士论文《哲人与将军——恩格斯军事技术思想研究》[②]，从中得知您是1993年从中国人民大学博士毕业的。当时您的另一个身份是国防科技大学政教室的一名年轻教员，军衔应该是少校。20多年过去了，您也由当时的青年学子成长为我国科学技术哲学领域的知名专家，并成为一名共和国的将军。每个人的成就都与自己的求学生涯息息相关，能否介绍一下您的求学经历？

刘：我是湖南省邵东市人，我生于斯，长于斯。我的中学是在邵东一中读的，先后于1971年和1973年在邵东一中初一排和高45班毕业。我的母校邵东一中是一所百年名校。学校前身为清末上海道台曾炳熙捐资2万银圆，于1905年建成的杨塘书院，迄今已有110年的历史。现在是湖南省示范性普通高级中学。我高中毕业时正处“文化大革命”期间，没有机会高考。当时正遇上如火如荼的“知识青年上山下乡”运动，我响应党的号召于1974年2月下乡到邵东县九龙岭公社（现在的九龙岭镇）茶场，并担任知青队长，年底还曾被短暂地抽调到公社当秘书。1975年8月任九龙岭公社界方学校民办教师，副校长。1976年5月，我加入了中国共产党，并被选入公社担任公社文教党支部委员。1976年11月我进入邵东县农机修造厂，成为一名车工。1977年4月任厂办公室秘书。邓小平同志复出恢复高考后，我于1978年3月考

① 刘戟锋，石海明．虎狼之翼——关于科学技术与军事变革的对话［M］．北京：解放军出版社，2011．

② 刘戟锋．哲人与将军——恩格斯军事技术思想研究［M］．长沙：湖南教育出版社，1997．

入国防科技大学，成为一名军人。大学期间，我一直担任班长和党支部委员。

黄：刘老师，您丰富的工作经历在我们“80后”看来堪称传奇，下过乡、做过工、当过兵，工农兵都齐了。还当过知识青年、民办教师、文教委员和办公室秘书，契合时代而又经历全面。

刘：每个人的经历都不可避免地打上时代的烙印，我的工作经历也是那个时代的体现和缩影，现在的年轻人可能难以理解，比如公社、知青、民办老师，现在都成为历史记忆了。出生于20世纪50年代的人，很多都有在今天看来看似不平凡的经历。如2015年1月当选为新疆维吾尔自治区主席的雪克来提·扎克尔，同样有过接受再教育、当小学代课教师和恢复高考后进正规院校接受系统学习的经历。

黄：大学毕业后，您担任过一段时间的教员，后来又考取研究生了。是什么原因促使您报考研究生呢？

刘：1981年12月大学毕业，因当时我们考入时就明确为师资班，我留校任政治教研室教员。那是一个思想活跃和知识爆炸的年代，在教学和科研中我虽能得心应手，但仍有一种忧患意识和危机意识，感到有必要完善自身的知识结构，到学术中心接受系统的学术训练。在工作近6年后，为了增强自身的发展潜力，我决定报考研究生，并于1987年9月考入北京大学科学与社会研究中心攻读硕士学位，师从龚育之教授、孙小礼教授。1990年9月考入中国人民大学哲学系攻读博士学位，师从黄顺基教授，并于1993年7月获哲学博士学位，随后返回国防科技大学任教至今。

2 始于问题、静以致远的科研风格

黄：刘老师，很荣幸能在硕士研究生和博士研究生阶段选修您的军事技术哲学和军事技术史课程，并多次聆听您的学术讲座。您的科学研究风格和学术观点对我们青年学生产生了深远影响。我现在仍然记得2003年9月第一次听您授课的情形，依稀记得您对军事技术哲学和军事技术史的研究是从兵器进化的阶段划分入手的。

刘：是的。我对军事技术哲学和军事技术史的研究开始于大学时期。1981年下学期，临近本科毕业，我和指导老师刘建统共同敲定了《论科技进步与军事革命》的题目。经过长时间的思考，我感到要写好这篇论文，一是必须从历史分析入手，二是要抓住兵器进化这条主线。当时，学术界关于兵器进化的历史，有一种比较普遍的说法，就是将其分为三个阶段：古代冷兵器、近代火器和现代核武器。我当时也接受了这种观点。但同时也感到，这种分法的依据还没有人讲透，还存在一定问题，我尝试在这方面做一些工作。实际上，我的科研也是始于问题的。

黄：英国科学哲学家波普尔对问题在科学研究中的地位作了专业化的哲学概括，提出了“科学开始于问题，而不是开始于观察”的著名论断：“科学知识的增长永远始于问题，终于问题——愈来愈深化的问题，愈来愈能启发新问题的问题。”[①] 您的这种科学研究风格给我们青年学子提供了有益启示。

刘：抓住这一问题，经过一段时间的思考，我发现凡是作战都要着眼杀伤，而杀伤人体都要应用能量。从古至今的兵器发明尽管琳琅满目、五花八门，但都是能量的传递和转换装置，划分不同时期兵器的标准则是能量利用的不同方式。这样一来，兵器的发展就能划分为三个阶段：

（1）机械能→古代冷兵器→机械能；

（2）化学能→近代火器→机械能、热能；

（3）核能→现代核武器→热能、光能、机械能等。

黄：您的这个简明扼要的图示描绘了从原始战争到 20 世纪 80 年代的战争，后来被研究军事技术哲学和军事技术史的人广为引用。当时也是给我们学生留下了极其深刻的印象。我所在单位的一个同事张泽良副教授，在 2006 年 10 月参加国防科技大学主办的全军院校“毛泽东思想、邓小平理论和‘三个代表’重要思想概论”课程教学研讨班时，听过您关于军事技术分期的学术报告，也深感受益匪浅。后来，我们也将您的这一观点引入到了自己的教学中，学员普遍反映良好。多年过去了，随着时代的发展和研究的深入，您一定也在不停地思考它与现代战争的契合性。

刘：当时能发现军事技术史中蕴藏的这么一个简洁规律，说实话，很为自己的发现而沾沾自喜。因此，这个图示也出现在兵器工业出版社 1991 年出版的我的专著《军事技术论》一书中。但是，没想到这部著作出版之际，海湾战争打响了。信息战这种新的作战形态，引起了世人的普遍关注。美中不足的是，我的这种分法却未包括信息战。我的第一个想法是，理论只有与时俱进才

① ［英］卡尔·波普尔. 猜想与反驳——科学知识的增长［M］. 傅季重，等，译. 上海：上海译文出版社，1986：318.

有生命力，我的这个分法也必须与时俱进。所以，从20世纪90年代以来，我根据技术的基本组成要求是物质（材料）、能源（能量）和信息，提出了兵器进化的全新历史划分。这就是从材料对抗，历经能量对抗，直到信息对抗。

黄：这一新的划分比您先前的概括具有更普遍的解释力。您能否具体论述一下这种划分的时间节点与其依据？

刘：材料对抗是人类早期军事对抗的装备表现。也就是说，当时军事对抗的双方谁在材料上占有先机，谁就可能取得战争的胜利。然而，到了东汉百炼钢发明以后，就材料的战场杀伤力而言，钢质冷兵器已达极限，因为没有比百炼钢更锋利的武器了，战争的发展迫使人类依靠科学技术在武器的突破上另辟蹊径。直到公元904年，郑璠进攻豫章时，曾经“发机飞火”，烧掉了敌城的龙沙门。中国人首先将火药运用于战争，展示了全新的对抗模式。火器相对于冷兵器，具有明显优越的杀伤力、震撼力和威慑力。自此以后，靠材料取胜的局面被打破，人类的军事行动开始围绕能量对抗展开，于是就有了从火绳枪、速射武器、高爆炸药到核武器的发明。然而，就能量的战场杀伤功能而言，核武器已经达到了无以复加的地步，寻求比核武器更具毁灭力的能量对抗武器，显然已经失去任何意义。战争的发展再次迫使人类依靠科学技术在武器的突破上另寻出路。

黄：人类的这一次突破做得怎么样呢？

刘：就在能量对抗走入“山重水复疑无路”之时，1946年2月，人类历史上第一台电子计算机ENIAC在美国宾夕法尼亚大学问世了。计算机与通信技术相结合，使人们看到了军事斗争发展的新曙光。自此以后，依靠能量取胜的局面被打破，人类的军事行动围绕信息对抗展开。1969年是军事技术发展史上的一个转折点。在这一年，美国和苏联两个超级大国围绕限制战略性武器进行了第一阶段谈判，这是人类军事史上第一次意识到，某种武器被用于战场竟然会出现“超杀”。同年，美苏两国元首首次接通了热线电话，在美国五角大楼则诞生了现代互联网的先驱——阿帕网，其影响是广泛而深远的。因为相对能量对抗武器，信息武器的杀伤作用更具选择性，同时可以避免大规模毁灭的可怕后果，因而代表了人类未来军事斗争的发展方向。

黄：人与武器是构成战斗力的两个基本要素。在武器装备发展的不同阶段，对人的因素侧重点应该也有所不同吧？

刘：是的。对应于军事对抗性手段从材料对抗，历经能量对抗，直到信息对抗，人的因素侧重点则经历了由体能较量、技能较量到智能较量的发展。

黄：如此对应下来，在材料对抗阶段，战争对军人的侧重点是体能吧？

刘：是的。材料的杀伤力依赖人的作用力大小，因此古代军队的较量主要靠体能。在古代战场上，体魄的强壮是一种得天独厚的优势，力大过人便具备了当将领的基本条件。项羽“力拔山兮气盖世”就是典范。实际上，战争的展开主要是围绕体能化身的将领们进行的，一般士卒只是一群乌合之众而已。这就是我们在《三国演义》《水浒传》等古典名著中经常看到的场面。这里还举一个鲜为人知的例子。公元 853 年，隋帝国鉴于突厥汗国不断对其边境发动攻击，决定分八路北伐，同时出击突厥汗国。北伐军秦州总管窦荣定率步骑兵 3 万人，从凉州出发，前进到宁夏中部，跟突厥阿波可汗阿史那大逻便对峙。两军将要会战时，窦荣定派人告诉阿史那大逻便说：“士卒有什么罪？把他们驱逐到战场送死，我提议两军各派一个勇士，一决胜负。”[①]阿史那大逻便同意，遂派出一位骑士挑战，窦荣定则命史万岁应战。史万岁飞马出营，只一个回合，便砍下突厥骑士的人头而回。突厥军大为震骇，不敢再战，请求和解结盟，率军撤退。

黄：火药运用于战争以后，体能这个先天条件的重要性似乎呈下降趋势。

刘：能量的杀伤力主要依赖军人的技巧。因此，自从火器登上战场，军队较量的中心便由体能过渡为技能。技能是一种经验性的东西，它更多地依赖人的后天学习与实践。既然摆脱了先天条件的束缚，人人都可以通过教育训练加以掌握，那么，在如何发挥杀敌本领这一点上，将领较之士卒，也就不存在任何优势。士卒完全可以离开将领单独作战，充分发挥独立作战单元的功能。

黄：诚如小戴维·佐克和罗宾·海厄姆所说：“火药使人人平等。”[②]信息时代到来以后，情况似乎又有所不同。

刘：信息的杀伤力依赖于人的智慧，因此现代军队的较量主要靠智能。关于这一点，孙子早在 2000 多年前就敏锐地指出：“故惟明君贤将，能以上

① 柏杨. 现代语文版资治通鉴（41）[M]. 北京：中国友谊出版社，1991：132-133.

② [美] 小戴维·佐克，罗宾·海厄姆. 简明战争史 [M]. 北京：商务印书馆，1982：50.

智为间者，必成大功。”也就是说，要用上等智商的人从事间谍工作。这种认识是非常超前的。特别是第二次世界大战以后，由于电子计算机、遗传工作、光导纤维、海洋开发、空间探索等科学技术的兴起和广泛应用，一场新的技术革命已经在全球范围展开。这场革命的特点之一，是用密集的最新科学技术知识代替人的部分脑力劳动。它在军事上引起的后果，就是智能在军事斗争中的重要性空前提高，使未来战争成为全过程的智能对抗。

黄：兵器进化的不同阶段，对军人的素质提出了不同的要求。对作战方式又有哪些影响呢？

刘：恩格斯有句名言：“一旦技术上的进步可以用于军事目的并且已经用于军事目的，它们便立刻几乎强制地，而且往往是违反指挥官的意志而引起作战方式上的改变甚至变革。”[①] 在科学技术的强劲推动下，人类的作战方式或前后相继，或同时交错，或快速剧烈，或平和缓慢地经历了一系列革命性的变化。这些变化的重要脉络之一，是从自然中心战，历经机器中心战，直到网络中心战。

黄：机器中心战和网络中心战似乎都好理解，自然中心战则对大多数人来说是个新的概念。那么，什么是自然中心战呢？

刘：这是指的在材料对抗阶段，不但因为武器材料如青铜、铁在自然界就天然存在，而且作为战斗力重要因素的人的体能也有天生的成分。更为重要的是，人类在从事军事活动时，往往要受到自然条件的严格制约。这就是我们所看到的，古代人类往往在夏天打仗，而在冬天则握手言和。所以，孙子将“道、天、地、将、法”列为战争五事，天时、地利占有相当重要的地位。

黄：天时姑且不论，在冷兵器主导战争的时代，地利优势和阵地防护作用非常明显。城池和要塞是当时攻防作战的主要对象，攻城技术长期落后于守城技术，从而使攻城战在很大程度上演化为旷日持久的消耗战，造成攻难而防易的局面。《孙子兵法》中所说的“其用战也，胜久则顿兵挫锐，攻城则力屈”，“上兵伐谋，其次伐交，其次伐兵，其下攻城；攻城之法为不得已”，正是对冷兵器条件下攻防不对称状况的客观反映。

刘：这也算是自然条件的一种客观反映吧。

---

① 恩格斯. 反杜林论［M］. 北京：人民出版社，1999：178.

黄：您关于军事技术分期的三阶段论具有重要的理论意义，它的实践意义或者说现实指导价值又体现在哪里呢，能否举一个例子阐述一下？

刘：军事技术发展的规律对军队院校的建设就具有现实指导价值。在人类教育发展史上，军事院校的勃兴和发展有其独特规律。军事训练是战争发展到一定阶段即常备军出现后的产物，军事院校则是军事训练发展到一定阶段即训练重心由体能转为技能后的产物。前面已经讲到，战争演进的历史过程，从军事技术的角度看，是由材料对抗、能量对抗走向信息对抗，从军人素质的角度看，是从体能较量、技能较量走向智能较量。正是军事对抗重心的这种规律性演变，从根本上决定了军事院校的兴盛和发展。

黄：由此看来，军事院校的兴盛和发展还得从军事技术进步上找原因。

刘：在原始社会条件下，没有国家、没有常备军，自然也没有军事训练。在冷兵器时代，虽然军事训练作为战争准备不可或缺的一部分已经出现，但仍然没有诞生军事院校。随着火器时代的到来，军事技术发展到能量对抗阶段，军事院校才逐步兴起，并且在20世纪50年代即能量对抗登峰造极之时，军事院校在数量上也达到了极值。随后到信息对抗阶段，军事院校的数量便又呈下降趋势。

黄：为什么说随着火器时代的到来，军事院校才逐步兴起呢？

刘：在材料对抗阶段也即体能较量为主的阶段，军事人才的成长并不需要军事院校，其原因有三：一是体能的特点以及体能训练的方式方法，决定了军事人才的成长并不需要军事院校；二是作战兵器的简单易用与作战方式的简明直接，决定了军事人才的成长并不需要军事院校；三是寓兵于农的军事制度，决定了军事人才的成长并不需要军事院校。随着火器时代的到来，武器装备越来越复杂，作战方式越来越复杂，军队列装走向标准化，军事人才的成长必须依靠军事院校。

黄：为什么到了信息对抗阶段，军事院校的数量便又呈下降趋势呢？

刘：首先要看到，在以智能较量为主的军事对抗中，军事院校在军事人才培养中不可或缺。在信息对抗时代，基于智能较量的特殊要求，军事院校教育不可能完全被地方高等教育所替代。同时也要看到，基于智能较量的信息化战争是以体系对抗为特征的科技战，而军事院校教育难以覆盖现代科学技术的方方面面。可以毫不夸张地说，信息化战争是体系的对抗，是综合国力的直接较量，是以整个国家的实力和科技为依托的抗衡。最后还要看到，信息战的广域性，决定了能够参战的并非只有军人。这就是军事院校数量减少的客观背景。

黄：您几十年如一日地关注军事技术哲学问题，咬定青山不放松，仅兵器进化的历史划分这一问题就时研时新，终于给出了令人信服的成果，既是治学中宁静致远的典范，也是我们学习的一面明镜。

刘：我非常喜欢先哲“淡泊以明志，宁静以致远”这句名言，并将之作为自己的座右铭。有效的科学探索要从问题开始，而科学探索的长期坚持则需要耐得住寂寞，甘于淡泊宁静。可以说，每个科技工作者都有一个在科学道路上做出贡献的梦想。“梦想的实现将不可能一蹴而就，而是一个漫长的过程”。[①] 袁隆平院士为了实现他的禾下乘凉梦，几十年如一日，在杂交水稻的科技发展道路上不断取得丰硕成果。

3　着眼前沿、强军兴国的儒将情怀

黄：刘老师，您的论著我基本上都拜读过，发现有一个鲜明的风格，就是不断着眼前沿，与时俱进，蕴含着一种浓浓的爱国爱军情怀。是什么因素让您形成了这样一种风格呢？

刘：我首先是一名军队的政治理论教学工作者。政治理论教学是培养大批坚定马克思主义者和高素质新型军事人才的重要环节，为了承担这一光荣的历史使命，政治理论教员首先应当成为坚定的马克思主义者。习近平主席在全军政治工作会议上明确提出，要适应强军目标要求，着力培养有灵魂、有本事、有血性、有品德的新一代革命军人，“四有”新一代革命军人首要的便是要有灵魂。有灵魂就是信念坚定，听党指挥。作为军队政治理论的教学工作者，其马克思主义的修养，既有其普遍性的品格，也有其独特性的要求。坚定的马克思主义立场，高度的政治敏锐性，听党指挥的政治品格，是政治理论教员应有的普遍性政治品格。但是，从事政治理论教学的特殊职业，决定其在马克思主义修养方面还应有特殊的要求。这种要求概而言之，即是与时俱进。既要掌握马克思主义经典原理，又要精通中国特色社会主义理论体系，更要及时领会和熟练运用习近平总书记系列重要讲话精神。中共十八大以来，习近平主席站在实现强军目标的战略高度，就做好军队政治工作发表了一系列重要讲话。这些重要讲话阐明了以强军目标为统领的极端重要性，赋予了思想政

① 刘戟锋．梦想成真的奥秘［J］．书屋，2014（11）：87-88．

治建设新的使命任务，政治理论教员必须做到党的创新理论每前进一步，学习就跟进一步，研究就深化一步。只有在上述与时俱进的理论高度的政治理论教员，才可能在政治理论教学的课堂上具有高屋建瓴的气势，纵观历史与全军的眼光，充分发挥马克思主义的理论光辉、逻辑力量和实践功效。

黄：您的这种风格也是和湖湘文化的熏陶息息相关吧。

刘：我生长在湖南省，受湖湘文化的影响的确很深。与其他地域文化相比，湖湘文化中忧国忧民的思想政治意识尤为明显。湖湘文化中的思想政治意识建立在高昂的爱国主义精神之上。湖湘文化源头的代表性人物屈原就有浓烈而执着的故国乡土之情，这种浓重的爱国情操在湖湘文化中一脉相承。近代湖湘文化的发展，孕育和推动了爱国主义的发展。可以说，在湖湘文化中，救亡图存、爱国报国、忠诚献身的信念追求历来是主旋律。魏源的“梦回汉使旄头外，心在秦时明月先”、左宗棠的“身无半文，心忧天下”、毛泽东的“埋骨何须桑梓地，人生何处不青山”无不体现了这种责任和担当，饱含着为信念为正义为国家舍生取义的大爱情怀和崇高境界。湖湘文化中的爱国主义传统在长期革命斗争中也早已创造性地转化为坚持中国共产党的领导、坚持中国特色社会主义道路的政治自觉。强军兴军，就要汲取湖湘文化爱国报国的道德精髓，结合弘扬时代精神筑牢听党指挥的军魂。我们要在学习传承的基础上，将湖湘文化中“安邦保民”“精忠报国”的忠贞思想，“吃苦在前、享受在后”的奉献精神，“心忧天下、敢为人先”的价值取向，赋予崭新的时代内涵，使湖湘文化孕育的大忠大爱大仁大义的感情基础与我军“全心全意为人民服务”的宗旨意识高度一致起来，切实筑牢听党指挥这个强军之魂，无论国际风云如何变幻，始终坚持党对军队绝对领导的根本原则和人民军队的根本宗旨不动摇，坚决抵制“军队非党化、非政治化”和“军队国家化”等错误思想，把听党的话、永远跟党走的最高政治要求变为自觉行动，永远忠于党、忠于社会主义、忠于祖国、忠于人民。

黄：自20世纪90年代以来，世界上相继发生了海湾战争、科索沃战争、阿富汗战争和伊拉克战争。这四场信息化条件下的局部战争以其特有的作战方式，充分展示了世界新军事变革所取得的巨大成果和威力，揭开了人类战争形态转变的序幕，影响深远，为世人瞩目。然而，关于信息化条件下局部战争的特点，往往仁者见仁，智者见智。比较常见的看法是认为可以归结为高技术性、非对称性、非接触、局部性等。对此，您有何高见？

刘：我一直也在关注信息化条件下的局部战争，对这些概括也做了反复思考，总觉得这种概括还没有到位。信息化条件下的局部战争到底有几个特点值得我们认真思考。如果概括为三个，那么，为什么不是两个？也不是四个？比方说，我们再增加一个：零伤亡，行不行？再加上一个非线性，行不行？似乎都有道理。说到高技术性、非对称性、局部性等特征，其实中国历史上最早有文献记载的黄帝与蚩尤的逐鹿之战，就完全具备这些特征。因为高技术与低技术是相对而言的，当蚩尤部落已使用青铜器时，黄帝部落尚在使用石器，青铜器与石器相比，显然存在着代差，也即双方的武器存在非对称性。同时，由于逐鹿之战对整个世界而言影响有限，因而又具有局部性。

黄：这么说来，所谓的高技术性、非对称性、非接触性、局部性显然不能揭示信息化条件下局部战争的本质了。

刘：从哲学的角度来看，所谓特点，乃是一事物区别他事物的本质规定性。记得 1974 年我高中毕业后下乡当知青队长时，正好遇上湖南农村的夏季“双抢”，这里我解释一下“双抢”，很多人可能不知道这个概念，它是抢收水稻和抢种水稻的简称。公社书记做了一次大规模的“双抢”动员，其中给我印象最为深刻的是书记归纳出“双抢”工作的三大特点：一是时间紧，二是任务重，三是要求高。作为一个刚走入社会的高中毕业生来说，听了书记“精辟贴切”的总结，我对其真是佩服得五体投地，并且认真地将这几句话记在了笔记本上。是年年底，我被抽调到公社当秘书，参加了冬修水利的会战，又是这位书记，在水库大坝上面对组织起来参加冬修水利的群众，讲了冬修水利的三大特点，还是时间紧、任务重、要求高。当时我听了以后，感到这三句话似乎在一切指令性、计划性工作上都适用。如果概括的特点对此物适用，对彼物也适用，那么，这种概括无疑是失败的。

黄：那么，在您看来，信息化条件下的局部战争具有哪些独有的特点呢？

刘：在我看来，信息化条件下局部战争的特点可以言简意赅地概括为三大特点：第一，战争准备的可公开性；第二，战争过程的可控制性；第三，战争结局的可预期性。

黄：可公开性、可控制性和可预期性，这种概括还没人提过，的确很有新意。

刘：这种概括也有值得商榷之处，但它具有两大长处：第一，这些特点是海湾战争以前的一切战争都不具备的，因而具有独特性，能揭示信息化条件下局部战争的本质；第二，一切战争都毫无例外地要经历战争准备、战争过程、战争结局三个阶段，因而它能说明信息化条件下局部战争的特点为什么是三个，而不是两个，也不是四个。

黄：海湾战争以后，专家学者除了对这场战争的性质和特征做了研究，还对其在政治、经济、军事上的意义做了比较深入细致的研究。不知您如何看待海湾战争的政治意义？

刘：海湾战争是一个值得我们反复研究的案例。它首先说明的是我们依然生活在一个强权即公理的时代。回想 20 世纪之交时八国联军对中国的入侵，欧洲一片欢腾雀跃，可见强权即公理仍然是我们这个世界政治生活的主要特征。

正因为如此，作为发展中国家，如何充分利用信息革命所带来的大好机遇，直面挑战，已不光具有科学技术意义、经济意义，而且具有政治意义和文化意义。这是一场真正的文化革命，民族文化处于生死攸关的危急时刻。过去我们曾有过落后就要挨打的血的教训，今天我们将目睹的则是落后就将消亡的严酷现实。

黄：作为一个长期研究军事软实力的学者，您怎么看待军队在国家文化软实力建设中的作用？

刘：在国家文化软实力建设的过程中，军队负有率先垂范的责任，扮演着举足轻重的角色。因为无论从历史上看，还是从现实来看，作为国家硬实力的重要组成部分，军队在国家文化软实力建设中既具有先导作用，又具有核心作用，这也是根据马克思主义哲学原理所得出的必然结论。

黄：如何理解军队在国家文化软实力建设中具有先导作用？

刘：在当代中国哲学思维的框架内，文化是相对于经济、政治而言的社会观念体系。正如毛泽东所强调的："一定的文化（当作观念形态的文化）是一定社会的政治和经济的反映，又给予伟大影响和作用于一定社会的政治和经济；而经济是基础，政治则是经济的集中的表现。这是我们对文化和政治、经济的关系及政治和经济关系的基本观点"。[①] 我们必须以这样的文化概念来分析军队在国家文化软实力建设中的先导作用。

① 毛泽东．毛泽东选集：第二卷［M］．北京：人民出版社，1991：663．

黄：我在读德国哲学家奥斯瓦尔德·斯宾格勒的名著《西方的没落》时，对其中一句话："战争的精华，却不是在胜利，而是在于文化命运的展开"，[①] 留下了极深的印象。这句话可谓道出了战争与文化、与人类关系的实质，称得上至理名言。军队在国家和民族文化建设中的地位和作用也由此可见一斑。

刘：由于军队是基于战争的存在而存在的，而战争的胜利又为拓展和提升国家的文化软实力打开了通道，所以军队在国家文化软实力建设中具有先导作用。特别是在正义战争中，军队这种先导作用就愈加明显。正如毛泽东所指出的："人类正义战争的气质是拯救人类的旗帜，中国正义战争的旗帜是拯救中国的旗帜。人类的大多数和中国人的大多数所举行的战争，毫无疑义的是正义的战争，是拯救人类拯救中国的至高无上的荣誉的事业，是把全世界历史转到新时代的桥梁"。[②]

黄：难怪马克思精辟地指出："暴力是每一个孕育着新社会的旧社会的助产婆"。[③]

刘：从历史上看，军队内部的组织关系是社会组织关系的范型，而军队内部组织关系的变革则是社会组织关系变革的前奏，一般社会制度只不过是军事制度的放大。按照马克思主义的观点，军事活动在人类生活的许多方面都处于先导地位。马克思早就指出："军队在经济的发展中起着重要作用"。[④] 从原始社会军事集团内部平等关系的破坏，到封建社会末期雇佣关系首先在军队中孕育、成熟起来，莫不如此。在近代英国，军队对日益发展的社会民主化运动则起过明显的促进作用，因为英国军队的组成是以国民义务兵役制为基础的，而不是仅仅根据社会和经济地域特权服役的。马克思在历数薪金制、财产制、行会制，大规模运用机器和部门分工制等史实后，曾得出结论："军队的历史非常明显地概括了市民社会的全部历史"。[⑤] 军事技术先行发展的历史事实和信息化运动首先诞生于军队的严酷现实，都说明军人职业、军事生活具有普遍性的社会品格。而由军事实践孕育发展的军事文

---

① ［德］斯宾格勒．西方的没落［M］．陈晓林，译．哈尔滨：黑龙江教育出版社，1988：110．

② 毛泽东．毛泽东选集：第一卷［M］．北京：人民出版社，1991：174．

③ 马克思恩格斯军事文集：第一卷［M］．北京：战士出版社，1981：321-341．

④ 马克思恩格斯军事文集：第五卷［M］．北京：战士出版社，1982：493．

⑤ 马克思恩格斯全集：第29卷［M］．北京：战士出版社，1982：183．

化，诸如忠贞的民族气节、高尚的爱国主义情操、高度的组织纪律观念、统一的团队精神、带头传播社会主义新思想新风尚以及英勇善战、自强不息、豪迈奔放、无私奉献等，都显著地超出了军事范畴的独特视野，成为引领全社会健康向上的精神财富。所以说，军队建设在整个国家文化软实力建设中发挥着先导作用和示范作用。

黄：建设先进军事文化是加速推进国防和军队现代化建设的应有之义。新时期建设先进军事文化，您认为应该从哪几个方面下功夫呢？

刘：我认为，建设先进军事文化，必须自始至终围绕政治文化、科学文化和人文文化这三个基本要件着力用功。其中，政治文化是先进军事文化存在的前提，科学文化是先进军事文化进步的动力，而人文文化则为先进军事文化发展注入新的活力。“政治文化、科学文化、人文文化作为军事文化的三个基本要件，既相互支撑又相互影响。政治文化决定着科学文化和人文文化的发展方向，体现了我军先进军事文化的性质宗旨；科学文化是政治文化和人文文化的发展动力，推动着我军先进军事文化的创新发展；人文文化奠定了政治文化和科学文化的发展基石，为我军先进军事文化发展不断注入新的活力。新时期大力发展先进军事文化，一方面要突出针对性，重点围绕强化我军性质宗旨意识，加强政治文化建设；围绕全面提高官兵科技素质，加强科学文化建设；围绕培育践行当代革命军人核心价值观，加强人文文化建设。另一方面更要强调系统性，注重发挥各文化要件之间的相互促进作用，做好先进军事文化建设发展的顶层设计，把政治文化、科学文化、人文文化纳入统一建设体系之中，使之整体推进、协调发展。”①

黄：除了文化，军队在社会发展中的地位和作用还有哪些方面？

刘：从人类历史来看，军队在工程技术研究、组织指挥构成、政治意识形态和能量开发应用等方面，均对社会发展具有先导性、示范性作用，这正好印证了马克思主义的一个著名观点：“战争比和平发达得早，某些经济关系，如雇佣劳动、机器等，怎样在战争和军队中比在资产阶级社会内部发展得早。生产力交往关系的关系在军队中也特别显著”。② 正是基于这种认识，马克思断言：“军队的历史比任何东西都更加清楚地表明，我们对生产力和生

① 刘戟锋，赵阳．围绕要件建设先进军事文化［N］．中国社会科学报，2012-11-21（B02）．

② 马克思恩格斯军事文集：第一卷［M］．北京：战士出版社，1981：321-341．

产关系之间的联系的看法是正确的”。[①]

黄：发展繁荣先进文化过程中，科学技术起到怎样的作用？

刘：努力发展繁荣先进文化，科学技术绝不能缺席。因为无论是从历史上看，还是从现实生活中看，文化的发展都必须紧紧依靠科技进步。这主要表现在以下三方面：第一，就文化的传承而言，科学技术提供的是基本载体；第二，就文化的创新而言，科学技术提供的是基本途径；第三，就文化交流而言，科学技术提供的是基本手段。其中，传承是前提，创新是核心，交流是重要条件，这个方面都需要借助科学技术发展的神奇伟力。它们相互依托，相互作用，共同推动着人类文明的发展和进步。

黄：军事技术对社会的历史冲击，一直是您关注的一个重点。

刘：是的。可以说，恩格斯用以解开社会进化之谜的，正是武器的发展和演变这把重要的钥匙。

黄：这也是您研究恩格斯军事技术思想的一大发现。为什么这么说呢？

刘：从历史来看，所谓军事技术对社会的影响，自古以来就是一种常见的社会现象。这一现象可以最明白不过地概括为：随着军事技术在材料、能源、信息三大领域的梯度优势的获得，它分别向社会生产各部门转移的过程，便表现为对社会的一连串强烈而持续不断的冲击。从青铜器到现代复合材料，从黑火药到核武器，从无线电、计算机到网络技术，多波次冲击的结果是，在现代技术的几乎每一个重要领域，都可以找到其军事动因的起始点。

黄：就军事技术的社会冲击而言，近代火器技术的冲击可以说是惊心动魄的。

刘：的确，随着火器技术的发明和改进，战争进入了技术阶段。火器技术的进步演变成了一场轰轰烈烈的军事技术革命，最终导致腐朽封建制度的解体。西方社会如此，中国也不例外。鸦片战争以后，西方各种先进火器技术一拥而入，中国封建社会立刻呈水漫器蹙之势。这就是鸦片战争后，伴随着近代火器技术的长足发展，导致中国封建统治的总危机。具体而言，可以做以下几点分析：第一，火器技术的发展为突破封建制度的桎梏奠定了物质基础。第二，近代火器技术的发展为封建社会的解体准备了思想前提。第三，近代火器技术的发展为中国封建社会的终结造就了送殡者与掘墓人。

① 马克思恩格斯军事文集：第五卷［M］. 北京：战士出版社，1982：493.

黄：第二次世界大战后，美国一直充当引领世界军事技术进步的领头羊。按您的研究，美国现代军事技术的发展对人类社会产生了哪些重要的影响？

刘：美国在现代军事技术方面取得了成就，是20世纪中叶以后世界技术进步的一个重要方面。作为战争手段，它们又是美国争夺军事优势的产物，代表着世界军事技术发展的重要方向。因此，美国一系列研究计划的制定和实施，已经或必将对人类社会产生重大而深远的影响。

黄：您能否就一个具体的事例展开谈谈？

刘：以我曾深入研究过的“星球大战”计划为例，该计划有力地推动了诸如红外和激光物理、高能物理、等离子物理、红外和辐射探测技术、强激光技术、高速数据处理技术、光通信技术、材料技术、能源技术、受控热核反应技术、计算机和人工智能技术的进步，而这些都是新技术革命中的前沿学科和新技术的重要组成部分，对人类社会的发展显然具有重要的推动作用。

黄：随着科学技术发展和人类社会政治经济关系的变化，现代战争已不光是局部有限战争。从战争机理来看可能发生了变化。

刘：现代战争，从地缘来看是局部战争，从手段来看是有限战争，而从机理来看则有可能是可控战争。可控，从表象上看是现代战争的特点，而从实质上看则是现代战争的制胜机理。所谓战争的可控，从其机理来说，“具有四方面的含义，即时间可控，避免马拉松，力求速战速决；规模可控，按照战前的筹划，限定作战空间；目标可控，选择性杀伤有限目标，不伤及平民；结局可控，不节外生枝，确保作战达成预期目的。”[①] 传统战争难以实现可控，人类在科学技术上的进步，已经为战争可控提供了可能。在传统的“三论”中，如果说，系统论是方法，信息论是手段，那么控制论则是结果。伴随着全球范围内的信息化浪潮，精确制导武器、电子战武器、模拟仿真手段及C4ISR接连涌现，客观上为可控性战争提供了物质技术条件。核生化武器使用的全球灾难性后果，已成为控制现代战争的现实背景。

黄：由于信息技术空前发展，使战争迷雾不断被驱散，战场透明度显著提高。这也就意味着，传统的战争艺术领地正在被信息化大潮强力挤占压缩，似乎今后的战争将变得越来越确定。

刘：从总体而言，“科学技术进步的过程，就是减少和消除不确定性的过

① 刘戟锋，浅议现代战争的可控机理［N］. 解放军报，2013-12-24（6）.

程。然而，战争毕竟是作战双方的博弈行为，是两股活力之间的较量。通过信息化建设，提高战场环境透明度是对己方而言的，而对敌方却要增加复杂性，增加不确定性。可是一旦对方也依照此思路行动时，就很难说战场环境的复杂性究竟是增加了，还是减少了。战争并不是固定不变的范畴，也没有固定不变的疆界。断言战争的不确定性在减少，确定性增加，其实只是在使用今天的科学技术标尺，去衡量昨天的战争。”[①]

黄：前面您谈到了军事技术在材料、能源、信息三大领域获得梯度优势，并以这种优势形成对社会其他领域居高临下的冲击。那么，形成这种梯度优势，也即军事技术先行发展的原因是什么呢？

刘：原因主要表现在以下三方面：第一，任何一种新型材料的研制，其初期往往代价昂贵，风险性大，社会一般生产部门不敢问津。只有事关民族、国家生死存亡的战争，迫使国家不惜代价、不计工本地从人力、物力和财力各方面提供服务，方能获得材料技术上的最新成就，并首先用于军事。第二，新能源被发现之时，由于人们对其能量释放过程没有把握加以有效控制，只能做破坏功，因此很难直接用于生产过程。然而，这一特点却很容易为军事部门所利用，因为战争的直接目的就是做破坏功。第三，战争比人类任何其他活动都更加依赖当时最有效的通信手段，再没有比军事行动中报警、侦察和指挥更需要情报准确、快速的了。

黄：现在有一个词非常“火”，就是“大数据”。可以说，我们已经走入了大数据时代。随着云计算、物联网等信息技术的进步和大数据时代的兴起，我国国防和信息安全面临新的挑战。我们应从哪几个方面筑牢信息安全的防火墙？

刘：信息技术的全球化发展，使过去的封闭社会越来越开放，海量公开信息充塞传统和新兴媒体。我们要增强发现和利用公开来源信息的能力，加强对特定专业领域的关注；在非结构性的海量信息中，提高信息分析和处理能力，开发利用海量公开信息而不是被其淹没。具体而言，我们应从以下多方面筑牢信息安全的防火墙。第一，在国家层面上设立公开信息主管部门，建立大数据信息中心。第二，围绕若干前沿国防关键技术和重大经济社会问题，启动公开信息专项研究计划。第三，创新公开信息分析方法，开发海量信息处理技术。同时，“大数据时代增加了保密的难度，加大了信息

---

① 刘戟锋. 信息化：科学与艺术比翼齐飞［N］. 解放军报，2011-8-4（12）.

泄露的风险。为此，应实行更严格的保密分级制度，注重内部细节和末端管理。”①

黄：国防科技大学王飞跃教授提出了平行军事体系的概念。该概念的提出有什么意义？

刘：从平行军事体系所包含的丰富内涵来看，它有助于我们深化对军事规律的认识，扫除战争迷雾，破解装备研发难题。当然，平行军事体系本身也有一个从发轫到不断完善的漫长过程。其演变经历了四个阶段，这就是冷兵器时代的肢体平行军事体系，热兵器时代的体能平行军事体系，机械化时代的技能平行军事体系和信息化时代的智能平行军事体系。它们的有机叠加，即构成我们今天所面对的平行军事体系。这一体系将武器装备的打击力、防护力、机动力、信息力集于一体，从实现人的功能延伸，乃至替代，最后必然走向无人作战。②

黄：不知不觉聊了这么久，对我来说是一次难得的学习机会。有的内容以前听您上课时讲过，但温故而知新。当然，我知道这还远远没有将您的研究成果以及研究体会等聊完。希望下次有机会再来聆听您的授课。

刘：我也很高兴和你交流，也欢迎你来听课，并提出意见。

① 张允壮，刘戟锋．大数据时代信息安全的机遇与挑战：以公开信息情报为例［J］．国防科技，2013（4）：6-9．

② 刘戟锋，刘杨钺．平行军事体系：发轫与嬗变［J］．国防科技，2013（6）：10-12．

贾湖遗址发掘成果丰硕
骨笛研究国际影响极高 *

——访张居中

万辅彬 / 问，张居中 / 答

编者按：张居中，中国科学技术大学科技史与科技考古系教授，博士研究生导师，中国第四纪科学委员会环境考古专业委员会常务理事，安徽省考古学会理事，安徽省古生物学会理事，主要从事新石器时代早期考古学研究和全新世早期人类学、环境考古、农业考古、科技考古、音乐考古、陶瓷考古等专题研究，先后主持或参加十多个大、中型考古发掘项目，曾主持或参加国家自然科学基金、国家社会科学基金和国家文物科研项目十多项，其中其主持发掘与研究的贾湖遗址被评为20世纪全国100项考古大发现之一。

2014年7月中旬，听说中国科技大学科技史与科技考古系张居中教授在河南贾湖遗址又有新的重大发现——发现了定音骨笛，于是我趁去合肥出差之机，和我的同事曲用心教授一道拜见了张教授并一睹国宝——骨笛的真容。张教授欣然拨冗，用了一个下午的时间，向我们详细介绍了他的考古发掘、科学研究与人才培养的切身体会。

---

* 收稿日期：2015-09-30。

作者简介：万辅彬（1942—　），男，安徽省繁昌县人，广西民族大学教授，原学报（自然科学版）主编，中国科技史学会理事。张居中（1953—　），男，河南省社旗县人，中国科学技术大学科技史与科技考古系教授，博士生导师，中国第四纪科学委员会环境考古专业委员会常务理事。

万：张教授您好！我知道您是“文化大革命”后78级的考古专业大学生，请简单介绍一下您的考古经历。

张：说来话长，这要从我的考古经历说起。我是“文化大革命”后的第二届大学生，1978年进入郑州大学考古专业学习。由于当时的特殊情况，我们是和1977级的同学在一起学习、实习的，只是他们比我们早半年毕业。1982年毕业后，我就到了河南省文物考古研究所（现改称河南省文物考古研究院）工作，至2000年6月离开，一共在那里从事了18年考古工作，先后主持或参加过十多个大中型考古发掘项目，例如，河南省上蔡战国楚墓、舞阳贾湖遗址、舞阳大岗遗址、渑池郑窑遗址、密县黄寨遗址，等等。虽然这些项目所涉及的时代不同、特点各异，但是经过长时间的历练，对自身知识面的拓展很有帮助。

万：18年先后主持或参加十多个大中型考古发掘项目，这样大密度、高强度的历练确实难能可贵，也十分幸运。

张：值得一提的是，20世纪90年代我参与了著名考古学家俞伟超教授主持的河南渑池班村遗址的发掘，在这期间我的一些基本学术思路得以形成。在班村期间，我可以和各学科优秀的学者进行交流和探讨，学到了很多东西，也琢磨了很多东西，这段经历对我当时研究舞阳贾湖遗址大有裨益，包括后来《舞阳贾湖》报告的编写体例和框架也都受到这段经历的影响。所以，我很庆幸自己参加了这么一个重要遗址的发掘，这为我之后的学术道路打开了一扇门。

万：正所谓“名师出高徒”！是什么机缘您又成了中国科学技术大学科技史与科技考古系的教授？

张：目前为止，我参与时间最长、投入精力最大的就是舞阳贾湖遗址了。1983—1987年的第2—6次发掘都是由我主持的。来到中国科学技术大学后，我又先后在2001年和2013年，带领我校科技考古专业师生，与河南省文物考古研究所合作，对贾湖遗址进行了第7次和第8次发掘。可以说，贾湖遗址的发掘与研究是我考古生涯中最重要的部分。我在对贾湖遗址的整理与研究过程中，逐渐理清了自己的学术思路和研究方向。

来中国科学技术大学科技史与科技考古系任教，主要有两个因素：其一，我已经在河南省文物考古研究所工作了18年，在这期间做了大量的考古发掘和整理工作，并编写了《舞阳贾湖》的报告。当时已经萌生了想进入高校，潜下心来进行一些系统研究的想法，本打算到郑州大学去，因为一些偶然因素未能成行；其二，当时王昌燧教授有意邀我到中国科学技术大学来任教，据他讲中国科学技术大学的科技史与科技考古系刚刚成立，正需要懂田野考古并与科技考古工作者有良好合作的研究者，来培养既懂考古又具有理科基础的复合型人才。

万：王昌燧说得很有道理。

张：这样的新模式对我具有很大的吸引力，基于这些原因，最终我选择了到中国科学技术大学任教。来到中国科学技术大学之后，在我们系开设了《考古学通论》《田野考古》和《田野考古实习》这三门科技考古研究生专业基础课，还对全校开设了《考古学概论》公选课，每次都有几百上千人选课。从 2001 年开始，我们先后带领本专业的研究生到舞阳贾湖遗址、芜湖繁昌窑遗址、新郑唐户遗址、六安战国墓地、蚌埠禹会遗址等考古工地进行发掘实习。通过考古实习，使我们的研究生对田野考古有了全面的认识，这对他们之后从事科技考古研究是很有帮助的。从目前的教学效果来看，让具备理科背景的学生接受田野考古的训练是一种很好的培养模式，开阔了学生的视野，也完善了他们的知识结构。经过这十几年的坚持，我们已经培养了一批既懂田野考古又能从事科技分析的科技考古人才。

万：这种模式值得全国各地科技史专业设有科技考古方向的硕士、博士学位授权点效法。

您主持发掘贾湖遗址，成果异常丰硕，并于 1999 年在 Nature 杂志上发表了相关的学术论文，产生了很大的国际影响。我想请您详细介绍一下贾湖发掘情况。

张：贾湖遗址确实是一处非常重要的新石器时代遗址，从 1983 年的试掘至今，我们在这里见证了一系列重要的考古发现。包括：具有原始文字性质的刻画符号、世界上最早的含酒精的饮料、中国最早的家猪、具有驯化特征的稻米，以及可以演奏的骨笛。其中，影响最大的就是贾湖骨笛。贾湖骨笛最早发现于 1986 年。1987 年，我们在国内开了新闻发布会，向国内同人汇报了贾湖遗址骨笛的发现情况。1989 年，我们也在国内发表了几篇文章来介绍这一成果。后于 1999 年在王昌遂教授和美国布鲁克海文国家实验室的哈伯特教授的帮助下，我们在 Nature 杂志上发表了贾湖骨笛的研究成果，很快受到了全世界考古学界的广泛关注。武汉音乐学院的童忠良教授曾经说过“贾湖骨笛的发现犹如一股狂飙，震撼了音乐史界”，他把贾湖骨笛的发现与曾侯乙墓出土的编钟当作同等重要的音乐史材料来看待。

万：这种评价可谓实至名归，恰如其分。

张：贾湖骨笛最早发现是在 1986 年 5 月 1 日。当时，我们在清理墓葬 M78 的时候，发现了 2 件骨管，上面都有 7 个排成一列的圆形钻孔，由于没有见过这种器物，当时暂将其定名为“穿孔骨管”。但是从第一眼的印象来看，与现代的笛子非常相似，尽管没有吹孔和笛膜孔，连当时发掘现场的民工也觉得，这就是笛子。后来，中国艺术研究院音乐研究所的黄翔鹏先生、萧兴华先生、武汉音乐学院的童忠良先生等一行，专门到河南省文物考古研究所，对个别保存最好的七孔贾湖骨笛进行了第一次测音，认为这是一支人们有意制作，具备音阶结构，可以吹奏旋律的乐器。而且，黄翔鹏先生经过研究认为，贾湖骨笛的音节结构可能是清商音阶六声，或下徵调音阶七声；肖兴华先生经研究认为，这支骨笛可以吹奏出完备的六声音阶和不完备的七声音阶。

贾湖遗址的年代是距今 7500—9000 年，可以分为三期，每期 500 年左右。骨笛在遗址一到三期都有发现，并呈现出一定的发展序列。一期的一个墓葬出土了一支五孔笛和一支六孔笛；二期出土的绝大部分都是七孔笛；另外还有几支比较特殊的两孔笛；三期除了七孔笛外我们还发现了一支八孔笛；另外还有一些比较特殊的两孔笛。经肖兴华先生进一步研究后得知，贾湖一期的六孔骨笛可以吹出完备的五声音阶；贾湖二期的七孔骨笛可以吹出完备的六声音阶；贾湖三期的八孔骨笛可以吹出完备的七声音阶。

我们从一到三期可以看到一个逐渐发展完善的过程，在贾湖聚落存在的 1500 年期间，骨笛从五声到七声逐渐发展成为一种重要的文化符号，这一发现在中国音乐史乃至世界音乐史上都是弥足珍贵的。

万：据我们所知，骨笛并非贾湖独有，在河姆渡、新疆，乃至古埃及都曾有发现。为何人们特别看重贾湖骨笛？

张：国内外确实发现有一些类似于笛子的管乐器，除了你所述的几个地点，在德国、法国和斯洛文尼亚等地也有发现。德国的骨笛距今 3.5 万年，法国和斯洛文尼亚的发现距今也 1 万多年，都属于旧石器晚期的遗址。总体来看，乐器在全世界的出现应该是比较早的，并且呈现多点开花的态势，这可能是人类社会发展到一定阶段在精神文化上的需求，也可能是为了适应某种生活方式所做的创造。那么，为什么人们对贾湖骨笛格外重视呢？正如我前面所讲，贾湖的笛子呈现出一个发展变化、不断完善的趋势；另外，它的音质和音准水平也是比较高的，它所能吹奏出来的音阶结构和我们后世的笛子十分类似，两者之间似有一定的传承关系。此外，在新石器时代，贾湖骨笛是国内发现最早的可吹奏乐器，其在制作和加工上的精细程度令人吃惊。这些因素都是贾湖骨笛受到格外关注的原因。

万：骨笛是如何吹奏的?

张：关于贾湖骨笛的吹奏，刚开始我们还真的是不清楚。记得骨笛刚刚出土的时候，河南省文物考古研究所第一研究室主任裴明相先生就将骨笛拿到嘴边用现代吹奏箫的方式比画着吹奏，因为从外形上看，确实是和箫、笛接近的一种器物。

1987 年夏天，我们带着骨笛到北京请教专家，先找到了萧兴华先生。萧先生第一印象认为这就是一件乐器。他又带着我们找到了中央民族乐团的团长刘文金先生。恰逢刘团长正带着一帮笛子演奏家在排练，我们趁排练间歇将笛子拿给专家看，好几位专门吹奏笛子的演奏家都没有吹出声音。最后是宁保生先生用斜吹 45 度的办法吹出了声音，并吹出了音阶，大家都很高兴。笛子终于能吹出声了，可以肯定这是一种可吹奏的乐器了。1987 年底在河南省文物考古研究所进行测音的时候，也是采取斜吹的办法，取得了很好的效果。我们还曾经请河南省歌舞团一位姓柳的演奏者，用吹筹的方式吹奏贾湖骨笛，也是斜吹 45 度。因为贾湖骨笛既没有笛膜孔，也没有吹孔，又没有箫的山口，只是在骨管上有一排音孔。所以它不像后来的箫，也不像后来的横笛。箫是竖吹，笛子是横吹，而贾湖骨笛则是用 45 度斜吹的方式演奏的。骨笛是用丹顶鹤的尺骨制作的，锯掉骨关节之后，正好在顶端有一个类似于箫的山口的小斜口，所以用斜吹的方式是比较合适的。贾湖骨笛如果把握的角度合适、吹奏方法得当，还是可以得到比较准确的音高的。

目前为止，贾湖遗址已经发现了几十件骨笛，保存状况个体之间也有差异。其中，最好的一件就是 M282：20，按照现在的乐理和音阶来对照的话，各个音孔基本上是一个大二度的音程关系，在二百音分左右，有的简直就是二百音分，非常准！有一些笛子的制作水平确实是非常高的，音准也达到了惊人的准确程度，贾湖古人的音乐水平确实令人惊叹！

万：您给我看的骨笛中有几件是两孔骨笛，制作得非常精美，还刻有纹饰。这些两孔骨笛和之前的发现有什么区别?

张：两孔骨笛的发现确实很令人惊讶，在 20 世纪的六次发掘中是没有见到过的。直至 2001 年的第七次发掘，我们才发现了制作精美、刻画繁缛的两孔骨笛。最初只有一件完整器，后来的发掘中又出土了一件残段。总体来说，两孔骨笛较之前发现的骨笛，制作工艺上更复杂，上面密布线状刻画，交错分布，并且排列得十分整齐。由于种种原因，暂时还未曾测音。我们希望通过将来的模拟复制，再进行测音，以探讨它们在音乐上的具体功能。

在两孔骨笛发现之前，我和萧兴华先生曾到河南汝州市博物馆观摩了汝州中山寨遗址出土的多孔骨管，管身残存有十个圆孔，如果吹奏的话，一个指头要按住两个圆孔。当时，我们对这件骨管进行了测音，结果也是令人吃惊的。这件多孔骨管的每一个孔吹奏出来的基本上是一个小二度即一百音分左右的音程关系。由于十个音孔分布过于密集，基本上可以认为它不是一件实际演奏中使用的乐器，它极有可能是一件用于定音的器物，这个成果萧兴华先生已经在《音乐研究》上发表了。

我们回头来看贾湖出土的两孔骨笛，它显然不是用来吹奏的，只有两个音孔，无法吹出完整的音列。但是它又不是半成品，制作得非常精致，所以我们推测这也可能是一种定音的器物。当然，这只是一种推测，还需要后续的复原和测音，到时我们应该可以得到一个更清晰的认识。

万：从您的研究中，可以看出您和考古界、音乐界有广泛的合作，而且合作得很成功。请您谈谈对考古研究中多学科合作的看法和体会。

张：现在我们国内的学科分类把考古学划归为人文学科。实际上，考古学可以算是站在人文学科门槛上的自然科学，也可以说是站在自然科学门槛上的人文社会科学。为什么这样讲呢？因为如今考古学研究的方法手段大量采用的是自然科学的技术，而它自身的理论和研究目的则属于人文学科的范畴。考古学的研究对象是人类活动留下的遗迹和遗物，而我们拿人文学科的理论是无法直接研究这些材料的，必须通过自然科学的手段提取尽可能多的潜信息，才能形成对古代人类社会的认识。在这样的背景下，考古学研究中的多学科合作就显得势在必行了。

万：李志超先生 20 世纪 80 年代末、90 年代初就曾多次提倡自然科学和社会科学、人文科学实现大联盟，进行考古或其他交叉学科的合作研究。

张：认识到这个背景之后，我们的研究就需要和相关领域的专家进行合作。事实上，传统考古学的两大经典方法论——地层学和类型学，本身就来源于自然科学，地层学来源于地质学的层位学，而类型学又来源于生物学中的分类学。我们现在所做的一些所谓的“科技考古”的工作，包括成分分析，矿料来源探讨，植物的孢粉、淀粉粒、植硅体，以及残留物的分析等，都需要用到物理学、化学、生物学的方法，只有在这些分析的基础上，我们才能进行考古学层面的解读。所以，多学科合作只是为了更大限度地提取人类活动所产生的信息，扩展我们的视野，是进行考古学研究的基础。

结合贾湖遗址的研究，我们想更多地了解贾湖先民的衣食住行，想了解他们的生产生活状况，就不得不使用多种自然科学手段。目前，我们已经和植物学、动物学、地质学、农学、物理、化学等领域的专家合作，对贾湖遗址进行了多角度、全方位的研究，也取得了不错的效果，得到了学术界的认可。我认为这是考古学研究的一个发展趋势，我们会一直坚持下去，发掘出贾湖遗址更多的文化价值。

万：期待您和您的合作者揭示贾湖遗址更多的文化价值。

您到了中国科学技术大学以后，视野更开阔了。在中国科学技术大学的博士研究生导师介绍里发现，您的研究方向和领域非常广、跨度大，而且处于学术前沿。请您说说这方面的思考。

张：是的，来中国科学技术大学之前，我在河南省文物考古研究所从事田野考古工作。作为一个地方性的考古研究机构，大部分的工作是考古调查和发掘及一些传统考古学的研究。到中国科学技术大学以后，我们可以利用中国科学技术大学在技术手段上的优势开展很多之前没有条件开展的工作。我是传统考古学出身的，田野考古是我的强项。但是，在研究中我也发现，传统的研究手段过于单一，很多问题没办法解决，这时候求助于自然科学就显得尤为重要。所以，来到中国科学技术大学之后，我结合我们学校的现状和自己的知识背景，并从搭建平台和培养学生的角度出发，决定在以下几个方面着力发展我们的研究力量，包括我之前一直在做的农业考古、音乐考古和环境考古，这几年又开展了生物考古方面的工作。当然，这些工作很多是和我们学校各个领域的专家，以及兄弟单位的研究团队合作完成的，取得了不错的效果。

万：您对今后的研究，有些什么打算和计划？

张：我们今后的研究主要是伴随着我们现在正在承担的课题展开的，主要包括 2015 年刚刚立项的一个国家自然科学基金项目——“新石器时代淮河上中游地区人类对植物资源的利用情况研究”，以及和中国科学院地质与地球物理研究所和中国社会科学院考古与地球物理研究所合作的一个项目——“末次冰消期以来极端气候事件与人类适应及农业起源研究”，我们主要承担的还是淮河流域的研究课题。

通过这两个课题可以看出，我们今后的研究主要是在气候环境和人类的关系，以及人类和植物的关系中展开的，这也是目前考古学的一个发展趋势。我们不仅仅要关注考古学本身的问题，更愿意将考古学放在一个更广阔的背景下来认识，以探讨人类社会长时间尺度下的发展和变化。今后的研究中我们还是会一如既往地和自然科学领域的专家展开合作，从考古学的视角为解决更大的科学问题贡献力量。

万：我对您的“考古学与科技史相结合的方法论探讨”这个研究方向特别感兴趣。请您谈谈这方面的心得，以及对这方面人才培养的看法。

张：关于“考古学与科技史相结合的方法论探讨”的问题，我是从这个角度来考虑的。科技史是研究古代科学技术的，而考古学研究的是整个人类社会的历史，只要人类历史上存在过的事物，而又可以保存下来被我们观察到的遗迹遗物，都是考古学研究的对象，从这个意义上来讲，考古学也是一门百科全书式的科学。从研究范围上来看，科技史的研究内容和考古学的研究内容是有一定重合的，我觉得将这两个学科结合起来的切入点应该是如何用考古学的资料来探讨科技史的问题。

我本人关注较多的是史前考古，时代集中在旧石器时代末至新石器时代。在多年的研究中，我也发现了不少可以作为科技史研究对象的材料，这个时期的一些发明创造有些可以称得上是原始的科学技术，是科学技术史的萌芽阶段。这些方面以前也有学者关注，但是真正做的工作仍然不是很系统，我觉得我们可以从史前的科技资料入手来从事史前科学技术史的研究。

我们系叫作科技史与科技考古系，其中有很多科技史方面的专家，开展的研究也涵盖物理学史、化学史、生物学史、天文学史、数学史、技术史等。而对于史前科技史，过去有些专家学者虽然已经开始关注这个领域，但是研究的深度和广度还远远不够；同时，史前科技史的研究是离不开考古学材料的。结合我个人的研究方向和领域，我觉得更重要的是从考古学的资料中发现科技史的课题，同时通过我们的研究来解决这些问题。

关于如何从这个角度开展工作，我对我的学生也提出了一些要求。首先，他要打好考古学的基础；其次，要对目前学界流行的科技考古方法和技术有一个全面系统的了解，同时要掌握至少一门科技考古的分析技术，有自己的专长，有自己专门的研究领域。最后，在打好这些基础之后，再结合科技史的相关知识，把握科技史的前沿课题，开展自己的研究。我们课题组开展的关于史前酿造含酒精饮料的研究就是个不错的例子。我们在贾湖遗址的陶器内发现了原始酿造现象留下的残留物，表明贾湖先民可能已经酿造出了世界上最早的含酒精饮料。这其实就是一个史前化学史的研究课题，我们在考古资料中提炼出了很多科技史方面的信息，这对我们的认识就是一个丰富，也打开了思路。所以，我希望我们的学生可以在打好考古学基础的情况下，能掌握一定的科技方法，同时可以站在史前科技史的角度考虑问题，这样就能在科技史和科技考古领域做出有显示度的成果。

万：您从 2003 年担任博士研究生导师起，培养了不少博士研究生和硕士研究生。作为一个导师，从方法论的角度，您认为应如何处理传统考古学和科技考古的关系？

张：这个问题其实刚才已经有所涉及，科技考古作为国内近 30 年来一个蓬勃发展的考古学分支学科，做出了很多有显示度的成果，也是考古学发展的一个趋势。我认为从目前来讲，两者是一个相互促进的关系，但在将来的研究中，科技手段的应用将会成为一个常态，两者最终将合为一体，因为两者归根结底要解决的问题是一致的。

再回到我们自身，我们系就是以培养科技考古人才为目标的教学单位，我们的学生来自不同的领域，知识结构比较多样化。我的学生本科期间就有学习物理、化学、生物、考古及历史的。对不同的知识背景的学生，我们会因材施教，重点是完善他们的知识结构，拓展他们的研究领域，让他们能够“两条腿走路”。比如，学考古学或者历史学出身的，我一般会建议他们掌握一到两门科技考古方面的技术手段；而对学习自然科学的同学，我会让他们尽快地补充考古学的知识，能够让他们从考古学的角度提出问题、解决问题。通过这样的优势互补和交流碰撞，往往能够产生比较好的结果，这也是我们这么多年来一直在尝试和实践的一种模式。总之，我们要培养的是懂科学技术的考古人才，也可以说是懂考古的科技人才。我希望他们能够做到“一专多能”，尽可能地丰富自身的知识结构。我们的目标是希望这一代的考古学人才，能拥有比较全面的知识结构，有更广阔的视野，解决我们这一代人没能解决的考古学问题。

万：感谢您接受访谈。

张：谢谢。

详较管窥蠡测衡万物
细推质测通几识大千*

——访关增建

万辅彬／问，关增建／答

编者按： 关增建，男，1956年生，1990年毕业于中国科技大学，师从李志超、钱临照教授，获科学史博士学位。同年入郑州大学工作。1995年任郑州大学文博学院院长，破格晋升教授。2000年调入上海交通大学，现为上海交通大学特聘教授、通识教育委员会主任、科学史与科学文化研究院博士生导师。主要从事科学技术史研究，侧重物理学史、计量史、科学思想史领域，兼顾科学史的教育功能和通识教育研究。出版著作多部、发表论文多篇，承担国家社会科学基金重大项目、外译项目等多项国家和省部级科研项目，兼任上海市科技史学会副理事长、中国科学技术史学会副理事长，《中国科技史杂志》《自然科学史研究》《自然辩证法通讯》等刊物编委。其计量史研究获国际好评，日本计量史学会前任会长岩田重雄曾在日本计量史学会学报《计量史研究》上评价说，关增建教授的“研究范围极广，仅其部分研究内容就涉及中国古代计量理论、制定计量单位的科学过程、天文计量史、中国计量与科学的发展过程及其相互关系、中国古代计量和社会的相互作用、中国和东亚国家的计量交流史等多个分支。此外，他自1998年以来，还得到财团法人松下国际财团的研究资助。其业绩得到

---

* 收稿日期：2015-11-11。

作者简介：万辅彬（1942— ），男，安徽省繁昌县人，广西民族大学教授，原学报（自然科学版）主编，中国科技史学会理事。关增建（1956— ），男，上海交通大学特聘教授、通识教育委员会主任、科学史与科学文化研究院博士生导师，中国科学技术史学会副理事长，研究方向：物理学史、计量史、科学思想史。

了国际上的高度评价。因此，他和丘光明成为中国计量史界的双璧”。自述有云：在已有的成果中，对中国古代物理思想和计量史的研究，偶得风气之先；对中国古代科技成就的阐释，树碑与毁庙并存，唯以取得合理解释为追求。治学取向向往兼容并包，对科学史在高等教育中的作用亦感兴趣。希望在科学史研究的道路上，能够有所收获。

万：早几年就想约您访谈，由于你我都比较忙，一直未能如愿，最近终于挤出时间断断续续读了一些您的大作，这才拟好访谈提纲，终于可以开始访谈了。

由于您在科学技术史的多个研究领域取得了突出的成就，发表了百余篇学术论文，出版了《中国计量简史》等8部专著,《中国计量史》德文版还获得2014年度国家社会科学基金中华学术外译项目立项，这是上海交通大学获得的首个国家社会科学基金中华学术外译项目，是贵校人文社会科学原创学术成果“走出去”的突破。您是上海交通大学科技史学科主要带头人之一，早在2008年就被推选为中国科技史学会的副理事长。您在自述中说：“在已有的成果中，对中国古代物理思想和计量史的研究，偶得风气之先；对中国古代科技成就的阐释，树碑与毁庙并存，唯以取得合理解释为追求。治学取向向往兼容并包，对科学史在高等教育中的作用亦感兴趣。”我想首先请您详细介绍一下您在中国古代计量史研究方面所取得的成就。

关：谢谢万辅彬先生抬爱，给了我一个这样的机会，使我有机会回顾一下自己的学术之路!

计量史是我关注的科学史研究的领域之一，也是我认为应该大力发展的一个科学史研究的方向。所谓计量，其本质特征是以法定的形式和技术手段实现单位统一、量值准确可靠的测量，它既是测量活动的基石，也对整个测量领域起指导、监督、保证和仲裁作用。计量这个概念，可以指测量本身，也可以泛指一种工作、一项事业或一门科学。计量是科学技术的基础，没有计量，就没有科学技术。计量也是国家机器正常运转的技术保障，是经济和贸易得以正常开展的技术保障。计量的重要性决定了计量史的重要性，由此，研究科技史，不能忽略了计量史。

我是20世纪90年代下半叶开始想到要做计量史研究的。当时中国社会科学院有一个“八五”重点研究课题，要编撰一套《中华文明史话》丛书。这套丛书中有一些科技史的选题，其中有一部是度量衡史。丛书编委会中负责科技史选题的是中国科学院自然科学史研究所的王渝生副所长。渝生兄征询我的意见，我建议将原定的度量衡史改成计量史，因为计量史较之度量衡史，其内容更丰富，科技意味也更强。渝生兄对我的建议深以为然，写作这本书的任务也就落在了我的头上。

万：这个建议无疑把选题定位深化了、内容拓宽了。但前人对计量史没怎么研究过，不是拿现成的材料就能编成，而是要通过大量梳理、研究才能写成。

关：确实如此。真正要动手写，发觉并不容易。因为在中国学术界，有丘光明先生做得非常漂亮的度量衡史，有多位前辈做的厚重的天文学史、物理学史，但没有计量史。虽然蔡宾牟、袁运开两位先生主编的《物理学史讲义——中国古代部分》（高等教育出版社，1985 年版）书中，专门辟出一章写“中国古代物理计量的起源和发展”，但这样的一章还称不上是系统的计量史。总体来说，中国的科学史界忽略了从整体上特别是科学内涵上对计量史的把握，甚至对计量史究竟应该包括哪些内容都还不甚了了。当时权威的说法是，在古代中国，计量就是度量衡。这种说法显然不妥，因为计量本质上是在统一单位的基础上的测量，而中国古代除了度量衡，天文计量、时间计量、空间方位计量也是实实在在存在着的。

要写计量史，还要弄清楚计量在古代社会中的地位，古人是如何看待计量的？他们的计量理论是否发达、计量实践是否丰富？说到底，古代计量是否有足够的内涵值得研究。

实际上，在古代中国，人们对计量重要性的认识超越了当代人。中国古代有诸子百家，他们的哲学和政治主张互不相同，但他们在对计量重要性的论述上却别无二致，都把计量作为治国方略来对待。秦始皇统一中国后，做的第一件事情就是统一度量衡，这是他把这些思想家的理论付诸实施的具体表现。通过梳理相关文献，我们不难发现，中国古人不但从理论上对计量的重要性做过充分的论证，还发展出了颇具特色的计量理论，有过丰富多彩的计量实践。在计量基本要素诸如计量单位制订、标准器设计与制作、量值传递、计量科学研究、计量的法制化管理等方面，中国古人走在了世界的前列。过去，一提到中国古代科学，人们印象中就是农、医、天、算四大学科，实际上，计量是可以与这四大学科相媲美的第五大学科。在中国科学史领域，计量史研究是可以大有作为的。

根据这样的思考，我初步梳理了古代计量的基本内容，拟订了古代计量史的大致体例，撰写了《计量史话》一书，于2000年在中国大百科全书出版社出版。该书出版以后，得到了计量学界的关注，《中国计量》杂志社决定在该刊开辟“计量史话”栏目，邀我参与。我在该杂志上发表了自己对计量史一些理论问题的思考，诸如计量的社会功能、中国计量的历史分期，等等。有一些计量事件和计量人物研究的文章也刊载在该杂志和别的一些刊物上。2005年，我和孙毅霖等合作完成的《中国近现代计量史稿》一书在山东教育出版社出版，国际科学史权威杂志ISIS于2009年第2期曾刊载书评，介绍该书并给予了好评。

万：一本《计量史话》引出了《中国计量》杂志“计量史话”栏目，还发展成一部专著，非常值得。

关：除了通过自己的研究为计量史的建设添砖加瓦，在上海交通大学科学史系的研究生培养中，我也根据学生兴趣，引导他们做计量史的题目，让他们成为计量史研究的生力军。继2005年在北京召开的第22届国际科学史大会设立计量史的分会场之后，2009年在布达佩斯召开的第23届国际科学史大会、2013年在曼彻斯特召开的第24届国际科学史大会，我都和日本学者合作，争取设立计量史的分会场。在这些分会场，上海交通大学师生计量史研究的文章占据了越来越大的比重。到了今天，如果说在中国科学史研究诸领域中，还存在着计量史研究这样一个领域，人们已经没有惊奇的感觉了。2015年中国社会科学基金重大项目“中国计量史”的立项，也意味着学界终于认可了计量史作为科技史一个新的学科分支这一事实。

万：获得2015年中国社会科学基金重大项目可喜可贺！

您在中国计量史研究方面取得的成就国内公认，并获得国外学者好评，日本计量史学会前任会长岩田重雄曾在日本计量史学会学报《计量史研究》上说：“（关增建教授的）研究范围极广，仅其部分研究内容就涉及中国古代计量理论、制定计量单位的科学过程、天文计量史、中国计量与科学的发展过程及其相互关系、中国古代计量和社会的相互作用、中国和东亚国家的计量交流史等多个分支。此外，他自1998年以来，还得到财团法人松下国际财团的研究资助。其业绩得到了国际上的高度评价。”将您和中国计量科学研究院丘光明教授一道，誉为“中国计量史界的双璧”。这是恰如其分的公允的评价。

关：丘光明先生是计量史研究的前辈，特别是在度量衡史研究方面成就斐然。我在和她交往的过程中，学到了许多东西。岩田重雄先生也是我所尊重的计量史研究的前辈，他曾担任过日本计量史学会的会长和名誉会长，是国际知名的计量史专家。他对中国非常友好，对中国计量史研究也很关注。我的《计量史话》一书，就是他请日本计量史学会常务理事、现在是副理事长的加岛淳一郎先生翻译成日语，在日本计量史学会学报《计量史研究》上连载刊登的。他罗列的我的那些计量史工作，在中国计量史领域属于先行一步性质的探索，对中国计量史学科的形成也起到了一些作用，岩田先生对此比较看重，所以他把我与丘光明先生相提并论，这是对我的抬爱。我把这看作是前辈的鼓励，激励自己不停步、不松懈，争取在计量史研究方面多做些工作。老先生 2013 年去世了。我也借此机会，表达对她的由衷的怀念。

万：您是如何走上科技史研究之路，又是如何选择中国计量学史作为研究方向？

关：我走上科技史研究之路，带有一定的偶然性。我是 1977 级学生，本科在西北工业大学度过，学的是物理学。当时大家都奔着四个现代化去努力，在考虑人生职业时当然首先要投身科技现代化，并没有想着要研究科技史。当时对科技史也没有多少了解。大学毕业后在郑州大学教普通物理，后来在校内听闻一种说法，说 1977 级是“文化大革命”后首届大学生，从 1977 级开始，今后不是研究生在高校不能当讲师——这种说法从来没落实过，于是动心要考研究生。但当时 1977 级学生已经在单位发挥作用了，单位不太乐意让这批青年教师离开，就告诉我们说每人只给一次机会，考不上就安心在学校工作吧。既然只给一次考研机会，报考哪个专业就要仔细斟酌了。在翻检招生目录时，发现中国科学技术大学（以下简称“中科大”）招科技史研究生，考试科目除政治和外语外，还有四门，分别是普通物理、古代科技文献译注评、作文和综合考试。这几门课比较对我的口味，普通物理我学得还可以，课程考试曾得过满分。至于古文和作文，我们在读大学时，西北工业大学考虑到“文化大革命”十年，大学教师队伍断层，于是从录取的新生中遴选了一批人读师资班，定位是毕业后要在大学当教师。当时，物理教研室的徐绪笃教授觉得这批学生今后要做大学教师，中文水平低了是不行的，于是从西北大学中文系请了一位教师，给我们开了一个学期的中文课。这门课主要是读古汉语。在课程的摸底考试和最后的结业考试中，我都排在了前列。这样从文理两个方面一掂量，我觉得自己的文不会输给一般的理科生、理不会输给一般的文科生，考中国科学技术大学的科技史研究生应该还是有希望的，于是就报考了中科大。考下来以后，成绩还不错，就这样很幸运地成了中科大的学子。

进入中科大后，因为我大学期间的毕业设计做的是根据激光散斑光强分布测量物体表面粗糙度的实验，那个实验的本意是要验证日本学者已有的工作，我把实验设置做了一点儿改动，结果比日本学者的还要好一些，最后的毕业报告还在当时的《陕西物理》上发表了。李志超老师觉得我做实验可能还可以，于是最初的定位想让我做古代科技的模拟实验验证工作。读研究生第一个学期结束的时候，要提交课程论文，我在提交的文章中对汉代科学家张衡《灵宪》中的“闇虚”概念提出了新的解释，李老师看后，兴奋地对我说，你这个观点有道理，今后还是做文献吧。于是，我就沿着做文献的路子走下来了，一直走到今天。

万：李志超先生有一双慧眼，他对学生的长处看得还是很准的。

关：实际上，对模拟实验和科技考古方面，我也还是有些兴趣的。李老师在科技史界提倡科技考古方向，指导学生做了不少科技考古方面的课题。耳濡目染，我也比较留意这方面的动态。记得有一次趁周末去看安徽省博物馆，发现在陈列的汉代文物中，有一件被馆方标记为“甗”的蒸具，在其上侧底部有凸起的截流槽，可以把顺器壁下流的冷凝水收集起来，同时还有个导管将其导引到器外。这就是说，该器物并非像馆方认为的那样仅仅是蒸具，它还可以起到蒸馏作用，是一个蒸馏器。而当时人们所知道的中国古代蒸馏器的起始年代，一般认为是在元代。现在这个蒸馏器是汉代的，而且是发掘出土的。当时我很兴奋，回到学校后告诉了李老师，李老师也很高兴，说这件器物的结构，决定了它一定是一个蒸馏器。后来，我跟李老师合写了文章，在郑州召开的首届全国科技考古学术会议上做了宣读。我们的报告引起了与会人员的重视，其中包括上海博物馆的与会人员。他们专门找到我，提出要交换资料，进行合作研究。原来上海博物馆也有一件类似的器物，只不过他们的器物是征集来的，不像我们发现的这件，是直接出土的。这应该是我在科技考古方面的一个偶然的发现吧。我博士毕业后到郑州大学工作，曾任郑州大学文博学院院长，因职务之便，接触过不少考古学家，跟着他们学到了不少考古和文物的知识。这些知识，使我终身受益。我后来的工作，一直是以文献为主，但在解读古代各种文献时，会时时自我提醒，要注意用考古和文物的视角看待所讨论的问题。这样的视角，确实使我在研究中获益匪浅。

我是在中国科技大学完成了自己的研究生学业的。在李志超、钱临照两位前辈的指导下，先后获得了中科大科学史的硕士、博士学位。硕士论文讨论的是方以智的科学思想，博士论文则进一步把研究视野扩展到了中国古代的物理思想。当时的中国物理学史，已经有不少高水平著述存在，但这些研究多从对器物的分析，以及对一些较为明显能与近代物理知识挂钩的文献着手进行论述，缺乏对古代物理思想的系统研究。我的博士论文算是在这方面做了尝试，后来湖南教育出版社于 1991 年出版了我的《中国古代物理思想探索》一书，该书是学界第一部以中国古代物理思想冠名的著作。

在我的博士论文中，有一章专门讨论中国古代的测量思想。测量思想当然是古代物理思想的重要组成部分，对古代测量思想的讨论，构成了我后来研究计量史的前期工作。因为有这样的前期工作，后来我进一步思考了计量史的内涵，考察了它的重要性，发觉它确实是一座藏在深山人未识的金库，值得发掘，由此慢慢走上了研究计量史的道路。

万：您是李志超先生的高足，李志超先生对他的学生影响是很大的。他的两部著作《国学薪火》和《天人古义》您都撰文给予评论。2014 年李先生 80 华诞我有幸与会，聆听了您对李先生的评价。

关：确实如您所言，李先生对他的学生影响很大。这种影响，是人格与学术的双重感召。李先生刚正不阿、坦诚待人、不畏权贵、不计名利、倾心学术的特点，在认识和了解先生的人中，是得到公认的。在学术上，李先生的特点是科学知识精通、文史底子深厚、思想敏锐活跃、动手能力超群。在前沿科学研究方面，李先生的波成像理论曾获 1979 年中国科学院重大成果一等奖，这充分体现了他的科技造诣之深。也正是因为有这样的造诣，李先生在阅读古代科技文献时，常常有令人耳目一新的发现。例如，在他读沈括《梦溪笔谈》中“格术”条目时，就敏锐地发现了其中所包含的格术光学思想，并由此阐发了成像现象最基本的共性。他读《梦溪笔谈》中的“红光验伤”条目，一眼就看出了古人做法中的科技内涵。这样的学术洞察力，确实让我们望尘莫及。

李先生喜欢引用《易经》的“形而上者谓之道、形而下者谓之器”的说法，来区分科学史研究中的实证研究和思想辨析两个不同层面。在先生的心目中，这两个层面没有高低之分。我在先生 80 华诞庆祝仪式上对先生的评价是：道器两精。就“道”的层面而言，先生对中国传统思想的探究并由此引申到对思维和社会普遍原理的阐发，多为传统史学和哲学没有注意到的大问题，常常让人有振聋发聩的感觉。例如，先生通过对古文“機”的溯源，发现古文“機”是信息和控制的概念词，提出了“机发论”的思想，使这一影响了中华民族两千多年的重要思想得以重见天日。此外，先生还提出了“信息是物质存在方式”的学说，总结出了中国古典哲学六大论：合异论、混一论、玄始论、机发论、神生论、仁教论，在此基础上创立了“科技文化学”。如此等等。在当代的哲学家中，鲜见有如此之论者。先生的思想确实是卓尔不群。

万：李先生的“道器两精”“卓尔不群”在2014年80华诞庆祝座谈会上与会者形成共识。

关：就“器”层面（也就是科学史的实证研究）来说，李先生的工作，也是我们望尘莫及的。先生最初介入科学史研究，是从研究沈括开始的。在研究《梦溪笔谈》所提漏刻精度问题时，先生在十分简陋的条件下，自己动手做实验，不但证实了沈括浮漏可达每昼夜误差小于20秒的精度，从而证明在惠更斯发明摆钟之前，中国的水钟漏刻是世界上最精密的计时器，而且还从实验结果意外发现了一个前人没有想到的因素，就是沈括漏壶的漫流壶中水的表面张力随温度变化可以调节水压，从而补偿了黏滞性对漏壶流量的影响。先生的这一石破天惊的发现，完全解释了沈括漏壶之所以会有那么高的精度的原因，除了对沈括漏刻的研究，先生对张衡候风地动仪工作原理的推测和复原方案的设想、对张衡水运浑象的复原考证、对梁令瓒黄道游仪的考证和复原、对苏颂韩公廉水运仪像台的复原考证尤其是对其关键结构即李约瑟所云之擒纵器原理的解说，都让人耳目一新而又心悦诚服。

我的硕士论文是在李先生指导下完成的。硕士毕业后，我在中国科技大学继续读科学史的博士学位，师从钱临照教授。在钱、李两位恩师的指导下，完成博士学业。

钱临照先生是中国科学院资深院士，在晶体物理学方面成就斐然。同时，他还是中国科学技术史学会首任理事长、中国科技史领域《墨经》研究的开拓者。他对《墨经》中的光学、力学条目的研究，迄今在中国科学史研究领域仍然具有示范性意义。钱老治学严谨，对学生很有亲和力，同时又严格要求，以理服人。我有一篇讨论《墨经》凹面镜条目的文章，对条目中的“中”这一概念的理解与先生有所不同，先生专门把我喊去，摊开了一桌子的书跟我讨论。先生对学术认真的程度，给我留下了很深的印象。记得有一年暑期，我到钱老家里讨论毕业论文，进门后见老人坐在阳台上，一手拿蒲扇，一手拿着我的毕业论文，正在仔细批改。此情此景，我现在还记忆犹新。

在求学阶段，能够遇到李先生、钱老这样的老师，真是三生有幸。

万：李先生也因为学生们很有成就而感到自豪和欣慰。您在李先生的影响下对中国古代物理思想也很有研究，从《中国古代物理思想探索》这部著作中就可以看出您做了不少钩沉和阐发。请您也详细谈谈这方面的成就和体会。

关:《中国古代物理思想探索》一书，是在我的同名博士学位论文基础上完成的，1991 年由湖南教育出版社出版。当时选这个题目做博士论文，压力还是很大的。首先是中国古代有没有物理学，这个问题是有争议的。如果没有物理学，何来物理学史？何来物理思想史？对此，我的理解是，“物理”这一概念，古今含义不同，有一个演变过程。中国先秦时期提出过“万物之理”的概念，古希腊亚里士多德著有《物理学》一书，该书所言之“物理学”，意味着对所有自然现象的研究，与中国人所说的“万物之理”颇有相似，人们在研究自然现象的过程中，因为研究对象的细化和研究方法的不同，逐渐分化发展出了不同的学科，形成了今天我们所说的物理学、化学、生物学等。我们今天在回顾科学发展的历程时，也需要对古人各种各样的知识进行整理、分类，加以阐释，给予评价等，这就需要有一个描述框架和参照。当我们用今天所说的物理学的知识体系作为参照时，我们的研究，就构成了物理学史的内容。从学理上说，物理学的含义不是一成不变的，它是从古代慢慢发展演变过来的，物理学史研究的任务，是要说明这一演变过程，而不是去论证古代也有类似今天的物理学的存在。曾有人主张按古人的知识结构、知识分类体系来撰写科学史，目的是要避免用现代知识解释古代学术。这种主张从实践上迄今未见到有成功的代表作问世，在学理上也是站不住的，因为如果严格按照其理念行事的话，史学研究最终将只能原封不动地复印古书，甚至连加个标点符号也是不应该的，因为即使只加个标点符号，也是掺杂了当今知识的结果。

虽然从学理的角度，开展对中国古代物理思想的研究没有问题，但真正动起手来，还是面临许多问题。首先，研究古代物理思想，不能不涉及时空观，而当时兰州大学刘文英教授刚发表了《中国古代的时空观念》长文，既系统又深刻，这使我的研究一开始就面临一个很高的门槛。为此，我耗费了很大的精力来写这一部分。我的做法是，从原始文献着手，一条一条地分析解读，努力从古人的立论依据着眼，读出其内在的思维逻辑。这样一番努力，居然真被我读出不少新意，除了完成了博士论文，还顺带发了一些文章。

我对中国古代物理思想的研究，容易引起学界不同意见的，大概是对古代光学思想研究的那一部分。我的硕士学位论文做的是《方以智科学思想之研究》，在读方以智的《物理小识》时，在其对光的本性的论述中，发现了方以智是这样定义光的："气凝为形，发为光声，犹有未凝形之空气与之摩荡嘘吸，故形之用，止于其分，而声光之用，常溢于其余。气无空隙，互相转应也。"① 李志超老师在看了这段材料以后，断定方以智描述了一幅光的波动图景，这种波动图景不是现代光学的波动说，而是建立在方以智"气一元论"学说基础上的一种原始的波动说。为了与现代科学所说的光波动学说相区别，李老师建议把方以智的光波动学说称为"气光波动说"。李老师要我沿着这个思路继续探索。根据李老师的思路，我继续在《物理小识》中寻觅，很快发现了方以智的"光肥影瘦"学说讨论了光走曲线问题。"光肥影瘦"说的核心内容，是说光在传播过程中，总会向障碍物的阴影处侵入，使有光区扩大，阴影区缩小。方以智不但提出了这一概念，还专门做了针孔成像实验，力图证实他的理论。"光肥影瘦"说描述的图景，与今言之"衍射"本质上颇为相似。这样，方以智的光学理论就成体系了：它有自己对光的定义，有在其独特定义基础上推论出的光的传播方式，有运用这一理论对一些自然现象的解释，还有对这一理论相应的实验验证——尽管按照现在的认识，其实验验证并不能算是成功。当时分析出这样的内涵后，我很兴奋，也得到李老师的认可。在写文章时，因为担心被别人说是对中国古代科技的"拔高"，我试图不用"衍射"，改用"绕射"，后来钱老提出异议，说那样做没有必要，因为绕射就是衍射。钱老说他们当年审订科学名词翻译时，Diffraction 一词一开始是被译为"绕射"的，后来再三推敲，最后确定为更文雅的"衍射"。所以，没有必要因为要避嫌而采用"绕射"这个词。

不过，文章写成后，发表并不顺利，《自然科学史研究》就未能通过。大概是李先生和我的提法太超前了，审稿人不能接受。后来，几经曲折，1987年，一家科普杂志《光的世界》刊登了李先生和我的文章《明末学者方以智的光波动学说》，更正式的文章一年后以《〈物理小识〉的光学——气光波

① 方以智. 物理小识，卷一，光论［Z］.

动说和波信息弥散原理》为题，发表在上海的《自然杂志》上。写博士论文时，我将这一部分充实细化，放到了博士论文里面。

一些学者不接受我们对方以智光学思想这样的判断，理由大概有两个，一个是说方以智的光波动说没有波长、没有周期这样的概念，这叫什么波动说？另一个是说方以智的“光肥影瘦”根本没有提到衍射条纹，他所做的针孔成像实验也看不到衍射条纹，怎么能说“光肥影瘦”概念与今言之衍射有相通之处？实际上，这些说法都是似是而非的。波是扰动或物理信息在空间上的传播，波长和周期并非是波的本质特征，单个的脉冲波就没有波长和周期。这涉及对波这个物理学概念的把握。至于方以智的“光肥影瘦”学说，那是他在其“气光波动说”基础上推论出来的，是一种理性构造，不是观察所得。这正体现了其理论高度的逻辑一致性。方以智试图通过实验和观察去证实他的猜想，这样的做法是可取的。我们不能因为他没有提到衍射条纹，就否定了这个概念的内涵。方以智在《物理小识》中，是把光与声相提并论的，认为二者以同样的方式发生和传播，没有人怀疑方以智对声的认识是一种朴素的声波动学说，为什么对于具有同样形态的方以智光学理论，就不愿意承认它是一种波动学说呢？当然，方以智的光波动说与当代科学所说的光波动说，完全不是一回事，二者也没有任何渊源关系，但我们不能由此认为他描述的光的产生和传播图景不是波动图景。

我的博士论文涉及不少这样的问题，除了方以智气光波动说，还有中国古代有没有原子论的问题、张衡的“闇虚”概念、古代的测量学说、误差理论，等等。对这些问题，我的做法是将讨论的具体问题放在古代大的知识背景上，看我们对该具体问题的解释与当时的大知识背景是否相容。就拿张衡的“闇虚”概念来说，张衡在《灵宪》中解释月食发生原因，说：“夫日譬犹火，月譬犹水，火则外光，水则含景。故月光生于日之所照，魄生于日之所蔽，当日则光盈，就日则光尽也。众星被耀，因水转光。当日之冲，光常不合者，蔽于地也，是谓虚。在星星微，月过则食。”只读这段话，很容易得出张衡已经正确认识到月食成因的结论，即月食是由于地球遮蔽了日光，月亮进入了地球的阴影所致。但是，如果考虑到当时的知识背景，张衡的《灵宪》是用阴阳学说解释宇宙问题的，天为阳、地为阴，天圆地平，地的尺度可与天相比，比日不知道要大多少倍，这样的大地，其背向太阳透射的影子，将是一个巨大的扇形，太阳进入这个扇形区域，就会被遮蔽，不可能仅仅是在“当日之冲”的位置才发生月食。在发现这样的矛盾之后，再细致推敲张衡文章原意，就能发现现行解释的不合理之处，从而提出新的解释。

万：您对中国古代物理思想的探索之所以有独到之处，是因为能深入思考，不仅重视形而下的具体研究，而且重视形而上的哲学思辨。譬如对于方以智的“质测”与“通几”概念异同的辨析，就比较到位。

关：我对这两个概念的辨析，与硕士学位论文有关系。我比较重视对概念的厘清，认为概念是讨论问题的出发点和归宿，治学应该首重概念。我是在跟随志超老师和钱老学习过程中，逐渐形成了这样的认识和习惯。在读方以智的《物理小识》《通雅》等著作时，接触到了“通几”和“质测”的概念，检索前人研究基础时，发现学界对这两个概念评价很高，这引起了我的注意。

在《物理小识》的《自序》中，方以智给出了“通几”和“质测”这两个概念的定义：“寂感之蕴，深究其所自来，是曰通几；物有其故，实考究之，大而元会，小而草木螽蠕，类其性情，征其好恶，推其常变，是曰质测。”在其另一部著作《通雅》的《文章薪火》篇中，方以智进一步说到，“考测天地之家，象数、律历、音声、医药之说，皆质之通者也，皆物理也。专言治教，则宰理也。专言通几，则所以为物之至理也。”考究方以智的思想，他认为学术可以分为三种，一种是探究“物理”，这是质测之用；另一种是探究“宰理”，即治国之道；再就是“通几”，意在探讨“所以为物之至理”。

因为方以智认为“通几”的功能是探究“所以为物之至理”，这与学界所认为的哲学是研究物质根本规律的说法颇为相似，所以，“通几”是哲学；“质测”研究的对象是“万物之理”，在研究方法上还要“类其性情，征其好恶，推其常变”，这与科学的任务和研究方法是一致的，所以“质测”是科学。在二者的关系上，方以智说，“质测即藏通几者也”，“通几护质测之穷”，于是，这就与现代所说的“科学中蕴藏着哲学，哲学指导科学研究”的说法相一致了。在对哲学和科学关系的认识上，方以智居然达到了现代人所认识的高度，这无疑是令人鼓舞的。

但是，我对学术界的这一评价并不认同。这一方面是由于我在读科学史的研究生以后，受方励之教授“哲学是物理学的工具”说法的影响，不认同“哲学指导科学研究”的说法。因为哲学和科学是不同的学科，它们所遵循的规则、所追求的目标、所使用的方法乃至各自的价值判断，都不一致，因而很难用一个学科所得到的结论去指导另一个学科的研究。在科学史上，倒是不乏科学进步导致哲学理论更新的例子。在实践中，科学是走在哲学前面的。另一方面，方以智所说的“通几”“质测”，其原意究竟是什么？与现在我们理解的科学和哲学的意义是否一致？这是需要仔细推敲的。

万：疑似之迹，不可不察。

关：要推敲，就要把这些概念放在大的历史背景演变上去考察。就“通几”来说，其核心在“几”这一概念上。在中国，“几”的概念，在先秦就存在了，《易经》中就提到了这一概念，意指事物变化发生前出现的细微征兆，把握了这些征兆，就可以“以微知著”，预知事物运动变化趋势。方以智一家从其曾祖父方学渐起，四世传《易》，自然对“几”的概念不陌生。非但如此，方以智还发展了这一概念，认为“几”不但存在于变化发生之前，而且存在于整个运动过程之中，是把握物质运动的关键。他认为，物质世界处于永恒的运动变化之中，每一变化发生之前及发生过程之中，总有些细微东西存在，它们体现了物质运动趋势，主导了物质运动发展方向，这就是“几”。“几”虽微小，却很重要，掌握了“几”，就把握住了物质运动根本，这是“所以为物之至理”。方以智所谓的“通几”，含义大致如此。如果要用现代学科概念去归类，大概属于方法论的范畴，还不能完全等同于哲学的概念。哲学的含义，比“通几”大得多，可以说“通几”是一种哲学活动，但不能简单地认为它就是古代哲学，这里边存在着大概念和小概念的差异。

至于“质测”，就不一样了，放在当时的历史背景下去看，明朝末季，西方传教士进入我国，随之也带来了令中国士大夫耳目一新的西方科学。这些科学因其超胜于中国的传统科学，难免要引起一些中国学者的兴趣，在研习汇通之余，对其本身加以思考，认识到这类学术活动与中国传统学术主流有所不同，需要为之起一个专有名称以示区别，这也是势在必行。这一任务由方以智完成了。细致分析方以智对“质测”的种种解说，不难得出这样的结论。

说了这么多，归根结底，对古代的概念，应该实事求是地去分析古人的真正含义，从而对之做出恰如其分的评价，而不是简单地用一些现代学术术语套上去，以为这样就是研究了。这是我的切身体会。

万：您的母校——中国科学技术大学张秉伦教授也是思想活跃、求真求实的一位导师，在中国台湾学者刘广定先生从理论上对鲁桂珍和李约瑟的“‘秋石’性激素说”提出质疑后，张秉伦教授指导他的研究生对5种具有代表性的秋石方进行了模拟实验研究和理化检测分析，否定了鲁桂珍和李约瑟关于“秋石”是性激素的说法。张先生这种理性怀疑的科学精神无疑对中科大科技史专业的学生产生了深刻的影响，您也发扬了理性怀疑的科学精神，先后发表了《纠谬正说权衡度量》《中国科学史研究中的历史误读举隅》《析

〈墨经〉之凹面镜成像实验——“中”是焦点而不是球心》《中国古代存在过原子论吗》等一系列论文，以及《推荐一部与我观点不尽相同的物理学史著作》的文章，可谓“树碑与毁庙并存”，真实反映了您“治学取向向往兼容并包”，“唯以取得合理解释为追求”的特点，给同道以深刻的印象，本人对此也深表钦佩。

关：所谓“树碑与毁庙并存”，实际是体现了我对科学史研究中两种倾向的不满。一种倾向是对古人的顶礼膜拜，从树立民族自信心的美好愿望出发，不自觉地把古代一些原始的认识，说成是与现代观点一致的思想。对这样的庙宇，还是将其毁弃为上。例如，《左传》中曾经提到，“陨石于宋五，陨星也”，说陨石是天上的星星落到地上的结果。学界据此认为中国人早在先秦时期就认识到陨石是天上星星掉下来的，正确揭示了陨石形成原因。相比之下，西方由于受到古希腊天界是完美的思想的影响，不承认陨石是从天上掉下来的，直到 1768 年，拉瓦锡考察此问题，还说陨石的形成是由于“石在地面，没入土中，电击雷鸣，破土而出，非自天降”①。这样一比较，很容易得出结论说，中国古人很早就对陨石形成机制有了正确认识，远远走在了欧洲人的前面。

但是，如果考察一下古人对陨石成因的认识，就会发现，古人对陨石之所以会坠下，是以天人感应学说立论的。古人认为，天上的繁星，与地上的万民相应，民众安居乐业，星星就附天不动；国家治理混乱，民众颠沛流离，星星就会脱离天穹，坠落地面，以此昭示上天对统治者治理国家效果不彰的不满。而现代科学对陨石形成原因的认识，则是说在太阳系行星际空间，飘浮着大量太空物质，当它们与地球接近时，受地球引力作用而奔向地球，其中大部分与地球周围空气摩擦燃烧，形成流星，燃烧未尽的，落到地球上，就是陨石。古人没有行星际空间的认识，他们在天人感应思想支配下所说的星，只能对应恒星，而恒星无论如何是落不到地球上来的。也就是说，中国古人对陨石形成原因的认识，与西方古代一样，无论如何都远远偏离了事实真相。

另一种倾向则是盲目崇拜当代科技，认为古人的那些东西不值一提，视古人丰富的创造力和令人叹为观止的思维成果如不见。前面提到的方以智的“气光波动说”的遭遇，就是一例。对此，我们当然要以实事求是的态度，客观地揭示古人取得的成就，揭示历史本来面目，这就是我所谓的树碑。古

① 中国天文学史整理研究小组. 中国天文学史［M］. 北京：科学出版社，1987：147.

人确有大量成果，令我们叹为观止。例如，他们对计量重要性的认识、对度量衡标准器在计量中的地位和作用、对度量衡标准器的设计和制作，等等，无不体现了他们的睿智才华。在我已有的成果中，有不少文章都是属于阐释这方面的内容的。

所谓“唯以取得合理解释为追求”，是我自己治学的一种方法。古人的那些思想、那些创造，不是凭空产生的，它们其来有自。做科学史研究，未必一定要给古人的认识以是否符合现代科学知识那样的评判，我们的目的是要真正认识古代的科学技术，这就不能不从探究古人的思想和创造背后的那些原因出发，分析其思维逻辑。要多问一个为什么，思考古人为什么会有这样的认识。这样一问，说不定就能问出一片新天地。例如，西汉扬雄在其《太玄·摛》篇中，“察性知命，原始见终”，探究生命本原、万物终始问题，得出了“阖天谓之宇，辟宇谓之宙”的认识。他所说的“宇”指的是空间，“宙”指的是时间，这就是说时间是有起始的，时间开始于天地开辟。对扬雄的这一观点，传统的评价认为这是一种唯心主义的时间观念，因为如果时间有起点，就必然有起点之前的问题，而时间有起点的说法，又不能承认起点之前还有时间，这就必然导致是神、上帝等超自然因素创立了时间的认识。这样的时间观，当然是不可取的。

但是，如果我们问一声，扬雄为什么会提出这样的时间观，他的思维逻辑是什么？也许就会得出不一样的认识。我们知道，扬雄没有用超自然因素来解释自然的习惯，他把时间起点定位于天地开辟的时刻，是因为在此之前，宇宙是混沌不分的，缺乏有序运动，在那种状况下，无从产生有效时间概念。他在《太玄·莹》篇中说，“天地开辟，宇宙拓坦”，更清晰地表现了这种思想。这是对时间概念本质的更深刻的认识。

要对历史现象取得合理解释，除了要多问一个为什么，还要把所论对象放在当时的历史背景上去考量。我多年前写过一篇散论，其中提道：历史是复杂的，在讨论历史问题时，要具体问题具体分析，不能简单从事。要学会用历史的观点看待历史，这不但有助于我们正确理解历史，而且也会增加我们看问题的宽容性，培养我们的历史意识，有助于我们正确地理解现实。河南省巩义市有一旅游景点，名为康百万庄园，内有一副对联，可为治史准则。该对联为：

读古人书须设身处地一想　论天下事要揆情度理三思

该联言简意赅，应该成为我们治学的座右铭。

万：您对天文学史也有所涉猎，例如您对“地中”概念的阐发就令人印象深刻。

关：天文学史与物理学史从来是有重合的，不管在西方还是在中国，都是如此。由此，研究物理学史，必须关注相应的天文学内容。学者研究问题，不能自我设限，不管是天文学史还是物理学史，只要有心得，都应该去探究。我对“地中”概念的讨论，就是这样得来的。

中国古人在很长一段时间里，没有地球观念。他们认为地是平的，其大小是有限的，这样大地表面必然有个中心，他们称其为地中。显然，地中观念是错误的，它不符合自然界的实际。也许正因为如此，科学史界过去对之关注不够。但地中概念又很重要，它在中国古代天文学发展的重要节点上几乎都发挥了作用。例如，汉武帝时的太初改历，就有“落下闳为汉孝武帝于地中转浑天”事件的发生[①]；唐代一行接受唐玄宗诏令进行天文大地测量，其目的居然是“求其土中，以为定数”[②]；元代郭守敬进行规模巨大的“四海测验”，在传统所认定的地中处建高台测影，其测影台存留至今，成为古代天文学发展的实物见证，成为中国国家名称缘起的实物见证。类似的例证比比皆是。显然，研究中国科学史，地中是一个绕不过去的历史概念。出于这样的考虑，我对地中概念做了探析，发表了六七篇论文，引起了学界的注意。2010 年，我国以“天地之中”的名称为河南登封嵩山的一组历史建筑群成功申请到世界文化遗产称号，其中的“观星台”遗址的学术支撑就是我的那几篇文章。

万：自 1995 年以来，您对科学技术史的功能分析研究日渐深入，发表了多篇论文，特别是 2012 年在上海交通大学学报上发表的《通识教育背景下的科学史教育功能探析》一文，提出科学史课程是“通识教育不可或缺的核心课程”的论断，论述有理、有力，非常到位，发人深省。

关：我对科学史教育功能的认识，有一个演变的过程。最早是在中科大读研究生时，因为学了科学史，自然要问科学史有什么用这一问题。对这个问题思考的结果，是 1995 年在《大自然探索》杂志上发表的《科学技术史的功能》一文。没想到我早年发表的这篇习作，还被您注意到了。

博士毕业后，我到郑州大学任教，后来当上了郑州大学文博学院院长。在这样的岗位上，不能不思考跟教育有关的事情。自己的专业是科学史，这样很自然就想到了科学史的教育功能。同时，对这一问题的关注，也伴随着

① 隋书·天文志上［M］.

② 新唐书·天文志一［M］.

一种危机感而不断深入。科学史学科要兴旺发达，首要问题是要后继有人，做到这一点的前提是其培养的研究生要有出路。科学史研究生的出路，与科学史学科的功能有关。

科学史确实有其独到的社会功能。它本身兼具文理学科特质，是跨越当今社会高等教育因文理分科而导致的思维鸿沟的最佳桥梁。在普及人文教育、拓宽科普渠道、培养历史意识等方面，科学史也具有其他学科难以替代的作用。充分发挥科学史的社会功能，对当今社会的人才培养，大有裨益。为此，不能不重视科学史的教育功能。

1999 年，刘钝、廖育群诸公在北京香山组织了一个科学史发展战略论坛，我也有幸与会，在论坛上提出了上述观点，获得与会诸公共鸣，也成为科学史学科的共识。进入 21 世纪以后，历届的科学史教学会议，都会围绕如何发挥科学史在高等学校人才培养中的作用的议题展开讨论。这充分反映了科学史界对科学史学科教育功能重要性的认识。

香山论坛后，我在从事科学史研究的同时，也在继续思考科学史的教育功能问题。2000 年，在《光明日报》上发表了《关注科学史教材编著》一文，深入到了科学史教材编写问题。之后，又发表了一些文章讨论这个问题。您提到的《通识教育背景下的科学史教育功能探析》一文，是我介入通识教育后对科学史教育功能进一步思考的结果。

万：您之所以有这样透彻的认识，是因为您对什么是通识教育进行了辩证思考，在上海交通大学新闻网“学者笔谈”栏目中，您另辟蹊径，诘问“通识教育不是什么？”从另一个角度，加深对通识教育的理解。您认为通识教育不是博雅教育，也不是通才教育，更不是专业教育，当然也不是专业教育的对立面，而是用以引导学生在生活中作为一个负责任的人和公民首先应该接受的那部分教育，参考哈佛大学 2007 年通识教育的课程体系，由 8 个学科领域组成，分别是：“审美和阐释的理解、文化和信仰、实证推理、伦理推理、生命系统科学、物理世界科学、世界中的诸社会、世界中的美国。同时，担任这些核心课程的师资都是一流学者。哈佛大学要求学生必须在这 8 个领域中各选修一门课，每门课不低于 1.5 个学分，在一个学期内修完。”所以作为上海交通大学通识教育指导委员会主任的您，认为“通识教育课程体系应经过设计，其内容要有选择”。科学史作为通识教育的核心课程之一是题中应有之义。

关：我介入通识教育，有一个渐进过程。在思考科学史的教育功能的过程中，逐渐接触到通识教育，开始对从更广泛的角度看待本科教育的教学体系问题产生了兴趣。这中间有些机缘促成了我对通识教育的了解。2007 年，上海交通大学要接受教育部的本科教学评估，在迎接评估的准备阶段，主管教学工作的印杰副校长点名要求我参加学校自评报告的定稿工作，这使我有机会对上海交通大学整体教学工作特点有了了解。评估工作结束后，学校组织一批中层干部赴美国考察本科教学工作，我也随团前往。那是一次认真的考察，跑了不少大学，认真听报告，学到了不少东西。考察结束后每人要提交一篇考察报告，我则受命执笔全团的考察报告。完成这样的报告虽然花费了不少时间，但也值得，因为由此了解了美国大学教育尤其是通识教育的状况，为后来上海交通大学的通识教育改革做了一些知识储备。

赴美考察结束后，学校决定推行通识教育，我也因缘际会介入其中。要推进通识教育，首先面临一个选择问题，因为在全世界范围内，没有一个通用的通识教育模式。在美国，哈佛大学的通识教育与芝加哥大学的通识教育就不一样。在国内，北京大学、清华大学、复旦大学等也都不同程度地在推进通识教育，但它们的做法各不相同。那么，上海交通大学应该采取什么样的通识教育模式呢？我们经过分析，认为应该从通识教育的本义出发来设计通识教育。通识教育的本义是要培养 21 世纪负责任的社会公民，这样的社会公民的知识构成应该有其基本的要求，我们首先要弄清这些基本要求是什么，据此设计相应的课程，来实现我们的教育目标。所以，通识教育的课程体系必须是经过设计和遴选的，不是简单开些文史课程就叫通识教育。在设计方法上，上海交通大学的通识教育课程体系设计采用的是目标倒逼方法：首先厘定教育目标，将其分解，用倒逼法设计课程体系。我们经过分析，认为哈佛大学的通识教育体系对上海交通大学有比较大的参考价值。我自己还申请到了上海市教委一个重点项目，对哈佛大学最新一轮通识教育课程体系改革进行研究。您提到的《通识教育不是什么？》那篇文章，就是我对通识教育与博雅教育、通才教育、专业教育等的关系思考后的一些认识。通识教育没有一定之规，我的那些说法，只是自己的一孔之见，供同道们品头论足之用吧。

万：1999 年上海交通大学成立了中国第一个科技史系，您是创始人之一，经过多年的努力，如今已发展成为科技史研究院，可谓筚路蓝缕，真是不容易，请您谈谈体会。

关：上海交通大学科学史系的创始人是江晓原教授，是晓原兄筚路蓝缕，从零开始创建起来的。上海交通大学科学史系成立于1999年，创系元老还有孙毅霖、钮卫星等。我是在晓原兄的努力下，于2000年加盟这个队伍的。科学史系一开始是在人文学院里面，是人文学院力量最强的学科队伍。成立十年后，在大家的努力下，也是机缘巧合，2009年，我们成立了直属学校的科学史与科学文化研究院，在科学史学科的建制化方面，再次迈出了一大步。江晓原教授是研究院的院长，是学科的带头人。我和研究院其他同事一道，也为这个集体的发展做了一些事情。

具体到我们的一些做法，首先是要注重内涵发展，不赶时髦，不随着各类指标起舞。由于教育行政化尚未得到根除，各级教育行政部门总习惯于以各种指标考核教师、考核单位。对之完全置之不理，也不现实。但若被指标牵着鼻子走，则是完全不可接受的，因为那样会丧失自我，埋葬学术。在教育上，内涵建设永远是第一位的。实际上，只要实实在在按学科发展规律办事，指标自然也会上来。其次，就是要潜心营造学术氛围。对年轻人来说，学问是熏出来的，这个熏，是学术氛围的熏。没有学术氛围的单位，培养出来的只可能是市侩，学术永远也上不去。这里我举一个例子：2005年，上海交通大学科学史与科学哲学系的研究生创办了第一届“两至会议”（即冬至会议、夏至会议）。会议坚持“自由开放”的传统，由学生来组织筹办，报告的主角也是学生，教师担当点评拍砖的角色。这样的会议追求学术至上，一开始就得到了师生的认可，我们就鼓励支持它持续办下去，迄今已经坚持了十多年，逐渐形成了自己的品牌与特色，吸引了海内外科学史研究机构学者和研究生的热情参与，获得广泛好评。再次，还要努力营造和谐氛围。这一条的重要性毋庸多言。我们的做法是：①尊重教师，成人之美。首先要尊重教师个人切身利益。一个单位如果没有对个人的尊重，没有对个人利益的重视，在21世纪的今天，要发展得好，是不可能的。小河有水大河满，氛围和谐，大家心情愉快，没有内耗，自然就容易把业务做好。当然，要达到这一目标并不容易，要互相包容，互相理解，多做沟通。在队伍的遴选上也要谨慎。②对学生精心打磨，精雕细琢，形成以批评为主的关爱氛围。国内科学史学科没有本科专业，就科学史的人才培养来说，主要就是研究生教育。研究生是要做研究的，所以要培养他们的研究习惯。这首先要有一个做学问的氛围，使学生在好的氛围中成长。做学问就得求真务实，如果发现学生学问有做得不到位的地方，当然需要雕琢打磨，这就是所谓的玉不琢不成器。为此，我们特别注意营造一种氛围，使学生觉得自己既是导师的学生，更是研究院的学生。在学术活动中，我们对学生点评和批评不分彼此，一视同仁，从不考虑其导师是谁，是否应该有所顾忌。习惯成自然，导师们也都很喜欢这种做法，因为这样可以集思广益，对培养学生是有利的。对学生的关爱，实际是有利于教师间的沟通的。

经过这么多年的努力，上海交通大学科学史学科获得了同行的认可，我们回顾过去，自己也感到欣慰。借此机会，我们还要向全国的同行表示感谢，感谢大家的捧场和支持。愿我们共同努力，推进中国科学史事业的发展！

万：非常感谢您用了这么多时间接受我们的访谈，今后有机会再深入交流。再次向您深表谢意。

老骥伏枥　志在编史*

——访周嘉华

万辅彬 / 问，周嘉华 / 答

编者按：周嘉华先生原籍浙江，随家人在广西壮族自治区长大，并毕业于广西大学。几乎每年都回原籍看望家人，也顺便多次来广西民族大学讲学。是化学史和酿酒史家，曾任中国科学院自然科学史研究所科研处长和中国科技史学会秘书长，独著、合著40余种专著，发表论文50余篇。他也是个很有故事的人，本刊早就想做他的访谈，他很谦虚，坚持“往后排”，终于在2015年接受访谈。这篇访谈是“一杯酿了很久的美酒”，欢迎大家“品尝”。

万：周嘉华先生，听说你退休至今，依然很忙，成果累累。做到了老有所为，过得很愉快。

周：是的，从2002年退休以来，课题不断，总是有点事可做。刚退休时，忙于还“欠债”。一是我所承担的，2000年被列入“中国科学院知识创新工程项目”的《中国近现代科学技术史研究丛书》中的《永利与黄海》一书的编写。这本书是由化工部大连化工研究设计院编审陈歆文和我两人编写。陈先生是长期从事中国近现代化工史研究的专家，是著名的侯德榜研究专家。这本书由山东教育出版社于2006年出版。之后，我又继续完成我所承担的，被中

---

*　收稿日期：2015-11-11。

作者简介：万辅彬（1942—　），男，安徽省繁昌县人，广西民族大学教授，原学报（自然科学版）主编，中国科技史学会理事。周嘉华（1942—　），男，浙江省瑞安市人，中国科学院自然科学史研究所研究员。

国科学院正式立项为“九五”重点项目“中国传统技术研究”的两个子项目：《中国传统工艺全集》（简称《全集》）和《中国古代工程技术史大系》（简称《大系》）。在《全集》中，我和轻工部高级工程师包启安合作完成《酿造》卷的编写。包启安先生长期从事发酵技术，特别是调味品的科研和生产管理，是我国这领域的著名专家。该书已于2007年由河南省的大象出版社出版。在《大系》中，湖北省文物考古研究所研究员后德俊和我共同合著《中国古代日用化学工程技术史》。后先生写漆器、玻璃，我写盐、糖、酒、醋，该书于2011年由山西教育出版社出版。从2006年开始，我又参加了由文化部主持的国家非物质文化遗产第一、二批国家名录评审工作。借此机缘，我加强了对自己熟悉的领域内非物质文化遗产——传统手工艺的调研工作，跑了许多地方和企业，考察了众多知名项目的历史与现状，收集并整理了相关资料，帮助完成了十几项申请项目的资料整理和审定的工作。有了这些新的资料，加上原先的研究基础，我和我所的李劲松、关晓武及北京师范大学的朱霞共同承担了《中国传统工艺全集·农副畜矿产品加工》一书的编写。这本书经过近6年的努力，已于2016年3月由大象出版社出版。2011年，化工界几位同人和我一起建议：在筹建中国化工博物馆的同时，应该编写一套《中国化工通史》作为建馆的基础建设。这一建议得到中国化工集团公司的重视和支持，并为编写工作创造了条件。经过大家3年的努力，终于在2014年交出了第一批成果，由我主笔的《中国化工通史·古代卷》及参与写作的《中国化工通史·行业卷》就是这批成果之一，并由化学工业出版社于2014年8月出版。计划中还要编辑《人物卷》《企业卷》《区域卷》《数据卷》等，尚待努力。近3年，又应出版社之约先后完成了《中国传统酿造：酒醋酱》（国家十二五规划重点图书），已由贵州民族出版社于2014年7月出版，已完稿的《大众化学化工史》，已由山东科学技术出版社于2015年8月出版。应“自然国学丛书编委会”之约完稿的《酒铸史钩》，已由深圳海天出版社于2015年7月出版。已修订完稿的《文物与化学》（第二版），也将由文物出版社出版。总之，这12年内完成了专著9种，论文及其他合作文章10多篇。

万：许多人退休了，就放下手头的工作，过着逍遥自在的休闲生活，并认为这种无负担的生活很惬意。你却不一样，有什么不同想法？

周：在我们研究所，像我这样“退而不休”的研究人员很多，例如华觉明、戴念祖、郭书春、陈久金、宋正海、董光壁、杨文衡等，席泽宗一直忙到81岁。当然，他是院士，不退休，2008年突发脑出血过世，是忙死的。华觉明今年（2015 年）也 82 岁了，现在比我还忙。这大概是与职业有关。对于过好退休后的晚年生活，每个人都会根据自己的生活环境、身体条件、个人志趣做好自己的安排。不可能再像上班时，有社会的分工、个人的职责及组织的督促。因此，只能是因人而异，各取其乐。我是个书呆子，不太爱动，每天都喜欢看点书报，现在则每天都要扒在电脑前看上几小时，从书中寻乐。除了解天下事，使自己不脱离社会外，还可以增知识长见识，使自己不落伍，大脑得到不断地运动，可能就不容易得老年痴呆。这种生活不虚度时光，就显得有质量了。做点自己喜爱的力所能及的研究，是一举多得的好事。每当完成一项研究，取得一点成果，自己也会喜不自禁，提高了生活的乐趣。更何况，还有一个职业特点的缘由，即从事科技史研究是需要长期、大量的资料积累，掌握了资料才可言此论它，才有发言权。掌握资料愈多，研究愈深入，对一个问题的认识就愈充分，讨论中才能做到有眼有板，言之凿凿。再加上我们过去收集和积累的许多资料需要斟酌或更正，要么还需要补充发掘，以求取得更深更准确的认识；要么还需要进一步消化理解，获得更科学的认识。总之，过去的许多课题研究需要，也有可能继续深入研究；过去研究的成果也需要深化或扩展。正是基于这种认识，我在退休之后，在休闲养生的前提下，随心所欲，力所能及地做点课题研究，成为生活中一项快活的点缀。

万：你刚才讲有关退休生活的思考和安排，包括了对自己退休前的科研工作的总结和补充。请您进一步发点感慨，谈谈退休后积极养生的认知。

周：好的，退休之后，生活上不愁吃不愁穿，没有压力。闲暇之际，总会对自己过去的往事进行回顾与思考。在这种反思中，往往会发现一些生活的真谛。例如，我这辈子从事的事业究竟如何？有什么价值？活得值不值？这可能是许多老人都会思考的一个问题。我是 1964 年广西大学化学系毕业，当时我们都是坚定地表示：绝对服从组织分配。因此，对自己将从事的事业是没有预见的。系里宣布我被分配到新建设杂志社（实际上是搞错了，当我到北京的新建设杂志社报到时，才告诉我，我应该去中国科学院中国自然科学史研究室报到。当时这两个单位同属于哲学社会科学部）时，我还不知道我将干什么。来到北京，到了位于深宅大院——九爷府（即孚王府，清朝咸丰之弟孚王的宅院）里的中国自然科学史研究室报到后，才发现这是一个仅有数十人的小小研究单位，并知道自己要研究历史了。学理科的，研究历史似乎有点转行，但看到同来的 14 位同事都是理工科，心里稍安。我们这批人可能是建室（所）以来最大一次扩容。三位研究生，他们是华觉明（清华大学1959年毕业，导师是中国历史博物馆的王振铎先生）、陈美东（武汉测绘学院毕业，导师是北京大学叶企孙先生）、许传松（南京大学毕业，导师是北京大学侯任之先生），大学生：陈久金、刘金沂（南京大学）、戴念祖、林文照（厦门大学）、刘子央（河南大学）、宋正海（北京大学）、张秉伦（安徽大学）、何堂坤及我（广西大学）。杨文衡、陈瑞平（中山大学）是先劳动锻炼，1965年才来室报到。1965年底又从《新建设》杂志编辑部转来同是1964年大学毕业的郭书春（山东大学）、金秋鹏（厦门大学）、郑锡煌（中山大学）。这17条汉子的加入，似乎使当时的研究室添加了活力，充满了生机。事实上也是如此。这17个人除了有3人（许传松、张秉伦、刘子央）因解决夫妻两地分居而调离外，个个都通过自己的努力成为研究所的骨干和各研究领域的中坚。

万：应该说当时的这批年轻人后来成为中国科技史界的精英。

周：实践证明研究科学技术的历史是需要学理工科的，他们与学文史哲的各有所长，在研究科技史中常常是互补的。学理工科的，要自觉地加强历史学、哲学等人文学科知识的补强；而学文科的，则需要补学数理自然科学，相对来说他们的难度就较大。

万：科技史是交叉学科，需要文理融通。从某种意义上说，真正做好科技史研究也是很不容易的。

周：是的，正因为如此，我们这批年轻人来到学部后不久，学部副主任刘导生（当时学部主任是潘梓年）给我们作了一次报告，他要求我们这些新来者，准备好好坐下来，做八年的基本功训练，把研究的基础打好，形象地描绘做头尖（善于钻研）屁股大（基础扎实）的研究人才。可惜的是，正当我们摩拳擦掌、全力以赴地进入角色后不久，在阶级斗争紧抓不懈的号角下，1964年9月我们全室除老弱病残外，全体人员整队前往安徽寿县参加农村的“四清”运动（杨文衡、陈瑞平、郭书春、金秋鹏、郑锡煌还没来室）。1965年4月，“四清”工作一结束，我们10位年轻人加上外国文学所的四位同志，以及主动要求留下来的薄树人，还有领导我们的团支书，一共16人留在寿县九龙公社继续参加劳动锻炼。1965年11月底，我们回所不久，因于光远（当时任国家科学技术委员会副主任，中宣部科学处处长兼哲学所自然辩证法研究室主任）要编写《世界工业史》等科普巨作，戴念祖和我被借调到哲学所，在于光远手下打杂。这当然是难得的学习机会，但好景不长。工作还没入境，毛主席又指示：“下乡滚泥巴。”于是，学部再安排我们到北京门头沟搞“四清”，刚集训完还没进村搞“四清”，一声令下，我们又立即撤回学部，原来是“文化大革命”开始了。学部的“文化大革命”在北京乃至全国都是闻名的，对我们既是劫难，又是磨炼，说起来就话长了，这里就不讲了。1970 年过完春节不久，根据中央的一号命令，我们又在工军宣队的领导（押解）下，整队前往位于河南息县的“五七干校”劳动。在干校的生活，杨绛（钱钟书的夫人）所写的《干校六记》对干校生活已做了形象的描述（但是书中的介绍比起我们实际经历的那要逊色多了）。直到 1972 年夏天，根据周总理指示，学部的大批人马才从干校返京。回京后仍然是运动不断。总之，在这长达 8 年多的岁月里，我们是不允许搞业务的。有些同志偷偷地看点业务书也被视为地下活动。

万：在以阶级斗争为纲的年代，科研人员被折腾得没办法坐下来好好研究。

周：从 1975 年开始，借助毛主席论及科技史的最新指示，北京大学化学系一些老师和我所合作编写《世界化学史》（其实合作编写的计划早在 20 世纪 50 年代末已订，只是一直运动来运动去而没有实施）。那时，北京大学的一些老师也可以借此躲开运动，像张青莲、黄子卿、冯新德等老教授都积极参加了编写工作，对于我们年轻人是个难得的学习机会。经大家共同努力，该书于 1980 年由科学出版社出版。这项工作对于我来说，是第一项科研任务。

万：这真是一次难得的学习和锻炼。

周：“文化大革命”结束后的 1978 年，经李昌和胡乔木商定，我们所从中国社会科学院划归中国科学院，业务工作回归常态。为了弥补丧失的宝贵时光，大家都发奋地工作。在工作中，才逐渐认识到科学史是怎样的学科，才对这门学科有了依恋。

科学技术史本质上是一门历史科学，它描述的是科学和技术从产生到发展的史实，是自然科学和应用科学的历史。它是历史学领域中发展较晚，具有特殊性质的一个分支，是一门位于自然科学、技术科学，及其社会科学交叉接壤的边缘学科。从知识体系来考察，科学技术史研究首先要把人类在与自然界适应、斗争、协调、改造的长期活动中，科学的创新、技术的发明及其积累和渐进的脉络搞清楚，以期正确地认识科学技术在社会发展中的地位和作用，认识科学技术在人类自然观和世界观的形成中的重要作用。若将科学技术看作生产要素，那么科学技术史就可以在更为广阔的背景中去探索科学技术发展的规律。从本质上来讲，科学和技术也是一种文化现象。人类正是借助科学和技术才具有驾驭自然的能力，才能在适应自然、协调自然、改造自然的斗争中创造了“人工化的自然”。正是基于这种认识，科学技术史成为人类文明史的主线，成为科学教育的基础内容之一。看看现实的社会就很容易发现，科学技术的状况和水平总是这样或那样地制约物质文明和精神文明的发展。正因为有了这样的认识，才对这门学科由生疏到熟悉，从冷漠到热爱，觉得它在人类文明史的建树中是不可或缺的。

万：现在国务院学位办，已把科学技术史列为与历史学平行的一级学科，正说明了人们对这一新兴学科有了新认识且更加重视。近 20 年，在全国范围内，科学技术史的研究机构和研究教学人员也有明显地增长，对这可喜的现象，你有何感想？

周：当今，科学技术史研究队伍增加了许多新人，大多受过专业的硕士、博士学位训练，基础应该比我们当年入行时强多了。现在研究的领域也从内史扩展到外史，科学技术的社会学、人类学等许多新方向也在拓展，研究的课题选择的范围更大了。整个学科发展呈现一片朝辉。面对这种新态势，我特别高兴。在与新来者的接触中，我发现一个问题：一些人急于写论文，出专著。论文是要写的，但是切忌浮躁。因为科学技术史的研究不仅需要大量的史料考证和调查研究，还需要扎实的知识铺垫。我们所的老前辈严敦杰先生（王渝生的博士导师）就给我们树立了一个榜样，他发表的论文可谓不多，但是每篇论文都是经过大量的文献考证，下笔十分缜密。论文都是高质量。我在 1987 年接任所的业务处（即科研处）的工作后，我就极力主张，凡到所的大学生或者留所的研究生，第一年都争取安排到图书馆或业务处工作，这样便于熟悉图书文献的寻找和使用，可以了解所里的研究项目和许多老同志的研究特点。我的建议现在看来，确实有点偏颇，因为通过其他岗位也同样能达到培养的目的。但是，不立即进入课题组，至少可以静下心来，扎扎实实地做点基础建设。在中国科技史界，像夏湘蓉、王毓瑚、李仲钧等大专家都曾有在高校图书馆工作的经历。

万：当前科技界、教育界浮躁风盛行。

周：原因是多方面的。在科学技术史研究中出现浮躁现象，一是急于求成，二是任务压的。

万：人们戏称压力山大。每年要完成项目、成果（论文、专著）指标，并且与职称、待遇挂钩。

周：目前的考评制度极不完善，有许多缺陷，促使这种浮躁之风泛滥。

有个别人拿到一篇（本）外文相关论文或著述，翻译一下，稍加改动，就成自己的研究成果。这不仅涉嫌剽窃，而且人云亦云，人错你错，立论阐述也易出现问题。我记得许良英先生（1979—1982 年我们都在近现代史研究室一个办公室）曾要求其学生，多看资料，写一个外国著名科学家的传记应至少看 5 本以上的相关传记资料（外文）和必要的第一手原始资料。从中学习、分析和比较鉴别，形成较为准确的认识，才动手编写。往往对一件事情或一段历史，由于视角不同，认知基础不同及治史的方法不同，会有不同的结论或不同的表述，这就需要你作出判断和取舍，通过自己的消化，形成自己的观点。

万：其实，中国古代史或近现代史的科学技术史研究也是这样。投机取巧是不会成功的。

周：我认为，科学研究中是没有捷径可走的。偷懒是要不得的，最终吃亏的还是自己。在科研中要有创新，就必须付出自己的辛勤劳动，我的体会是写出一篇有质量、有新见的论文是很需用功的，是不容易的。只有勤奋和坚持不懈地努力，并运用正确的方法才能不断取得成功和攀登科学的高峰。

万：我记得您在我们广西民族大学讲学时曾对研究生说过："要善于学习"，并说这四个字是您最深的体会之一。

周：是的。"善于学习"很重要。同在读书，不同的人所收的效果收益却不一样。这因为读书也有个方法技巧的问题。我体会，读书不仅要读得下去，还需用脑去思考，用心去领会，真正把作者的本意说教搞清楚，还要通过比较鉴别对他的观点的长短有所醒悟。也就是说学习是有方法的。这种科学的学习方法，需要你善于观察，许多成材之士都有自己的一套。因此我认为，除向古人、先贤学习外，还要善于向老师、同事、友人学习。古人云："三人行必有我师。"这条哲理我很赞赏。我们大学毕业分配到所，由于当时的历史环境，从事业务和课题研究，大多都是没有专门的老师指导，而是边干边学，在干中学。我的基础本来就不如同时进所的，这就促使我要更加努力，虚心学习。在共同的工作中，很快就发现，周围的每个人都有所长，都有值得我学习的地方。在学习中，不仅增长智慧，培养才干。而且对师友的尊敬，也增进友谊，汲取人缘。凡是和我合作完成某一课题的同事，我都视为师长，从他身上不仅学到自己欠缺的知识，还注意其思想方法上的长处，展阔自己的视野。

万：您善于与人相处，特别是与人合作研究，这是不少科学研究工作者处理不好的大问题。现在的科研环境中，尤需强调团队精神。这里不仅涉及人际关系问题，也反映一个人的科研道德问题。请您再细谈您的体会。

周：20 世纪以来的科学发展的史实表明，重大的科研项目的成功都需要团队合作，单枪匹马是难有作为的。每个人都生活在社会的大家庭中，故做人的要务首先是学会与人相处。我记得，在 19 世纪德国著名的教育家洪堡，在对当时的教育改革中就十分强调，教育的功能除了传授科学知识和生产技能，另一重要功能就是要使受教育者学会与人相处，并和谐地融入社会。当今中国的应试教育，过分地强调了书本知识的传授，并以考试分数识人，从而忽视了施教育人（即培养做人的基本道德），这样就极易偏向了培养极端利己主义的错轨上去。人与人相处的出发点是“善”，与人为善。“人之初，性本善”就是强调这个道德的初衷即出发点。有人主张，当今的大学教育应当在求“真”即科学真理的同时，加强传统的求“善”之大学之道，两者结合，不可偏废，才能培养出德智兼修的人才。我很同意这一看法。“善”在人际交往中，突出的是“诚信”二字。诚信的前提就是要尊重对方。尊重对方的劳动，尊重对方的人格，以诚相待，友善相处，切忌妄自尊大，唯我独尊。

万：您的良师益友可谓多矣。

周：在我 50 年的科研生涯中，正是众多良师益友的无私的帮助和指引，才有我的今天和众多成果。北京大学的赵匡华老师可以说是我尊敬的老师和挚友，自从 1975 年在编写《世界化学史》中相识以来，几度合作，一直给予我极多指教。赵老师出身于北京大学的名师之家，从小就受到传统文化的熏陶，对中国古代的文化不仅喜爱有加，而且情有独钟。他又是学化学的，从事分析化学研究和教学。在化学史的研究中大展身手，实际上是水到渠成。他不仅自己学研硕果累累，而且乐于助人，培养并帮助了众多学生和同行，他是名副其实的学科带头人。我就是受益者之一。我在许多课题的研究都得到他的指教。例如，2006 年因为评审非物质文化遗产国家名录，从不喝茶的我考察起制茶手工艺。在交谈中，赵老师就指出，我们是学化学的，研究制茶工艺就从几种茶（绿茶、黄茶、青茶、红茶、黑茶及白茶）在加工过程（主要是发酵）中的化学成分变化入手。赵老师的建议实际上指明了研究的切入点和方法，使我研究制茶开辟了自己的途径。包启安是中国轻工业——食品行业中有较深造诣的技术专家。我与他合作编写《中国传统工艺全集·酿造》中，我就从他那里学到了不少关于酿造工艺，特别是制醋做酱工艺的具体技术知识。方心芳、程光胜都是微生物学家，对中国微生物学，特别是发酵微生物工业有着深邃的研究。我与他们的接触不是很多，但从不多的交谈中，他们的许多科学论述和精辟见解都给我以启迪和教育。潘吉星、华觉明、陈美东、戴念祖都是我交往较多的同事。他们的渊博学识和治学经验，特别是孜孜不倦的治学精神，一直是我学习的榜样。总之，虚心学习、善于学习，善于向周围的同行同事学习，丰富自己的学识，增强自己的能力，特别是学会与人共事。我认为这应是我们科研人员治学方法最应重视的修养。

万：周先生，你曾负责过研究所的科研组织工作和学会的社会工作，您的修养是否与这些工作的历练有关？

周：是的。我一直认为帮助别人，实际上也在帮助自己。做点社会工作，为大家服务，不仅锻炼了自己，还可以通过社会工作结交许多朋友和师长，从中可以学到许多。通过交往建立了友谊，可以互帮互学地开展自己的研究工作。我从事管理工作主要有两块，一是所里的业务处（1987 年 4 月到 1995 年 8 月），二是学会工作（1987 年 9 月至 1995 年 9 月）。我从 1980 年就参加了由仓孝和和李佩珊主持的建立中国科技史学会的筹备工作。在友谊宾馆的筹备会上，他们确定了代表清华大学、北京大学、中国科学技术大学及医学、农学、物理、化学、生物各学界著名科技史专家为筹备委员，先后开了 4 次筹备会议，确立了学会章程，代表产生方法，组织架构及会议地点、会议日程、会议程序等。当然，具体的跑腿工作就由我们年轻人来做。就是通过这些跑腿工作，我认识了许多科技史专家。顺水推舟，在中国科学技术史学会第一次代表大会上，我很自然地担负起会议的会务工作。我记得在会议召开的第一个晚上，我陪同仓孝和和严敦杰先生到会议住地（位于王府井的总参四招），挨个房间探望赴会的代表。从此以后，学会工作就常找我。第二次代表大会 1983 年在西安召开，我又成为会务组的负责人之一。在 1987 年的第三次代表大会上，我被推举为主持学会日常工作的副秘书长。1990 年的代表大会，我当选为秘书长。直到 1995 年我才卸任，由王渝生接任。长期的学会工作虽然占据我不少时间，似乎影响了我对科研工作的投入。实际上，学会工作还是给我的科研工作带来好处。例如，学会活动使我更好地了解整个科技史研究的动态并在科技史界结下了广泛的人脉。给我影响最深的是化学、化工史专业委员会（和自然辩证法研究会化学化工专业委员会合并召开）的学术活动从 1981 年起几乎年年举办。活动有声有色，不仅进行了学术交流，还合作完成了几个大课题,《化学哲学基础》《化学思想史》《化学社会学》《化学方法论》《中国化学史》等著作出版都是合作研究的成果。

此外，在学会工作期间，我结识了许多老前辈和著名科学家。与他们的接触中，他们的平易近人，渊博学识，强烈的事业心和对后辈的关怀、扶持给了我极大教育。例如袁翰青院士，他曾是北京大学三大民主教授之一，九三学社的重要成员，历届的全国政协常委，也是中国化学史的著名先驱学者，20 世纪 50 年代就在北京师范大学开设了中国化学史讲座。我进所所读的教本就是他的《中国化学史论文集》和张子高的《中国化学史稿》。袁翰青家就在朝内大街我所（九爷府）旁边，所以有事找他较方便。袁老 1957 年被打成右派，1975 年又患半身不遂。但是，他身残志不馁，80 高龄仍笔耕不辍。每次造访他家，他总是热情接待，对我们后学者给予孜孜不倦的指导。有一次，我正与他讨论中国古代的豆腐发明，严济慈到访，我马上站起来要走，袁老却说，再说几句，并客气地说，欢迎再来。此后，有关的学术活动，只要我去相邀，他都尽力参加，甚至连我的学生戴吾三的硕士论文答辩，请他主持，他都亲临尽力。又例如卢嘉锡院士，1988 年他从中国科学院院长的位置退下来后，担任全国政协副主席。在我们的请求下，他兼任了中国科学技术史学会第四届理事长（1990—1995）。我作为学会秘书长可以与他有较多的接触。我记得在 1990 年召开的中国科学技术史国际学术研讨会，由于经费拮据，我们只能在所里召开，连食堂都没有，硬件条件极差，安排代表住宿在附近招待所，吃饭在斜对面一研究单位的食堂。开幕式卢老来了，作了精彩的讲话，会上举行了授予英国剑桥大学李约瑟研究所所长何丙郁为中国科学院自然科学史研究所名誉教授，授予何丙郁、美国加州大学伯克利分校程贞一教授、美国明尼苏达大学徐美龄教授、日本明治大学佐藤健一先生为中国科学技术史学会名誉会员的仪式。随后又一起走到南小街的咸亨饭店（一个小饭店）吃了聚会餐。他没有一点架子，没有挑剔，一路上和代表热切交谈。还赞许这次会议体现了艰苦朴素、勤俭办事的作风。他的到来倒是因安保问题，惊动了从市公安局、东城分局到派出所的警察（卢老当时属于国家领导人，这类活动应由举办单位向公安部门通告）。2000 年 3 月 10 日，卢老请胡亚东（中国科学院化学所原所长）、郭保章（首都师范大学化学系教授）和我到他家聊天。他告诉我，已翻阅过我所编写的《世界化学史》，并询问了几个问题，随后兴致勃勃地谈了他从美国留学归来和到厦门大学执教的经历及和他的老师鲍林的友谊。总之，这些前辈以自身作则为我们树立了一个学者应有的道德规范和思想境界。

万：周先生，50 年的科研生涯，你著述颇丰。你能否谈谈对这些成果的自我评价。

周：50 年的发奋勤练，总算给后人留下一点用铅字印刷的著述。据初步统计，大概有 40 多本专著或合著，50 多篇文章。这些著作大多是合著，这因为一是这些课题主要是所里承接的或规划中的大课题，都必须是团队合作。二是我这个人好相处，正如上面所说的，愿意通过合作学到更多的东西。三是我这个比较讲信用，别人也愿意找你合作。在合作互帮互学中，很多人成为我的师长或挚友。这些文章中，有些是应邀而作或是用作会议的敲门砖，谈不上是严格意义上的论文。从这些著述中，若按时间顺序来看，就可以发现笔者对一些问题的认识的深化过程，也就是明了我的学术成长的轨迹。例如，当我经历了 5 年多的努力，在 1983 年完成了在《20 世纪科学技术简史》中我承担的任务。过了 10 年，我重读该书，越看越觉得不是味，我怎么会写得那么糟！于是，在 1999 年该书第二版时,《化学发展的新时代》那章我改动较大，几乎是重写了。又过了 2 年，因为编写《诺贝尔科学奖百年鉴》的两本书，全面考察了百年诺贝尔化学奖的相关内容。又发现我对 20 世纪的化学发展认识得还不够清晰，对许多问题的研究有点浅薄，对诺贝尔化学奖许多获奖项目的内涵、意义及在化学发展中的影响、地位缺乏有深度的分析。到了 2009 年，我在《世界化学史》一书的第二版时，就尽可能地将一些新认识补充进去。在 2014 年年底编写《大众化学化工史》时，由于内容已较熟悉，思路也清晰，写起来就较快，20 多万字的内容，仅用 2 个多月即完稿。

万：周先生，大家都知道你对中国古代酿造史，特别是酒史，很有研究，能否就酒史研究作点介绍？

周：我对中国传统酿酒技艺的研究起始于 1980 年。1977—1979 年，我主要研究的项目集中在中国古代陶瓷史和中国黑火药的发明与发展两个项目。后来发现，陶瓷史的研究中，我手中没有出土的陶瓷样品，又无现代的古陶瓷检测手段，研究起来就像脚下无基石，只能依仗别人的成果或帮助，工作起来既花经费，又不讨好，实难有所作为。火药史的研究，赵匡华、潘吉星、郭正谊、钟少异等已做了大量工作，我对做扩展的研究缺乏手段。于是我借转入世界近现代史研究后契机，放弃了这两个选题，重新选择酒史作为我在古代化学史领域研究的新方向。

1979年10月，在昌平酒厂参加了由轻工部酿酒处主持召开的有关酒史的研讨会后，1980年初冬，清华大学杨根、白广美（他们都是张子高的弟子）和我在贵州轻工科研所丁匀成的陪同下，专门参观了贵州茅台酒厂和遵义董酒厂。这算我酒史研究的起步。从此以后，只要出差方便，我都会顺路参观考察一些名酒厂。粗略回忆，全国除了西藏、青海、甘肃、宁夏及台湾，各省的许多名酒厂都留下了我的足迹。到酒厂参观，主要是学习和收集酒史资料。初学者只要有虚心求教的态度，酒厂的师傅们还是乐意接待的。在这个学习过程中，我非常感谢原轻工部酿酒处的辛海庭、徐洪顺两位先生，他们都是酒界知名的专家，不仅为我参观酒厂提供介绍信（当时轻工部的介绍信，酒厂是很重视的），而且徐洪顺还陪同我参加上海和绍兴举办的黄酒节，合作完成《黄酒酿造》一书的编写。由此，我相识了许多酒厂朋友，为以后开展酒文化活动带来方便。1987年参与筹建酒文化研究会及以后8年的相关学术活动，使我跟酒界的朋友有更多的接触，学习机会多了，学到的东西也多了。

万：您如何抓住这些学习机会。

周：我的学习是从两方面入手，一是到酒厂的生产第一线，收集并考察传统酿酒工艺的技巧和精髓；二是查阅并整理古代相关文献，以丰富酒史知识。跑了许多酒厂遂发现，尽管生产酒的科学原理和核心的工艺路线是一致的，但是由于各地的生态环境和具体的工艺细节的差异，生产的酒在口感上还是有差别的。“大同小异”中的“小异”决定了酒的质量（包括香型、酒度）。往往一些“小异”的技巧恰好是造就某种酒的特色和关键。因为中国传统酿酒技艺的特色是利用酒曲发酵，即酿酒的过程依仗着微生物菌系的帮助，许多工序操作都是围绕着让有益于酿酒发酵的菌系更好地繁殖做功。而发酵过程的生态环境和某些影响温度、湿度及介质的操作都会直接改变菌系的构成及其做功能力，最终影响成品酒的精细组合，即决定了酒的质量和品位。酿酒实质上是最早的微生物工程技术，因此，从微生物学的视角来考察酿酒过程，可以说是用现代的生物技术来剖析传统酿酒的机理。我就是站在这个平台上来比较、考察许多名酒的生产工艺，从而有了自己的独到认识。对相关古代文献的梳理和考究是从事科技史研究的基本功。这方面的工作决不能小视，同一个史实，往往可能有多个版本，加上古代的著者或刻印书刊的工匠，对于许多工艺技术大多不是亲历者，出现差错是难免的。而且有一些名词在不同时期的含义或对象是不同的。例如在古代，白酒曾是指经过过滤的一种清酒。唐宋诗词中出现的“烧酒”是指经加热后饮用的温酒，含义都与现在不同。总之，我研究酒史就是综合了历史、化学化工史、现代生物技术等知识来把研究推向深入。

万：这些经验之谈很值得后学玩味。

周：在很长一段时间里，我没有匆忙地写有关酒史的文章。可能是工作太忙，一有所里科研项目的管理，二有学会（我当时任中国科学技术史学会秘书长）的烦琐工作，三要参与所里的重大课题研究，一直没有时间坐下来仔细地研究整理手中的酒史资料。1988 年的《苏轼笔下的几种酒及其酿造技术》仅是为第一届酒文化学术会议而赶写的文章。现在再看这篇文章，实在是太简陋了，苏轼的文集都来不及细读。直到 1994 年，因为那时关于蒸馏酒的起源众说纷纭，无所适从。我受台湾学者刘广定文章《元代以前中国蒸馏酒的问题》的启发，对有关文献中资料进行了一番梳理考证，否定了很多因版本而造成的误解或对文字的理解而出现的差错。这篇《中国蒸馏酒源起的史料辨析》可以算是我关于酒史研究的第一篇论文。1998 年和赵匡华合著的《中国科学技术史·化学卷》中，我借机对我手中的酒史资料进行初步的小结。到 2007 年在和包启安合著的《中国传统工艺全集·酿造卷》中再一次考研了中国的传统酿造技艺。直到 2014 年出版的《中国传统酿造：酒醋酱》才对部分研究做了一个总括。

万：您认为，您在酒史研究中，主要解决了哪几个问题？

周：一是分清了自然界存在的天然酒和人工运用谷物或其他含糖物材发酵而成酒的区别，同时指出，酿酒技术的发明是人们模仿自然界发酵现象的结果。二是厘清了曲糵的发明及商周期间“三酒四饮五齐”的内涵。三是从酿酒技艺的视角把曹操的《九酝春酒方》和贾思勰的《齐民要术》中制曲酿酒说清楚了。四是对苏轼的《酒经》和朱肱的《北山酒经》所叙述的酿酒技艺及其在中国酿酒史上的地位做了研究阐述。五是对中国蒸馏酒兴起于元朝的历史背景和技术铺垫作了全面的论述。六是对在明清时期白酒（蒸馏酒）的演进做了初步的整理。七是剖析了许多名酒生产技艺的特点。八是比较中外酿酒技艺的异同，指出中国独树一帜的酿酒技艺在世界酿造史上的地位和对微生物工程技术和现代生物技术的贡献。

万：您 30 多年的酿酒史研究，“越酿越香”，在中国酿酒史研究上独树一帜。

周：希望有后人继续努力，把人们关注的酒文化研究推向新的高度。

万：今天我们的畅谈，好比畅饮了醇香的美酒，谢谢您！

永不忘祖，深念恩师：回顾中国古代度量衡史研究之路*

——访丘光明

万辅彬／问，丘光明／答

编者按： 丘光明，女，祖籍安徽省全椒县，1936年出生于江苏省南京市。1957年毕业于华东艺术专科学校，毕业后分配到天津市咸水沽中学，任过美术、语文教师。1964年调至中国科协模型仪器厂模型车间当了9年工人，1973年调至中国计量科学研究院《计量工作》杂志编辑室，1976年为适应"文化大革命"的需要，临时组成了一个"秦始皇统一度量衡写作小组"，被选入该组。一年后，在该小组的基础上又成立了"中国度量衡史料小组"。丘光明负责收集、整理中国古代有关度量衡的历史资料，于1980年编辑出版了《中国度量衡图集》（文物出版社出版）。此后，丘光明的研究工作基本上没有离开过这一科研领域，先后在《文物》《考古》《考古与文物》《中国计量》等杂志上陆续发表了数十篇论文。出版了个人和合作的有关度量衡史的书籍共17本：1989年由中国计量出版社出版了《计量纵横》（合著）；1990年由中州古籍出版社出版了《中国古代度量衡论文集》（合著）；1996年由北京大学出版社出版了《中国文化史》（由阴法鲁、许树安等主编，共三册）中的《中国古代度量衡制度的演变》；1991年由天津教育出版社出版《神舟文化集成丛书》（共110册）中的《中国度量衡》；1992年

* 收稿日期：2016-02-11。

作者简介：万辅彬（1942— ），男，安徽省繁昌县人，广西民族大学教授，原学报（自然科学版）主编，中国科技史学会理事。丘光明（1936— ），女，安徽省全椒县人。研究员，著名计量史研究专家，1992年获国务院政府特殊津贴，曾任中国科技考古学会理事、国际计量史学会常务理事。

由科学出版社出版了《中国度量衡考》；1996 年由商务印书馆（北京）出版《中国文化知识丛书》（共 100 册）中的《中国度量衡》；2001 年由中国大百科全书出版社出版《质量 · 标准 · 计量百科全书》（丘光明先生担任计量分编编委以及有关计量史条目的撰写）；2001 年由科学出版社出版了《中国科学技术史》（共 32 卷）中《度量衡》卷（合著）；2003 年由湖南教育出版社出版《中国物理史大系》（共 9 卷）中的《计量史》卷；2005 年由合肥工业大学出版社出版了《中国古代计量史图鉴》（中英文对照本）；2011 年由中国国际广播出版社出版《中国古代度量衡》。

万：早就拜读过您的大作《中国古代度量衡图集》《中国科学技术史 · 度量衡卷》《中国物理学史大系 · 计量史卷》《中国历代度量衡考》《中国古代计量史图鉴》……但第一次谋面很晚，是 2015 年 12 月中旬应关增建教授邀请，在浙江省杭州市的中国计量学院召开的国家社会科学基金重大项目“中国计量史”开题报告会上相识的。您是出席这次会议的泰斗级专家，有相见恨晚之感。您在会上的发言令我十分感动，所以我当场就萌生了要做您访谈的念头，今天总算实现了。

丘：知道您很忙，来北京市出差事很多，还特地来看望我，一大早就从海淀区中关村南大街出发，转地铁、坐公交，到我这儿费时费力，很不好意思。您真是有心人，您辛苦了！

万：您是老大姐，是研究中国度量衡史的大家，几十年如一日，不知疲倦地搜集历史资料，研究历代有关器件，发表了数十篇论文，出版了 10 多本专著（包括合作）、著作等，享誉科技史界，我早就该移樽就教。您今年已 80 高龄，生于 20 世纪 30 年代，是经历坎坷的一代。很想听您说说您的身世。

丘：我的祖籍和您一样，是安徽省。祖父丘景章是全椒县著名才子，知名学者，同治九年生于湖北襄阳，1906 年（清朝最末一届）科举考试中进士，曾任湖南嘉禾、邵阳知县、宝庆知府；1912 年回到全椒县在“襄水书院”的基础上创办了安徽省最早的中学之一——具有现代意义的全椒中学，我的祖父担任首任校长，是当时著名的教育家，教书育人，泽及乡里。世势跌宕，祖父几无著述存世，唯当年他为全椒古建——奎光楼所题长联，仍镌刻于二楼讲堂中柱上。全文如下：

政革卯酉，通统丑寅。恨老天忒不仁，忍抛却四万万黄民，任南拉丁、西条顿、北海斯拉夫，伺隙争来。攘攘几家儿，腾踔中原，吁何劫运？

尔雅方言，春秋朝报。愿吾党休自绥，好准备一双双赤手，算椒伍举、棠专诸、阜陵范亚父，留芳未艾。区区百里境，诞育豪杰，是我乡风。

上联痛诉西方列强对中国的侵略和破坏，下联号召人们发奋图强，弘扬全椒县历史英杰之气概和风范。这副长联气势恢宏，意境高远。现在读来，依然掷地有声，令人振奋。

万：听说您的父亲丘良任也是饱读诗书、学富五车的文史专家。

丘：我的父亲在故乡度过童年，后就读于南京钟英中学。那是一所很有历史的名校，卢前、唐圭璋、马宗霍等前辈学者曾在该校执鞭，父亲到晚年仍念念不忘诸位先生讲课的风采。此后，父亲考入位于今上海市的中国公学文学院攻读中国文学，受业于文学院院长胡适先生及其他一些著名学者，打下文学研究的基础。大学毕业后，他先是在江苏省南京市的中学执教，后多年从事新闻工作，在湖北、湖南省的数家报纸任编辑、总编、社长之职。20世纪40年代末受聘于湖南省长沙市的克强学院（后并入湖南大学），任中文系副教授，从此再也没有离开教育岗位。

万：您父亲也是个资深教育工作者啊！

丘：中华人民共和国成立后，父亲先后在湖南省长沙市、安徽省淮南和淮北、北京市、贵州省贵阳市等地的中专和大学教授古典文学。他的教学注重直观性，力求简明易懂，为此他花费了许多工夫自己绘制教学参考图，搜集与古代作家、作品有关的图画，上课时挂在黑板上给学生看，口述手指，一目了然。

万：看来您学美术和您父亲的影响不无关系！

丘：父亲在湖南省任教期间，带着研读杜甫诗的问题，结合作品进行实地考察，开始研究杜甫晚年流寓湖南并终老于斯的经历。不幸的是，自20世纪50年代后期直到“文化大革命”结束，父亲受到长达20余年的政治磨难。他书房兼卧室墙壁挂着康殷先生为他题写的“补蹉跎书室”匾，可以想见这段历史给他的沉重记忆和无尽的憾恨。“文化大革命”结束，高校终于恢复正常秩序，而父亲却已到退休的年龄。直到京寓赋闲之时，他才得遂信从事古典文学研究的夙愿，说起来不无讽刺意味。离开了学校，离开了湖南省，缺乏基本的工作条件，研究成了日常最艰苦的工作，同时也成了晚年最大的乐趣。年届古稀的父亲，常年拄杖步行或挤公共汽车去图书馆看书、抄书（当时还没有复印机），在各地的图书馆抄录了数百万字的资料。

万：这种毅力真是惊人，他成了您坚持不懈、专心治学的模范！

丘：据我粗浅的了解，父亲的学术涉及杜甫、吴敬梓研究、竹枝词、历代宫词、诗词理论、民俗学、清史、文学史。1978 年，父亲在长沙参加《辞源》的修订工作，多方查阅文献，考定杜甫卒于湖南平江，并殡于当地。他辛勤搜集有关图片、资料、诗文编成的《杜甫湖湘经历研究资料汇编》，最终却未能出版。还有他老人家耗费 20 多年心血编成的皇皇巨著《中华竹枝词续编》《历代宫词统编》，联系数家出版社，都逡巡不决，使书稿压了多年，难以问世。

万：就凭着这种孜孜不倦、日积月累的功夫，他发掘、整理了民族文化的许多宝贵遗产。未能出版多么可惜啊！实在令人扼腕叹息。

丘：父亲在充分掌握材料的基础上，撰写了《竹枝词与中华各族民俗》《竹枝词与〈山海经〉研究》两篇论文，用竹枝词中保留的古史和民俗资料与古籍相印证，为古史和民俗学研究开辟了新的途径。他研究《竹枝词》的业绩得到学术界和社会的一致肯定,《竹枝纪事诗》《历代宫词选编》由暨南大学出版社出版后，赢得广泛好评。著名词学大家叶嘉莹先生还专程登门，与他探讨学术。他去世后，经过各方努力，北京出版社出版了由他为首主编的《中华竹枝词全编》，皇皇七大本，近千万字。在学术界产生重大影响。

万：中央电视台《夕阳红》节目以《拾麦穗的老人》为题介绍了他的事迹。听说您的家族姓氏曾经也是有耳朵旁的“邱”，什么时候把耳朵旁去掉了呢？

丘：听祖辈说，因孔子姓孔名丘（他出生在山丘旁），清朝敬重儒家，为了避讳，雍正三年下诏：除四书五经外，凡“丘”字，一律加耳朵偏旁，故直至《康熙字典》上也是查不到“邱”字的。至清末，一些文人认为“丘”乃古姓，不必避讳，又恢复到“丘”姓，此后便有了丘、邱两个姓，其实是同宗。

万：看来您出生在书香门第，家学渊源深厚啊！您是学美术专业的，是怎样的机缘让您走上科技史的学术之路？

丘：早年父亲让我报考美术专业，后考入苏州美术专科学校，1953年院系调整，最初由苏州美专、上海美专、山东大学艺术系合并，更名华东艺术专科学校，校址搬迁到无锡，最后又转到南京，成立了南京艺术学院。我1957年毕业于华东艺术专科学校，分配到天津中学教美术，后又辗转调到中国计量科学研究院，在《计量工作》杂志从事美术编辑工作。

万：那是什么时候搞度量衡史研究呢？

丘：1975年，整个政治倾向是弘法批儒，把秦始皇及李斯列为法家。长春电影制片厂受当时国务院科教文组的指令，计划拍一部弘扬秦始皇统一度量衡的科教影片。长春电影制片厂导演带着任务找到国家计量总局，总局领导临时找了几个人，就把这个任务交给了我们。其实，我们都不了解度量衡史，总算找到了一本吴承洛先生于1937年写的《中国度量衡史》。好在当时只是泛泛地说说秦始皇统一度量衡的历史功绩，并不需要深入地研究度量衡的历史。长春电影制片厂的导演又带着我们到各地调研，参观一些历史古迹，最后初步写出了一个电影脚本。当时“文化大革命”已进入了后期，总局领导看了脚本问：“上面催问了没有，如果没有催问，电影暂时就别拍了。”此事也就不了了之。

在大家都无事可做的情况下，几个人商量，并请示领导是否可以就此成立一个“度量衡史料小组”？当时任计量总局局长的刘达同志（“文化大革命”后调到清华大学任校长），他远见卓识，立即拍板同意。从此就开始了度量衡史的研究。我们临时组成的几个人，所学专业五花八门，历史知识也就仅限于中学时学到的一点皮毛。度量衡史应该如何研究？从何处入手？将来的成果是什么？谁都说不出个子午卯酉。唯一可指导我们的，仍然只是吴承洛先生编写的《中国度量衡史》，还都看不太懂，无法深入下去。

万：看不懂怎么办？

丘：当时我父亲已退休，正好住在我家收集著作的素材。他很支持我能做点事，便带着我去各个图书馆，教我查资料、做索引。这样我们的视线就不只限于一本《中国度量衡史》了。资料多了、眼界也开阔了。同时，父亲又带我去拜访许多专家学者，其中就有他的老师马老——马宗霍先生及其公子马雍。马雍先生当时已是一位颇有学术地位的历史学家，我向他请教，研究度量衡史应从哪里入手？他略加思考后指出：你们就从实物入手吧，先编一本度量衡器物的《图录》，再深入地查找文献资料做进一步的研究。以实物作根据，以文献来补充，这样将来说话才能站得住脚。当我把这个想法提到小组，又提交刘达局长处，他同意先搞一本《图录》。总局又发文商请国家文物局，能否提供我们到各地文博单位做调研的条件。国家文物局欣然支持，并让中国历史博物馆、故宫博物院派人参加调研。于是我们兵分几路，走遍了全国每一个文博单位，得到各地给予的全力协助，几乎把所藏的历代度量衡器一件不漏地提供给我们测量、拍照、拓片。回京后，分度、量、衡三个部分，整理、编辑，做了一点初步的研究，写出初稿。在计量总局的主持下，当年（1977 年）在科学会堂召开了《图录》的审稿会，邀请了全国各地专家学者共十几位，与会者有夏鼐、唐兰、商承祚、王振铎、张政烺、罗福颐、朱德熙、杨宽、史树青、李学勤、马承源、裘锡圭、俞伟超、马雍、杨伯达、王世民等，聚集一堂，开了一个十天左右的审稿会。因为这是“文化大革命”以来全国文史界第一次学术会议，得到了当时各地文史界权威专家的鼎力支持，与会者个个都十分兴奋，畅所欲言。

万：这是一次空前的书稿审定会，应该记录在中国度量衡史研究史册上，也要记录在中国科技史研究的史册上。

丘：在这次审稿会上，专家们几乎是手把手地教给了我们如何去分辨文物的真伪、古文字的识读、从何处入手做研究工作、今后的方向、奋斗的目标。会后，由史树清先生把我们集中在中国历史博物馆，将书稿中的器物一件件、一条条、一字字地审查、修改。最后由朱德熙先生统稿。

万：这个了不起的审稿会倒催生了一本了不起的好书！

丘：这项工作因得到了国家文物局的支持，历史博物馆、故宫博物院也都派学者参加实际编写工作。《图录》于 1981 年由文物出版社出版，定名为《中国古代度量衡图集》（在当时情况下，专家们一个都未署名）。该书的出版，为我们下一步的工作打下了坚实的基础，也坚定了我选择度量衡史研究作为终生奋斗的目标。

万：科技史研究工作，文物部门的支持十分重要，我做铜鼓研究 30 多年也是离不开广西、云南、贵州和上海博物馆以及众多考古研究所的支持。

您是如何看待度量衡史的研究意义的呢？

丘：中国两千多年创造的度量衡文化，其内容广阔。古代度量衡与天文、历法、音律三者都是古老文明的基础，而中国度量衡史又与这三者之间有着不可分割的关系。中国独特、完整的计量制度体系，深深植根于中华文明和国家的政治，以及百姓的日常生活观念、习俗之中。深入研究古代度量衡史，对弘扬中华文明，研究古代社会的政治、经济以及促进现代计量科学发展，都有重要意义。

万：后来你们编写的中国古代度量衡史与吴先生的比较起来，有哪些不同，哪些超越？

丘：吴承洛先生主持编著的《中国度量衡史》，是我国第一部度量衡通史专著。而身处20世纪30年代，正是中华民族面临危亡的年代，先生在极度困难的条件下组织编撰工作，苦心孤诣，筚路蓝缕，功不可没啊！

吴先生的《中国度量衡史》，从它的出版至今，已经过去了80个春秋。这本书最大的特点是文献资料极为丰富，参加编写者，当年从浩瀚的史籍中，把历代有关度量衡的论述一条条、一段段地精选、汇总、编辑、论述，其功绩是不言而喻的。而我们后来研究度量衡史，是从《中国古代度量衡图集》的基础上开始，在前期做了对每一件实物的精确测量，又有专家们对这些实物铭文做了过细的考证，帮助我们对度量衡标准器和实用器做了初步的分类，教会了我们牢牢抓住研究工作的重中之重，这些都为我们今后研究度量衡史打下了最过硬的基础。又有吴本文献作引导，条件当然比吴承洛先生的时代优越多了。

万：在《科学技术史》30卷大书中，《度量衡卷》是您主持编写的，又有哪些突破和补充？

丘：从1994年起，在国家技术监督局的支持下，局管理研究所提供了人力、经费及必要条件，正式开始“中国度量衡史”的课题研究，并由邱隆先生和杨平女士共同承担编写工作。后来我们编写的度量衡史，又得到中国科学院自然科学史研究所同意，选入了由卢嘉锡先生主编的30卷《中国科技史》中，成为《中国科学技术史·度量衡卷》。

在写作的构思阶段，我们一直认真地思考，怎样才能在吴承洛先生所著的《中国度量衡史》和历代学者有关度量衡史的学术论著，以及大量实物材料的基础上，编写出一部新的中国度量衡史呢？经过反复思考和论证，决定按时代顺序阐述：从度量衡的起源、产生，历朝历代的承传和发展，与史籍中有效资料与实物相互印证，考证中国历代度量衡的概况，度量衡单位和单位量值的确立、沿袭和变化，管理制度的建立、健全，分辨标准度量衡器与实用具的制作、使用的区别，从而进一步分析历代量制、量值的演变，度量衡与社会政治、经济、科学、文化等各方面的关系，反映中国历代度量衡科学技术成就、对后世的影响、中国度量衡在世界科技史中的地位。

我们深感要做到、做好，是极为困难的。在当时根据已占有材料，以及我们的学术水平和所允许的时间，不可能做到全面深入攻关和研究，只是牢牢抓住把历代度量衡量制单位制与单位量值的变迁，列为编写内容的中轴线，冀图能得出一份比较接近历史真实、具有科学依据的各个时代（朝代）度量衡量值表，提供给史学研究参考应用。如果在这一方面能算作我们尽了绵薄之力，那也应该归功于先人们关于度量衡文化的实践与创造，与近一个世纪以来几代学人做出的研究成果和资料积累分不开，更要深深感谢恩师们给予无私的帮助和指导。至于其中的错误和不足，还有待大家批评指正。我们相信随着新的实物资料的发现，以及对文献史料研究的深入，必将会有所补缺和订正。

万：请您再谈谈这些年工作的体会。

丘：度量衡史器物研究固然十分重要，但同时必须重视文献研究。而我的文化基础、研究起点都很低，所遇到的困难是可想而知的。能让我坚持到今天的，是我一直以来都在想，人的一生中总要做一点事。在当时情况下能有一件可以为之许身的事业，也是十分难得的机遇，我应该牢牢抓住这个机会，尽自己一切努力，不会就学、不懂就问，我们又有许多好老师，他们一直关心着度量衡的研究，给了我们无私的帮助。要说体会，就是清心寡欲、做事专注（在这几十年里，领导也曾调动过我的工作，而我却坚持最后回到度量衡史的研究岗位来，哪怕只剩下我一个人）。如果说我这个人还有一点点优点，那就是埋头苦干。对这几十年来度量衡研究工作的自我评价是：我努力了！

回想起来，从 20 世纪 70 年代后期踏入度量衡史这个领域，虽然也陆续写了几本书，发表了一些论文，但距离深入研究还差得太远。我寄希望于年轻的一代，他们有更开阔的视野，更深层的思考。他们一定会在我们的基础上有更多的发现，有更深入的理解，把中国度量衡史的研究提到一个更高的水平。

万：从您发表的有关论文知道您也很关注其他国家度量衡史。如两河流域、巴基斯坦、波斯以及日本度量衡史研究。

丘：是的，我非常希望今后的研究，能与世界各国度量衡发展史从各方面做个比较，从而全面地评价我国度量衡发展与科学技术水平，处在世界上怎样一个地位和水平，对周边汉文化圈国家有哪些影响。

万：您觉得今后如何深化和拓展度量衡史研究？

丘：我们在前人的基础上虽然完成了一部新的中国度量衡史（后来扩展为中国计量史），这些年我们仍着重于实物的搜集和整理。随着科学考古发掘普遍开展，大量文物的出土，度量衡器物也不断被发现，搜集并系统地整理这些器物，是深入研究度量衡史不可缺少的基础工作。过去我们做了一些前期的铺垫，希望年轻一代的研究工作更系统、更深入，把计量科学对经济与社会发展的作用阐释得更深刻。总之，年轻一代一定会有更大的突破，一定能实现我们多年来的愿望与追求。学无止境，上海交通大学关增建教授，在中国计量史研究方面就有许多新的开拓和进展，一代更比一代强嘛！

万：不知不觉我们已经谈了几个小时了，您年届80高龄，毫无倦意，十分硬朗，您有什么养生经验？

丘：我是在1999年退休的，一晃已经17年了。退休生活过得很充实，刚退下来的头十年，在社会各方的支持下，仍继续做着度量衡史的研究，陆续出版了几本书，发表了一些文章，直到前几年才相对轻松一些，但还不断有单位或个人来与我交流，邀请我参加有关活动，有事做让我觉得很快乐。我的起居比较有规律，饮食很清淡。这两年住在老年公寓，与外界交往不多，除了还做点研究，有时间就围绕着大院子走走路，做一些轻缓、简单的运动（养老院的环境很好，范围很大，树木、花草非常茂盛，还有小溪流水潺潺）。此外，在儿女的鼓动下，偶尔还画几张画。好像基本功还没有完全丢下。

万：（丘光明先生顺手拿出了几幅不久前的油画作品，我一幅一幅地仔细欣赏）您的油画很见功力，可惜毕业后“无用武之地”，如今虽然少了一个画家，但造就了一位出色的科技史家。

丘：做研究也好、画画也好，都是为了追求真善美，从这个意义上来讲也是殊途同归。而且年轻时学了一点美术，对于后来编辑《中国历代度量衡考》《中国计量史图鉴》还是有些帮助的。

万：您这么多年研究，还有哪些遗憾？

丘：最遗憾的是没能很好地感谢那些无私给予我真诚教导的恩师们。在20世纪80年代《中国古代度量衡图集》出版后，恩师们仍继续给予我们各方面的帮助和指导（特别悲痛的是，不少恩师已先后离开了我们）。自从我加入度量衡史的研究队伍后，没有他们的耳提面命，没有他们的一路鼓励，就没有我的今天。在 20 世纪 70 年代末 80 年代初，北京大学副校长朱德熙先生家里连电话也没有安装，只要一遇到问题，我们只能写信询问或上门请教，朱德熙先生从来都是热情接待，并认真地用信件回答我们的问题。还有一直承担许多国家级重大科研项目的李学勤先生，直至今天对我们度量衡史的研究仍十分关心，几乎做到了有求必应，有问必答。我现在还保存着两三百封各地大学问家（其中包括外国友人）写给我的书信手稿（丘光明先生拿出用文件夹夹好的一本又一本书信原件），经常翻来看看，半是激励、半是安慰。2005 年《中国古代计量史图鉴》付梓前，中国科学院院士王大珩先生不仅为我写了序，还叮咛再三，深切地期望后人，不要忘记中华文化，不要忘记祖先。我深感像他那样越有学问的大家，越平易近人、越乐于提携后辈。因此我很想能够把这些信件整理出来。

万：这些信件很珍贵啊，尤其是在今天，人们都已不再用手写，只是敲键盘的情况下，就更显其可贵了，何况这些信件和度量衡史有着密切关系。我上次在杭州就曾经表示，要帮您好好整理这些沉睡于箧笥的信件，一定当作研究度量衡史家的一件工作来做，今天时间不早了，下次我将再次登门拜访，专门商量整理这些宝贵信件的事。

丘：十分欢迎万辅彬先生的光临，更感谢您的提示和指导。只要在我有生之年，在身体健康允许的条件下，我仍然希望继续为度量衡史的研究贡献一点点微薄之力。

周潮生先生的钱塘江史志研究之路*

——访周潮生

王　淼，李海静 / 问，周潮生 / 答

编者按：周潮生，教授级高级工程师，1956年毕业于武汉水利学院（今武汉大学水利水电学院），先后任职于浙江省水利厅、浙江省水利科学研究所、钱塘江工程管理局（今钱塘江管理局）、浙江省河口海岸研究所。早期从事农田水利和河口海岸工程技术工作，后转向钱塘江史志研究。出版（含合作）论著20余篇（部）。研究成果多次获得浙江省优秀科学技术成果奖。作为主要作者参加《钱塘江志》《明清钱塘江海塘》等钱塘江史志研究著作的编撰，为钱塘江史志研究做出了重要贡献。

1　缘结浙江水利建设

问：周工，能否先介绍一下您的身世和成长情况。

周：好的。我是福建省长汀县人，这个县城已有1000多年的历史，现仍保留有唐代的城墙。我们这个县城在大山之中，当时属中央苏区，距江西省瑞金市只有40千米。我的父亲经营家里的油盐店生意，店面处在当时县城最

*　收稿日期：2016-07-17。

作者简介：王淼（1976—　），男，内蒙古自治区赤峰市人，科学史博士，浙江大学科技与社会发展研究所副教授，主要研究方向：中国科技史、科学技术与社会。李海静（1979—　），女，天津市人，中国科学技术大学科技史与科技考古系博士研究生，中国水利博物馆助理研究员，主要研究方向：中国科技史、水利史。周潮生（1934—　），男，福建省长汀县人，浙江省水利河口研究院退休教授，高级工程师。

好的位置。在抗日战争后期，店面被日机炸毁，接着又因购买用地重开店面与人发生官司而家道衰落。

1933 年，全家逃难到今广东省潮州市，同年腊月母亲生下我，所以小名叫“潮生”。1935 年，回到老家福建省长汀县，父亲给我取好大名登上族谱，但从未用过。而“潮生”这个小名，却沿用至今。大学毕业后，来到钱塘江边工作，又跟涌潮和海塘打交道，确是巧合，也算是机缘吧！甚至有人问我是不是因与潮打交道后改的名。我也凑趣地回说：“80 年前我出生时，父亲掐指一算，这小子将来要与潮打交道，故给我取名‘潮生’，取‘因潮而生’之意也！”

问：您读小学和中学时，老家的教育状况如何？

周：我先上的是私立教会小学，叫乐育小学，学校的房子是西式洋灰造的，很有特色。校长是位女士，叫黄肇珍。当时，傅连暲[①]的原配夫人刘赐福就在这里任教，曾经教过我。两年后，我转到了县里的公办龙山小学。因抗战，厦门大学搬迁到我们县城，对当地的教育产生了很大影响。厦门大学学生为赚取生活费，到中、小学兼课，我们有些课程由他们任教，学校的教学水平也就自然提高很多。

1945 年，我考取了省中，学校校址是清代贡院，纪晓岚的《阅微草堂笔记》曾记载这个贡院。当时，我们县里有两个中学：省中和县中，每个学校招收 50 名学生。中学时，因常常沉迷于游戏之中，在一定程度上耽误了学业。还好，初中毕业后，保送入本校高中，班级的同学基本全是考上的。

1952 年，参加高考，这是国家实行统一高考的第一年。当时生源严重不足，国家计划招收学生数远超应届毕业生人数。为此，出现大批的调干生。调干生，就是从工作岗位抽调入大学学习的学生，他们在学习期间，除免伙食费外，国家还每月给予若干元津贴。除调干生之外，还有像我这样高中只读两年半的学生提前毕业参加考试。当时，福建省设立了 4 个考点，我们需要到漳州考点考试。国家非常重视这批学生，县里为此专门召开座谈会，要求应届生全部参加考试，并由县里派的工作人员专程送我们到漳州，直到我们考取并离开漳州赴新学校。

问：您为什么会选择学水利？

周：我受老师的影响本想报考音乐学院。当时，国家在大力发展工业，国家动员同学们报考工科或师范类学校。考试结束，很多同学没钱回家，政

① 傅连暲（1894—1968），原名傅日新。福建省长汀县人，医学家。原是基督教办的长汀县福音医院院长，后随红军长征，是中国人民解放军和中华人民共和国医疗卫生事业的奠基人、创始人之一。他是中华人民共和国成立之初的一位医疗将军，开国中将。

府便组织夏令营，安排各种活动。填志愿时，当地中学一位地理老师来夏令营做有关荆江分洪工程[①]的报告，我觉得有意思，于是就填水利作为第三志愿。最后分配到新成立的华东水利学院（以下简称“华水”），学习农田水利专业，当时叫水利土壤改良。这时正值国内高校院系首次调整，华水的院长是钱正英，严恺[②]教授任副院长并主持工作。入学头一年，华水的校舍还在建造，暂时与华东航空学院一起，合用南京工学院校舍（民国时期中央大学校舍）。次年才搬到清凉山华水自己的校舍，里面原有的、美国大使马歇尔住过的小洋房，暂作院部机关办公用房。

1955年，国家再次进行全国院系调整，想要在武汉建一个农田水利学院，把国内相关院校的“农田水利专业”都合并到武汉水利学院。天津大学、华东水院、沈阳农学院、河北农学院等院校的农田水利专业都合并过来，我们那届毕业生的程度参差不齐，天大和华水的学生是工科的，学的课程大体相同，都做了毕业实习和毕业设计。其他学校的就只做毕业实习或大型作业。毕业时，大家都拿到了武汉水利学院的文凭。

问：您毕业时，是不是学校统一分配工作？

周：当时，国家统一分配工作，我们有11个同学被分配到浙江，其中两个去了浙江大学，我和另外一个同学被分配到水利厅的农水处。在工程师的带领下，参加过小型水库定型设计和小型水库渠系配套工作。当时，农水处的技术力量很强，除了我们新来的几个人，另有12位工程师和12位技术员，处长是钟世杰[③]。

问：您来到浙江工作时，浙江水利建设情况如何？您主要参与了哪些技术工作？

周：中华人民共和国成立之初，浙江省的水利技术力量在全国水利界算

① 荆江分洪工程，位于湖北省公安县境内，开始于1952年，参加工程建设的30万军民，以75天的惊人速度建成荆江分洪第一期主体工程，成为中华人民共和国成立之初一项主要的水利工程。

② 严恺（1912—2006），水利和海岸工程专家，中国科学院院士、中国工程院院士。1935—1938年在荷兰德尔夫特（Delft）科技大学学习，获土木工程师学位，1940—1943年任国立中央大学（今南京大学）教授。

③ 钟世杰（1928—　），1946年2月参加革命工作，在安徽省无为县境参加渡江战役过江。任浙江省水利厅农水处处长时，是厅党组三位成员之一。1983年担任浙江省水利厅厅长。参见：中国水利百科全书编辑委员会，水利电力出版社中国水利百科全书编辑部. 中国现代水利人物志［M］. 北京：水利电力出版社，1994：419.

是较强的，有人开玩笑说：算不上“地主”，也可以算是“富农”。这里集中了很多水利干部。国民党南撤时，很多水利专家留在浙江，如吴又新[①]、冯旦[②]、茅以升[③]、汪胡桢[④]、孙寿培等。他们都是水利专家，对浙江水利建设起了很大的推动作用。

20世纪50年代，国家提倡农田水利建设，开始搞灌溉试验。1956年浙江省建立了杭州、宁波2个灌溉试验站。1957年，增加金华和温州两个站。我是这年春天到杭州站，主要做水稻实验，观测用水量和试验灌水技术。1958年，浙江省水利科学研究所成立，灌溉试验站全部划归所里，组建成一个研究室。1959年，我被调到萧山新建棉麻灌溉试验站，内容也是观测需水量和试验灌水技术。此时，钱塘江河口两岸盛产棉、麻，黄麻产量占全国的80%。1960年秋，我们研究室划归浙江省农业科学院。其间，曾在浙江农业大学数学教研组工作一年。1962年下半年，我又随研究室回到浙江省水利科学研究所搞机电排灌试验，直至“文化大革命”。其间参加了一次华东机电排灌会议。1963年，中国水利协会第二次全国代表大会和综合性学术讨论会在北京的西颐宾馆举行，浙江去了四位正式代表，即省水利厅副厅长吴又新，水科所总工程师戴泽蘅（后文简称“戴总”）[⑤]、河口室主任李光炳和浙江大学土木系蔡法林老师。水科所另派罗庆裕和我去旁听。我参加的是机电排灌组会议。会议期间，全体与会人

① 吴又新（1909—1990），水利专家。1936年毕业于位于江苏省南京市的河海工科大学，曾留学美国，回国后任国民政府水利委员会技师、水利部防洪司司长。中华人民共和国成立后，吴又新先后担任浙江省水利局总工程师、副局长，钱塘江治理工程局总工程师、局长，浙江省水利厅副厅长等职。参见：中国水利百科全书编辑委员会，水利电力出版社中国水利百科全书编辑部．中国现代水利人物志［M］．北京：水利电力出版社，1994：314.

② 冯旦（1896—1967），毕业于河海工程专门学校。抗日战争胜利后负责钱塘江海塘抢修工作。因其抢修海塘功绩卓著，水利部特颁给其金质水利勋章。曾与孙寿培合著《对于修复钱塘江海塘之研讨》一文。

③ 茅以升（1896—1989），结构工程师，著名桥梁工程专家，中国科学院院士、美国工程院院士。1934—1937年任浙江省钱塘江桥工程处处长（挂此职到1949年），在自然条件比较复杂的钱塘江上主持设计、组织修建双层公路、铁路两用钱塘江大桥。1947年，任钱塘江海塘工程局局长。

④ 汪胡桢（1897—1989），水利工程专家，中国科学院院士。我国现代水利工程技术的开拓者，被水利界誉为“中国连拱坝之父”。1947年，任钱塘江海塘工程局总工程师兼副局长。

⑤ 戴泽蘅（1921—2019），水利河口专家。1943年毕业于中央大学水利系。曾任浙江省钱塘江海塘工程局副局长、省河口海岸研究所副所长兼总工程师。参见：林波．钱塘功臣——戴泽蘅．杭州：浙江人民出版社，2013.

员受到了中央政治局领导的接见。此次会议，钱塘江治理开发是重要议题之一。

1970年，成立了杭州湾协作组，准备开展钱塘江治理开发工作，要在黄湾建水利枢纽工程。戴总从“牛棚”放了出来，担任副总工程师。当时国内河口研究文献很少，急需借助国外经验。戴总就办起了英语培训班，利用晚上业余时间大家聚在一起学习英语。为了了解最新的研究方法和研究成果，他又提议创立内部刊物《河口海岸译丛》，介绍国外相关的研究成果和研究动态，第一期介绍了荷兰三角洲计划。同年，水科所农水室撤销，我被调到水科所河口室，承担计算河口两岸平原灌溉用水量的工作。此项工作结束后，我因身体不好，不宜多出差，室领导安排我作笔译英文资料，就将译文收在这本译丛里，油印供同仁参考。前七期都是以翻译外文文献为主。第八期开始增加所内人员自写的文章，刊物也改名为《河口海岸工程》，刊名是戴总题写。此后，期刊文章以单位内部投稿为主。

为了开展钱塘江治理工程，浙江省水利厅组建钱塘江治理规划组。钱塘江治理工程除戴总、李光炳等几位专业技术人员外，还由浙江省水利水电设计院调一批技术人员来到治理规划组，从事钱塘江治理工程。省交通厅和一些大学也先后派人参加这项工作。

2 参编《钱塘江志》的前前后后

问：我们特别感兴趣的问题是，您本来是搞水利技术工作的，可是后来为何转向走上钱塘江史志研究之路了呢？

周：我从事钱塘江史志研究工作，是从参加编写《钱塘江志》[①]开始的。1974年，我正式调入钱塘江工程管理局资料室工作，并继续做笔译英文资料的工作[②]。1985年冬，开始参加撰写《钱塘江志》。我是自己主动要求写志，

---

① 《钱塘江志》1998年由方志出版社出版。

② 周潮生先生主要译校论文包括：钱旭中，周潮生编译．塞文河口潮汐能开发方案研究近况［J］．东海海洋，1983，1（3）：76–79；［荷兰］J. J. 德朗克．韩曾萃，周潮生译．赵雪华校．河流、近海区和外海的潮汐计算［J］．水利水运科技情报，1973（S5）：24–67；周潮生译，余大进校，胡洪志复校．罗伯逊湖工程采用土工复合薄膜建坝的计划［J］．浙江水利科技，1989（3）：16–22；余大进译．周潮生校，胡洪志复校．拉哥纳罗坝的上游防渗护面［J］．浙江水利科技，1989（3）：47–51；［美］B. A. Gross，R. Bonaparte，J. P. Giroud. 周潮生译．廖树德校．填筑地渗漏检测层水流估评［J］．浙江水利科技，1991（1）：11–18，62；［德］J. Kisskalt，E. Cartung. 周潮生译．廖树德校．填筑地中无纺土工布的长期过滤功能［J］．浙江水利科技，1991（1）：32–36.

没想到这是个苦差事，一钻进去就出不来了。当时，水利部要出一部全国的江河总志，除了包含水利部直接管理的长江、黄河等几条大江河，在东南地区选取了钱塘江、闽江、邗江三条中小河流。文到浙江水利厅后，钟世杰厅长提出浙江八大流域都要写志，要求钱塘江管理局负责撰写《钱塘江志》。写志前期遇到很多困难，因从未做过此类工作，对撰写内容、整体框架都没有现成的办法和经验，工作很难开展。撰写提纲拟订后，《河口治理开发》那一篇因为原定撰写人员发生变动，无人撰写。直至戴总退休后担任主编，他将何佩德[①]请来负责撰写治理开发篇。何工接受任务后，到各地方水利局收集相关资料。我们除在本省图书馆、档案馆收集到了大批有关钱塘江的史料外，还从中国水利水电科学院水利史所搜集到许多资料，包括志书和报刊资料等。何工搜集资料回来后立即撰写，很快就拿出了初稿。在参编《钱塘江志》过程中，作为编委会成员及副主编，我主要负责篇目的拟订以及资料的整理、协调工作，同时担任第二篇《治理开发基础工作》的分篇主编，负责该篇的撰写和统稿工作，另外还编写了大事记。

问：在参编《钱塘江志》的过程中，您关于江河志书的撰写提出了自己的观点，发表了《关于江河志的思考——修改〈钱塘江志〉篇目考虑的几个问题》[②]《论江河志与水利志的异同》[③]《关于〈钱塘江志·人物章〉的若干思考》等文章。您能谈谈这几篇文章是在怎样的背景下产生的吗?

周：我们写志的主体班子都是搞钱塘江河口治理开发的专家，但都没有写志书的经验。基于这种状况，我一直在不断地思考《钱塘江志》的定位问题，所以后来写了《论江河志与水利志的异同》一文。本想将每一部分的思考和写作思路都写一篇小文章，因精力有限，虽有思考但未能全部撰写成文，也就发表了你们提到的那几篇文章，也算是我对《钱塘江志》的编写所做出的一点思考和贡献吧。

---

① 何佩德（1923— ），1948年毕业于中央大学工学院水利系。1949年后任浙江省水利厅助理工程师、工程师，浙江省嵊县水利电力局副局长，教授级高级工程师，第六届全国人大代表。参见：中国水利百科全书编辑委员会，水利电力出版社中国水利百科全书编辑部．中国现代水利人物志［M］．北京：水利电力出版社，1994：90．

② 周潮生．关于江河志的思考——修改《钱塘江志》篇目考虑的几个问题［J］．中国水利：水利史志专刊，1988（2）．此文荣获浙江省1988—1989年度地方志优秀成果三等奖。

③ 周潮生．论江河志与水利志的异同［J］．浙江方志，1992（1）．此文获浙江省1990—1991年度地方志优秀成果三等奖。

问：我们看到《河口与海岸工程》中有几期专刊介绍有关志书的撰写要求、钱塘江历史文献、历史修筑情况的文章，看得出大家对待此项工作非常认真，您能跟我们简要介绍一下此书撰写情况吗？

周：做工程技术的人员一大特点就是做事要严谨、认真，尤其是戴总做事认真那是出名的。当时，全国地方志领导小组组长李铁映指出，“志书是科学的资料书”。根据这一方针，我们编写的志书，第一要方便查阅者使用；第二要做到“横不漏项，纵不断线”，完整记述整体发展演变的过程。

在撰写过程中，我认为江河志要以江河特性演变为中心。《钱塘江志》着重介绍治理开发活动及引起的江河特性演变过程。

问:《钱塘江志》出版后，编纂委员会又做了哪些工作？它在钱塘江史志研究领域的影响如何？

周：刚出版时，戴总就说这部志书的缺点是“字数太少，印数太少”。全志终稿的总字数为101万字。实际上，原稿字数很多，不过很多详细的资料最后被砍掉了。现在来看，印刷已经不算少了，已经第三次加印，每次加印都有订正。我们发现并改正了书中存在的百余处错误，国家规定错误率不能超过总字数的万分之一，所以从总体上看这本书的质量还是好的。初次印刷时，我和戴总在印刷厂待了一个多星期，发现一处错误马上进行修改，但也无法保证百分百无误。

《钱塘江志》出版后，在钱塘江史志研究领域的专著和学术论文中引用率还是很高的。这充分说明这本志书的编纂得到了本领域同行的认可，表明我们的工作受到了充分肯定，这是非常令人欣慰的事情。编志时搜集的资料，也为《明清钱塘江海塘》《钱塘江河口治理开发》《天下奇观钱江潮》等书奠定了基础。我们还希望这些资料能继续发挥作用，推进钱塘江史志研究领域不断涌现出更高水平的研究成果。

3 钱塘江涌潮和海塘历史的研究

问：读您所发表的成果，除了关于江河志书撰写的思考，还有文章和著作涉及钱塘江海塘修筑史、涌潮研究、国外研究动态等方面，涉猎面非常广。譬如，您曾发表《钱塘江的观潮胜地为什么会变》《休嫁弄潮儿，潮今亦失信——钱塘江涌潮为什么会失期》等文章及专著《天下奇观钱江潮》，您为什么会关注这些研究方向？能谈谈这些研究吗？

周：我关注钱江潮，在很大程度上是由于1974年上海科教电影制片厂来拍钱塘江（大）潮影片。因上层领导布置任务，必须完成拍摄工作，后来了解到是江青的要求。为此，上海科教电影制片厂最好的设备、人员都来杭参与此片拍摄。钱塘江管理局和河口所领导派我（作为编委之一）协助查阅资料并陪同拍摄。由此开始接触涌潮，并常去杭州大学[①]和浙江图书馆搜集资料，结识了杭大图书馆的一位老先生，他教我如何查阅古书资料。

上海科教电影制片厂拍的片子，还加入长春电影制片厂拍到的（一个镜头）1974年第13号台风与大潮相遇所造成钱塘江老盐仓的回头潮，可以说是惊心动魄。在上海科教电影制片厂拍成片后，我们利用多余的素材剪辑成一部资料片。这部片子还有英语解说拷贝，经水利部、文化部批准，在国际会议上放映，并曾与英国、美国、荷兰、日本等多个国家的学者交流。

以此为机缘，我开始关注与钱江潮相关的历史文献资料。钱塘江搞治理开发，首先要研究清楚涌潮问题。历史文献资料是研究的基础，通过对史料的查阅，可以清晰地了解潮汐历史、潮汐演变、古人对钱江潮的认识，从而慢慢摸索潮汐演变规律，为钱塘江涌潮研究提供史料支撑，制定更为科学有效的治理方略。根据史料文献记载结合钱江潮现状，就写了几篇相关文章。

问：您与人合作发表《钱塘江潮区的主要水文特征》《潮水位组合频率分析法》[②]《塞文河口潮汐能开发研究近况》《关于涌潮的研究》这些有关潮汐的专业研究性文章，是您当时的工作内容，还是您的兴趣点？

周：20世纪60年代，钱塘江治理工程的关注点在潮汐能的开发利用问题，很长一段时间，钱塘江一直想搞潮汐开发。那时，我承担科技情报工作，翻译了许多国外相关研究文献和研究成果。同时，钱塘江治理的重点和难点也在于涌潮。随着治理工程的不断推进，学科分类越来越细，开始有专人研究潮汐和波浪问题。根据研究结果设计制定江道治理方案和标准海塘设计标准。今天我们所看到的沿江新建标准海塘，都是根据对海潮和波浪的测算结果而设计确立的塘高和塘型。正因为钱塘江涌潮的独特，从而使浙江水利水电科学研究院在该领域的研究居于世界前列。我这些文章是紧随治江工程的发展而展开的，工作的需要成就了我个人的研究成果。

① 杭州大学于1998年与浙江大学、浙江农业大学和浙江医科大学合并为新的浙江大学。

② 杜明球，周潮生，等. 潮水位组合频率分析法［J］. 风暴潮，1983（1）. 此文获浙江省1983年度优秀科技成果四等奖。

问：您与戴总和陶工合作撰写了《明清钱塘江海塘》，这本书是如何酝酿的呢？

周：这本书实际上是上面交下来的任务。1997 年 8 月 18 日，第 11 号台风在温岭石塘登陆，宁波、台州等地海塘损毁严重。事后省长万学远视察钱塘江海塘时，问陪同的钱塘江管理局韩曾萃局长能不能写一本明清钱塘江海塘。韩局长回说："我是写不出，但我们局有人可以写。"随后便找陶存焕高级工程师和我传达了编写《明清钱塘江海塘》一书的指示。当时我们正在编撰《钱塘江志》，搜集了许多钱塘江海塘史料，有条件撰写。于是在《钱塘江志》初稿基本就绪时着手撰写此书。这里要特别提出，戴总不但审阅了全部书稿，而且提出增加并撰写了第十二章全章的书稿。故此书实际作者是 3 个人。但是，戴总不愿署名，所以《明清钱塘江海塘》在正式出版时，作者只有陶总和我两人。

问：能否请您谈谈明代和清代钱塘江海塘建筑技术方面各有什么特点？

周：明清两代海塘修筑工程在修筑区域、塘型结构、防御思想、防御体系上都有着显著的不同。就区域而言，明代海塘以海盐县为主，而清代集中在海宁县。就塘型结构来讲，改变较大。明代海塘是自土塘改建石塘，创建双盖鱼鳞塘；清代海塘修筑技术发生很大改进，例如，海盐段修筑工程减少了鱼鳞塘起脚横石数，塘前加潜堤以削减破坏浪潮的冲击力；海宁段则减少石塘层数，减小条石尺寸，塘脚增加坦水，塘前增加护塘丁坝，防止地基淘刷。明、清两代治河方略有着根本的不同。明代随岸线坍蚀，逐步筑塘退守，属被动防守。清代，则采取筑塘固守，寸土不让；多未雨绸缪，先时经纬。清代防护体系较明代更完善。明代时，海盐、海宁开始加筑土备塘，开浚备塘河，逐步构建防洪体系；清代，这一体系得到很好的完善，除土备塘、备塘河外，还加筑横塘（圈塘）以缩小潮水满溢时的受害范围，构建有纵深的防御体系。

问：关于钱塘江历史文献价值，您是怎样认识的？

周：资料，无论是历史的，还是当下的，都是研究工作的基础。收集是不可少的工作，资料的鉴别更是不可少的。只有去伪存真，取得可靠的资料，才能得出正确的研究结果。可靠的资料愈丰富，就愈容易得到正确的成果。

问：这些历史资料，为钱塘江治理工程提供了哪些帮助？

周：研究历史还有一个任务是防止历史经验失传。这方面，钱塘江海塘建设有过教训。如道光十七年（1837年），礼科给事中沈鑅就在一个奏章里提出“坝基应当顺而不逆，当挑而不应迎。二者尤宜短不宜长，宜密不宜疏。盖短则费用省；而出水浅密，则前坝塌而后坝又挑，皆当随时随地斟酌至当而后兴工。”然而，这奏章普通人看不到。以至于直到1949年开工实施杭州四堡保滩护岸工程，在原有诸丁坝的坝间插建1—3座短丁坝，共建7座，并使新旧坝坝头位于一顺势线上，才首次实现“短坝密据”保滩护岸。两者相距竟达112年！

另外，在总结历史经验基础上，发现了海塘弱点，指明进一步加强海塘的方向。如鱼鳞石塘塘身结构虽然坚固，但存在基础太高；丁坝虽能挑流，但坝头易于被冲刷。为后来建设者指出了研究目标。所以，中华人民共和国成立后在这些方面下了很大力气。现在这两个问题都已解决。

再如，过去的海塘，虽然避免了许多潮害，但塘顶高程普遍偏低。1974年13号台风，两岸都发生潮水漫顶。于是，提出了加高的要求。但加高多少，能防御什么概率的潮水？这是个研究课题。前面提到的《潮水位组合频率分析法》就是为此提出的，进而有“一期加固”和“标准塘建设”工程。

问：您如何认识钱塘江海塘治理工程的历史演进过程？

周：海塘工程建设，与其他工程建设一样，也要“与时俱进”。由于经济发展，对海塘防御能力的要求在逐渐提高。钱塘江河口治理，已从筑塘御灾进入治江兴利阶段。防御方略自“以宽制猛”步步退守，到“筑塘固守”寸土不让，至“筑堤围涂”主动进攻缩窄江道几个阶段。治理措施从单纯筑塘御潮，至筑坝挑流促淤保塘，再发展成塘前水中修筑潜堤、荡浪桩，塘脚有坦水、护塘墙，塘顶有防浪墙，塘后有备塘、备塘河、鬯塘的纵深防御体系。滩涂地利用从单纯种植，到工农业并举，发展至综合开发。随着两岸经济发展，对防御潮害的要求日益增高，是促进防潮技术发展的动力。现在正在研究如何防御小概率潮患，如天文大潮与台风相遇。

4 对未来钱塘江史志研究的展望

问：现在关于钱塘江的历史研究内容不断丰富，尤其是明清海塘的研究，您如何看待这个问题？

周：明清海塘虽已写书，也总结了一些有益的经验。但还比较粗糙。有些事还未提及，尤其是海塘史与社会环境的关系。随着资料挖掘逐渐深入，已搜集到的资料也有待进一步消化；认识加深，必然会得出更多有益的成果。

问：直到现在，您还一直在收集有关钱塘江的资料吗？

周：正由于历史资料还在逐渐发现，有些已经知道的资料也还未收拢，且治理研究和建设工程还在进行，资料不断涌现。必须不断收集，以加深认识，总结经验和教训，供今后参考。

问：在未来关于钱塘江的历史研究方面，您觉得还有哪些方面值得继续深入？

周：首先，要加强历史资料收集和整理。现在，唐代至明代的资料收集得比较多。清代故宫档案，文字部分收集了不少，但沙水图仅得到几张，应当继续搜集。相对而言，民国资料最缺。水利厅移交给省档案的资料还未全部收拢，还有公安厅乔司农场围涂资料也未搜得。南京中国第二历史档案馆还没去过，有机会也应去查阅。在资料整理方面，已收集的资料应梳理汇编成册，以便使用。目前我正在汇编历代海塘史料，已初步编好民国时期海塘史料。下一步拟继续编“清代”“明代”“唐宋元三代”几册。第一历史档案馆搜来的清代奏章，还只编到了乾隆三十年（1765 年），应当继续编完，至宣统为止。

收集和整理资料，目的在于使用。要使用，先要消化。消化后，首先可供目前编纂《浙江通志・钱塘江卷》《浙江通志・海塘卷》等志书使用，然后编写《钱塘江海塘史》。相对比较简单一些，可以先编写《唐宋元钱塘江海塘》和《民国钱塘江海塘》，与已有的《明清钱塘江海塘》集成为一套丛书。如有可能，再写《钱塘江海塘史》。在这之前，可以写一些专题研究文章。此外，现在已经收集到了清代沙水奏章，应下力气勾画江道形势图，将中华人民共和国成立后的实测江道地形图向过去延长 180 余年。这对研究江道演变意义重大，但这项工程浩大，不是一两个人、一年半载能完成。应当组织一个班子，花上几年工夫。首先需要调研前人在这方面究竟做了哪些工作，然后在此基础上将江道形势图更好地勾画出来。

问：近年来，您又在关注钱塘江文化建设，并合作发表《钱塘江潮汐文化长廊》一文。您对钱塘江文化建设有怎样的建议？

周：这篇文章是与中国科学院自然科学史研究所宋正海研究员合作发表的。他是浙江省海宁市人，很关注钱塘江潮汐，也写过涌潮方面的书籍。我们之间长期以来一直有合作和交往。

钱塘江文化建设，以前多有忽略。近年在开展水文化建设，才慢慢受到关注。为此，省里曾专门召开会议，参会单位有浙江省社会科学院、浙江水利水电学院、钱塘江管理局、绍兴水利局等单位。我也应邀出席。会后，我提出全省各地应在摸清家底的基础上进行保护、抢救和发掘的建议书。现在，钱塘江管理局正在撰写《浙江通志·海塘卷》，我建议加强文化方面的内容。我自己也写了一篇《走街串巷觅潮踪》的文字，介绍杭州市区内与海潮相关的街道、寺庙等有纪念意义的遗迹。对于钱塘江涌潮景观文化遗产价值的研究仍然比较薄弱，有待进一步加强。

问：非常感谢您多次接受我们的访谈，祝您身体健康，生活愉快！

为中国现代科学史研究铺路 *

——访樊洪业

熊卫民 / 问，樊洪业 / 答

编者按： 樊洪业先生是中国近现代科学史研究领域的名家。他于1942年11月出生于辽宁省抚顺市，1965年7月毕业于吉林大学化学系生物化学专业。毕业后分配到中国科学院微生物研究所工作。1978年，调入新成立的中国科学院自然辩证法通讯杂志社。随后，围绕科学界热点的人和事，写了系列文章，如《李森科其人》《是“那”样一个人——评杨沫同志的报告文学“是这样一个人”》等，曾在社会上产生广泛反响。1985年，随杂志社并入中国科学院科技政策与管理科学研究所，担任中国科学院院刊编辑室主任。自1990—1999年主持中国科学院院史研究室工作，为院史研究奠定了坚实的基础。其间，在中国近现代科学的社会史方向做了大量研究，主要著述有《耶稣会士与中国科学》《中国科学院编年史（1949—1999）》《科学业绩的辨伪》《科学旧踪》等。2000年以后组织社会力量，负责主编《竺可桢全集》《20世纪中国科学口述史丛书》，并积极支持和参与“老科学家学术成长资料采集工程”的培训和评议工作，倾力推进当代科学史料建设，在中国近现代科技史领域产生了很大影响。

樊洪业先生回顾了自己的科学史研究生涯：1978年到中国科学院自然辩证法通讯杂志社工作之初，其作品主要是关注和评议中国科学界的人物和事件。至1982年参与筹备“中国近代科学技术落后原因学

---

* 收稿日期：2016-07-01。

基金项目：中国科学院院史编撰与研究。

作者简介：熊卫民（1974—　），男，湖南省南县人，中国科技大学科学史与科技考古系特任教授，中国科学院人文学院访问教授。樊洪业（1942—　），男，辽宁省抚顺市人，中国科学院院史研究室研究员，研究方向：中国近现代科学史研究。

术讨论会”，开始把中国近现代科学史作为自己的研究方向。他勾画出了自己的学术研究路线图，并按时间顺序一段一段展开工作，每段都有出色的研究成果，尤其是在史料建设上做出了卓越的贡献。

熊：樊先生，您从事中国近现代科学史研究业已30余年，也该为这门学科的史学史做一些回顾和总结的工作了。万辅彬教授委托我为他在《广西民族大学学报》主持的《科学史家访谈录》专栏写一篇对您的专访。我们很想请您谈谈您的科学史之路。

樊：谢谢万辅彬老师和你的雅意，凭记忆谈一谈我从事中国近现代科学史研究的经历，或许对年轻的同道有点借鉴作用。是否发表，不要勉强，我们就随便聊聊吧。

1 在自然辩证法通讯杂志社的几年

熊：作为理科生，您从何时开始对科学史感兴趣？

樊：高中时代我虽然比较喜欢理科，但对文史也有浓厚兴趣，到大学念生物化学，仍然喜好涉猎文史知识。大学一、二年级时，有两本书让我印象深刻，一本是苏联人斯吉柏诺夫写的《人类认识物质的历史》[①]，一本是龚育之先生写的《关于自然科学发展规律的几个问题》[②]。通过阅读这两本书，我明白了科学史与自然史的区别，知道了在数、理、化、天、地、生等具体研究客观世界各类事物规律的学科之外，还有一个综合性的整体“科学”有一些规律值得研究。这两本书我一直在保存着，尽管前一本书有明显的大俄罗斯主义色彩，后一本书带有那个时代的政治局限性。因为我对科学史的兴趣，部分源于它们。

熊：在正式进入科学史领域之前，您做了些什么呢？

樊：我总是说，我是科学史领域的游击队员。因为我没有上过科学史的

① 斯吉柏诺夫. 人类认识物质的历史［M］. 曹毅风，译. 上海：开明书店，1952.

② 龚育之. 关于自然科学发展规律的几个问题［M］. 上海：上海人民出版社，1961.

课堂，没有拜过科学史的老师，没有在正规的科学史研究机构里工作过。之所以进入这个领域，得从我在自然辩证法通讯杂志社的工作说起。

“四人帮”倒台后，当时中国科学院党组副书记李昌、副院长钱三强，以及中国社会科学院副院长于光远共同提议办一个有关自然辩证法的专门刊物，服务于科学技术的发展。经中央领导批准，1978 年 3 月正式发文，宣布成立自然辩证法通讯杂志社，由于光远任主编。杂志社为司局级机构，有 40 个人的编制。把上海社会科学院的李宝恒（1931—2001）调来任杂志的常务副主编。我在毫不知情的情况下，接到了院里的调令。当时我还很奇怪，以为是要我到什么通讯社去做记者。7 月初我去杂志社问明情况后，决定去报到。7 月底，李宝恒确定了第一期刊物的选题，派给我的任务是写一篇有关李森科的传记性文章。

李森科对中国共产党建政后的中国科学界影响非常大。李森科主义以“米丘林生物学”的名义，在政治权势的支持下，推行自己一派的学术观点，打击、迫害在国际遗传学界占主流地位的摩尔根派的苏联遗传学家，涉及生物学、农学、医学等几乎整个生命科学领域，在国际学术界兴起了一股反科学逆流。李森科主义不仅在苏联赢得压倒性胜利，也影响到当时社会主义阵营的各国。那时我们在政治上一边倒，科学上也要一边倒，成立了有官方背景的“中国米丘林学会”，请李森科学派的苏联专家来中国讲学，到处办讲习班。官方机构和媒体也明确提出了坚持米丘林生物学的发展方向，中国真正的遗传学家们被迫检讨，并被停止教学和研究工作。直到 1956 年提出“百花齐放，百家争鸣”的方针，在山东省青岛市开了一个“遗传学座谈会”，形势才有了较大的改观。此后，在科研和教学单位，出现了两派分治并立的局面。在政治转左的运动中，摩尔根学派的学者还会受到政治和意识形态的批判冲击。另外，被国际学术界抛弃的米派，还会在“双百”方针的名义下在中国得不到应有的保护，严重阻碍了遗传学和分子生物学在中国的健康发展。可以说，李森科现象是科学史和社会史上用行政手段干预科学研究的一出大悲剧，李森科在其中扮演了第一位的反面角色。

李宝恒在上海市时与复旦大学遗传学研究所的赵寿元（1931—　）相识，他把赵寿元新译的《李森科浮沉录》[①] 稿本带到了北京。他认为这是世界科学史上的典型案例，决定在《自然辩证法通讯》杂志的创刊号发表一篇揭

① 麦德维杰夫. 李森科浮沉录［M］. 李宝恒，赵寿元，译. 上海：上海译文出版社，1980.

露李森科的文章，要我来承担这个任务。我以赵寿元的译稿为基础，又查阅了相关文献，尤其注意要针对中国的实际状况，大概用了一个月的时间交出了这份作业。全文大概有 24000 字。一般情况下，杂志是很少刊登这么长的文章的，但李宝恒认为这篇文章内容很重要，针对性强，值得这么长，基本上没有删减。文章的题目《李森科其人》是由李宝恒定的，我为自己取了个笔名“石希元”——“实习员”的谐音，因为我当时的职称是研究实习员。1978 年 9 月，李宝恒派我带着全期的稿件去上海科学技术出版社发稿，以“试刊”的形式征求各方意见。试刊中有多篇文章，反映了“解放思想”的时代要求，也体现了一份新杂志的战斗风格，得到很高的评价。于是，第二年初，试刊变成了正式的创刊号,《李森科其人》一文也就成了《自然辩证法通讯》杂志“人物评传”专栏的开篇之作。

其后，李宝恒要我围绕李森科现象，追踪寻访在中国的代表性事件和人物。当时在杂志社工作的陶稼祥给我提供了有关鲍文奎先生的一些线索。鲍文奎先生是染色体遗传学方面的专家，在美国加州理工学院生物系拿的博士学位。这个系的首任主任恰好是摩尔根。1950 年 10 月，他与赵忠尧、邓稼先、沈善炯、叶笃正等 100 多名留学生同船归国，到四川省农业科学研究所工作。他把培育八倍体的技术用于小黑麦育种，很有进展，但自李森科主义在国内掀起风暴以来，他受到了极其粗暴的对待，要做政治思想检查，试验田中的秧苗被全部犁除。后来，中宣部科学处处长于光远和农业部副部长刘瑞龙出面干预，将鲍文奎调到中国农业科学院工作。他在非常困难的情况下开展研究，为西南地区的贵州省高寒山区培育小黑麦高产良种，渐有突破。

我访问鲍文奎的时候，他的屋子里到处都是小黑麦的种子，工作条件非常简陋。他做育种研究，但数理功底深厚，很有学术水平，但平时少言寡语。我把刚出版不久的载有《李森科其人》的那期杂志送给他，像是一张名片或见面礼。他觉得很投缘，沟通上的困难一下子消除了。访谈很顺畅，迅速成文，以《鲍文奎：绿色的目标》为题，刊登在《自然辩证法通讯》第一卷第三期上[①]。

熊：我读过《李森科其人》，没读过《鲍文奎：绿色的目标》。后者影响大不大？

樊：这两篇文章都被《新华文摘》转载了。鲍文奎这篇文章曾在中央人民广播电台播送，播音员是很有名气的铁城。我后来遇到农业科学系统的

① 于有彬．鲍文奎：绿色的目标［J］．自然辩证法通讯，1979（3）：85-93．

人，也常听他们提到这篇文章。但这篇文章说不上有多大影响，毕竟上一篇文章的主人公李森科才是世界名人啊！但文章从李森科延伸到了鲍文奎，文章形式从文字材料转到人物访谈，这对我个人的成长还是有意义的——我算是长了点与科学家打交道的本事，为后来个人访谈科学家和从事口述史的组织工作大有益处，也激发了我通过人物来评论科学事业的兴趣。

1979年八九月间，杂志社在青岛组织了“生物学未来学术讨论会”，由钱三强主持，国内有关方面的生物学家冯德培、曹天钦等到会。有一位自费参会的年轻人徐克学（1938—　）很少讲话。我了解到，此人经历非常坎坷，1955年考入北京大学数学力学系，本是优秀学生，却于1957年被打成“右派”。后来，他到山西省长治市药物检验部门工作，迷上了中草药。当时国际上正在兴起一门名为数量分类学的新学科。因为在北京大学读的是数学专业，他对这个领域很感兴趣。但他的单位认为他从事这方面的研究是不务正业，不可能给予支持。我与他做了多次深谈，回京后，又访谈了对他有较多了解的杨纪珂等人。然后，基于他的个人遭遇，我写了一篇题为《争取科学研究的权利》的文章，认为社会应该给这样具有科学潜质的年轻人提供从事科研的机会[①]。文章发表在《自然辩证法通讯》上，后来受到有关方面的注意。他得以调到中央书记处下设的农村工作研究室从事计算机利用方面的服务工作，过渡了一段时间。很是惜才的杜润生主任不但在住房等问题上给他以特别照顾，还尊重他的志愿，同意他调往中国科学院植物研究所，为他开绿灯放行。30余年过去，他已经成了国内外很知名的科学家，研究领域也从数量分类学拓展到建立全国植物图形数据库。尽管年近八十，他仍然奔波在边陲山野之中，为探明祖国的植物资源宝库尽力——他说这是他的“中国梦”。

“文化大革命”刚过时，人们把注意力放在拨乱反正上，以为只要是批倒“四人帮”，恢复到“文化大革命”前的政策和体制上去，国家就能大发展。我写李森科和鲍文奎的文章时，也是认为只要能在科学界正确贯彻党的“双百方针”和知识分子政策，中国的科学事业就会很快搞上去。1978年全国科学大会前后出现科学热，其中最抢眼的是宣传老科学家的报告文学。继而，人们开始关注青年科学人才问题，发现既有的政治体制和科技体制中存在许多不利于青年人才成长的制约因素。为刊登有关徐克学的文章，杂志特别开辟了“调查与思考”专栏，“思考”的就是青年人才问题，就是体制问题。这方面，当年最火爆的文章是赵红州先生关于科学人才最佳年龄的那篇

---

① 石希元. 争取科学研究的权利［J］. 自然辩证法通讯，1980（1）：39-43.

大作[①]。不过，马上又出现了如何鉴别青年人才的新问题。

调离中国科学院微生物研究所以后，我与该所还保持着联系。1979 年底，名作家杨沫在《浙江日报》发表报告文学——《是这样一个人》[②]，介绍微生物所青年研究人员刘亚光如何做出突破性的贡献，又如何遭到本单位压制的事。杨沫没有到中国科学院微生物研究所调研过，只听信刘亚光的一面之词，导致文章内容全面失实。

熊：刘亚光实际是什么人呢？

樊：此人 1965 年毕业于复旦大学生物系，先在农林部检疫所任职，1972 年调入中国科学院微生物研究所病毒室。他科研基础很差，却善于投机取巧。在干校劳动时，他提出要发明长生不老药献给毛主席。“文化大革命”结束后，他了解到许多高级领导干部患有冠心病和癌症，便不断声称他利用最新的分子生物学的方法研究中药，取得了重大突破。未经学术机关组织成果鉴定的程序，他就直接写信上报中央领导人。后来，中国科学院微生物研究所学术委员会讨论了他的论文，认为不具备在学术刊物上发表的资格。他便多次上告。再后来（1978 年 1 月 25 日），中国科学院的相关部门请中华医学会组织审查了刘亚光的工作，发现他的实验存在设计错误、弄虚作假、抄袭数据等现象。最后形成的评语笼统地肯定了他用分子生物学研究传统中药的大方向，具体地否定了他的研究成果的真实性。

正如她的儿子马波所言，杨沫当时有些“鬼迷心窍”。她在《是这样一个人》中一味推崇刘亚光，赞扬他勤奋刻苦，成就重大，把科学界的红肿之处，描绘得艳若桃花，却把科学界的合理批评，视为是不学无术的所谓权威对青年研究人员的压制。她不满足于只是在地方报纸刊登她的文章，还写信给国家科委领导，要求在《人民日报》上发表。与此同时，她还利用自己名作家和全国人大常委会委员的身份，在文艺界到处鼓吹，向党和国家最高层领导人写信，为刘亚光请命。

这篇报告文学引起中国科学院微生物研究所上上下下极大的反感和愤慨。除一位外行的党委委员外，所里没有一个人支持刘亚光。我在中国科学院微生物研究所工作过，对刘亚光是认识其人，了解其事的。我还参加

① 赵红州．关于科学家社会年龄问题的研究［J］．自然辩证法通讯，1979（4）：29-44．赵红州．稻花香里说丰年——略论鼓励最佳年龄区的科学家问题［N］．人民日报，1979-10-12．

② 杨沫．是这样一个人［N］．浙江日报，1979-12-25．

过所学术委员会审查刘亚光工作的会议，所以很清楚专家们对刘亚光的评价。看到杨沫这样黑白不分，我觉得有必要说明事实真相，就在做了一番调查后，写成一篇针锋相对的反批评文章——《是“那”样一个人——评杨沫同志的报告文学“是这样一个人”》。我把文章投给《浙江日报》，他们不予刊登。我又交给李宝恒看，问《自然辩证法通讯》能不能登。他一开始有些犹豫，因为总要掂量一下杨沫这位著名作家和全国人大常委会委员的特殊分量。他在访问美国的归来途中，恰好与著名生物学家邹承鲁坐同一班飞机，便借机向邹承鲁请教。邹承鲁是参加中华医学会鉴定刘亚光成果的评审会的主要评审人。他明确地告诉李宝恒，刘亚光的那些“研究”十分粗疏，且存在明显的弄虚作假现象。李宝恒于是下定决心发表我写的文章[①]。在发刊之前，我就寄了一份打印稿给杨沫。她看到时，文章已在刊物发表。她气恼万分，就在从浙江省杭州市来北京市参加“两会”的火车上给中宣部部长王任重写了一封信，点名批评中国科学院微生物研究所和我（“石希元”）。这封信随即被以“读者来信”的名义登在了《人民日报》上，标题是《这个事件出现在向现代化进军的今天》[②]。王任重在批示中说“这又是一种歪风邪气在作怪”。这样，刘亚光之事就在中央党媒上演化成为一个“事件”了。这个事件成为“两会”期间科学组的一个中心话题，由此引出了“科学成果究竟应该由谁来评价”的问题。此时由《中国科学报》主编罗伟拍板，在该报上（9月25日、10月9日）辟出专版，开展了一场围绕这一主题的大辩论，邹承鲁、汪德昭、何祚庥等许多科学家都发表了明确的意见。大约与此同时，杨沫给几乎所有的中央政治局委员都写了信。最后，还是由邓小平做了一个批示，大意是，对科学的事情要有科学态度，科学上的是非要由科学家去评判。指示国家科委主任方毅与杨沫谈话，要她不要再闹了。后来，杨沫的儿子马波在《我的母亲杨沫》一书中对此有大段记述，你们可以找来看看。我记得书中完整地引述了邓小平的批示。[③]作者很实事求是，不为他母亲护短，值得敬佩。

刘亚光事件，是当年轰动全国科学界的一件大事，不仅牵涉科学界、文

---

① 石希元. 是“那”样一个人——评杨沫同志的报告文学《是这样一个人》[J]. 自然辩证法通讯，1980（4）：24–29.

② 杨沫. 这个事件出现在正向四化进军的今天［N］. 人民日报，1980–09–06.

③ 书中引述的批示原文为：“对科学的事情要有科学态度，科学上的是非要由科学家去评判。刘亚光闹腾了几年，再支持就不好了。请方毅同志找杨沫同志做工作。”见：老鬼. 母亲杨沫［M］. 武汉：长江文艺出版社，2005：256.

艺界和新闻媒体，而且扰动了政界高层的许多领导人。涉及面之广，实为历史上所罕见。于光远同志曾说过，有必要编一部“刘亚光事件白皮书”，因为它是中国科学史上反映科学与政治关系的一个典型案例，关于如何领导好科学事业，我们党可以从中吸取宝贵的经验教训。

基于刘亚光事件，我连续写了几篇相关文章，如《议科学人才的识别》《科学道德刍议》[①] 等，并对科学史上的案例做了文献检索，写了一本题为《科学业绩的辨伪》的小册子[②]，并于十多年后受国家自然科学基金委的委托承担了科学辨伪方面的研究课题。

熊：编辑稿件与个人写研究文章都要耗费时间。您在杂志社如何处理二者之间的关系？

樊：杂志社的实际负责人，无论是李宝恒，还是继任的范岱年，都是很开明的学者。在他们的主持下，杂志社环境宽松，学术气氛深厚，与外界联系广泛。他们主张，在保质保量完成个人承担的稿件任务、把杂志办好的前提下，编辑可以从事自己感兴趣的研究，积极参与外界的学术组织活动，写出的文章可以在杂志上择优录用，而升职晋级也可根据个人志愿走研究系列。这不但开阔了我们的视野，还给我们提供了一个可以充分自由发挥的平台。

2　以科学社会史为方向

熊：您是怎样走到科学史的路子上来的呢？

樊：在杂志社工作的头几年，我虽然斗志昂扬，对科学界的什么事情都想发表自己的看法，但总的说来，是激情多于理性，缺乏学术功底。而且，对于传统的自然辩证法那一套，我也不感兴趣。1980 年下半年，范岱年先生接手主持杂志社的工作。根据他的提议，从 1981 年起，《自然辩证法通讯》杂志加了副标题“关于自然科学的哲学、历史和社会学的综合性、理论性杂志”，这对我很有启发，意识到自己面临一个学科定向的问题。

1982 年年初，金观涛向范岱年建议召开一次“中国近代科学技术落后原因学术讨论会”，从文化角度探讨中国科学在近代落后的原因。1982 年 10 月，这个被我们戏称为“落后会”的会议在四川省成都市召开，金观涛在会上做

① 1983 年 3 月 14 日，钱学森在五〇七所学术报告会上发表的长篇报告《关于科学道德》中，逐段地引述了樊洪业这篇文章的内容。

② 樊洪业．科学业绩的辨伪［M］．上海：上海人民出版社，1982．

了有关文化传统与科学技术结构的主题报告。会前，我协助他做了一些资料收集和整理工作。在这一过程中，我很是恶补了一阵子科学技术史方面的知识，并逐步集中到中国近现代科学史领域。当时没有复印条件，大量的资料都是手工摘录的。有些手抄本一直留存至今。此时，我还参加了《走向未来丛书》编委会的工作，先后审阅了两部科学社会学的译稿：一部是默顿（R K Merton）的《17 世纪英国的科学、技术与社会》；一部是本·戴维的《科学家在社会中的角色》。对我而言，这实际上是一次难得的学习机会。此后又经过扩展阅读，我对科学社会学和科学社会史有了基本了解。这样，我进一步把自己的兴趣集中在了中国近现代科学的社会史方向。传统的学科史属于"内部史"，侧重于科学知识理论体系的发展。而探求科学知识，是由科学共同体从事的社会活动。科学共同体本身就是一个小社会，这个小社会又处于社会大系统之中，科学体制与政治、经济、文化等体制存在着互动关系，从历史的角度研究这些关系，都是科学社会史，或者说"外部史"的研究内容。我确定自己的努力方向就在这里。

熊：选定方向之初，您是如何开展相关研究的？

樊：1984 年 10 月，由杂志社主办，在福建省厦门市召开了一次科学社会史学术会议，在较大范围内推动了这方面的研究。然后，我有一年多的时间参与中国科协系统的《现代化》杂志的改版工作。1985 年 6 月自然辩证法通讯杂志社并入中国科学院科技政策与管理科学研究所后，我被任命为《中国科学院院刊》编辑室主任，1985—1987 年的主要精力被投到了该刊的创刊工作上。这些事务对我的中国近现代科学史的学习和研究有影响，但我始终没有放弃学术工作。那几年，我参与校译、合译或主译了汤浅光朝的《科学文化史年表》，薮内清有关中国古代科学史的系列文章，伊东俊太郎的《科学技术史词典》，读了李约瑟、杜石然等名家的著作。在知识面大有扩展的基础上，我开始思考中国科学史的历史分期问题，并着手撰写《耶稣会士与中国科学》一书，梳理西学东渐的进程，而这也就成了我真正从事学术研究的起点。写这本书也受益于英国物理学家、科学社会学家齐曼（John Ziman）的一句话，他在谈到近百年世界范围的科学传播历史时说："遗憾的是，有关这一主题的历史或现状并没有丰富的文献，似乎没有人在学术上做过巨大努力要把科学的这种传播恰如其分地描述为一种社会现象"[①]。

① 齐曼（Ziman，J.）. 知识的力量　科学的社会范畴［M］. 许立达，译. 上海：上海科学技术出版社，1985：238.

《耶稣会士与中国科学》原是《走向未来丛书》第七批书籍中的一种，1988 年初完稿送往四川人民出版社。看完校样，将其交到印刷厂的时候，正好遇上 1989 年的“政治风波”，然后校样就被封到了印刷厂里。费了一番周折拿回来后，此书于 1992 年在北京市出版[①]，才印了 1500 册。

熊：作为第一本系统地梳理明清间耶稣会士在华科学活动的著作，您这本书起到了开风气的作用，在不少重大问题上都提出了独到的见解，至今仍不失为一部很有学术分量的力作。在它正式出版之前，您是不是在推动国内近现代科学史研究方面也做过一些工作？

樊：1987 年 9 月，中国科学院自然科学史研究所的董光璧先生主持召开了“二十世纪中国科学技术史讨论会”。在中央党校礼堂进行，会期两天，第一天有李佩珊、姚蜀平等人的报告，第二天有董光璧先生和我的报告。会上，上海市一位出版社的负责人听说董光璧先生有意编一套关于中国近现代科学史的书，就主动提出希望在他们出版社出版。以此为契机，董光璧先生找了中国科学院科学史研究所的吴熙敬和数学研究所的李文林，以及上海市同济大学的陆敬俨，和我组成了一个 5 人的编委会或编辑小组来做此事。

不久，开了一次全国性的组稿会议，参会者水平参差不齐，有的很高，有的根本没有基础。我这人挺苛刻的，觉得这种队伍不行，就提议先一方面做中国近现代科技史的史料工作，另一方面推动已有基础的一些研究，陆续将研究成果汇成论文集出版，最后才出大书。但是，董光璧先生的包容性很强，他还是想如约出书，填补空白。然后我就退出了。

围绕此书究竟是以科学史为主还是以技术史为主这个问题，吴熙敬先生、董光璧先生有争论。鉴于吴熙敬先生不断扩展技术史方面的内容，后来决定分开编辑。董、吴二先生分别于 1997 年和 2000 年出版了大部头的《中国近现代科学技术史》[②] 和《中国近现代技术史》[③]，我对此没有任何贡献。

熊：在 1987 年之后的这些年，您根据自己的思路，做了一些专题研究？

樊：是的，我就根据自己设计的计划，从明末来华耶稣会士的西学东渐开始，按时间顺序一段一段展开研究，但 1989 年学术界要纪念“五四新文化运动”70 周年，为了参加这次学术会议，我跳过了洋务运动部分，直接研究

① 樊洪业．耶稣会士与中国科学［M］．北京：中国人民大学出版社，1992.

② 董光璧．中国近现代科学技术史［M］．长沙：湖南教育出版社，1997.

③ 吴熙敬．中国近现代技术史［M］．北京：科学出版社，2000.

中国科学社与新文化运动的关系。那时我把中国科学社和中国台北的“中央研究院”看作中国科学体制化的两大阶段的历史界标。于是从1985年起，我就关注对中国科学社社史资料的收集和研究，后来每次《科学》杂志和中国科学社逢五逢十的庆日活动，他们都要我写文章。我也因此对科学社的发展全程和历史细节，都下过很大功夫。与此相关联，在潘涛的提议下，我们编了《科学救国之梦——任鸿隽文存》，曾在界内掀起过一阵“任鸿隽热”。后来还编写了《中国科学社史事汇要》的1915—1960年部分。遗憾的是，2015年在上海举办中国科学社成立100周年纪念活动时，我却病倒了，没能参加。

在研究中国科学社的过程中，我又补充研究了20世纪之交的教育变革。这方面的主要论文产出是《从“格致”到“科学”》《从科举到科学》《“研究院”东渐考》等。我还根据科学家集体传记分析，提出了“中国第一代科学家”的概念，并考察了几代科学精英与教育背景，尤其是与留学教育的关系。

我还参与过一段行政工作，算是一个小插曲。1988年11月，我被任命为中国科学院科技政策与管理科学研究所副所长，然后就是1989年的那段政治风波，再然后我就下台了，大概我是科学院内任期最短的副所长。我这个人，实际上也很不适合当官，从副所长位置下来，对我是个大好事，可以专心做我感兴趣的学术研究了。不久，在该所内，我被选为学术委员会副主任；在所外，我被选为中国科学技术史学会常务理事和综合工作委员会副主任。记得后一件事发生在1989年下半年。中国科学技术史学会开会，我在会议上调侃说，之前我是科学史领域的游击队员，今天终于登堂入室了。自那之后，我与中国科学技术史学会和中国科学院自然科学史研究所的关系越来越密切。

3 中国科学院院史研究室十年

熊：您是从什么时间开始关注中国科学院院史的，做了哪些工作？

樊：1990年上半年，院、所领导要我负责中国科学院院史方面的工作。经过一段时间的准备，1990年12月，成立了中国科学院院史文物资料征集委员会，由钱三强任主任；下设征集工作办公室，由院副秘书长张玉台做主任。虽然我只是名列第三的副主任，但实际由我主持日常工作。同时，在中国科学院科技政策与管理研究所内设立院史研究室，由我任室主任。院史研究室与征集工作办公室是两块牌子，一个班子。

由于有领导的信任和小团队的合作，我可以逐步按自己的构想铺开工作。前面已经说过，我非常看重史料工作，这也反映到了我主持的院史工作之中。第一，狠抓院史资料征集，通过全院的管道，确定全院各单位的负责人和联系人，并与院史征集委员会中资深而又热心的老同志长期保持密切的联系，虚心向他们请教。第二，建立了院史资料室，聘请有资料管理经验的退休老同志来工作，形成了自具特点的分类系统和严格的管理制度。第三，以院史发展阶段的时序，制订对老科学家、老领导和资深人物的抢救性访谈计划，按史学规范及时整理出访谈结果，还经常举办以重要人物和事件为主题的座谈会——这实际是一种集体访谈。第四，编辑内部刊物《院史资料与研究》，每年 6 期，富集档案、访谈、照片、实物等各种史料，提供研究参考，并发表各种专题的研究、忆述、总结性文章，报告工作情况，公布捐赠榜。第五，以院藏档案为主要基础，按年序编纂《中国科学院史事汇要》和《中国科学院史料汇编》，同时编订《院领导与院机关沿革》《院直属机构沿革》等重要资料检索用表。

《中国科学院史事汇要》，从 1949 年写起，每年一册。文本结构中，主体是“事要”，类似大事记，是从史料提取“事件”，以叙事为主，偕有评价性的表述文字。后附重要史料，指明其出处，事有所据，引用者可据以核实。再有一项是注释，对相关人物、事件、机构、背景等加以说明。每本的附录中列有本院领导、机关和直属机构简表等年度综合资料。书末有人名、机构、事项等索引。

我们做得很辛苦，也很有成绩。在筹建阶段，院里拨款 5 万元。正式开张之后，要半年申请一次，继而改为一年一次。张玉台副秘书长在看了我们编印的《中国科学院史事汇要（1949 年）》和几期《院史资料与研究》后，对我说：“院史工作照这个样子做下去就可以。”他随后决定以后不必再每年报一次申请经费的计划了，每年拨付到研究所 10 万元，为院史专项经费。这是20世纪90年代初的事，当时科研机关普遍经济困难，10万元算是很大的数。

没有经费方面的后顾之忧后，我们可以更加放手工作。我们向全院发出通函，广泛征集相关资料。很多老同志赞成此事，任知恕、李海等一批从院机关退休的老同志成立的联谊性组织“老院部”对我们帮助很大，薛攀皋、宋振能等更是我们的顾问和依靠。我们访谈了一系列对中国科学院的成立和发展起过重要作用的当事人，如张稼夫、张劲夫、裴丽生、杜润生、郁文、于光远、李佩珊、何祚庥、龚育之、黄宗甄、许良英、胡永畅，等等。访问高龄老人时，我们忌言“抢救”二字，但实际上是真正的抢救，有些老同志在接受访问后不久就离世了。访谈工作起步时，我自己有选择地做了几位，探索些经验，制定了初步的规范，后来就把这个工作交给了李真真。她带着几个小姐妹，背上录音机到处跑。早期一些关键的、有珍贵价值的访谈，都是她带人去做的，她的贡献很大。

熊：收集了众多院史资料后，你们是怎么利用它们的？

樊：为了研究中国科学院早期发展史，当然首先是集中力量把这些资料用来编纂1949—1955年的《史事汇要》，这是后来工作的坚实基础。在工作成绩有了一定的显示度之后，我们也成了院领导、院机关和院内各单位在院史、所史方面的咨询机构，为院领导起草纪念毛泽东百年诞辰的文章，为配合召开学部大会而举办学部成立45周年纪念展板，为某些研究所核实所庆纪念日，接待党史、国史机构就科学院有关问题的来访或信访，等等。反正是面铺得愈大，事务性工作就愈来愈多。

熊：也就是说，你们还顾不上做研究工作？

樊：有一段时间真是顾不上。但从另一角度看，也可以说，我一直在坚持研究和写作。如果没有研究基础，是做不好史料工作的。征集什么，整理什么，如何考证，如何编纂，这些都不是简单的资料堆积工作，都要有学术功底的支撑。我们初期的阶段性目标主要是想理清中国科学院的早期发展历史。为此，我挤时间写了几篇专题研究文章，如《“建立人民科学院草案”的来龙去脉》《中关村寻根考辨录》等。这些问题都是早期史的难点，属拦路虎。我自己执笔编的1949年《史事汇要》也是研究工作的体现。后来的《中国科学院史事汇要》和《中国科学院史料汇编》主要是根据档案资料编录的了，分工安排到了1961年，完成到1955年，隔过一年，还出了1957年的两大本。此后情况有了变化，这件事情就没有持续下去。

大约是1997年底，为筹备中国科学院成立50周年的纪念活动，院里组成了由陈宜瑜副院长牵头的领导小组。在小组成员中，只有我不是院机关的人。我提议在院庆日前出版两本书，一是《中国科学院编年史（1949—1999）》，二是《中国科学院早期领导人物传》。这样，我对院史的关注就必须从早期史转向全程。

熊：《中国科学院编年史》被引用率很高，影响比较大。

樊：这是编年体的史学著述，以研究工作为基础，着眼点放在对重要历史事件的叙述上。这本书，我是受到了廖盖隆主编的那本《中华人民共和国编年史（1949—1989）》的启发。我邀请薛攀皋、潘钏等参加，总共6人，分工合作，如期完成了任务。潘钏先生长期供职于院新技术局口，对中国科学院在国防科研方面的成就非常熟悉。1956年制订十二年规划，中国科学院配合两弹攻关，开创人造卫星事业，落实四大紧急措施，在人员队伍、资源配备上，军工导向的任务的比重非常大，归属新技术局管理。这些工作长期处于保密状态，因此人们并不知道中国科学院做出了那么多、那么重要的贡献。而这对中国科学院人是不大公平的。在严格遵守国家保密法规的前提下，潘钏先生将科研成果分门别类地逐一道来，使中国科学院的整体形象充盈了好多。中国科学院的工作面很广，勿论其他，只说国防科研成果，也非常之多。面对潘钏先生的这些陈述，社会上一度流传的对中国科学院“钱丢到水里不见冒泡”的责难，也就不攻自破了。

熊：《早期领导人物传》是怎样编撰的？

樊：人物传以1949—1966年担任中国科学院领导职务的人为传主，所收传记全面叙述传主生平而侧重于在中国科学院的工作。除了院史研究者和中国科学院的老人，大概不会有多少人对这本书感兴趣。但从院史角度来说，这是一项基础性的工作，廿四史都有人物列传嘛。

有一件与该书有关的事情很值得一说。该书的主编是时任院党组副书记余志华。我们与作者联系约稿时，要向传主呈具中国科学院党组的介绍信，说明是党组领导的工作。在中国科学院的历史上，张劲夫是第三任党组书记，行政上兼任副院长，是“文化大革命”前十年的实际主政人物。鉴于此前张劲夫从无传记面世，我们很早就安排了对他的访谈，但这方面的工作进行得不顺利，以致不得不中途换将。

此前我在主编《院士故事》一书时，与科学时报社记者刘振坤相熟，知道他在与老领导打交道方面有些特别的本事，就请他出面与张劲夫接触。科学时报社的领导也很支持，允许他全力以赴去做此事。张劲夫这次很给面子，事先做了充分准备。1998年12月，刘振坤对张劲夫做了一次较为成功的访谈。然后，他整理出一份访谈稿。我对稿子做了必要的考订和修改，准备将其刊登在《院史资料与研究》上。当时科学时报社还办了一个《科学新闻周刊》，主编李存富与我过从甚密。他得知后，就抢了过去，首先在他的周刊上发表。文章题目为《在科学院辉煌的背后》，涉及1956年投入制定十二年科学技术远景规划，张劲夫根据周恩来总理的指示抓“四大紧急措施”等事情——这次访谈还没有谈及“两弹一星”问题。

美籍华裔物理学家杨振宁和聂华桐看到《科学新闻周刊》的这篇报道后，很快就给路甬祥院长写了封信，希望张劲夫能更多披露中国科学院工作的实情，立意是揭开面纱，让国际上更多地了解中国科学家的贡献，以利于提高中国的国际形象——大概是这个意思吧，我只听过转述，没见过杨、聂信件的原件、原话。反正接下来的事情是路甬祥院长的秘书解源找我征求意见，问这件事该怎么操作。你们要知道，在张劲夫的文章问世前，因保密制度过于严格，国内关于“两弹一星”的宣传极其有限，中国科学院没有这方面的话语权，是不能介绍本院在这方面的贡献的。当时院史研究室已经人手很紧张，我就跟他说，还是继续让刘振坤做为好。

此后我没有参与，但我一直关注此事，了解大致情况：在杨振宁—路甬祥—张劲夫链接之后，刘振坤继续访谈张劲夫。1999 年 5 月 5 日，经江泽民批示，由张劲夫署名的宏文《中国科学院与“两弹一星”》得以在全国主要媒体上发表。接下来是在中华人民共和国成立 50 周年之前为 23 位科学家颁发“两弹一星”功勋奖章，提出“两弹一星”精神；再后来，在这种背景下，中国科学院刚起步不久的“知识创新工作”得到国家大量拨款。这个链条的起点，正是撬动张劲夫忆述十年亲历的那一次院史访谈，这也算是个蝴蝶效应吧。我今天在这里讲这个多年前的故事，无非是想向当政的院领导提个醒：请注意做好院史的基础工作。

4　普及中国近现代科学史知识

熊：在从事院史工作前后，您还写过不少科学史题材的普及性文章吧？

樊：1987 年下半年，在写《耶稣会士与中国科学》的过程中，《科技日报》一位老编辑向我约稿，希望我利用写书的材料为他们写些普及性的豆腐块文章。当时在朋友圈中有句玩笑话，说利用研究成果写科普，是“用一个鸡蛋打两个汤”。既然不是太麻烦，我就答应了。报纸为此开辟了一个“开放史话”的专栏，每星期发一篇，持续到 1989 年 6 月，后来关于近代的“史话”是由中国科学院科学史所的年轻人王扬宗续写的，由于报社的改组整顿而终止。过了 10 来年，湖南科技出版社组织出版《青年科普文库》，派人来北京约稿，我和王扬宗就合作出了一本《西学东渐——科学在中国的传播》[①]，书

① 樊洪业，王扬宗．西学东渐——科学在中国的传播［M］．长沙：湖南科学技术出版社，2000．

稿主要是由王扬宗出力完成的，我没再做什么。他挖掘史料比我深，评述史事比我到位，应该他是第一作者。据王扬宗说，这本书被盗版多次，但我们哪有时间去打官司。

1988 年，我已把研究重点转向新文化运动时期。《北京科技报》为我开辟了《科苑百年史话》专栏，从年初开始，多是每周一篇，大概是持续到 1989 年 9 月，下一年我就忙乎中国科学院院史的事了。

1995 年 10 月，在上海市举行庆祝中国科学社成立 80 周年纪念活动，时任中国科学院院长的周光召以《科学》主编的身份主持会议，我在会上做了主题发言。回京后周光召院长指示《中国科学报》海外版向我约稿讲那段历史，为此开辟了《历史长焦》的专栏，大约每月一篇，从这一年底写到 1999 年底。退休以后，我还先后为《科学时报》开过《故纸拂尘录》和《看图说史》专栏，为《中华读书报》开过《访竺问史录》专栏，时间都不很长。退休之后没有写论文的压力，这时写的文章是半论文半科普性质的居多。再往后还为《中国科技史杂志》专门写过一段《习史札记》，那就不是科普了，算是微型论文吧，不伦不类，随兴之作。除了与王扬宗合作的那一本，我还出了《科学旧踪》[①]和《欢迎"赛先生"》[②]两本小册子，收录了在报刊上发表的部分文章。

凑巧的是，大约是 2001 年，国家科委管科普工作的一个部门，要我们研究所承担一项有关科普工作的研究课题，所长把任务交给我负责。我联合了院内外的力量做起来，在李大光、尹传红、王旭彤、肖健等人的帮助下，大家的劲头十足。未料其间与国家科委主管此工作的官员发生了分歧，在与之争论时，我不肯就范，撂下了一句"樊某人不能苟同"，可能是大不敬了。这个课题就不再由我继续了。虽然没有按雇主的意愿完成课题任务，但我们并不认为是失败。通过这段研究，大家都感到收获很大。我们以美国的"2061 计划"做参照系，结合中国的国情，从理论概念上做了梳理和澄清，从提高国际竞争力的角度提出现代化国民科学素质的要求和全社会各方面应承担的责任。美国"2061 计划"中提出的对现代国民知识结构的要求中，包含有关于科学家和科学史方面知识内容的教育。我认为，中国的科学史工作者应该主动积极地承担起这个义务。

与此相关，我对中国 20 世纪的科普史也做了一些研究，发表过几篇文章。

---

① 樊洪业. 科学旧踪［M］. 南昌：江西教育出版社，2000.

② 樊洪业. 欢迎"赛先生"［M］. 南京：江苏教育出版社，2003.

5 推进20世纪中国科学史的史料建设

熊：看来，在出版《中国科学院编年史（1949—1999）》之后，您就把主要精力投到其他方面去了？

樊：完成中国科学院编年史的任务后，我面临家有病人需要严格看护的困扰，有一段时间真是身心疲惫，不得安心工作。而我的年龄也离退休不远了。我想让年轻的同事早些挑起担子，我也好在退休之前帮衬两年，就向所长提出了辞职的请求。所长很理解，我就不再担任室主任了——在这个岗位上我干了整整十个年头。但以后我从来没有离开过中国科学院院史研究室和院史工作，不只是顾问咨询性的，也直接承担课题任务。写科学史的科普文章，只是见缝插针的事儿。毕竟我更感兴趣的是20世纪科学史，而中国科学院院史也是其中的一部分。有所不同的是，十年中国科学院院史工作是吃“皇粮”的，由院里拨经费。20世纪科学史，属于“自留地”。

熊：作为中国科学院院史研究室的后辈，我也是以中国科学院院史研究为饭碗，以20世纪中国科学史为兴趣。

樊：我撰写的文章不算少，但始终没有厚重的大部头学术专著出手。我很想朝这个方向努力，但在面临不同目标选择时，我还是把建设20世纪科学史的史料工作放在了头一位。这也可能与我研究中国科学社的过程中受到胡明复的精神激励有关。胡明复是中国第一代科学家中的佼佼者，1917年从哈佛大学毕业，是中国第一位数学博士。回国后，困于时代条件，他放弃了自己从事专业研究和到北京大学任教的机会，初心不改，在上海市坚守支撑《科学》杂志的编辑出版。他说：“我们不幸生在现在的中国，只可做点提倡和鼓吹科学研究的劳动。现在科学社的职员社员不过是开路小工……中国的科学将来果能与西方并驾齐驱、造福人类，便是今日努力科学社的一班无名小工的报酬。”我到浙江省杭州市开会期间，曾带领浙江大学的几位科学史研究生去寻找到他的墓地。我恭立在墓碑前，心中默念要向他学习。后来到各个学校讲课时，我都会把他的事迹讲给学生，颂扬和提倡他的“开路小工”精神。

熊：您后来把更多精力投入史料建设，也是受这种精神的激励？

樊：是的，我也有点使命感。从2000年算起，我参与的史料建设主要有三大项。第一是编纂《竺可桢全集》，第二是编纂《20世纪中国科学口述史丛书》，第三是支持"老科学家学术成长资料采集工程"。

在中国科学院院史工作之初，我与竺可桢研究会建立了很密切的关系。主持研究会工作的吕东明、黄宗甄等老人们，看我还像个干实事的人，再加上他们很信任中国科学院，就在征求竺可桢后人的同意之后，提出把当时分散保存在各自家中的竺可桢日记原本集中起来，委托中国科学院院史研究室代为保管。此前已经出版过他们负责摘编的五本日记，在学术界产生了很大的影响，我也通读过，深感竺可桢日记价值之重。我们很快就完成了移交手续。在很长一段时间里，我每天早上班半个小时、晚下班半个小时读竺可桢的日记，"只争朝夕"嘛。我读了1949年后的大部分，也经常在文章中引用他的记述。在1999年筹备纪念竺可桢诞辰110周年活动时，有十几位资深院士提议对十年前出版的《竺可桢文集》进行修订增补。在酝酿过程中，又提出应该出版《竺可桢全集》，把全部日记都包括进去。这一倡议被中国科学院领导采纳，并决定由我具体组织实施。起步时得到了国家自然科学基金和中国科学院院长基金的经费支持，而上海科学技术教育出版社肯为不可能有经济效益的这个工程下大本钱，也显示出了"出版家"的气魄。全集共24卷，约2000万字，历时14年方才出齐。起步时，我们就为《竺可桢全集》定下了"求全、存真"的宗旨，我们主编组和出版社的编辑班子想方设法、同心合力，"力求保存竺可桢文稿历史原貌"。好说不好做呀，但我们做到了！

熊：学术界中有人评价说，在已经出版的中国学者的全集中，《竺可桢全集》是最棒的。这是一项功德无量的工作！它的出版，给我们近现代历史研究提供了一个重要的参照系。辨识、纠误、标注、整理、编排，做好这些工作，谈何容易！何况每卷前面还有对相应时代背景和版本情况的介绍，有大量珍贵的照片，后面还有人名简释和检索用表。也就您能坐十几年冷板凳，认认真真地把这项巨大的历史工程做成。

樊：不能这么说吧。我也就多出些力，多用些时间，这个工程的完成，还是靠群体的努力，如果把对这项工作有贡献的人名列出来，将应该是很长很长的名单。2014年，在国家图书馆的大会议室召开的《竺可桢全集》出版座谈会上，我做了一个简短的总结性汇报，概括为三句话：回顾走过的路，述说感动的事，表达感恩的心，这里就不多说了。有必要指出的是，在这项工作中，我最主要的合作伙伴是李玉海、竺安、潘涛和殷晓岚，让我最感念的人是此前去世不久的百岁老人陈学溶，他是竺可桢早年在南京办气象训练班时培养的学生，一生从事气象事业，晚年从事中国气象事业史的研究。在编纂《竺可桢全集》的全程中，陈学溶先生被我们聘请为“特邀样审”，对保证全书的质量起到了特殊的作用，但从始至终不肯领取任何报酬，他说他为恩师编书是应尽的义务，取报酬则会于心不安。过了百岁生日之后，他于2016年6月1日去世，临终之前不久，他还完成了对《竺可桢年谱长编》第二卷稿本的校对。

熊：对《20世纪中国科学口述史丛书》，您也耗费了巨大的精力。

樊：我把现代科学史料分为四大类：一是文字类，二是记忆类，三是图像类，四是实物类。《竺可桢全集》的编纂，属于文字类的史料建设，而《口述史丛书》则属于记忆类。

在2002年春的“全国两会”期间，历史学家李学勤和文物保护专家胡继高两位政协委员提交了一项议案：为迎接即将在21世纪出现的中国学术发展高潮，需要有计划地系统累积各学科历史的资料，以继承老一代科学家的精神和成就，推动中国学术的创新发展，因此建议有关方面建立“口述史资料中心”。随后，中国社会科学出版社启动了有关口述史的出版工作。我也曾与刘钝联名向有关领导提出过予以响应的建议。2006年春，湖南教育出版社有意在自然科学领域力著先鞭，派员来京寻访调查，在学术界前辈席泽宗、王绶绾院士的荐引下，由我挑起了这副担子。我们组织了一个编委会，出版社为我们提供了必要的活动经费。当年起步筹划，到2016年年底可以竣工，十年过去，将出书54种，总字数约在1000万字。

这套书可以说是中国首套从科学家头脑记忆中挖掘20世纪中国科学史的大型丛书。总体上称之“口述史”，但也收录了“笔述”作品，也包括像《鼠疫斗士——伍连德自述》那样永垂青史的译本。在我看来，无论口述还是笔述，都是记忆类的史料，都是把当事人头脑中记忆的东西挖掘出来，两者没有本质上的差别。口述，有访者与受访者之间的互动，他们是共同的作者，受访者居于主位。这套丛书有自己的选材标准、学科布局、编辑规范和成书框架。至少在指导思想上，我们要使每本书都符合史学规范，对重要的史实要做文献查证；对有歧义的陈述须给予必要的说明；配图要尽量提供有价值的历史信息；人物传记必须附有生平年表，专题访谈必须附有大事记；书末必须有人名索引；等等。标题与正文的文字，重在对史实的平实陈述，不渲染，少议论，注重深挖历史细节，反复强调“往事因亲历而鲜活，历史因细节而动人”。我们很注意摆正这套丛书“学术史料”的位置。人的记忆是有局限性的，因此，不管受访人是什么大家，不管合作者水平有多高，产品还是学术史料。一部规范的口述史作品，它的学术价值会远远高于那些平庸的“专著”。

熊：我读过其中一些传记，感觉是我读过的中国现代科学家传记中质量最高的。正因为高质量，这套丛书获得众多奖项。从选题到找作者到审稿，有些稿子从布局谋篇到修改定稿，都依赖您劳心劳力。而您做了那么多的工作，是我见过的所有主编中最肯付出心血的，却不让作者和整理者提及。正因为有您这种先例在前，而我不可能像您这样投入，我不敢应承一些让我主编图书的邀请。

樊：过誉了。你这个年龄段，还有提职晋级等压力，我已经没有了，不好相比。《口述史丛书》与《竺可桢全集》一样，也是联合学术界的同人合作共同完成的，其中也有你的很大贡献。需要指出的是，在这项工作中，我最主要的合作伙伴是王扬宗和李小娜。

熊：对“老科学家学术成长资料采集工程”，您也毫无保留地支持，付出了很大的心力。

樊：史料建设在中国，各个学科领域的挖掘和整理的力度大不相同。中共党史、中国革命史，一直最受重视；文艺史料和出版史料也挺火；与我们最近的教育史料，也一直有它的传统。相比而言，科学史料就差得太远了。我为《口述史丛书》写“主编的话”，标题是“以抢救史料为急务”，我们的有限目标是50种，也只能得记忆类史料中九牛之一毛。出版社已经付出了很大的努力，但赔本的生意不可能持续太久，编委会的同人们势单力薄，各有各的本职岗位，投入有限，也不是长久之计。所幸在2010年，国家科教领导小组启动了“老科学家学术成长资料采集工程”，一个由中国科协牵头，由14个部委共同实施的抢救中国现代科学史料的大型长程计划。由此我看到了科学史料建设可能获得持续发展的希望。

熊：哦，您是这么看待采集工程的意义的。

樊：我并没有直接参与采集工程的组织工作，但采集工作的首席专家是与我在学术上合作过多年的朋友张藜，因此我能经常与闻其事，并不时参与交流讨论。采集工程是分批分年进行的，前几年，我一直应邀承担相关的培训和评审工作，并在某些项目下挂上了“顾问”的头衔。为了给采集工程丛书增加新的品种，2014—2015年，我还与人合作，撰写了《我的气象生涯：

陈学溶百岁自述》和《竺可桢的抗战年代——竺藏照片考述》。

没有行政力量的支持，单纯靠学术界和出版界的临时合作，就像我们编《口述史丛书》那样，成绩很有限，难以后继。但如果只靠行政动员，也不可能把事情做好。举个例子来说，中组部、中共党史研究会等单位曾于20世纪80年代推动过一次中共组织史的编写，涉及全党各级组织，限期完成任务。各级党组织遵命行事，其中涉及早期的历史，无档案可以凭借，就只能靠找当事人访谈。而受访者年事已高，记忆往往不准确，难免有时会把时间记错或记得模糊。只能说大约发生于某个时间，如上半年、下半年等。但组织者提出要求，时间要准确到年、月、日。这样一来，在中国科学院的工作人员就来个“一刀切”的“准确定位”，原来报告中说发生在“上半年”的事情，在表格上填报时，就一律“准确”到“6月30日”。他们只知对上级负责，不知对历史负责，从专业标准说，实际上是一种弄虚作假的行为，提供给社会和后世的是伪史。

我参与采集工程，据一段时间的观察，发现主持该项工作的有关领导方面很有学者气质，是有眼光、有魄力、有担当的，在实施行政动员广泛调动各方面积极性的同时，很注意倾听学术界的意见和依靠学术界的力量。工作班子主要由科学史研究人员组成，制定了一系列严格的流程和标准，尽量把采集工作纳入学术规范的轨道。当然，这需要一个磨合的过程。队伍要在战斗中锻炼成长，问题可在不断前进中解决。我以志愿者的心态投入这一工程，对它迄今为止的进展，是相当满意的。我不仅看重他们已经出版的数量可观的采集工程丛书，和在国家博物馆举办的大型“中国现代科学家主题展”（也曾在全国各地巡展），更看重的是他们在馆藏基地已经收藏了400多位老科学家捐赠的文字、图片、实物资料，为他们每个人制作了访谈音像资料。这是我们中华民族的丰富宝藏，也必将成为后来科学史家的寻宝之地。据闻，国家已有规划，近年将在国家科技馆附近落成一座“中国科学家博物馆”，采集工程的成果将收藏在这个博物馆中。这里将成为中国科学家叶落归根的精神家园。值得指出的是，采集工程的实施也有力地促进了全国各地区、各部门对本单位历史文物资料的重视。尽管这种重视有可能会因此而减少采集量，但放在大尺度历史中去衡量，这又何曾不是采集工程的历史性贡献？

采集工程，寄托着我对中国现代科学史料建设的憧憬与梦想。我希望科学史界的同人能积极支持这项工作。我愿意在此重复我在许多场合讲过一句话：“采集工程——是我们共同的事业！”

6 史学工作者的根本任务是追寻历史真相

熊：能不能请您基于自身的研究经历，对从事现代科学史研究的同人提一点赠言或建议？

樊：历史学虽然属于人文学科，与自然科学有许多不同，但是，任何学问都有求真的指向。我在采集工程评审会的点评中，经常说，做理化实验，要取得数据，根据众多数据画出曲线，找出自然现象的规律。我们研究历史，要搜寻史料，它就相当于数据，要根据史料的关联，叙述有关的事件，揭示历史的真相。

史学界老前辈孔繁霱先生（1894—1959）说过："史无目的，治史专为治史，不必有为而为。有为必失真，失真则非史。"① 这话听起来似乎有些极端，但我很信服。我的理解，史学和其他基础学科一样，有"求真"和"致用"两个方面，孔繁霱老先生讲的是求真这一面，是从纯史学角度谈史学家的根本责任是治史，求历史之真，努力做到逼近历史真相，向社会提供治史的研究成果。然后才可以谈"致用"，发挥史学的社会功能，即中国古代强调"以史为鉴"的"资治"功能，后来强调的"古为今用"。

科学史家与其他科学家一样，能够从充满未知、疑惑的历史中，发现一段"原来如此"，识人所未识，言人所未言，载之于册，传之于史，是何等欣慰！阿基米德光着身子从浴桶中跳将出来，喊了一句"原来如此！"（另译为"我发现了""我找到了"），成为科学史上的名言。它表达了科学家在探索自然奥秘过程中有所发现之后的喜悦，达到了忘我的癫狂程度。

但是，出于各种原因，在我们接受的教育训练和继续学习中，有一些本来认为已成常识的"原来如此"，却并非历史真相，我们被误导了。有位媒体朋友，编了一本书，专门收集一些经过认真考证而否定"原来如此"的文章，把颠倒的历史再颠倒过来，冠上一个很俏皮的书名——"原来如彼"。

我们在治史的过程中，对既有文本中的"原来如此"，要有"去伪存真"的警惕之心，必要时，该出手时要出手，敢于做"原来如彼"的文章。

当初涉足中国科学院院史，首先碰到的一个大难题是中国科学院的第一届院党组，在公开的文本叙述中，长期没有提到这一届党组，院档案中也几近空白。从 20 世纪 80 年代开始，提及首届院党组书记是陈伯达，不知据从

① 孔繁霱．讨论中国历史研究法［J］．改造，1922，4（8）．

何出。中国科学院院庆40周年的有关文本都是这样的说法。我在主编《中国科学院编年史（1949—1999）》时，也沿袭此说。因为这是一个被广泛参考引用的中国科学院院史文本，以致谬种流传。一直到2011年，我在准备编写首届中国科学院党组的历史时，下了很大一番功夫追本溯源，才弄明白历史真相。此说最早源于1975年一次院机关人员急就章式的报表。后来在以行政动员的方式策划编写中共组织史的突击行动中，院机关人员在上述报表的基础上，采用了迹近荒唐的书面调查，形成“组织”结论。本来是一项严肃的、应该按史学规范进行的、属于组织史范畴的重点疑难问题，被以简单的行政工作程序草草了结，开了一个历史的大玩笑。细节不说了，有兴趣的朋友可以看我那篇《陈伯达“被”书记始末——中国科学院初期院党组史实辨正》①。揭开这个谜底之后，我们已有条件确定中国科学院首届院党组的隶属关系、成员构成，以及党组在建院早期的工作，填补那一段的历史空白。这里再举一个中国科学院院史的例子。在1989年中国科学院院庆40周年之际，宣传院史的重要文本中，都突然把延安自然科学院当作中国科学院的三个前体组织之一。这种说法可能来自在中国科学院工作多年的延安老革命，但主持编书的人员没有做历史文献方面的考证核实，就采信入史。在以后的几年中，薛攀皋先生和我都写过纠错的文章，并向有关领导反映。但直到中国科学院院庆50周年时，才在我们编写的《中国科学院编年史（1949—1999）》中得以纠正。一个人，不能认错自己的父母，一个重要的组织机构，也不能随随便便地认祖归宗啊，这是对历史的尊重。

中国近现代科学的历史，可以划分为两个部分，前一部分是西学东渐，西方科学在中国的传播；后一部分是现代科学在中国体制化的进程。地质学是现代科学在中国实现体制化和本土化的先锋学科，1913年建立中央研究院地质调查所是中国现代科学的起点，丁文江不仅是中国现代地质学的主要奠基者，也是中国早期科学界的领袖人物。这样一段历史却在很长一段时间被遮蔽起来。1953年，中国科学院访苏代表团在向苏联科学界介绍中国近代科学发展的历史情况时，竟然只字不提丁文江和中央研究院地质调查所的赫然成就。改革开放以后，虽然逐渐有所披露和恢复，但又长期进入一种犹抱琵琶半遮面的状态。出于研究现代科学史的需要，我花了很长一段时间查阅历史资料，在一些朋友的支持和帮助下，于2014年写出研究论文，2015年在

---

① 樊洪业. 陈伯达“被书记”始末——中国科学院初期院党组史实辨正［J］. 科学文化评论，2013，10（1）：64-80.

报刊上连续发表了《李四光与丁文江的恩恩怨怨》《李四光庐山“论冰”真相》和《李四光与地质学界的历史纠结》，这也是我在“原来如彼”类文章中的重头之作。立论行文都是为澄清丁文江先生的历史地位和贡献，为书写中国现代科学史正本清源，还原历史真相，尽一份史学工作者的责任。令人高兴的是，2016 年 5 月由中国集邮总公司发行的《中国现代科学家（七）》纪念邮票中，已见将丁文江列于其中，虽然时间已迟，但终究得到了应有的历史尊重和社会承认。

熊：这几篇论文不仅为中国现代地质学史和中国现代科学史的书写廓清了一些重大的疑难问题，也为中国现代科学史领域的考疑辨伪提供了范例。今天就谈到这里吧。谢谢您！请您多保重！

致谢：王扬宗教授、张藜教授和湖南教育出版社李小娜编审拨冗阅读本文初稿，并提出了修订建议。中国科学院大学王聪讲师参与了访谈录的整理。在此一并致谢！

生当万里留鸿爪　更作鲲鹏越海山*

——访长北

万辅彬/问，长　北/答

编者按：长北先生（张燕教授）的访谈经过三个阶段。第一阶段是酝酿阶段。2014年夏天在赤峰举办的少数民族科技史研讨会暨传统工艺论坛上，长北先生介绍了刚出版的鸿篇巨制《〈髹饰录〉与东亚漆艺——传统髹饰工艺体系研究》，并谈了她“读万卷书，行万里路，多重求证”的治学体会，给与会者以强烈的震撼。长北先生赠给了本刊原主编万辅彬教授这本大作，激动之际万教授表示要为她写书评。回到广西认真阅读《〈髹饰录〉与东亚漆艺——传统髹饰工艺体系研究》和华觉明先生、乔十光先生为长北写的序之后，觉得再写书评有狗尾续貂之嫌，于是写了两句真心感言“行万里路，踏遍大漆作坊苦心力；读万卷书，融汇古今文献见功夫”，心想长北先生如果同意对她的访谈，岂不更好。于是，2016年8月15日在南京传统工艺研究会讨论编写传统工艺科普著作的会议上，万教授恳请长北先生接受访谈，最初长北先生婉拒，之前她已数次拒绝过新闻媒体的访谈了。会议期间，万教授送给长北先生《史家心语——科技史名家访谈录》、访谈谭德睿先生的提纲和刚脱稿的丘光明先生访谈，长北先生看了之后，知道万教授主持的系列访谈不仅反映受访者的学习、成长、治学与成功的经验，而且记录科技史家的心路历程，从一个侧面揭示出时代的变迁与

---

*　收稿日期：2016-12-26。

作者简介：万辅彬（1942—　），男，安徽省繁昌县人，广西民族大学教授，原《广西民族大学学报（自然科学版）》主编，中国科技史学会理事。长北（1944—　），女，江苏省扬州市人，东南大学教授，主要从事漆器工艺、漆器史、工艺史、美术史、传统艺术、艺术史的研究与教学，出版了20多种著作，发表了300多篇论文和评论，多次获得国家级、省政府和市政府的奖励。

疼痛，使读者特别是后学者得到启迪，长北先生终于在会议结束前欣然接受采访。

第二阶段是认真做功课，阅读了长北先生的自传，拟出访谈提纲。长北先生2016年9月寄给万辅彬教授一本她的自传《飞出八咏园》。《飞出八咏园》是长北先生鲜活的、个性化的心灵真实披露。万辅彬教授用了两个星期认真阅读了两次，仿佛是在和长北先生促膝长谈，终于觉得能够和长北先生深入交流，于是拟了详细的访谈提纲。

第三阶段是2016年11月13—17日，长北先生来广西民族大学讲学期间，万辅彬教授和长北先生再次促膝交谈，访谈录初稿写就，最后经长北先生过目成文。

万：我对您学术成就的了解，是通过中国传统工艺研究会活动和您《〈髹饰录〉与东亚漆艺——传统髹饰工艺体系研究》展开的。您作为东南大学艺术学院教授、江苏省文史研究馆馆员、中国传统工艺研究会副会长……出版著作20多种，其中一半以上是传统工艺研究，《〈髹饰录〉与东亚漆艺——传统髹饰工艺体系研究》水平之高、影响之广，为学界公认。华觉明先生说："张燕先生的大著是具有里程碑意义的。"听说您出身女工。能否谈谈您的经历。

长北：因为母亲被打成右派，我以全市考分第一的成绩报考高中却名落孙山，只能先到实践中锻炼。1979年我发表第一篇工艺论文，1982年在张道一先生指引下走上学术道路。也就是说，我不是顺当科班的"三门"学者，入道之前有相当长一段实践经历和摸索阶段。而我有志于学问，却一点也不晚，甚至可以追溯到1958年14岁进漆器厂学徒那时，我就有心留意记录各种工艺。这也许与知识分子的家庭背景，以及与我从小酷爱读书有关吧。

万：很想知道您的身世。

长北：说起来，我和广西还有些渊源哩！我1944年出生在父母逃难途中的柳州。那时，日军败局已定，疯狂反扑，柳州城里，隔三岔五传来呜呜地飞机警报声音。有一次空袭，父母带着二哥仓皇逃命，丢下睡在箱盖上的我，既没有被炸死，也没有滚下箱盖。数数我这一生，"及于死者不知其几矣"，活到今天很是侥幸！

1 小荷初露尖尖角 雏燕立志上蓝天

万：挺传奇的，大难不死，必有后福！

长北：抗战结束，内战开始，全家从上海辗转回到老家扬州，住进“八咏园”。“八咏园”是扬州“个园”以外唯一以“四季假山”著称的园林，我在“八咏园”里度过了梦幻般的童年光景。小时候，我成绩与操行连年优秀，几乎夺走了年级各种竞赛的奖项。

万：小学、初中您已经是“小荷初露尖尖角”。

长北：是的，父母却轮番被斗，灾难不断，自顾不暇。先是上海交通大学毕业的父亲被整编，接着母亲被打成右派，我被政策挡在了学校门外。正逢“大跃进”大量招工，我就到市劳动局报名，进了扬州漆器玉石生产合作社。

万：呀，14 岁您就当了童工！

长北：“大跃进”风头上，合作社变成大工厂，又是大炼钢铁又是民兵拉练还天天加班到零点，正值成长期的我，真累迷糊了！不发加班工资只发五个馒头，每个人都能在顷刻之间将五个馒头席卷一空。一回加班，我坐在厕所的棍子上睡着了（当时工厂的厕所只是一排木板上架根长棍子，可供多人同时如厕），侥幸被如厕的人叫醒，才没有掉进粪坑。在工具般的麻木生活里，我开始思考人生。父亲说：“手工艺的历史技法少有人整理。你可以留意。”一句话，在我心里埋下了种子。进厂第六年，我被选拔为宣教干事，有机会串访各个车间，调查各种工艺，日积月累，记录了许多本笔记。读完业余高中，呈市机关干部业余大学校长李霖一纸《陈情表》，校长见我陈词恳切，破格让工人编制的我进入机关干部业余大学中文系学习。当时，工厂夜校也十分红火。我两晚读夜大中文，两晚教工厂夜校初中语文班，两晚在工厂夜校学画，每天晚上安排得满满当当，每天早晨梳头背首唐诗或宋词，早饭前到工厂花园写生，中午练大字一张。20 岁生日那天，我一个人去瘦西湖写生，面对五亭桥下的荷塘，我心事浩茫，泪水涟涟……我对自己说：“我一定要走出去！”

万：青少年时代，您就立下志向，以“拼命三郎”的精神吮吸知识。

长北：“文化大革命”爆发，科室解散，我回到车间继续做工，运动结束被选派进“七二一工人大学”脱产学习美术。1977 年为庆祝打倒“四人帮”，我制作了《大快人心》台屏。我将当时十分金贵的煤炭券、豆腐券省下来，送给开片工求他帮我寻找巧色，又买来公蟹母蟹反复写生，连续72天，天天加班到零点，衣服脏得看不见布眼，饭吃在嘴里完全没有了味道，没拿过一分钱加班工资。六岁的儿子放学回厂吃晚饭做完作业，一个人坐公共汽车摸黑从郊区翻桥走两站路回家。台屏被人民大会堂收藏。后来工厂派我往上海观摩全国工艺美术作品展览预展，考察上海玉器厂、艺术品雕刻二厂和工艺美术研究所，又派我赴京观摩全国工艺美展和北京工艺美展，参加故宫博物院工艺组组织的"全国漆器工艺座谈会"，连续三天听王世襄先生介绍故宫收藏的漆器，详细钻研故宫博物院和中国历史博物馆藏品，参观北京金漆镶嵌厂、北京雕漆厂，遍游故宫、天坛、北海公园、颐和园、八达岭、十三陵、碧云寺等名胜古迹。这是我初开眼界。二哥长诗记录了那样一段史实："吾妹少年品学优，高中被禁书中游。不怨爹娘不怨己，难违时代大潮流。十四进厂学手艺，弹指一挥廿年头。寒冬水冷手指浸，盛夏蚊叮汗水流。写生素描练书法，求学精神何曾丢？宝剑锋从磨砺出，全国艺展作品收……"

我意识到，我应该寻找新的目标。我找来王世襄《〈髹饰录〉解说》、沈福文《中国漆艺美术史》、郑师许《漆器考》等当时可以找到的所有漆器史料仔细研读，沈先生的书当时买不到，我就一字不漏地抄录下来，初步梳理出《中国漆器的历史沿革》《扬州漆器纵深探》等长篇论文，通过姑母辗转寄给王世襄先生。王先生来信说："第一步摞材料这样写是完全必要的，是建基工作，但应有意识地走向逐步总结归纳和贯穿融合。"我越往深做，越体会到融会贯通并非一蹴而就，而是"功到自然成"。我终于从点上的积累开始，进而串联成线，进而进行面上的融通，最终编织为立体的网络。这个过程，竟然长达半个世纪。

万：您让我联想到对其他科技史家的采访。看来，真正的学术研究往往从原生地出发，逐渐拓宽，不可能一蹴而就。

长北："干部大学"学中文两年以后，"文化大革命"开始，全国成人教育中断。1981年初全国恢复成人教育，我进入了"文化大革命"结束以后第一届成人大学生的行列。扬州师范学院中文系的老师们说，他们教过两届最好的学生，一届是"文化大革命"积压下来的老三届，再就是"文化大革命"后第一届成人夜大学生。也许，人有了些生活阅历，才有可能体悟作为"人学"的文学吧。1983年，省轻工业厅推荐我进南京艺术学院美术理论研究班脱产学习。1983—1984年，我奔忙在扬州师范学院与南京艺术学院两校之间。每周六傍晚没有时间提前买票，常常坐在长途汽车车门台阶上赶回扬州；星期天上午给孩子洗涮，下午去师院听课，二、四两晚的课程，由同学用复写纸做笔记，星期天带给我；每周一凌晨，夫君送我到宾馆，搭乘朋友接客的便车回到南京，校园还在酣睡之中。春夏秋冬，四时更替，我从南京回到扬州，又从扬州回到南京，一路看着草木荣枯，一路想着夫君拖着两个孩子的艰难，默默将泪水洒了一路。人到南京，信到了扬州，8岁的女儿和12岁的儿子成了我时时刻刻的牵挂，夫君见信即回："买了橘子给他们吃。儿子递给我四片说'爸爸事事如意'；女儿递给我六片说'爸爸六六大顺'。你不在家，我舍不得打他们，我和他们相依为命。"我常常一边看信，一边念给同学听，一边笑出了声也哭出了声。两校考试都在1984年夏天进行，我都取得了好成绩，完成了人生第一次高弹跳和强冲刺。

2　喜遇恩师来引路　燕雀飞出鸿鹄天

万：您是怎么走上学术之路的？

长北：1982年初，我被工艺公司调往参加全国漆器与家具行业产品展览评比等工作。在省工艺美术学会首届年会宣讲了论文《从我国漆器工艺的发展看扬州漆器》，引起厅长注意，厅长将我引荐给艺术史论家张道一先生。张老师与我长谈后说："一种人懂艺术实践，却缺乏文史功底，不能搞理论；一种人经过美术理论训练，却不懂实践，理论深不下去，是隔靴搔痒的空论。你兼有两种人不能同时具备的长处，中文和专业底子都比较厚，应该搞史论研究。你可以把全国各种现存的、失传的漆器工艺整理出来。这样的工作，功德无量；这样的工作，是前人没有做过的。"张老师问知我已过考研年龄说："你跟着我做科研吧，我收你做私塾研究生。全国博物馆的好东西，你要去看；有疑问，随时到我家来。"从此，我每年专程到南京向老师求教。老师说，"要做有心人，把看到的学到的都往研究课题上想，这样，散见的知识就像碰上了磁铁，或者说就像找到了串珠子的线。读书不怕广，知识不怕琐碎，就怕心里没有磁铁，没有串珠子的线，知识的积累就只能是废品的堆积""带着专业的眼光精读一本最经典、最接近你研究课题的书，这本书会告诉你许多参考文献，你顺藤摸瓜一本本去找，去看，其他书又会告诉你许多参考文献，连锁生发，藤越摸越多，越理越清，自己的学术观点也就形成了。关键是自己下河去游，而不是站在岸上看"。老师带着我写《中国民间美术辞典》，进行《汉声》杂志委托的民间工艺调查，手把手教我怎样从一砖一瓦地累积到构筑自身的理论体系。老师还说，“做学问就像弹钢琴，弹钢琴十个手指头有轻有重，做学问要多头并进，有轻有重”“东挖一锹、西挖一铲是出不了油的，认准井眼挖下去！你有希望出现井喷”！他叫我“每月发表两篇文章，每两三年出一个大部头，十年以后跳出去！只有书和文章，能充当你跳出小天地的介绍信”！老师没有告诉我“跳”往哪里，也没有办法保证我“跳”出来，我心里明白，一切得看自己努力。从此，我像开足马力的机器，方向明确，目标坚定，在完成职业任务的同时，学术研究突飞猛进。

万：张道一先生是您的贵人啊！

长北：是的！在张老师指导下，我用了 13 年业余时间，写出第一本专著《扬州漆器史》。不是我不努力，而是当时的我储备不足，一要到处去看藏品，二要查阅文献，三要到处采访老人。《扬州漆器史》后记中，我写道：“写言之凿凿的史书，写原本空白无人问津的冷史，实在比砌房造屋难许多倍！不是要你几天累死累活，突击一下完事，而是几百天几千天逼你，挤你，像顶过‘八年抗战’，像领大一个孩子，逼你添出许多皱纹，挤得你年华逝去，在格纸上爬上了壮年！结识了多少人，又疏远了多少人；多看了几本书，又少看了几本书。一份作品目，调研万里路；一节短文字，走访几十人。‘学富五车’未曾，‘查富五车’是实。抄书、搬书也许容易，而写书，必得去急功近利为淡泊名利，去六念熏心为六根清净，苦亦不易，乐亦不易！”《扬州漆器史》获得了多种奖项。书成送给张老师，老师鼓励我说：“你第一本书写 13 年，很好。基础打实了，第二本书写 3 年，第三本书写 1 年，甚至一年出版几本。你的书会越写越顺，越出越多。”老师的预言兑现了。近十年，我出版了十三四本书，有时一年两本甚至三本。如果认为我一年能写两三本书，那就大错特错了。学术靠积累，我半个多世纪挖井不止，退休之后才出现井喷。2011 年底，国家工程《中国工艺美术全集》启动编写，全集编委会请我拿出全国第一本样书呈送国家财政部申请启动经费，2014 年初邀我往上海市，为“《中国工艺美术全集 · 省卷》编撰人员培训班”讲如何治学、怎样能够较短时间拿出书稿，我打了个比方说：“手头没有存款的人，买房子只能按揭；我有二十几张存折，这折子拿些钱，那折子拿些钱，买房子自然能够两年就将现款付清。”

万：广西壮族自治区《中国工艺美术全集 · 省卷》编撰人员从上海回来，对您的讲座赞不绝口呢！

长北：1985 年，我被调到全国漆器情报中心，担任编辑部副主任兼《全国漆器信息》副主编，破格转为国家干部编制，创办《中国漆艺》期刊并且发行多期，被《中国美术年鉴》收录。在对王世襄先生《〈髹饰录〉解说》的反复钻研和与各地漆艺家的交往之中，我产生了、也听到了一些疑问。《髹饰录》不是一本经书，也不是一本文物鉴赏书，它是一本工艺书。王先生以解经的方法解释工艺，难免有隔靴搔痒之憾。这不怪王先生。他刚经过牢狱之灾，想采访工坊也绝无可能，每天“拉上窗帘，围好灯罩，像做贼似的，闭门写作，还生怕被发现扣上‘白专道路’帽子，开批判会”。我萌生出了重解《髹饰录》的念头。1987 年，全国美术理论研讨会在扬州召开，沈鹏先生作绝句叫我次韵。我写道：“忽忽桑梓风物谙，安居曾不让江南。生当万里留鸿爪，更作鲲鹏越海山！”沈先生大为赞赏，从此成为我生命中的又一个贵人，不仅为我每本书题签，还为我题写书评。他知道我在退休没有科研经费的情况之下继续进行调查研究，主动提出用“沈鹏出版基金”为我在北京出书，进而才有北京人民美术出版总社将《〈髹饰录〉与东亚漆艺》申报为国家出版项目的机遇。

我的又一个恩师是中国台湾“故宫博物院”研究员索予明先生。他多年赠送我漆器书籍，帮助我联系纽约大都会博物馆屈志仁先生，联系中国台湾“故宫博物院”院长周功鑫女士，才有了我在美国大都会博物馆、在中国台湾“故宫博物院”开库观摩漆器藏品的福分。如果不是他将《髹饰录》的最早抄本引入中国，中国和欧美学者都在依据王世襄先生据复刻、复抄最早抄本的转抄本，中国和欧美学者的《髹饰录》研究，将在子夜的黑暗之中多走许多弯路。

万：看来，您是一步一步更上一层楼的。

长北：《中国漆艺》因为失去上级拨款停刊，我被扬州工艺美校要去教语文、美术史和工艺史。1993 年，张道一老师问我：“我要到东南大学创建艺术学系，准备带一批人去。你去不去？”我的回答就一个字：“去！”经过 13 次南京与扬州之间的奔走，东南大学党委书记和人文学院院长具体谋划，1995 年春，我终于从扬州破格调动到东南大学。我羡慕教师职业，终于杏坛执教；我喜欢大学，终于伴大学终身！作为中宣部聘请的《中国现代美术全集·漆器卷》编委，我写的《中国现代美术全集·漆器卷》前言《二十世纪中国漆器艺术》刊登于 1997 年《文艺研究》，《中国日报》全文转载；次年，《中国日报》又整版介绍了我的漆器研究。我作为主要作者撰写的《中国传统工艺全集·漆艺卷》获得多种殊荣。

万：看来，机遇只降临给有准备的人。

长北：因为有读书、教学和行路的铺垫，我在东南大学讲课备受学生欢迎，教务处让我为强化班（尖子班）上课，期末全班书面反馈是："讲课生动，充满活力，内容极其丰富，有风格，有见解，吸引人，上课认真负责，教学严谨，有新意，上课幽默，感情丰富，与同学距离十分近。"我获得东南大学教学一等奖，1998 年初成为硕士生导师。我非常喜欢大学校园，也非常喜欢学生，校园和学生使我苟日新、日日新。

3　花甲之搏成佳话　海阔天高任驰骋

万：您晋升教授之后为什么还要攻读博士学位？

长北：我以大专学历破格晋升教授，难免受人指指戳戳。2001 年秋天，《扬子晚报》突然登出国家放开考研年龄限制的短讯。通过三个月紧张准备，我以 58 岁之龄、与我的第五届研究生同场参加全国研究生入学统考并且被录取，一年半以后进入硕、博连读。从此，校内议论的声音变为"不简单""真不容易"！2014 年东南大学艺术学院等四家单位主办的"长北治学特色研讨会"上，东南大学副校长刘波教授说："张燕教授的奋斗精神在东南大学是很有名气的。她退休之后仍然持续地高产出，她让我们知道了什么叫作热爱生活，什么叫作老骥伏枥。她以这样的方式延展她人生的长度，为后学晚辈树立了榜样。"

万：您的"花甲之搏"确实是个奇迹！正如您所说，"没有冲刺的人生，是平淡的人生"。

长北：我的读学位，意义只在给东南大学教师学历上层次一个交代，给自己不服输的性格一个交代，意义更在于以己试法，体验现行研究生教育的弊端。现行的研究生教育，逼迫青年学子放下钻研专业书的兴趣，在模式化考试的刀刃上一遍遍地被剐，被刮，锋芒、灵气、才气，被模式化考试的刀刃剐刮得一干二净，刮成了批量生产的规格产品。学位拿到了，人也像脱水的蔬菜似的，蔫了！其实，人一辈子最可贵的就是自由的思想和活泼的生命。对于并不喜欢学问、只是想在体制内谋取最大利益的青年，为生存谋职的人生是不自由的人生，与其为那一张纸去牺牲时间、牺牲健康、牺牲家庭，不如抓紧有限的生命，根据自己的环境、特长和兴趣设计自己，充分发展自己的兴趣，充分展示自己的创造能力，坚韧不拔地朝着一个目标努力，没有文凭的成功者大有人在！

万：体制之外，成功者也大有人在！

长北：是的，每一个人的经历都不可复制，都有成功的可能性。我从漆艺研究，扩大到工艺史研究，扩大到美术史研究，再扩大到艺术史研究。升进是必然的，也是自然的。古人说学问有经世之学、实用之学、性灵之学。我的《中国艺术史纲》《中国艺术论著导读》《中国古代艺术论著集注与研究》应该说是经世之学；《〈髹饰录〉与东亚漆艺》是实用之学，实用之学的理性论述中有经世之学的成分；《传统艺术与文化传统》将经世之学与性灵之学糅合；《飞出八咏园》则完全是性灵之学了。我的著作在经世之学、实用之学、性灵之学间游走，治学充满了求知的趣味、诗意生活的趣味和公共知识分子对社会对民生的强烈使命感。研究范围的扩大，使我始终处在如饥似渴的求知状态，我的研究触类旁通，我的人生越来越丰富。

万：从点到面开展研究，我也深有体会。我从广西原点进行铜鼓研究，扩大到少数民族科技史研究，扩大到科技人类学研究，再扩大到高等教育研究。人生不就是不断地学习与领悟吗？我还看出，您是一个很有生活情趣的人，听说同行称您“女霞客”。

长北：是的。人生不是为治学，治学首先是为最大限度地充实人生。我第一次独自出门远行，是在南京艺术学院进修结束以后。同学们都赶在五月启程，我想在学校多待些日子，暑假从洛阳开始，顺陇海线且走且停且看，转兰新线到敦煌，从宝鸡换乘宝成线再换乘成昆线，从昆明到贵阳到重庆，再顺江漂流而下，独自漫游了61天。这61天中，我夜（车）行晓游，坐了11次夜车、3次夜船，发烧3次，足迹至于12个省份，游遍了沿途重要的艺术遗迹。这61天中，我带着速写本和笔记，一路画、记不停，住的是武汉饭店走廊、江陵6毛钱一夜的客栈，吃的是早晨买好的馒头烧饼，喝的是每天军用水壶灌满的开水，没进饭店吃过一顿饭。那一次长途跋涉之后，困难和辛苦再也不能使我退缩，我总在心里对自己说：“苦都是人吃的，咬碎了牙咽下去！”我越跑胆越大，越跑心越雄，逐省去看世界文化遗产，逐省去看全国文物保护单位和省市博物馆，这次来广西讲学，正是为圆看最后一个省会博物馆和看花山岩画之梦。我已经走遍了全国所有省、自治区与直辖市，走访了将近30个国家和地区。每当我在电脑之前耕作，精神疲乏了，我会想起一次次壮游探险的经历，我的脑海里翻过一页又一页图画，人类上万年的历史进程在我胸中鼓荡，一个个历史事件、一个个古人在我心中复活，我的心与天地精神相往返，庄子说“上下与天地同游”“得至美而游乎至乐，谓之至人”。朋友说我“永远生活在理想境界之中”；学生说我“像是为了寻找美才来到这个世界似的”。孤身壮游使我人生厚实，使我摆脱平庸，使我在挫折面前变得顽强而且坚韧，同时练就了我一双发现美的眼睛，使我对全国自然遗产和艺术遗产如数家珍，艺术史化作了我的生命旅程，我“玩”出了学问。

荣格说：“文化的最终成果是人格。”今天，我终于实现了行万里读万卷的志向，终于不再是一个被人看轻的人，而是一个活得庄严、庄重、有生命分量的人，一个以人格魅力影响学生的人，一个可以与大人、先生平起平坐坐而论道的人。我的学习经历比常人丰富，我的知识结构完全不同于、大大丰富于“三门”学者。我能够实现这样的人生坐标，靠的是半个世纪始终不懈、艰难竭蹶的努力。当下世风浑浊，多数人随波逐流，我偏偏是一个不肯随波逐流的人，一个对待工作呕心沥血、不肯马马虎虎、不肯得过且过的人，一个渴求自由、渴求平等的人，一个不肯接受驾驭别人的人，甚至一个为追求理想不惧上绞刑的人，同时也是一个重感情、讲信义、有担当、有责任、思想简单、没有城府、不谙世故、不懂策略、爱憎露于形色的人，一个以情感与良知驱使行为、不屑以“利”左右行为的人。我以纯净之心观照一切，是清是浊心里过于明白。我了解自己，不过是坚守理想的异类。

万：我读了您的论文、您的《传统艺术与文化传统》等书，感觉您的书有相当清醒的现实意识和强烈的批判精神，您是一位思想者。

长北：是的，我要求自己，不仅要当一名专家，更要当一名学者，去探索社会与人生的真谛，为社会为民生敢讲真话，伸张正义。我为江苏省写了许多提案，被民进党江苏省委称为“提案大户”。1998 年、1999 年《拆除中山陵阶下摊棚集市》《保护南京民国建筑》两个提案连续进入省五十个优秀案例，当时还有人担心我犯政治错误。2008 年东南大学民进会员大会上，省民进主委徐菊英说：“江苏省保护民国建筑形成运动，张燕教授功不可没。”对我调查江苏名城名镇的两项课题，评审意见是，“报告以事实为依据，内容实在而有说服力，显示出研究者对江苏城市建筑历史和现状的熟悉，批判性的意见具有强烈的针对性和参考价值，是一篇高质量的调查报告”“研究报告独具风格，尖锐犀利，读后令人耳目一新，精神振奋，研究成果达到了国内先进水平，对于文化大省建设具有重要价值”。江苏省委邀请我参加省“首届 333 工程富民强省苏北科技行”，就城市形象设计等问题，与苏北各市市长对话。

万：在一次次中国传统工艺研究会年会上，我也感受到您热爱文化的情怀和仗义执言的勇气。

长北：坦率说，我不是那种随波逐流听人摆布的好好先生，也不是那种八面玲珑见人先混个脸熟的交际能手，凡是有官气、痞气、奸气、险气、伪气、油气、阴气、奴气、黑道之气的人，我躲，你本事通天，我不理不看。我认为，真正的学者必须不慕名利，终身以学问为操守，在求学问道的途中，对人生对社会有逐渐深入的洞彻与领悟，由此生出比民生更为深刻的反省——对社会痼疾的反省、对民族痼疾的反省乃至对自身痼疾的反省，从而不停地见贤思齐，不倦地求道布道，为社会为民生呼唤真理，敢讲真话。我认为，真正的学者必得有“独立之精神，自由之思想”，不迎合任何权势，不为金钱吹捧任何人，只服从真理，服从事实，服从自己的良心，每一句话都要经得起人民和历史百年之后的拷问。

万：如今，敢讲真话的人越来越少。

长北：文化精英只能是少数。

4 踏遍大漆作坊苦心力　融汇古今文献见功夫

万：您的《〈髹饰录〉与东亚漆艺》获得学界高度评价，中国传统工艺研究会首任会长华觉明先生以“传统工艺研究的范本与标杆”为题作序，著名漆画家乔十光教授以“用生命谱写的鸿篇巨制”为题作序。能否谈谈您写《〈髹饰录〉与东亚漆艺》的经过？

长北：20 世纪 80 年代我担任《中国漆艺》副主编期间，参与组织“首届中国漆画展”，走遍了全国漆器产地和有漆艺专业的艺术院校，以及全国许多工艺美术企业。退休之后，在没有科研经费支撑的情况下，我自费往境外考察博物馆，走访工坊，走访漆艺家，足迹及于 20 多个国家并往边远偏僻区域弥补 20 世纪调查的缺失，共调查韩国 5 个漆器产地、中国台湾 9 个漆器典藏地和工坊、日本 12 个漆器产地，走访工坊、深入漆艺家家庭、观摩博物馆收藏不计其数。我不看东西不敢说话，不了解工艺不敢说话，要说就说自己的话，因此，我记录的工艺具备可操作性、可复原性而不是隔靴之论。美国大都会博物馆研究部主任屈志仁先生收到《〈髹饰录〉图说》以后来信说，“历来中国学者研究工艺多不能深入，主要是因为缺乏实践经验和对实物的认识。尊著是基于高度专业知识和严谨治学方法，是以获得突破性的成就。从前读《髹饰录》有很多不可解的地方，现在便觉豁然开朗”；四川美术学院何豪亮副教授写信说，“你做了很多前人没有做过的工作，解答了许多前人没有解答的问题”。其实，写《〈髹饰录〉图说》时我还在岗，六事分心，书也毛糙；写《〈髹饰录〉与东亚漆艺》我已经退休，心闲神定，书也有了大跨度的提升。它至少用了考古数据、传世实物、工坊流程、今人新创、吾国旧籍、异族故书六重证据，着意在于从体系的完整、文化的高度、审美的锐度、工艺的深度、资料的广度诸方面超越前人集其大成。它绝对不是凭据个人实践经验能够写出，而是50多年不懈田野调查、向全世界同道学习消化得来的结晶。只有超越个体经验，进入到普遍规律的探寻，才谈得上是自觉构建理论。

万：您的著作是用“脚步丈量出来的书”，您田野调查的深入令人惊讶。请进一步就大著《〈髹饰录〉与东亚漆艺》谈谈体会。

长北：当今开放的国际语境之下，理应从民族文化研究延伸到同一文明圈内多个民族国家的文化比较研究。《〈髹饰录〉与东亚漆艺》从《髹饰录》出发，向古今中外延伸，梳理出东亚髹饰工艺的完整体系；它不仅关注《髹饰录》诞生时代的漆器髹饰工艺，也关注髹饰工艺的过去、现在，预示它的未来。我的书是写给有心、素心的读者看的，有心、素心的读者会慢慢去读，慢慢去用的。

阅读原始文献和实地调查工艺，两者不可偏废。为校勘、注释、解说《髹饰录》和中国古代艺术论著，我查找古籍，选择版本，为一个个标点斟酌，为一个个冷字搜索，为一句话的出处、一个姓名的注释反复考证。常常查了几本书，才理出一条相关注释；往往无冬无夏、无日无时地伏案，才注出一本书，写出一篇专论。《〈髹饰录〉与东亚漆艺》第五卷《〈髹饰录〉文本研究》包括：蒹葭堂钞本《髹饰录》原文原注校勘注释226条、《〈髹饰录〉解说》引文校笺与内容正义198条、钞本上寿碌堂主人笺注按语校笺80条等。《中国古代艺术论著集注与研究》有校勘，有3642条注释，有专论，有《古代艺术论著中人名、字、号索引》和《古代艺术论著中事物典章制度工艺索引》。这需要长期历史知识、工艺知识的积累，迥非拿来古籍不加校勘不做版本比较就乱摘一气的汇编。我家离南京图书馆很远，我不肯出馆买午饭耽搁时间，夫君就赶早为我做好盖浇面。中午我吃着面条，眼泪就掉下来了：一辈子忙父母忙儿女忙朋友忙诸亲八眷，偏偏不懂腾点心思给伴侣，到老才知道，世上与我风雨同舟艰苦共济的，唯老伴而已。我的注释多出自《四库》《丛书集成三编》《古今图书集成》、明清琴书甚至清代匠作则例，一本本大书从架上搬下搬上，晚上到家我浑身颤抖。几十年查找校勘古籍，到老我才感觉到了精力不济。

万：可叹可叹！正如沈鹏先生写您的书评说，“在流行炒作的社会里，在拜物（金）之风盛行的当今，有多少人还甘于青灯古刹般的寂寞？又有几个人肯为一个生僻词语穷尽搜索之力？”不研究古籍真不知其难呀！

长北：仅有实践与田野经历并不能成为学者，读书多寡才是衡量学者的试金石。真正的读书与今天读学位毫无关联，而在于喜欢读，既带着问题读，又广泛读，逮住一本好书就爱不释手地读。我从小浸润于家庭的读书氛围，养成了不可一日不读书的习惯。我家对面的巷子口就是图书馆，每天放学，我总是先到图书馆看书，图书馆关门才回家。母亲还利用职权之便，分批带回学校图书馆购买订阅的新书新杂志，我们做完作业就看书看杂志，谁也不敢发出一点声响，直到全家歇灯睡觉。寒暑假里，我们沉浸在杂书之中，那“山静似太古，日长如小年”般的宁静，是多么令人追忆！在工艺美校坐班，我关起门来读书五年,《中国美术全集》和各种各样的《美术史》《绘画史》《工艺史》，都是在那个时段读的，对朱光潜、宗白华充满感性的美学著作更是如醉如痴；在东南大学人文学院，我广泛接触了哲学、美学教授，于是将读书重点转移向哲学和美学，有意识地在著作中熔铸哲学、美学性格。所以，我才能够在《传统艺术与文化传统》里将艺术与文化作一番“打通”。我还常年订阅《读书》等杂志，将其中合我胃口的好书买来阅读。70岁之后，我晚上不再工作，转向补读外国文学名著。这当然是一种全无功利的享受性阅读。我认为，西方文学名著开掘人性、塑造人格、推促人改变命运的力量，远远超过了过多描写风花雪月名利钻营权力斗争的中国古典文学名著。如果我能够再活一次，我会在儿童时期就熟读《四书》章节打好做人的底盘，青少年时期熟读西方文学名著从而认识人生、拼搏人生，老来有足够抗病毒能力之后，再读中国古典文学名著。

5　老骥自知夕阳晚　不用扬鞭自奋蹄

万：从行万里、读万卷中，您的学术境界不断提升，人生境界也在不断提升。

长北：这我又要感谢张道一老师，他将我从工艺研究领到艺术综合研究。艺术综合研究培养了我宏观的视野和从大文化视角思考的习惯，使我将百工研究上升为文化研究；百工研究又使我的艺术史研究成果宏观不失微观根底。我在百工中摔打而后进入大学，进入大学之后，继续用大量时间亲近田野，亲近百工，田野和百工给了我挖掘不完的金矿。我的研究从专到广，在基础研究和专门研究中跳进跳出。我的治学道路，比一路科班要漫长、艰难、崎岖得多。它恰恰让我流连于“术”与“学”、“器”与“道”、“专”与“广”之间，走出了一条文献研究与田野调查并重的“多重证据”学术之路。看来，有专精有会通，还是比专而不广或是广而不专为好。

我人生的又一位贵人是华觉明先生。20 世纪 80 年代，华觉明先生通过田自秉先生联系我加入中国传统工艺研究会。从此，我不仅亲眼见到华觉明先生怎样进行中国手工技术的抢救和研究，也愈来愈深地了解到比我年长 11 岁的华觉明先生、长我 8 岁谭德睿先生、长我 2 岁的您以及较我年轻的冯立昇先生艰苦经历、治学成就和人生境界。我非常感谢华觉明先生领我走进科技史高层专家圈内。与传统工艺专家比，科技史高层专家们兼得谈技与论道。他们以实统虚的研究方法，比人文学者以虚统虚的研究方法更靠实，也更切用。这令我换一种思维——不单从人文、从艺术，更从科技层面去研究传统工艺。治科技史难，就是因为史家不仅要有文学、史学功底，更要熟悉工艺，切入越深越好。

万：所以，科技史研究更应该受到重视。听说您在《美术观察》发表过论文《绿色漆艺——中国漆艺的守望》，率先提出“绿色漆艺”的观点。这很需要勇气。

长北：回归天然材料手工工艺，少用、慎用污染环境的化学涂料制作享受生活的工艺品，不仅是对我国造物传统的尊重、对大漆髹饰传统的尊重、对自然的尊重，更是人对自身生命的尊重。绿色漆艺也就是大漆髹饰工艺才是真正的漆艺。回归绿色漆艺不是复古，而是人类从工业文明回归生态文明新形势下髹饰工艺的新生。

万：您 40 年笔耕不辍，出版了 20 多种著作，发表了 300 多篇论文和评论，多次获得国家级、省政府、市政府奖励，《中国艺术史纲》获得 2006—2009 年教育部全国高校人文社科优秀研究成果二等奖。可以说，每一本书都是生命的付出。

长北：做学问闲不下来。没出版的著作想出版，出版了的著作想深入修改。书房里这里摸摸，想起来还要推敲；那里转转，想起来还有疑问；睡到半夜想起，有话不妥帖赶紧爬起来记录；出去转转，又冒出新灵感。新书读过了，会有话要说；新地方跑过了，会有新收获。脑子里一只“瓜”熟了，另一只“瓜”在成长，藤蔓上又冒出新的瓜纽；藤越拉越多，摊子越铺越大，永远没个了结。我2016年出了三本书，明年会有四本书。别人看我越老越高产，其实，没有一本书是急抓，而是半个世纪调查研究苦读文献的梳理和总结。万里苦行，我还写了许多篇游记，《东南大学报》为我开辟专栏连载，叫《长北审美记行》。我因为有著述而拥有越来越多的知己。这是学者才能够拥有的幸福！

万：正如您在会上所说，您的治学形成了“以田野调查与原始文献并重、多重实证并举、注重自身观点与自身感悟的特色”。请您谈谈治学经验。

长北：我以为，治学应该从原点出发，找准矿井眼，抓牢链条，穷钻深挖。所谓“链条”，指后人研究必须查找的环节。我的《〈髹饰录〉与东亚漆艺》《中国工艺美术全集·江苏卷·漆艺》《扬州漆器史》《中国艺术史纲》《中国艺术论著导读》《中国艺术论著集注与研究》等，都是“链条”上的学问，后人想研究这一范畴的问题，必得找我的书读。有的“学者”东挖一锹西挖一锹一辈子找不到矿井，东写一本西写一本一辈子抓不住链条。我建议学生，写占有独到资料的问题，写确有自身体会的问题，写别人没有写过的问题，写别人写错了的问题，甚至用多篇论文、多本著作包抄同一领域的问题。唯如此，才能越研究越深入。千万不要一锤子买卖做过，再也深不下去。

万：您的人生有没有遗憾？

长北：哪会没有遗憾？时代造成的折腾太多，我们这代人被耽搁的年华太长，承受的磨难太重，生命之轻，实难承受苦难之重，挣脱绳索付出的代价过于沉重！我们的生命，为什么不是一只自由翱翔的鸟，而只能是一只反复蜕皮的蝉？我们的生命，为什么不能年纪轻轻就自由翱翔，而要承受蝉所承受的多次剧痛、蛾所承受的长期黑暗？作为人，我们应该活得顺利和快乐，我们有权利活得顺利和快乐！我连续七年进修，给女儿成长期留下了“留守之痛”。坦白说，即使不进修全日在家，我们那代人穷到前心贴后心，累到血奔心，哪有时间和心思享受与儿女玩耍的快乐！如今，离家读书打工创业的人更多，年岁也更久。由于政策缺少人性关顾，“留守之痛”将成为中国特色的普遍问题，全社会将为之付出沉重代价。

更大的遗憾是，政局宽松之后，世风浮躁就接踵而来。运动式的“创建工程”“保护工程”“青蓝工程”，使社会异化人才异化，原生态的社会、原生态的文化、原生态的人渐行渐远。跟风的、掺水的书满天飞，学术著作的社会反响变得不主要靠学术，更靠权力、地位、关系，以及由权力、地位、关系派生的媒体热捧。官位受人仰望，手艺大炒大热，真正的学者、真正的学术成果却为泡沫淹没。学者惨淡劳动的成果与社会使用率不成正比，这才是最最令人悲哀的！

我以为，人才的成长，要靠艰苦磨砺；好书的出现，要靠岁月历练。急火打造不出人才，也打造不出好书。这些年，政府逐年加大高校课题经费投入，以至于年投入到了14亿元（《中国艺术报》披露）。本来治学有望的学者，因"课题经费欲"而奔趋折腰，而大量占有经费，而买发票报销，学术水平直线下滑；不为课题经费所动、长期积淀的真学术则被假学术淹没；版面收费等门槛使年轻学子不依附绝难脱颖而出。这是中国学术的悲哀，也是中国学人的悲哀！政策以巨金刺激，百姓人人仰慕，正是当代中国造假猖獗的渊薮！本为支撑青年教师成长的巨额奖励、本为支撑教师治学的课题经费，变异成为砍向人才、砍向学术的斧斤！正是急功近利的巨金刺激，打乱了学术成长、人才成长的生态秩序，也打乱了教学秩序，使树人的高校异化成为奔名逐利的大市场，葬送了缓慢形成的、纯正的、严肃的学术。我望中国人回到平实的道德常态，中华文化回到平实的成长常态，治学回到平实的少数人为之常态；我望政府尊重文化规律，等待人才自然成长，等待研究成果瓜熟蒂落；我望政府将面上大量走走形式的课题经费、种种人才工程的巨额奖励、种种乱花钱造阵势的伪文化宣传经费用于使弱势群体改善基本生活。对青年人论文收费，特别是对穷孩子论文收费，简直是使中国学术绝后！

万：我深有同感！

长北：随着有效生命越来越短，除了人格的尊严、生命的价值这一根本话题，物质的占有对我们这代人已经没有意义。我于花甲之年改用笔名"长北"，就是想告诉世人：我已无心与时人争色，且将姓中的"弓"与名中的"火""草""口"都扔掉，做一个仅留一对翅膀作长远自在翱翔的"长北"，以"长"坐"北"书房的寂寞耕耘，求得心灵放飞，自我充实。我相信，历史最终记录的，不是官位也不是名位，而是文化。活着就是要为社会为后代留下文化。只有身后留下文化的人不朽。我用我的生命养育出一本本著作，生命通过著作得到延续，生命也就超越死亡，获得了文化意义上的永生。

万：感谢您接受我的采访。望您宝刀不老，继续前行！

长北：谢谢您！

继承大国工匠精神　恢复传统铸造绝艺 *

——访谭德睿

万辅彬 / 问，谭德睿 / 答

编者按： 谭德睿，1936 年 11 月出生，1961 年上海交通大学毕业，上海博物馆研究员。现任亚洲铜装饰协会会长，曾任中国传统工艺研究会会长、中国艺术铸造专业委员会首任会长、上海科技史学会副理事长、中国科技考古学会常务理事。复旦大学文博学院、上海交通大学、北京科技大学兼职教授。从事中国古代青铜技术、铸造史和艺术铸造研究。出版《陶瓷型精密铸造》（合著）、《灿烂的中国古代失蜡铸造》（主编，获华东地区科技图书优秀奖）、《艺术铸造》（与陈美怡合作主编，获华东地区高校出版社学术著作一等奖）、《中国传统工艺全集·金属工艺卷》（主编，获首届中华图书优秀奖）、《中国传统铸造图典》（主编）、《中国技术通史》青铜技术部分、《中国青铜器辞典》技术部分等多部著作。获文化部科技成果一等奖 1 项、国家文物局科技进步二等奖 2 项。获 1987 年度上海市劳动模范称号及 1989 年度上海市科技精英提名奖，2016 年获中国铸造学会突出贡献奖。

谭德睿先生一生受益于父亲谭其骧先生治学严谨、坚持真理、艰苦求索、淡泊名利的人生态度，在铸造领域不断推陈出新，成为我国著名的精密铸造专家、青铜技术研究专家，开创了我国艺术铸造之先河，是我国最早试验成功陶瓷型铸造的学者。在熔模铸造方面，实现了用匣钵砂代替石英、用氯化铝代替氯化铵的两项工艺创新，被编入

---

* 收稿日期：2016-12-26。

作者简介：万辅彬（1942—　），男，安徽省繁昌县人，广西民族大学教授，原《广西民族大学学报（自然科学版）》主编，中国科技史学会理事。谭德睿（1936—　），男，浙江省嘉兴县人，上海博物馆研究员。

了《特种铸造手册》；在青铜器技术方面，揭开了"透光镜"原理，并成功复原，成果在首届全国科学大会上获奖；解开了水银沁铜镜千年不锈之谜，按照古法复原；弄清了越王勾践剑菱纹饰制作方法，并成功复原。他对陶范铸造研究延续长达十年，发表了多篇学术论文，揭示了中国古代青铜技术高超的奥秘，对中国考古界、铸造界产生很大影响。创立艺术铸造这门交叉学科，提升了我国艺术铸造产业整体水平。谭先生一生笔耕不辍、成果丰厚、勇攀学术高峰，为我国古代青铜技术、艺术铸造研究开拓了重要的领域。

万：非常荣幸在"2016·中国（铜陵）青铜文化论坛"召开的前夕，能在美丽的太平湖滨和您促膝访谈。2015年，张柏春先生就建议我抓紧做这件事，今天终于实现了。

谭：谢谢张柏春所长的关心，谢谢您的执着。说来我们交往已有25年了，是老朋友了。

万：可不是嘛。1991年蒋廷瑜先生设法得到文化部批准，同意复制国家一级文物铜鼓王——北流型馆藏101号鼓，复制工作得到广西科委立项支持，我们请您做该项目的指导专家，您二话没说，带领助手吴来明和青铜铸造老师傅徐惠康来到南宁，住在重型机器厂招待所（和职工宿舍条件差不多），一点也不摆架子，和我们并肩战斗了一个多月，做计划、订方案、确定浇注系统、制陶瓷型模、浇注……您都是亲临第一线，深度参与。

从您的身上我看到一位精密铸造专家理论联系实际、脚踏实地的科学精神。不愧是名家之后，先说说您父亲谭其骧老先生对您的影响。

谭：一晃我也是80岁高龄，到了回忆的年龄了！我曾在一次接受访谈时说过：父亲一生对我们子女影响深远。

父亲特别强调为人和做学问都要实事求是，切忌浮夸。父亲用了30多年，集全国精英编绘的8卷本《中国历史地图集》倾注了他大半辈子心血，可地图集的出版曾几经曲折。20世纪80年代，面对逼他篡改历史事实的各方压力，父亲撂下一句话："你们要改的话我这个主编不当了。"当年，这套地图集的争论甚至惊动了中央有关领导人，领导人表示应尊重主编谭其骧先生的意见。最终才得以出版。如今《中国历史地图集》已成为中外学者研究中国历史必备的工具书。父亲因实事求是、坚持真理、尊重历史事实、不畏强权而被学术界赞誉为“刚正不阿、风骨凛然”。

万：“你们要改的话我这个主编不当了。”掷地有声啊！这件事后来在学界被传为美谈。

谭：父亲一生从事学术研究、教书育人，留给我们最深的记忆是他忙碌的身影。他时时都在穿越千年的时光，在触摸祖国的山川河流。他以此为己任，终身乐此不疲。父亲很反对为人张狂，他非常低调，并且任何时候都不依附权贵。父亲还是一位情趣高雅的文人，既是昆曲票友，兼任上海昆剧业余组织的名誉会长，还爱听评弹。20 世纪 60 年代父亲在北京时，时任北京市副市长的吴晗写了现代京剧《海瑞罢官》，特地派车接父亲到西园看戏，演戏的都是马连良等名角。演完后，吴晗得意地问我父亲怎么样，我父亲直说不怎么样，父亲解释道：“这不是京戏，京戏是讲唱功、做功的，你那是编故事。”我父亲是从京剧艺术上来评判，没想到后来变成政治了，姚文元的文章《评新编历史剧〈海瑞罢官〉》成为发动“文化大革命”的导火索，父亲也被卷进去了。大概是因毛泽东要编历史地图集而幸免于难，不过也受了不少皮肉之苦和人格尊严的污辱。其他指责姚文元给《海瑞罢官》乱扣政治帽子的著名历史学家，在“文化大革命”一开始就受难甚至死亡。我们子孙后代以及嘉兴谭氏族人都以父亲一辈子坚持真理、刚正不阿，艰苦求索、无私奉献，趣味高雅、淡泊一生，豁达乐观、宽厚仁慈而自豪。

万：您用这 8 个词形容您的父亲非常贴切。正常情况下您作为名家之后，应该有比较顺利的发展，但实际上您的前半生十分坎坷。

谭：是啊，十分坎坷！高中时我也算得上文理兼优的学生，对梁思成很敬佩，1956 年本来想考清华大学建筑系成为他的弟子，但当时谈恋爱分心，高考没考好，我勉强地进了南洋工学院机械工程系，没曾想大二时被戴上“右派”帽子。1957 年中共中央整风时号召知识分子向党提意见，我当时担任班级团支部宣传委员，一个姓谢的调干生是年级党支部书记，是个心理阴暗的人，要团干部带头鸣放，这就是所谓的“阳谋”。同年开始“反右”，谢负责抓学生中的“右派”，为了完成市委书记柯庆施规定的学生右派百分比指标，给我加了两项罪状：“反对又红又专”“反苏”。于是，在 1958 年初把我补划成“右派”。这个原来与姚文元同在上海市卢湾区委宣传部的调干生，毕业后在上海一家大军工企业当了生产处长，因为生活不检点被抓了个正着，挨了处分，被人奚落为不折不扣的“道貌岸然、男盗女娼”！

万：您后来什么时候摘了“右派”帽子？

谭：我在学生“右派”中处理算是最轻的——“开除团籍，保留学籍，留校察看”。要定期书面汇报思想，天天当着同学的面打扫厕所，受尽白眼和奚落，毫无人格尊严可言，记忆力大打折扣。1960年大四时，我的“右派”帽子被摘掉了。南洋工学院校名改回上海交通大学，学制5年，恢复铸造专业，从原先学机械加工的学生中抽了10个转学铸造，我是其中之一。我在困境中要感谢两位恩师对我的关心和欣赏。一位是王益志老师，著名压铸专家，他给我们上特种铸造课。特种铸造是指砂型铸造之外的铸造方法，如失蜡法、陶瓷型、金属型，等等。王老师虽然知道我是“摘帽右派”，但从不歧视我，课教得也好。后来，我在工厂里试验陶瓷型铸造时，他把关于陶瓷型铸造的国内外资料全给了我，帮了我大忙，我深深感激他。每年春节我都会带上夫人去他家拜年，还打算由我组织同学为他九十华诞祝寿，可惜没等到那天他已作古。另一位是从美国MIT（麻省理工学院）回来的沈家猷教授，国内第一部《特种铸造》就是他翻译的。他指导我的毕业论文《铸造射芯机原理研究》，这在当时还是国际前沿技术。有沈老师的指导，加之上海交通大学的学风严谨，我的毕业论文做得还不错，顺利地成为上海交大铸造专业第一批毕业生。沈家猷教授“文化大革命”之后担任上海铸造学会理事长，我因为在铸造界已小有名气，30多岁就担任了副理事长。

万：于是，上海交通大学造就了一个出色的铸造专家，中国则少了一个建筑专家（笑）。大学毕业后您分配到哪里去了？

谭：那时大学毕业生绝对服从分配，何况在当时的政治环境下，我虽已不是“右派”，但还是个“摘帽右派”，所以已经做好到外地工作的思想准备，铺盖都准备好了。结果很幸运，我被分配到上海仪表电讯工业局，在这个系统工作了20年。

万：您真是很幸运，没离开上海也没脱离专业！

谭：上海交通大学那些和我同时被划为“右派”的难友，大多数境遇十分凄惨，开除学籍，户口从上海迁出，不少去了新疆，专业丢了，生活艰难，未老先衰，很惨！

我到了仪表局，先在上海仪表专用机械厂铸造车间当技术员，后来被仪表局科技处长看中，调入上海无线电技术研究所工艺研究室担任熔模铸造研究课题负责人，熔模铸造，也就是精密铸造、失蜡铸造。我在这个研究所工作不及两年，一个课题还没做完就被调走了，因为无线电技术研究所划归国防科委，我政治不合格，于是1965年起调到仪表局下属的上海仪表铸锻厂，干了17年。这个厂破烂不堪，条件很差，办公室都是油毛毡搭的。我这个技术员和大家一起摸爬滚打，出了成绩，得到工人们的认同，“文化大革命”期间还受到他们的保护，未受皮肉之苦。这也得益于父亲为人勤奋低调的影响。但因为过于劳累，腰肌劳损，至今脊柱还是弯的。

万：真是不容易啊！

谭：“文化大革命”之后我升为工程师，担任了技术科副科长（科长是党员）。1979年，上海交通大学党委来了两个人，当着我的面宣读“右派”改正书，说是把我划为“右派”划错了，予以改正。他们说在这个改正书上可以留言，我留了这样一句话：“希望中国今后不再发生类似的事件了！”这是我的肺腑之言。

万：这句话我很认同，“反右斗争”和“文化大革命”是民族之痛、民族之殇！

谭：因为我长期在生产第一线，对技术细节和待解的关键问题了解得比较清楚，即使在政治环境恶劣的情况下，也出了一些在铸造界有影响的成果。

“文化大革命”前夕曾参与了“09工程”（核潜艇研制工程，当时被称为“林副统帅亲自抓的项目”）的一点工作，接受了其中两项任务：一个是和上海材料研究所的阮崇武共同研制耐高压高锰无镍耐酸不锈钢仪表壳体，我在国内首次试用钛铁矿粉配制耐火涂料，铸成品很漂亮，这个项目完成得比较顺利。另一个项目是研制耐高压黄铜仪表壳体，这个项目有些曲折。最初，按照上海市热工仪表研究所设计的图纸，用黄铜铸造了仪表壳体，在某自动化仪表厂加工组装后送到了09工地，发现壳体全部开裂，这家仪表厂专门召开全厂大会查这件事，把我和热工仪表研究所那位姓金的技术员也找去了，我近前一看，表壳断裂处呈现一颗颗像糯米粒样的晶粒。当时，什么事都往阶级斗争上挂，我是“摘帽右派”，若被认为是破坏重点军工生产那还了得？又得扣上“现行反革命分子”帽子，说不定还得进大牢！那时，我已经成家生子，吓得手脚冰凉，于是赶紧去上海图书馆查资料寻找原因，终于在一位日本学者写的《铜及铜合金》一书中找到了答案：原来设计时选材有问题。因为黄铜含比较多的锌，如果承受巨大的拉应力，锌原子会迁移到晶界上去，导致开裂。于是，我未向任何领导汇报，悄悄建议那位姓金的技术员马上修改设计图纸，改用铝青铜，我们帮忙重铸。如此不仅可排除导致开裂的因素，还避免金技术员可能遭遇的政治灾难。我年纪轻轻就遭遇不公，深知政治灾难对于个人和家庭意味着什么。瞒着领导做的这件事，我从不后悔，至今引以为傲。

万：那时您多大年纪？

谭：未满 30 岁。

万：解决这个技术难题还需要有金属学理论的指导。

谭：是的，没有掌握金属学基础理论，就连技术资料也无从查起。设计修正之后，改用铝青铜铸造耐高压仪表壳体，和一位技艺很好的束炳元师傅配合，终于完成了任务。所以，我这个“摘帽右派”对中国研制核潜艇还做过一点贡献的，无形中还挽救了一个人的政治生命。

万：您还在熔模铸造方面有一些重要创新！

谭：中国搞熔模铸造最初是学“苏联老大哥”的。苏联用的制壳材料是水玻璃和石英砂、粉。石英这种晶体材料有缺点，加热到 573℃会产生相变，体积突然增大，会导致型壳变形和裂纹，降低型壳强度，而且长期吸入石英粉尘的工人可能患硅肺病。“文化大革命”期间我下放失蜡铸造车间劳动时，想尝试换一换材料，于是做足功课之后，申请到江苏宜兴去看看有什么材料可以替代。宜兴是“陶都”，我在宜兴丁山镇亲戚陪同下考察了一些陶瓷厂，发现每个厂周边都有堆积如山的废匣钵。匣钵是用耐火材料制成的，瓷器成形后是装在匣钵中装窑烧制的。当时我就想，匣钵用的是硅酸铝系材料，在烧制陶瓷的窑炉中反复使用反复高温焙烧，体积变化既小又稳定，把废匣钵制成的砂、粉，应该是替代石英的好材料。我向陶瓷厂要了一批废匣钵回去破碎后试制型壳，一举成功。匣钵砂既容易获取，又便宜，做成的型壳浇铸出来的铸件清晰完整，而且避免石英粉尘危害工人的健康。于是，匣钵砂在南方缺少硅酸铝矿的熔模铸造企业广泛应用，陶瓷厂也“变废为宝”，带来经济效益。当然，在当时的政治氛围下，我没有获得任何物质和精神上的奖励。

万：这是功德无量的一项工艺创新。

谭：1975 年，我在《铸工》杂志上发表了《匣钵砂在熔模铸造制壳中的应用》一文。第二年我在俄文杂志《铸造生产》上看到了苏联也采用硅酸盐材料替代石英粉的文章，比我们晚了一年。

万：您在熔模铸造方面还有哪些创新？

谭：我和上海内燃机研究所雷大瑛工程师还有一个革新。原来水玻璃硬化剂用的是氯化铵水溶液，在硬化过程中产生十分刺眼的氨气，影响工人的健康，厂房里的钢结构也会被严重腐蚀。我们用结晶氯化铝代替氯化铵，所用的原料是加工铝器件产生的铝屑，泡在盐酸里便产生结晶氯化铝，这项革新不仅不再产生氨气，而且硬化后的水玻璃壳强度也提高了。

万：用匣钵砂代替石英，用氯化铝代替氯化铵这两项革新意义很大，听说被编入《特种铸造手册》。

谭：是的，当时这些在国内还是首创。这两项成果使我和上海仪表铸锻厂在铸造界和高校相关专业的教师和技术人员中留下了印象。我在“夹着尾巴做人”期间做出的业绩被铸造界普遍认可，亦自感欣慰。“文化大革命”后期，我被邀请赴大连和广州参加《特种铸造手册》和《铸造手册》的审稿会，在当时也算是特殊待遇吧。

万：陶瓷型铸造也是您在我国工厂里首先试制成功的？

谭：陶瓷型铸造是20世纪50年代英国肖氏兄弟发明的，申请过专利，就叫肖氏法（Show’s Process），后来苏联叫陶瓷型铸造，沈阳铸造研究所和我们也都称之为陶瓷型铸造。

砂型铸造适合铸厚壁大件，但是铸出来的器物表面比较粗糙，难以精准地复制出模型表面纹理状态；失蜡法比较适合做空间复杂的薄壁铸件，但做厚大件时，容易变形。陶瓷型铸造则可避免两者的缺点。由于陶瓷型铸造技术有独特的作用，当年在模具成形和精密铸造大件方面可以快捷提供少无切屑金属毛坯，是金属成形中的一项重要新工艺。

通过参与“09工程”的研制，我认识了阮崇武，他当时是上海材料研究所副所长。“文化大革命”期间阮崇武进了“五七干校”，从干校出来后放到上海市科技交流站（“文化大革命”时上海科协改为此名）任国内交流组组长。阮崇武是在苏联学铸造的留学生，从沈阳铸造研究所过来的，他很关注陶瓷型铸造。当得知我和工人师傅陈忠义、徐惠康、茹爱凤合作研究陶瓷型铸造成功，并且用陶瓷型铸造热锻钢模具、15吨卡车引擎盖大型冲压模、塑料花模、铍青铜模具、30万千瓦火力发电站鼓风机叶片和陶瓷型—低压铸造铝合金封闭式叶轮等一系列产品的时候，他兴奋地告诉沈阳铸造研究所。于是，国内最早研究陶瓷型铸造的沈阳铸造研究所派了周静一等三位同行来上海仪表铸锻厂共同工作了一段时间，技术又有了提高。国内多家企业和研究所也相继试验成功陶瓷型铸造。

万：您虽然身处逆境，生活艰难，但照样奋力前行。俗话说“是金子总会发光的”，您的智商、知商、情商和责任心达到一定高度，放到哪里都能做出成绩。

谭：我父亲有一个性格特点：身处任何逆境，始终埋头于学问，做自己感兴趣的事，以此来绕开、回避烦恼或愤慨，我多少有一些这方面的基因吧。

1973 年，由阮崇武组稿（实际上是主编），我是主要执笔者，由多家企业参与编写的《陶瓷型精密铸造》由上海人民出版社出版（“文化大革命”期间，上海各家出版社都合并成一家出版社）。“文化大革命”时期出这种科技类著作是少有的，没有署我的名字，也没有阮崇武的名字，只有企业和单位的名称。

万：“文化大革命”期间科研成果大都用集体署名，发表的文章开始还要有一段“最高指示”。屠呦呦萃取青蒿素的成果也是署集体的名、单位的名，个人的作用被掩盖了。

谭：这本著作在境外也产生了一定影响。

万：这说明真正的科学技术会不胫而走，只要有需求，科学技术传播是不可阻挡的。请您详细说一说。

谭：20 世纪 90 年代初，海峡两岸交流刚开始，上海工业大学一位姓徐的教授到台湾探亲，高雄的台湾工业研究院一名研究陶瓷型铸造的博士生告诉他，曾在西德买到了《陶瓷型精密铸造》这本书。当时大陆的书籍禁止入台，他担心惹出麻烦，把书的封面和有“最高指示”的扉页撕掉才带回台湾。那位博士生问徐教授这本书是上海仪表铸锻厂谁写的，徐教授说是谭德睿。博士生问能不能引荐一下，徐说没问题，那位博士生很快就到上海来了，我把工艺中的细节、诀窍，连材料配方统统都告诉了那位博士，那时我们还没有知识产权意识。

万：后来您申请过专利没有？

谭：没有，当时我们一点市场经济的观念都没有。对台湾同行的求教倍感亲切，于是和盘托出。

万：“透光镜”研究是什么时候开展的？您是如何走进中国青铜技术和艺术铸造研究领域的？

谭：1967 年，周恩来总理到上海博物馆视察，时任上海博物馆陈列部主任的马承源向总理展示了一面西汉铜镜。这面铜镜很特别，光线照到镜面投影到墙上原本应该是一片光，可是这面镜子把镜背的花纹都映到墙上了。北宋沈括在《梦溪笔谈》里专门讲到这种现象，给镜子取名“透光镜”。周恩来看了后很感兴趣，指示要研究透光镜的“透光”原理。“文化大革命”期间要正式申报课题做这项研究是不可能的，马承源向我、阮崇武求助，由阮崇武组织了一个没有立项、没有课题、没有经费的“三无”松散科研联合体，由复旦大学光学系、上海交通大学铸造教研室和力学教研室，以及上海仪表铸锻厂陶瓷型铸造组感兴趣的专家组成，各自发挥所长，一起合作研究“透光镜”。阮崇武实际上起着课题负责人的作用，还光着膀子和上海仪表铸锻厂工人一同浇铜水，一同磨镜，一同抽低档的飞马牌香烟。

复旦大学光学系首先发现这面铜镜有 μ 级的微凸；上海交通大学的力学教研室发现这微凸是铸造残余应力造成的，当铜镜磨到足够薄的时候，铸造残余应力使得铜镜薄处形成微凸，而厚处保持平坦，这些起伏不平与镜背纹饰的高低不平相对应，于是镜面反射光的投影正好是镜背的纹饰。在复旦大学和上海交通大学共同努力下，将“透光镜”的原理搞清楚了，上海仪表铸锻厂陶瓷型铸造组和上海交通大学铸造教研室在 1975 年都复原成功“透光镜”。研究成果在 1978 年首届全国科学大会上获奖,《光明日报》、上海《解放日报》还有通栏报道。这是集体研究的成果，若论课题负责人当属阮崇武，不过上海交通大学上报时只报了铸造教研室盛某某一个人，铸造教研室和力学教研室其他参与研制者均未上报，复旦大学光学系和上海仪表铸锻厂以及阮崇武更没写进去。

万：这是集体智慧的结晶，报奖应该把起关键作用的协作者也报上去。

谭：1984—1985 年，上海博物馆在美国 4 个城市巡展。中美双方签了一个协议，规定在每个巡展城市展览中提供介绍“透光镜”和喷水鱼洗纪录片一部，出售一面“透光镜”和一件喷水鱼洗复制品，这些“透光镜”和喷水鱼洗是我们把技术传授给企业做的，售价 1000 美金一件，在那个时候，可谓价格不菲。“透光镜”和喷水鱼洗的科教片是上海科教电影制片厂摄制的。喷水鱼洗通过激光全息照相发现，在每条鱼嘴处有一个共振波峰使水往上喷涌，可见是有意如此设计，智慧非凡。影片的技术指导是我，顾问是马承源。后来，透光镜的复制技术我们无偿地传给了好几个艺术铸造企业和手工艺者，分文不取。

1976 年，上海科学技术出版社出版了阮崇武和上海交通大学的力学专家毛增滇合作编写的《揭开透光镜的奥秘》这本著作，可以说是20世纪80年代与科技史有关的好书。据说时任上海市市长汪道涵还在书店里买了这本书。1976年世界科技史大会在日本召开，东道主在会上放了《魔镜》的科教电影，介绍日本在明治年间造出的这种镜子。

万：而我们先辈在2000年前的西汉就有了。

谭：后来日本也承认中国的“透光镜”比他们的“魔镜”早得多。

通过透光镜的研究我接触到了中国古代青铜器，发现老祖宗的铸造技艺真了不起：有的纹饰纤细峻深；有的壁薄如纸；有的结构极为复杂……这些青铜器有的现在做不了，或者虽然能做出来，也不如那时做得好。如今要靠压铸或者抽空形成负压，才能接近如此水平。我们的先辈是怎么做成的？真是不可思议，令人叹服，由此引起我对中国古代铸造技艺的强烈兴趣。

万：您逐渐发现自己喜欢上研究跟历史文化有关的古代铸造技艺了。

谭：是的！我想在工厂研究古代铸造是不现实的。1981年上海市经委通达仪表局下达给我一个科研任务——研制当时急需的电视机显像管的国产玻壳模，让我担任组长。我已无心恋战。这个时候有三个单位想要我，一个是上海交通大学分校，一个是上海材料研究所，还有一个就是上海博物馆。上海交通大学分校（现上海工程技术大学）的系总支书记（原来教过我铸钢课的老师）直接到上海市仪表局下属的上海仪表工业公司商调，仪表公司反问他：“为什么我们的工程师，你们要我们就给你们？”这样，上海交通大学分校便去不成了。剩下的两个单位我权衡了一番，到材料研究所只是给他们增加一份铸造技术力量，而去博物馆则可能做一番自己感兴趣并可以“开辟新领域”的事。

万：看来那时您的心已经到上海博物馆了。

谭：是的！当时，仪表局不愿意放技术骨干离开，而上海博物馆欢迎我去研究古代青铜技术。我与时任上海博物馆陈列部主任、著名青铜器学者马承源先生琢磨，由上海博物馆通过主管单位市文化局上报给市委宣传部，请市委宣传部直接向仪表局的上级管理部门——市经委要人，结果这条路走通了。我拿到上海市文化局的商调函之后，绕过仪表局科研处和仪表公司领导，径直到市仪表局人事处办好了调动手续，顺利地调到了上海博物馆。据说，此后仪表局规定，工程师以上技术人员的调动必须先经过科研处同意。

万：功夫不负有心人，博物馆这个平台更适合您发展。“海阔凭鱼跃，天高任鸟飞”，您终于如愿以偿了。

谭：办好调动手续的那一天正好是我的生日11月12日，1981年，时年45岁，正值“科学的春天”来临之际。

万：这一天成了您的吉日。

谭：确实如此。11月12日也是长我70岁的孙中山先生的诞辰，所以我的小名叫“中中”。

1981年，上海博物馆还在中汇大厦原址，那是中华人民共和国成立前杜月笙的中汇银行所在地。青铜器研究涉及的内容非常广泛，包括青铜器的形制、纹饰、铭文、历史、艺术、科技和社会文化功能，等等。我到了博物馆之后就做青铜器技术研究，在半地下室找了两间房做实验室，马承源把他以前研究的样品都给了这个实验室，我幸运地成了中国博物馆界第一个有专业实验室的研究青铜器技术的专家。

万：应该说上海博物馆的领导是有远见的。

谭：我是在研究“透光镜”的过程中认识馆长沈之瑜的，他是新四军老干部，是位忠厚的长者和学者，甲骨文专家。他和马承源找我搞青铜器技术研究没有找错人，因为我有两个方面的优势：一方面，我毕业于学风严谨的上海交通大学，又在工业系统干了20年，铸造技术底蕴比较深厚；另一方面，我父亲的藏书丰富，从小耳濡目染，阅读古文献的能力比一般理工科出身的强。此外，我在美学方面还有点天分，中学时期就是校美术组长，这对我从研究青铜器进而衍生出研究艺术铸造、创立艺术铸造这门交叉学科是顺理成章的事情。

万：艺术铸造与美学和美术的关系蛮大的，一是知道怎样把作品弄得很有创意，做得很美；二是空间概念比较好，懂得设计和制造。

谭：在我之前做古代青铜技术研究卓有成效者当推华觉明、万家保二位先生，他们二位也都是学铸造出身，学养深厚。中国科学院华觉明先生对文献、传统工艺和模拟试验的重视，以及台湾“中央研究院”万家保先生（做了不少李济先生带到台湾的殷墟青铜器样品研究，出了一些很好的研究报告）的研究视角和方法，都使我受益匪浅。所以，我到上海博物馆之后，先做几件研究前的准备工作：①通读古今中外文献；②古铸造遗址考察；③传统铸造工艺调查。

不久，开始选择研究对象，我首先想到的研究对象有三个：一个是铜镜水银沁表面是怎么形成的？第二个是越王勾践剑表面菱形纹饰到底是什么东西？第三个是陶范铸造问题。当时，上海博物馆水银沁铜镜残片比较多，样品可取，我就从水银沁研究开始，博物馆也给了一点经费。

所谓水银沁，是指古铜镜镜面呈现白亮色泽、光可鉴人、千年不锈的表面，究竟为何物，如何形成，确实令人迷惑。我首先梳理关于水银沁的文献，发现此前国内外学者关于水银沁成因的看法有多种：①文物学家史树青在《文物》杂志上发表文章说，水银沁由铅粉形成；②《天工开物》说，"唐开元宫中镜，尽以白银与铜等分铸"；③水银沁是铜镜在凝固过程中锡反偏析形成；④古董商们还有一种说法，水银沁是铜镜中的水银渗析到镜面形成的，《天工开物》也说"开面成光，则水银附体而成"；⑤是镀锡或锡汞剂形成的；⑥还有铅汞剂、锡石、二氧化锡；等等。自《天工开物》以来，出现多种见解，莫衷一是。

我着手研究时首先找了老搭档上海材料研究所。先对水银沁铜镜的表面取样检测，结果是表面成分与铜镜其他部位的成分无异。这个检测结果当然不能接受，莫非取样太厚？采用的检测方法比较落后？材料所徐克熏高工（他已经作古了）建议到中国科学院上海有机化学研究所做俄歇电子能谱，做极表面检测。检测之后，发现最表面锡含量有一高峰。

万：说明先进的检测手段非常重要。

谭：分析显示，富锡层最表面已被氧化成透明而稳定的二氧化锡薄膜；薄膜里面是富锡层，锡含量有 62% 左右（镜体锡含量 25% 左右）；富锡层很薄，厚度只有 100 多纳米，与基体锡含量之间有个曲线过度，说明它们之间并非机械附着而是有扩散与融合。就是这薄薄的富锡层使镜面成为白色；富锡层的最表面受氧化形成透明耐腐蚀的二氧化锡薄膜，使镜面既白且亮、光可鉴人，并保护镜体千年不锈。这是突破性的发现，那些认为水银沁表面是什么铅、银、水银的推测都不用去考虑了，应集中研究表面富锡层是如何形成的。

万：这个检测结果可以写一篇很好的文章。

谭：如果是学理科的，到这儿似乎可以告一段落，可是我是工科出身，很想把它复制出来，而且要用古方古法做出来，才算得上完整的科技考古研究，才称得上挖掘、保护了传统工艺。我们开始试验在镜面上热镀锡和涂抹锡汞剂，也试验反偏析促使表面富锡，均告失败。西汉刘安的《淮南子·修务训》中关于磨铜镜有记载："明镜之始下型，蒙然未见形容，及其粉以玄锡，磨以白旃，鬓眉微毫，可得而察。""粉以玄锡，磨以白旃"这八个字，成为研究水银沁工艺的关键词。

万：玄锡怎么解释，白旃是怎么回事？

谭：为了搞清楚八个字的内涵，在明代笔记中找到一些关于"磨镜药"的记载，提到用锡、汞、枯矾、鹿角、熊胆等材料配制磨镜药，明代还有绘画磨镜图（类似走街串巷的磨剪刀），唐人小说也记载有"磨镜工"这个行当。

水银沁铜镜表面白亮层厚度只有100多纳米，使用中镜面容易磨损而露出镜体，照脸、化妆效果变差，就需要恢复白亮，于是"磨镜"这个行当应运而生。接着需要探究"磨镜药"。按照文献的提示，磨镜药应该是粉状的、玄色（黑色的）的。我们把文献提到的锡、水银、鹿角、枯矾（脱水明矾）等各种原料都找到，鹿角焙烧之后呈白色。锡与水银调和成的锡汞剂是膏状的，只有和枯矾灰（表面活性剂）、鹿角灰（吸附锡汞剂的载体，又是铜的软磨料）拌在一起碾碎，才成粉状，这种粉呈灰白色。

万：不是玄色（黑色）的？

谭：把这种磨镜药撒在毛毡上，摩擦镜面，大约磨10分钟，水银沁的效果就出来了，镜面已白亮可鉴。磨镜药中的锡由于与镜面的铜在介质汞的作用下产生了置换反应，锡进入镜面，被置换出来的铜进入磨镜药之中，很快氧化成玄色（黑色）了。

万：现在说起来很轻松，当时您和吴来明经过一年多的努力，反复做实验，失败了无数次之后，才得以成功。

谭：成功之后才知道"粉以玄锡，摩以白旃"是语言高度凝练的工艺过程。粉状锡汞剂用于磨镜之后变成玄色（黑色），用不完的粉下次还可以再用，古代文人不知究竟，看到的磨镜药呈黑色，就称之为玄锡了。回过头来看，水银沁研究符合科技考古的规范：文献研究、科学检测、仿制实验，一环接一环。最后将仿制品与文物的化学成分、金相及极表面做检测对比，完全对得上，这样课题算完成了。

万：中规中矩！这是科技考古的一个很好范例，可以进教材。

谭：利用现代科技手段，检测文物的成分，再查古今文献，然后做模拟实验，一项一项做下去。这种研究路线和方法，现在似乎已成为科技考古的正规路子。

万：但在当时掌握这种研究路线和方法的人还是凤毛麟角。

谭：解开水银沁铜镜千年不锈之谜，并按古法复原成功之后，这个项目得了文化部的科技成果一等奖，也是上海文化局系统的第一个科技成果一等奖。评价很高，一是学术水平高；二是研究的路子对；三是把东西按古法复原出来了。

万：那时文化部一等奖很不简单。实至名归！

谭：这种科技考古方法，华觉明先生比我做得早。

万：我知道最早他曾复制北京一位老师傅用失蜡法铸造的青铜卧佛，十分精美。

谭：他主持的曾侯乙编钟复制是很大的系统工程，很成功，水平极高。

在复制水银沁期间，马承源先生还交代我另一个任务——陶范研究。中国古代青铜纹饰为何精细、峻深，而且不少青铜器壁很薄，专家们发表了不少见解，普遍认为其原因不外乎“陶范透气性好”和“青铜中含铅增加了流动性”。我很怀疑：陶范像砖一样，透气性能好到哪里去？铅在改善流动性方面究竟能起多大作用，何况古代锡青铜并非铅含量都高。我想可能还有别的更重要的原因，这也是我想探究的。这个项目前后做了10年，马承源馆长觉得我们进度太慢。

万：慢工出细活嘛。

谭：的确如此，陶范铸造研究的过程，使我领会到科学研究大多不是一帆风顺、一蹴而就的。当然，这十年我还在做其他工作。

做这个项目之前，我到郑州、安阳殷墟、新郑、洛阳、侯马等著名商周铸造遗址采集了古陶范、古陶瓷和古砖的残片，以及陶范出土地之下的原生土，对它们分别做了化学成分、X射线衍射、透气率、比热、发气量、耐火度、热膨胀曲线、焙烧温度等分析检测，从中得出多项重要认识：①与现代铸造的砂型比较，古陶范的透气性很差，古代青铜器纹饰精细峻深、器薄如纸必有其他原因；②古陶范与当地原生土比较，其二氧化硅含量明显高于原生土，很有可能是人为添加物；③陶范经过焙烧，焙烧温度有上下限，但未达陶器的烧成温度，亦即陶范非陶；④古陶范与当地同时期的陶瓷、砖瓦成分明显有别，表明当时这些以泥土为主要原料的器物，已按用途不同有不同配方；……于是，我们也在原生土里加入二氧化硅——石英粉制陶范，并在干燥后的陶范上刻纹饰后焙烧，然后合范浇注青铜液，却没有一次成功——不仅纹饰出不来，连器壁也坑坑洼洼，铸造术语为“浇不足”。制一次范周期很长，如此反复试验出了一大堆废品，怎么办？试把各地古陶范嵌在试制的陶范内试铸，结果凡是有古陶范处纹饰清晰、表面光洁，新配制的陶范处缺陷依然如故，一塌糊涂，说明我们仍然未认清古陶范的组成！

毫无头绪之际，传统工艺调研发挥出关键性作用——一是仔细研读了阮崇武等于1959年出版的《泥型铸造》一书（这是作者20世纪50年代到无锡锅厂调查研究运用传统泥型铸造铁锅的著作，可以称之为研究中国传统冶铸工艺的经典之作）。二是我在苏州、常熟做的田野调查。一本书和一个田野调查，给了我至关重要的启示。原来无锡、苏州、常熟一带铸铁锅或者铸铜勺用的泥型，是用当地的泥，里面掺了稻壳灰，这是现代铸造的铸型中绝无仅有的。他们烧稻壳灰很讲究，要砌馒头窑，窑顶有孔，稻壳堆在窑中点火后，不能鼓风，不见明火，慢慢自燃，烧出来的稻壳灰呈白色，不是黑色。苏州民丰铁锅厂的工程师告诉我他们做过检测，这种白色稻壳灰化学成分是二氧化硅。我把稻壳灰拿到电子显微镜下观察，发现稻壳灰呈多孔性，属非晶态二氧化硅。稻壳灰不仅具备多孔性，有骨架，而且热物理性能——蓄热系数比石英晶体低得多。铸造原理告诉我们，金属液在铸型里的充填性和蓄热系数是成反比的。

万：而石英是晶体，而且是实心的，加热后会产生相变，导致体积突变。这里面有玄机。

谭：玄机就在于：我们错把化学成分分析报告中比原生土多的二氧化硅都误认为是石英了！若不做田野调查，就不知道泥型中加入的稻壳灰也属于二氧化硅，更不知道老祖宗有如此的大智慧，如此巧妙地解决了陶范的充型性问题！我们立即往原生土中加入稻壳灰，终于试成纹饰清晰、壁薄的青铜器。这种稻壳灰属于植物硅酸体的一种，我们与青岛海洋研究所研究植物硅酸体的专家合作，发现各地古陶范的泥土都加有烧成灰的植物硅酸体，有禾本的，也有木本的，都是就地取材用当地的植物烧成的，真了不起！经检测发现，性能最好的是晋国侯马铸造遗址的陶范，掺的是木炭灰。这些陶范充型好，做出来的青铜器纹饰精细、峻深。

万：你们按照古陶范的配料仿制了吗？

谭：我们按照古陶范配料和制作工艺，制作了一些代表性的青铜器，例如二里岗出土的爵、商晚期提梁卣（分铸法代表性器物）、鼎和觯，都很成功。这些都是聘请了曾经与我共事过的上海仪表铸锻厂退休师傅徐惠康共同完成的，他手艺很好。在这过程中还有一个很有意义的发现，即“焚失法”铸造。商代早中期青铜器的提梁很多是绳形的，麻花状，不见分范线，也确实无法分范。用的就是“焚失法”，麻花状或绳索状提梁的模型用的是可以焚烧成灰的绳索一类材料成形，其外制不需分范的整体陶范，焙烧之后模型成灰吹去，即可铸出无范线的绳索状提梁，我们也模拟铸成。“焚失法”的出现，表明在“失蜡法”出现之前，古人已具有制作整体陶范的需求和简单的办法，直至发明了更容易制作立体任意扭曲模型的蜡料，焚失法铸造方才被失蜡法取代。

万：你们的研究成果《侯马东周陶范的材料及其处理技术的研究》和《植物硅酸体及其在古代青铜器陶范制造中的应用》先后在 1986 年 4 月和 1993 年 6 月《考古》杂志上发表，特别是 1999 年 5 月在《考古学报》上发表《中国青铜时代陶范铸造技术研究》这篇论文，在中国考古界、铸造界产生了很大的影响。

谭：我获得文化部一等奖的水银沁铜镜研究成果，在我个人的心目中只排在第三位，我自认为排第一位的要数古陶范研究，因为这项研究揭示了中国古代青铜技术何以如此高超的主要技术原因——颇具科技内涵的陶范范料及其处理和制作技术。它对青铜文明的形成和发展具有奠基性的作用。不过，这项研究我没有报奖。

万：排在第二位的是什么？

谭：是弄清了 2500 年前古越国的越王勾践剑菱形纹饰是怎么做出来的，并按古法复原成功。

万：您为什么潜心研究越王勾践剑菱形纹饰？

谭：湖北省江陵县望山楚墓同时出土两把菱形纹饰青铜剑，一把没有铭文，一把有八个字鸟篆铭文。古文字学家唐兰先生考证出这八个字是“越王勾践自作用剑”，引起了国内外考古界的关注，而剑身精美的菱形纹饰则引起国内外科技考古界的兴趣。20 世纪 70 年代后期，经国家文物局批准，柯俊院士把越王勾践剑从湖北带到复旦大学做无损检测，进行质子 X 荧光非真空分析，检测报告说有黑色菱形纹饰处表面含硫，认为纹饰“处理时可能使用了硫化物”。参与检测的还有杨福家教授（后来是中国科学院院士，复旦大学校长）。报告还说菱形纹饰的黑色线条，不排除埋藏过程中表面氧化层受到硫化物污染所致，尚无足够证据确定是使用了硫化的办法。

万：检测报告还是相当严谨的。我在合肥中国科学技术大学参加第一次“实验室考古培训班”时，杨福家讲课也谈到越王勾践剑检测的经过。

谭：可是，后来有人对这个检测报告断章取义，强调“表面含硫”，说金属表面硫化处理是中国古代的一大发明，不提可能受了污染。到现在还有人抄来抄去。

1984 年我首次去美国访问时，拜访了 1979 年发表过研究菱形纹饰矛论文的华盛顿弗利尔美术馆（Freer Gallery）科学实验室的汤姆·齐思（Thom Chase）先生。齐思说旧金山亚洲艺术博物馆收藏有战国菱形纹饰青铜矛的残件，纹饰与勾践剑类似，他找加拿大多伦多大学冶金系富兰克林（Franklin）教授合作做剖面检测，结果是样品含铁，不含硫，明确指出这是铜剑受腐蚀形成的；认为中国当时可能发明了一种类似三氯化铁的腐蚀剂，所以纹饰是黑色的线条，并从人类学角度解释，当时吴越风俗“尚黑”，兵器上也饰黑色菱形纹；不过只是推测，并未做复原试验。中外学者对菱形纹饰为何物、如何形成的意见截然不同，均无定论。这引起了我的兴趣，正巧上海博物馆有菱形纹饰剑残段，马承源早就琢磨勾践剑菱形纹饰是怎么做的。20 世纪 90 年代初，我和廉海萍（在哈尔滨工业大学获硕士学位后来上海博物馆工作不久）决定利用这件残段做“东周铜兵器菱形纹饰技术研究”，北京科技大学韩汝玢教授也赠送给我们一块类似的残段供研究。这次上海市科委给了两万元。

万：那时候两万元科研经费也还算可以了。

谭：我们仍然找上海材料研究所合作。那时材料所没进什么新设备，表面检测没得出所以然来。后来求助宝钢研究所，宝钢钢研所副总工程师亲自操刀做了表面检测，发现表面富锡，含量在 40% 左右（兵器锡含量通常 20% 左右），而且是细晶（铜剑基体是粗大的树枝晶），与基体有扩散和渗透。细晶放大 1000 倍之后，一片白亮。我请教上海交通大学结晶学专家，他说这样的结晶生成条件是一定的化学成分和一定的冷却条件。我们按照这种启示，运用金属学理论，做了各种古人可能施行的材料和工艺试验。当锡含量高到一定程度的时候，锡青铜很脆，容易碎，很方便磨成粉末。把这种粉末用古代能找到的黏结剂——松香调成膏状，把它涂在剑的表面，然后将黑线条部分的膏状物刮去，放进炉中焙烧几分钟，富锡膏剂就熔融在剑的表面，从炉中拿出来一磨，就出现黄白相间的菱形纹饰，黄的就是刮掉膏剂的那一部分；

白的是有膏剂的部分，白亮白亮，比水银沁还要亮。黄白相间，闪闪发光，非常漂亮。我们复原所得试样的金相和化学成分与文物一致，证明我们的富锡工艺是古方古法，又挖掘出一种失传已久的传统工艺。

万：当时，贵族兴佩剑之风，这种菱形纹饰十分精美，高贵典雅，作为权力和财富的象征很般配。黄色部分怎么变黑的呢？

谭：这还要感谢柯俊先生和孙淑云教授。在这之前，孙淑云根据柯俊先生的提示做过“黑漆古”研究，发现“黑漆古”是铜镜长期埋在地下被腐殖酸腐蚀的结果，那么勾践剑菱形纹饰中的黑色线条，是不是也是被腐殖酸腐蚀的结果？湖北江陵发掘出土勾践剑的时候，确实都是浸泡在水里的，由于土壤中含腐殖酸，腐殖酸中含硫、铁等元素，所以菱形纹饰未受富锡层保护的青铜基体部分变黑毫不奇怪。为了证实这个成因，我们把试块浸泡在腐殖酸水溶液里，做了连续 380 多天的加速腐蚀实验，看到那试块表面黄色部分逐渐氧化变黑，白色部分也逐渐变成灰白无光泽。

万：您又成功地做出了一个漂亮的成果。

谭：我们的成果还未发，美国邀请函来了。1997 年萨克勒美术馆（Sackler Gallery）成立十周年，邀请我去作古代编钟铸造技术报告，同时哈佛大学人类学系有个国际冶金史会议，让我去做青铜剑菱形纹饰的研究报告。这个成果是我退休后上报给国家文物局的，虽然只得了二等奖，但它的影响远超过水银沁。后来，对勾践剑剑首的薄壁同心圆制作工艺也做了研究并且复原成功。

万：您对勾践剑情有独钟啊！

谭：因为我的祖籍是浙江嘉兴，我想越王勾践剑的研究与复原还是应该由浙江人来完成（笑声）。越王勾践剑铭文释读者唐兰先生也是嘉兴人，还是我父辈的嘉兴邻居，应长我一辈，我们两个浙江嘉兴人因缘巧合地先后从不同角度研究了越王勾践剑，也算一段佳话吧。

菱形纹饰剑我研究了 3 年，完满地复原出来了，这时古陶范研究也完成了。为此，上海博物馆马承源馆长于 1997 年专门主办了“中国古代青铜技术学术研讨会”，把当时做过相关研究的中外专家，包括华觉明、韩汝玢、孙淑云、汤姆·齐思等都请来了。会上我宣读了研究成果，展示了复原出来的青铜菱形纹饰剑，专家们认可我的结论。后来，在国内外也发表了研究成果。华先生则对陶范研究成果评价很高，说我们关于陶范的研究成果“具有总结性的意义”。

万：由于您的研究成果突出，所以被评为上海市劳动模范，还是首届上海市科技精英提名奖获得者。

谭：我在博物馆工作了20年之后退休，这是我科研生涯自由驰骋而且成果丰硕的20年。①我在中国博物馆系统创建了第一家古代金属技术实验室；②出了多项有学术价值的科研成果；③合作主编出版了我国第一部《艺术铸造》著作，古今中外的艺术铸造技术都写进去了，开创出艺术铸造这门新学科，提升了我国艺术铸造产业整体水平。

万：《艺术铸造》的出版使人们对您担任艺术铸造专业委员会会长及中国传统工艺研究会第二任会长十分折服。

谭：《艺术铸造》这本书于1996年出版之后，半年不到即告售罄，上海交通大学出版社加印之后，据说有的企业仍然买不到书，竟然复印后发给企业骨干，受欢迎到如此程度令我十分欣慰！ 这也要感谢当年为这本书提供资助的卢银涛先生，他策划制作了中国政府为庆祝联合国成立50周年的礼品“世纪宝鼎”，永久耸立在纽约联合国广场。艺术铸造的行业组织——中国艺术铸造专业委员会于20世纪90年代末成立，经过各企业奋发图强，目前中国艺术铸造产业的规模和产量已居世界之首，城市雕塑、室内摆饰、仿古青铜器，重达百余吨的铜钟、规模宏大的108枚编钟（中华和钟）、百余米高的铜佛，以及承包各国大型艺术铸造工程等，精彩纷呈，灿烂的中华青铜文明似乎在当代又开始辉煌起来。

万：您发表的论文超过百篇，出版了著作近十种，科研成果迭出。

谭：感觉很充实。

万：您退休后实际上也是退而不休，一直活跃在学术界，您对古代青铜技术的研究和艺术铸造领域的开拓创新，和您父亲当年耕耘历史地理处女地有异曲同工之妙。

谭：就学术成就而言，父亲做出了巨大贡献，我与父亲完全不在一个档次。老祖宗为我们留下极为丰富多彩的文化与科技遗产，作为深受中华文化熏陶，虽已耄耋之年但仍有血性的中国文化传承者，仍有必要挖掘、传承、研究、振兴中国传统工艺，持之以恒，永不停息。

万：最近您在做什么呢？

谭：前几年我和一家企业合作，又挖掘复原出一种失传已久的液态富锡工艺，可以在铜器上书写绘画，经处理之后白亮如银、永不变色，装饰性极强，已经开始应用在铜艺术品上。这也是成功挖掘、保护、研究、传承、振兴传统工艺的案例吧。我正在配合华觉明主编《图说中华铜文化》，图文并茂，规模比较大，可能还要出英文版，然后主编《吉金铸辉煌——铜的艺术铸造》一书，这是我欠中国科学技术出版社多年的文字债。年纪大了，虽这些工作是兴趣与责任之所在，但是工作效率明显低了。

万：最后还想问一句，有人否定中国先秦时期有失蜡法，您的态度如何？

谭：中国青铜时代有失蜡铸造技术是不争的事实，实例不胜枚举，近几年又出土了好几件精彩的先秦时期的失蜡铸件。凡是略懂当代和传统失蜡铸造技术者，都不会有任何怀疑，铸造界科技人员更不会怀疑。凡是不懂当代和传统失蜡铸造技艺，又对通过科学检测公布的结果视而不见或回避科学检测结果、更无法通过实验证明分块陶范可铸出这种三维立体透空形状的铸件的人，才会得出不科学的、哗众取宠的、毫无学术价值的“研究新进展”。

万：最近国家提出要振兴传统工艺，请谈谈您的看法。

谭：这是中央对传统工艺保护的战略性措施。我相信随着国家振兴传统工艺计划的出台，我国非物质文化遗产保护将进入前所未有的黄金期。我期待科技史界和传统工艺界年轻人，热爱中华优秀传统文化，甘于清贫，耐得寂寞，继承优良学术传统，通过不懈努力，一定会有收获！

万：谢谢您花了一整天和我详谈，祝您健康长寿！

谭：您也年逾古稀，辛苦了！

引入新学理　改造旧学科 *

——访范岱年

熊卫民 / 问，范岱年 / 答

编者按： 范岱年先生是著名科学哲学家、科学史家、翻译家。他于1926年生于浙江上虞，1948年毕业于浙江大学物理系，随即考上该系研究生，并加入中共地下党。1949年5月，到杭州军管会工作。1952年9月调入北京，历任中国科学院《科学通报》编辑室副主任，中国社会科学院哲学研究所自然辩证法研究室副主任，中国科学院自然辩证法通讯杂志社副社长、副主编、主编等职。他主要研究科学哲学和美国科技史，译校过恩格斯、爱因斯坦、海森伯的哲学论著，译校了物理学史、科学哲学、科学社会学等方面的大量著作，著有《科学哲学和科学史研究》《科学、哲学、社会和历史》等，与许良英合著有《科学和我国社会主义建设》，合作编译有《爱因斯坦文集》。虽长年身处逆境，他仍笔耕不辍，成了科学哲学、科学社会学等新学科的引入者、开创者和守门人，并对全国性的启蒙运动产生了深远影响。

2013年夏天，熊卫民博士开始撰写范岱年先生的传记，至2016年任务结束，共与范先生进行过数十次谈话。应本刊之邀，熊卫民博士将范先生访谈录的谈人说事，介绍科学哲学、科学史学科在中国发展的内容，整理成文赐予本刊发表。

---

* 收稿日期：2016-12-01。

作者简介：熊卫民（1974—　），男，湖南省南县人，中国科学技术大学科技史与科技考古系特任教授，中国科学院大学访问教授。范岱年（1926—　），男，浙江省绍兴市上虞区人，中国科学院科技战略咨询研究院研究员。

1 与西方科学哲学家的交往

熊：范先生，您不但见证了自然辩证法这个学科在中国的建立和发展，还是科学哲学这个学科进入中国的主要引介人之一。请谈谈您跟西方主要的科学哲学家的接触。

范：我见到的第一个主要的西方科学哲学家是费耶阿本德。那是1979年的事，杜维明陪我去的，我们和费耶阿本德一起吃了顿饭。当时“文化大革命”刚结束，我对“四人帮”批相对论等很反感。我跟费耶阿本德讲了“四人帮”批相对论的事，结果他反问相对论为什么不可以批？

美国有各种各样的思想。当时还有一个左派杂志叫作《科学为人民》，很左的。另外，我在哈佛大学听过来自加州大学伯克利分校的日本历史学家的一次讲演，他认为过去的历史都是西方中心主义的，应该完全重写。伯克利是很自由化的地方，有很多离经叛道的、颠覆性的观点，而哈佛大学很正统，所以像库恩这样的人，回不了哈佛大学哲学系，席文要回哈佛大学也不可能回得去。

熊：在美国时，您有没有跟库恩接触呢？

范：有。1990年夏天，科恩在普罗维登斯租了一套房子避暑，让我也坐船过去，到那儿住一个礼拜。我们去的时候，库恩夫妇正好也在那儿，我们还一起吃过晚饭。我跟科恩接触比较多，纪树立、金吾伦跟库恩接触较多。

熊：金吾伦在《科学革命的结构》的译后记里讲到库恩去看他。

范：他跟库恩交往较多，我跟科恩关系密切。1990年库恩的那次生日会我参加了。库恩这个人很腼腆。1990年，纪树立组织我们几个在波士顿的中国学者搞学术讨论，大家轮流讲，我讲梁启超，纪树立讲什么我记不得了。有一次请库恩讲，库恩很紧张，为了准备这个讲演，他一个礼拜都没有休息好。他不愿意一个人来讲，还让科恩陪他。讲完以后，他还要紧张一个礼拜。其实，我们也就是随便讲讲，而他很当一回事。他发表《科学革命的结构》后，受到很多批评，大概因此变得很紧张。

熊：在西方，比如说在美国，库恩的学术地位究竟如何？

范：他是哈佛大学毕业的，在普林斯顿大学教书，后来想回母校，但哈佛大学没有要他——哈佛大学的哲学系没有让他回去，他也没有到哈佛大学科学史系去。他就改到 MIT（麻省理工学院）做教授。在哈佛的主要是那些搞分析哲学的人，譬如蒯因，他是美国文理学院的院士。当然，库恩也有他的地位，他在美国科学哲学学会、科学史学会都当过主席。但是，也有一批人排斥他。我在波士顿大学听课，有一个叫希孟尼（Shimony）的教授，是学物理出身的，也搞科学哲学，他上课就批判库恩。好多人都批评库恩，但他的影响还是非常大，因为他提出常规科学、科学革命、不可通约性、科学共同体等概念，用历史的眼光来看待科学的发展，很多物理学家觉得物理学发展是这么一回事。他的《科学革命的结构》不厚，很多搞分析哲学的人就抠字眼跟他较真：你说不可通约，可科学还是有继承性什么的。

科恩对我影响很深。他在国际科学哲学界很有威望。《科学家传记》中“马克思”“恩格斯”这两个条目是请他写的，他引了很多文献，写得很好，这表明他也是马克思主义的权威。他希望在社会主义与资本主义之间，马克思主义与非马克思主义间架起桥梁，胸襟很开阔。1988 年我去美国是他邀请的。波士顿大学有一个科学哲学论坛，每礼拜一次，每次请一个人讲，然后吃一顿饭，吃饭自己掏钱。科恩对我们中国的访问学者很客气，不让我交钱，仍让我经常参加。回国之后，我一直和他交往，好几次我们中国的科学哲学会议我都请他当学术委员会主席，会议总结也请他来做。

进入 21 世纪后，我经常住美国，有时候到波士顿去看看科恩。有一次科恩送了我两本他们新出的关于尼采的文集。为了介绍这本书，2002 年，我写了一篇关于尼采的文章[①]。这篇书评出来后，许良英说：“尼采是个反动哲学家，你怎么写他，没意思。”许良英后来也批评李慎之。李慎之听说 BBC（英国广播公司）评选出的千年十大思想家里面有马克思和尼采，便也比较推崇尼采。许良英就写信给李慎之，说：“你怎么把尼采看那么高，罗素批评过他。”许良英还是老眼光，因为希特勒推崇尼采，就说尼采的哲学是法西斯哲学。但实际上并不是那么简单，鲁迅、郭沫若、沈雁冰等人也都很欣赏尼采，在俄国，列宁、托洛茨基也很看重尼采。

科恩晚年想把他所有的藏书（2 万余册）全部捐给中国。他跟我们商量，我们说还是捐给清华大学吧。后来，清华大学图书馆派了两个人到他那里，把书编了目再运回来。他也有个条件，他的书很系统，他不希望将其打散。他捐的书包括波士顿科学哲学丛书、维也纳科学哲学丛书等，还有很多期

---

① 范岱年. 尼采和科学哲学［M］//范岱年. 科学哲学和科学史研究. 北京：科学出版社，2006：73-82.

刊、好多画册。这些书要买的话，花几百万美元都买不下来。2007年，我发表了一篇文章专门介绍他[①]。

熊：尼采的作品不少，不同的人能读到不同的东西。一方面，他确实是很深刻的；另一方面，他的学说为法西斯所用也确有其事。

范：现在对尼采研究很多。我读了尼采的文集后，觉得他有一个思想还是很好的，就是不要迷信科学，虽然科学起了很大的作用，但是不要迷信它。科学经常运用还原论（简化论），而尼采说什么原子、电子，都是谎言，把自然数学化后，它跟真实有距离。科学可以为善也可以为恶，不要唯科学主义。他是批科学主义的。那个时候吴国盛等人批科学主义，龚育之、何祚庥捍卫科学主义。我后来就介绍了尼采的观点，说唯科学主义是应该批的。

在纽约期间，我还结识了一个叫巴比希（B. Babich）的女哲学家，她在纽约福德姆大学工作，学校离我们家很近。那本关于尼采的文集是她编的。她丈夫是斯特朗（Anna Louise Strong，1885—1970）的侄子。斯特朗到过延安，跟毛主席也有来往，她的墓在八宝山，我还拍了张照给她侄子。巴比希后来又编了一本关于诠释学科学哲学的文集。希伦是她的老师，在华盛顿大学当副校长，后来我与他联系，他把他的书都送给我。2003年，我写了一篇文章，介绍希伦的科学哲学。我先是研究库恩的历史学派，然后研究波普尔，再后又回来研究洪谦和逻辑经验论，再研究尼采，介绍希伦时我又搞了诠释学、现象学的科学哲学。

熊：希伦在中国的影响小点。

范：我大概是第一个向中国介绍希伦的，也没有多大影响，现在有几个硕士生、博士生在研究他，但是他的书也没有翻译出来。

熊：重要的是得到教科书编撰者的注意，有教科书介绍其思想。我之所以知道库恩，是因为看了江天骥的《科学哲学导论》里的介绍，然后再根据这个线索再去找库恩的原文来读。我对教科书介绍过的那几位科学哲学家，像波普尔、库恩、拉卡托斯、费耶阿本德印象很深，别的人了解的就少了。所以说，不仅要有好的想法，还要好的想法被编进教科书里。

范：你说的这几个人是科学哲学界的标志性的人物。而希伦和罗伯特·科恩这些人没有进入教科书，因为他们的著作没有那么大的影响。

① 范岱年．杰出的科学哲学家罗伯特·科恩与中国［M］//江晓原，刘兵．我们的科学文化——阳光下的民科．上海：华东师范大学出版社，2007：9-17.

熊：您接触过波普尔、索罗斯、拉卡托斯没有呢？

范：我没有见过波普尔本人，查汝强有一次到伦敦去见过他。洪谦可能也见过他。但我在希腊开会的时候见过波普尔的学生沃特金斯和穆斯格雷夫。索罗斯我见过。有一次在武汉召开的波普尔会议，他来参加，我们在北京饭店见面，因为股市突然出了问题，他后来没有去武汉。拉卡托斯去世得早，那次我到希腊开会时，拉卡托斯已经去世了。他很聪明。

2　关于洪谦

熊：中国最早的科学哲学家是不是洪谦？

范：王星拱[①]比他还早。但洪谦是最早介绍维也纳学派哲学的。1991年回国后，我常去看洪谦，跟他交往比较多。科学哲学的发展受20世纪30年代的维也纳学派的影响很大。洪谦是“维也纳学派”领袖石里克的学生，石里克被刺杀后，他回到中国，宣传介绍维也纳哲学。那时候他很活跃，还跟冯友兰辩论。他写的文章后来变成一本小册子——《维也纳学派哲学》。

1949年后，维也纳学派的逻辑经验论被说成是为美帝国主义服务的反动哲学。洪谦本来是燕京大学哲学系主任，1952年院系调整燕京大学被撤销，他成了北京大学哲学系西方哲学教研室的主任，但不能再教维也纳学派的哲学，也基本不能带学生了，他就编了好几套哲学史的文献，有古希腊、古罗马、法国、德国的哲学。对逻辑经验论他也有介绍，但那是作为批判材料介绍的。他一直很受打压，许良英对他也不尊重。1956年搞自然辩证法十二年规划时，根本就没有提到维也纳学派，这是那个规划的一个大缺点。当时主张用马克思主义来批判自然科学，还说要总结，其实并没有总结什么。

改革开放以后，洪谦是哲学所的学术委员，我也是学术委员。那时候我正好翻译了贝尔的《当代西方社会科学》这本书。这本书很有趣，把20世纪前六十几年哲学社会科学的最重要的成就列了一个表，总共62项。中国就一项，毛泽东的“农民和游击队组织与政府”。苏联有两项，列宁的“一国建立社会主义”，还有苏联的计划经济。维也纳学派哲学是一项。有一次，我

---

①　王星拱（1887—1949），教育家、化学家和哲学家。1910年赴英国帝国理工学院留学，先入化学系攻读本科，后入研究院攻读硕士学位。1918年归国，历任北京大学化学系教授、北京大学总务长、安徽大学校长、武汉大学校长、中山大学校长等职，著有《科学方法论》（1920年）、《科学概论》（1930年）等。

在哲学所学术委员会的会议上介绍了这些情况，说维也纳学派哲学是20世纪重大哲学社会科学成就之一。洪谦很高兴，过来和我握手。后来，我们在《自然辩证法通讯》上介绍马赫等，洪谦也很高兴。我对洪谦一直很尊重。

在美国时候我跟洪谦通信，洪谦在一封信中说，回来一点自由都没有，劝我不要回来。后来，我还是回来了。回来了，我经常到他家去，他就把他的全部稿件，发表和没有发表的英文、德文原稿都给我。

1992年洪谦去世。我跟梁存秀、胡文耕很快就写了一篇悼念文章——很长的一篇有关他的评传。这时他的学生高宣扬在香港编辑出版了洪谦的一个文集[①]，不全，后来我跟梁存秀就把他的博士论文请人翻译了，编辑出版了一个更完整的文集[②]。我们编的这本文集，除了洪谦早年那本《维也纳学派哲学》[③]，那本书商务印书馆已经出单印本了，所以那本之外，其他的文章都有了。后来，北京大学又要出一个《洪谦选集》[④]，他的学生韩林合把我这本书拿去，再加上“维也纳学派”哲学，另外又加了一两篇文章，出了这本选集。其实，大部分工作都是我和梁存秀以前做的。

熊：洪谦是国内对哲学很有研究，研究非常深的人，一辈子的作品也就些文章。

范：他到晚年还想再写几篇文章。1991年香港的周柏乔写了一篇文章[⑤]，是对洪谦的评价。洪谦看了非常高兴，说：“我还有很多文章要写。”结果没有来得及写就去世了。

熊：德国海德格尔等人一辈子出了多少书啊？而洪谦……

范：洪谦1945年出了一本《维也纳学派哲学》，1949年之后他就基本不写文章了。在我们给他出的那本文集中，有一篇他的文章没有收录——1955年他批判卡尔纳普的文章，迫于政治压力，违心地给卡尔纳普扣了一些政治帽子。后来，他跟我讲，这篇文章不要收，所以我们就没有收。有一本西方哲学史，汪子嵩等在中华人民共和国成立之初编的，编者中本来是有洪潜（即洪谦）的名字的，1972年再版时[⑥]，去掉了洪潜。

---

① 洪谦. 逻辑经验主义论文集［M］. 香港：三联书店，1990.

② 洪谦. 论逻辑经验主义［M］. 北京：商务印书馆，1999.

③ 洪谦. 维也纳学派哲学［M］. 北京：商务印书馆，1989. 其余的都收集了.

④ 洪谦. 洪谦选集［M］. 长春：吉林人民出版社，2005.

⑤ 周柏乔. 洪谦教授的三篇文章和他的哲学见地［J］. 哲学研究，1992（4）：77-80.

⑥ 汪子嵩，张世英，任华，等. 欧洲哲学史简编［M］. 北京：人民出版社，1972.

熊：为什么把他的名字去掉？

范：可能也是后来洪谦不愿意加进去。这里对逻辑经验论是怎么讲的，是为帝国主义服务，为美帝国主义效劳的。洪谦肯定不愿意将自己的名字放在上面。1957年鸣放的时候洪谦写了一篇文章《不要害怕唯心主义》，这篇文章我也没有收。本来是要收的，洪谦的夫人反对。当时洪谦已经去世了，洪师母说这篇文章不要收，她怕出事。后来，韩林合编的时候，他就把这篇文章编了进去。1957年，哲学界有四个人受批判，金岳霖、洪谦、贺麟，还有一个人可能是郑昕。他们虽然没被划成右派，但也都挨了批。后来，洪谦就吓得一个字都不敢写了。

熊："批而不划"？是不是他夫人看了这篇文章心有余悸，过了几十年还害怕，所以就不主张收了？

范：洪谦在改革开放以后变得很活跃。他一到英国、奥地利就可以讲话了，心情非常舒畅，在国内他觉得很压抑。

熊：思想改造对冯友兰、金岳霖影响很大，使他们的思想有实质性的改变。洪谦有没有这种情况？

范：洪谦的思想变得少，不像冯友兰、金岳霖。最近我读了戴晴写的张东荪传，里面有一个场景：思想改造的时候，金岳霖去看望冯友兰，说冯的问题很严重，冯说我问题严重，然后二人抱头痛哭。① 金岳霖他们对毛泽东很佩服，佩服他真是把天下打下来了。当时，他们还觉得历史唯物论不错。

张东荪好像保留了自己的看法，所以1949年政协开会，他没有投毛泽东的票。另外是在政治上，他是希望跟美国建立关系，他反对"一面倒"。后来，他们全家因为那一张反对票而遭受沉重打击。1973年，张东荪去世。临死之前，他说，"我还是对的"。戴晴那本书没明说，他是讲自己哪里对了，是不要"一面倒"，要跟美国搞好关系对了，还是没有投毛泽东的票对了？张是有点独立思想的。

洪谦是张东荪晚年在朗润园住时一直"敢"跟他来往的少数人之一，不时过来"一起谈谈哲学"。"反右"以后，他就是不吭声，文章也不写了，专门搞资料，编逻辑经验论文集，作为"批判材料"。他也不说话，只是翻译出来放在那里。改革开放以后他就开始写文章了。

---

① 戴晴. 在如来佛掌中——张东荪和他的时代［Z］. 内部交流版，2008：396.

熊：您觉得他的水平到底怎么样？比如说可以跟石里克等维也纳学派里面的人可以相提并论吗？

范：有些人还不承认他是维也纳学派正式成员呢。当时他还是个学生，跟那些著名哲学家当然没法比。他的博士论文是《现代物理学中的因果性问题》，他说这篇文章还给海森伯看过。我读过这篇文章，没能看出作者有很高的水平。洪谦的作用在这里：他回国以后介绍维也纳学派哲学，接着他写文章，而且还跟冯友兰辩论，起了很大的作用。他回来就写了一本《维也纳学派哲学》，风头很盛的。当时，国际上出了两本谈维也纳学派的书，一本是英国艾耶尔的《语言、真理和逻辑》，长期被国际上作为逻辑经验论的基本教材；另一本就是洪谦的《维也纳学派哲学》，它于1945年出版，到新中国成立以后就不让印了（直到1989年才重新出版），其影响有限。你想想，1945年到1949年，有几个人看哲学呢？

熊：您觉得他这个人看问题敏锐、深刻吗？

范：他本来是一个左派，他在抗战胜利后去英国访问，还跟共产党员王炳南等很熟，他在英国宣传毛泽东的新民主主义论，国民党的教育部次长杭立武知道了让他回来。那个时候他是亲共的，中华人民共和国成立后王炳南还曾经想让他到外交部去呢，但是他不愿意当官。是这样一个情况，他不是马克思主义者，但是他确实觉得国民党腐败，同情共产党。中华人民共和国成立后他想搞逻辑经验论，可逻辑经验论被称作是反动的，那个时候他心里是很压抑的。所以说思想改造时，在知识分子中他应该是偏左的。他以前可能比金岳霖、冯友兰更"左"一点。

熊：到20世纪七八十年代呢？

范：英国搞一个中英暑期哲学学院，请他当名誉院长。此学院每年在英国请几位中国有名的哲学家来上一个月课，用英文讲，用英文教材，讲完以后让同学用英文写心得，成绩最好的到英国去访问几个月。我当时很鼓励我的学生去，等于是留一次学，完全用英国的方式上课讨论，成绩好还可以出去一趟。后来，澳大利亚也参加了，美国也参加，现在变成中英澳美暑期学院。

英国人搞这个东西是什么意思呢？他们想用英国的分析哲学来改变中国人的思想，英国人的代表很明确地说出了这个意思，就是要用英国人的经验论的、分析的、理性的精神来影响中国人。

洪谦晚年重访欧洲，回来后写了一篇文章，对逻辑经验论作了反思。他觉得逻辑经验论哲学不具备完整的体系，它只有认识论和方法论，没有伦理学和美学。康德哲学包含三部分：纯粹理性批判是认识论，实践理性批判是讲伦理学，判断力批判是讲美学，一共三个方面。逻辑经验论只有认识论，所以这个哲学是不完整的。他说马克思主义辩证唯物论是认识论，但是它有历史唯物论，有价值观——共产主义。所以，洪谦晚年有这个想法，他觉得分析哲学是不够的。

熊：我觉得分析哲学在一定程度上是消灭了传统的哲学，传统哲学关注的很多问题它都不关心了，它提出取消形而上学。

范：它强调认识的真假，不考虑实践、善恶这些问题。后来的逻辑经验论者也有搞伦理学的，不过这个学派的主要精力不放在伦理上面。洪谦还有一个体会，他说中国没有分析哲学的土壤。

熊：是啊。分析哲学是十分较真的。

范：而中国人会说，你何必那么较真呢？

熊：传统中国没有真理的观念，是非观也不十分强。

范：不像分析哲学，一个一个概念死抠。

熊：所以，许良英先生这样的人在中国是异类。他是非常较真的人，一真到底。

范：他喜欢跟人辩论。他跟王若水也要辩，跟李慎之也要辩。王若水认为马克思主义有人道主义，他就说马克思主义里面没有人道主义。谢韬等人认为民主社会主义是马克思主义的最高成果，许良英认为民主社会主义不是马克思主义。

我1991年回来，1992年碰到洪谦去世。1992年在我国开了一次科学哲学的国际会议，主题是科学哲学中的实在论和反实在论，临时加了纪念洪谦的两篇文章，一篇是科恩的《忆洪谦》，另一篇是我在那个会议上关于洪谦生平的发言。

后来，1994年还专门开一次纪念洪谦的会议，主题是“维也纳学派与当代科学和哲学”，这是奥地利资助的，同时也是纪念洪谦的会。这两个会都是国际性的会议，都用英文作为会议语言，都把科恩请来当学术委员会主席，最后会议总结什么的都是让科恩来做的。为什么请他当学术委员会主席？虽然邱仁宗英文也好，但毕竟不是母语。第一次会议出了论文集——《科学哲学中的实在论和反实在论》，第二次会议文集好像没有出来。我写了一篇洪谦与钮拉特的文章，后来在《学人》第七辑（1995）中发表了。

3 关于江天骥、邱仁宗和张华夏

熊：您跟江天骥教授熟悉吗？

范：很熟悉。科学哲学的元老是洪谦，而江天骥也是在美国拿了科学哲学的硕士学位回来的。回来以后，他一直在武汉大学教科学哲学。

熊：难怪武汉大学的哲学系强呢。我在昆明西南联合大学纪念碑上看到过江天骥的名字。他是西南联合大学的学生，曾在抗战中从军。他是不是在抗战结束之后去留学美国的？

范：很可能是。他在中华人民共和国成立前归国。[①]1949年后，洪谦主要做翻译，基本上不教科学哲学了，而江天骥一直在教，所以改革开放以后，国家头一个科学哲学博士点就设在他那里。那时候国内做科学哲学的人不多，所以他的博士生答辩都让我去。他头一批博士生的答辩会就是我去主持的。另外，我们还在一起参加了好几个会。

熊：我读过他的《当代西方科学哲学》。

范：那本书还是不错的，清晰、简洁，没有什么废话。1987年，波普尔的学生索罗斯资助武汉大学召开一次纪念波普尔的会议，让牛顿·斯密斯（Newton Smith）和江天骥两个人来筹办，那次我去了，后来出了论文集 *Popper in China*（《波普尔在中国》）。而且索罗斯有个长期计划，这类会议两年一次，第一次讨论波普尔，第二次讨论库恩，而且想把库恩本人也请来。结果1989年，要举行第二次会议前，国内出事了。

熊：索罗斯来参加第一次会议了吗？

范：索罗斯来了，都到北京了，结果收到一个电报，说股市出了问题，又临时走了，最后没能到武汉参加会议。这次会议的论文集，序言是索罗斯

---

① 江天骥（1915—2006），哲学家、翻译家和哲学教育家。1942年毕业于西南联合大学外语系后投身抗战，1945年赴美国就读于科罗拉多大学研究生院，1947年获哲学硕士学位后回国，1948—1952年受聘武汉大学副教授。1952年因院系调整到北京大学工作，任副教授。1956年武汉大学重建哲学系后，他应聘回校任哲学系教授、现代外国哲学研究室主任。此后他一直在武汉大学工作至1998年退休。

写的，头一篇论文是我写的。我这篇文章发表以后，有一位意大利资深记者到中国来访问，他向接待方人民日报社提出，想跟我聊聊。因为我在这篇文章中说，改革开放以后，中国建设开放社会，不再搞以前那种乌托邦工程，而是搞波普尔所说的渐进工程，摸着石头过河，进步蛮大。与此同时，遇到的阻力也很大。像中国这么大的、有着几千年封建传统的国家，要建设一个开放、民主的现代社会，恐怕是一个长期的曲折过程。现在看来，“封建”这个词用得不太对，应该改用“专制”。因为，中国自周朝结束之后，就已经不再是封建制度，而是集权的郡县制了。

回到江天骥来，他确实是个学者，好像还不是党员，而武汉大学也一直很尊重他，所以，他在那里安安稳稳培养了不少科学哲学的学生。

熊：您跟他有私交吗？

范：没有多少私交，主要是工作上的关系。我和邱仁宗经常参加他的博士生答辩，我去得更多一点。而他也经常参加我们组织的科学哲学会议。

熊：你们这几位是中国科学哲学的元老。江天骥年龄更大一点？

范：嗯。另外，江天骥是科班出身，在国外受过正规的科学哲学训练，而我和邱仁宗都是半途出家，我先学物理，邱先学外文，后来搞自然辩证法，再从自然辩证法改行搞科学哲学。还有个夏基松，搞科学哲学也比较早。他的硕士生兰征后来到武大跟江天骥念博士。夏基松先在南京大学，后来又到浙江大学，但不太活跃，作品不多，也很少参加我们的科学哲学会议。相比而言，张华夏就活跃多了。他是我们的积极分子，每会必到，而且每次都愿意跟人争论。他是我的好朋友。

熊：也是最早一批做科学哲学的？

范：张华夏是中华人民共和国成立后毕业的。毕业后，他一直在高校从事科学哲学的教学与研究。退休后的20年，他继续对科学哲学进行了系统、深入的研究。在2015年，写出了《科学的结构——后逻辑经验主义的科学哲学探索》这部高水平的科学哲学著作，很令我敬佩。邱仁宗可能是地下党员，后来在协和医科大学做马列教研室政治教员，他原来是外文系的，后来研究医学哲学。“文化大革命”前为《研究通讯》写过好几篇关于医学哲学的文章。“文化大革命”时，他被打成“五一六分子”。“文化大革命”结束后，我当自然辩证法室副主任时，就把他拉到中国社会科学院哲学所自然辩证法室。自然辩证法界，他是比较有成就的。他在协和医科大学，又和卫生部一些领导关系比较好，所以他对国内医学方面的伦理问题很熟悉。做研究，一要有理论上的创见，一要掌握材料。邱仁宗掌握了材料，思维能力也强，外文也不错，所以，他和国际上交流很多，他在医学伦理、生命伦理方面的成果，很得国际同行的认可。

4 自然辩证法和科学哲学

熊：老的自然辩证法界跟科学哲学科班出身的人关系如何？

范：科班出身科学哲学学者没有几个人，就是洪谦、江天骥。至于他们的学生，因为我也搞科学哲学，所以他们论文答辩我都去了。兰征是中国的第一个科学哲学博士，毕业后先在中国人民大学教书，后被派到英国去做访问学者。接着，他通过我到波士顿大学去做访问学者。再后来，他就做生意去了。其实，他要是回国，还是有学术前途的。卢风也是江天骥的博士生，大概是1991年毕业的，那时江先生在美国，他们就由张教授代带，他们的博士论文答辩，也是我主持的。

熊：黄顺基呢？

范：黄顺基是许良英的学生。抗战期间，许良英曾到桂林中学去教书，黄顺基是他那时的学生。他一直在搞自然辩证法，没有转行。

熊：刘大椿呢？

范：刘大椿是黄顺基的学生。因为刘大椿是中国人民大学哲学系主任，又是国务院学位委员会的委员，所以很多人都看重他。《自然辩证法通讯》杂志编委会请他当副主任委员，《自然辩证法通讯》有好几位编辑是他的学生。山西大学成立科学技术哲学中心，也请他去兼职。

郭贵春是山西大学学科学哲学比较早的，后来出国访问，继续学习科学哲学，在英国时还结识了曹天予。再后来，他写了一本关于科学实在论的书，当上了山西大学校长。他投入不少资金，把山西大学的科学技术哲学专业建成了国家人文社科重点研究基地——科学技术哲学研究中心。我们还给他挂了科学哲学专业委员会副主任的头衔，但他很少来参加会议，因为他很忙。他们有博士学位授权点，还有个刊物。另外，他们也请人去，譬如请了张华夏、桂起权等到他那去做兼职教授。但是，他们似乎还没有出很高水平的成果，也没有培养出特别优秀的人才。不像武汉大学，江先生确实培养了不少人出来。2015年，山西大学翻译出版了十几卷《爱思唯尔科学哲学手册》，这是一项宏大的工程，是巨大的贡献。

应当说，在全国的高校里面，原本是武汉大学的科学哲学专业水平最高。江先生去世后，其地位有所下降，但还是相当强的。代表人物中，桂起权原来也是搞自然辩证法的，后来转到科学哲学。他很踏实，一直在那搞。现在当领导的是朱志方，他是江先生的博士生。武汉大学的训练，分析哲学的基本功是比较扎实的，因为江先生是国外回来的，他很重视科学哲学新的文献。山西大学的科学哲学是后来兴起的。

熊：是不是可以这么说，中国早期的科学哲学界，除洪谦、江天骥等少数科班出身者外，其他都是从自然辩证法转过去的？

范：还有一些搞逻辑的，特别是搞数理逻辑的。中国有一些很不错的逻辑学家，譬如金岳霖、沈有鼎、王浩。周礼全也很聪明，但由于一直在国内，所以成就不够高。

熊：逻辑界也有转到科学哲学方向去的吗？

范：国际上有一个国际科学史和科学哲学协会，然后它分成国际科学史学会，国际逻辑、方法论和科学哲学学会。中国逻辑学会和自然辩证法学会共同加入后者。所以上次意大利的会议，我是中国科学哲学界的特邀发言人，而周礼全的博士生王路则是中国逻辑学会的特邀发言人。逻辑学比较扎实、严谨，特别是数理逻辑。

5　关于龚育之

熊：自然辩证法本是一个有中国特色的学科。“文化大革命”过后，它扩展成一个“大口袋”或学科群。与此同时，你们还跟国际接轨，从国外引入了科学哲学、科学社会学等学科。这些学科的共同特点是，以科学、技术为研究对象，并因此而有不少相互交流。基本谈完科学哲学后，我想请您再谈谈整个科学技术研究领域的人和事。上次我们谈过于光远了①。今天谈谈龚育之吧。您和他的交往是不是也比较多？

范：在哲学研究所时，他是自然辩证法组的副组长，等于是我们的领

---

① 熊卫民. 于光远与自然辩证法在中国的发展——范岱年先生访谈录［J］. 科学文化评论，2015（2）：95-110. 为免和本书中谈及于光远的部分重复，就不收入此书了。

导。我编《自然辩证法通讯》时，每期的最后清样都要送他那里看。他对刊物很关心，经常有具体的意见。

熊：您对他是什么印象？

范：他比较严谨，不苟言笑，不像于光远那样亲切、随便。不知道他心里怎么想的，只是感觉他比较正统。后来，我"右派"改正了，当了通讯杂志社的副主编；他成了副部级干部，先后任中央党校副校长、中宣部副部长、中央文献研究室副主任等职。他在自然辩证法研究会内先后任副理事长、理事长，而我是常委，有时在一起开会，吃饭时会一起聊聊天。从聊天可以看出，他读书很多，很博学，很关心思想界的动态。让我印象很深的是，他肯定章诒和的《往事并不如烟》。他说："你可以不同意作者的每一个观点，但你不能不被作者独特的视角、细致的笔触、巧妙的剪裁和历史的沉思所吸引。"大陆在出版这本书时，把龚育之的评论放在推荐语的第一条。所以说，对于很多事情，龚育之都是知道的。他有一次跟我说，1989 年以后，他闲了一阵，他就研究邓小平的东西。后来邓小平南行，他写了一本书，介绍邓小平的南方谈话。人民日报社先把那本书作为学习文件发给大家，后来又把它收回。大概官方对他一会儿相信，一会儿又不相信。我估计，他内心是有很多想法的，但在行政体系里面，他只是笔杆子，起草文件时不能按自己的想法写。他写东西比较逻辑自洽些，不像有的人，写的东西自相矛盾。他是个很有才华的人，假如不受行政职务的牵累，专心致志做学问，肯定可以做出很多创造性的工作。

虽然龚育之和我交往并不深，但他对我的人生轨迹有重大影响。2007 年他因病去世后，我写过一篇回忆他的文章，发表在《自然辩证法研究》上。

6　科学史

熊：与科学哲学相关的学科中，科学史的历史比较悠久。从民国时起，李俨、钱宝琮、张子高、刘仙洲、钱临照、竺可桢、陈桢等科学家都做过一些科学史方面的工作。

范：这些老科学家都有良好的古文素养，在从事专业研究的同时，顺便研究一下自己学科在中国古代的发展历程，这是很自然的事。譬如钱临照对《墨经》中的光学、力学很熟悉，竺可桢对中国的气候史比较了解。这类东西一搞出来就是国际水平，因为外国没有做相关工作的人。抗战期间李约瑟到中国来，可能是受了这些人的影响，也开始研究中国古代科学技术史。中国的这些老科学家，偏向于挖掘史料，没有搞史学理论的。

熊：您也做过不少科学史方面的工作，主持《自然辩证法通讯》以来，更和科学史界有深入接触。我也希望您谈谈科学史界的人和事。不求系统，但求亲历。您跟自然科学史研究所的人联系多吗？

范：自然科学史研究所刚开始成立的时候，仓孝和是所长，他让我当研究所的学术委员（当了一两届）。然后成立科学史学会，钱临照是会长，我是学会常务理事。科学史所的研究人员中，我认识杜石然，和许良英、席泽宗、李佩珊、董光璧比较熟，与戴念祖有一些合作关系。后来的刘钝所长是中国科学院研究生院毕业的，对我挺不错，我把文章送给他主编的《科学文化评论》，他都照登。董光璧是北京大学物理系的，后来到自然辩证法研究会当干部，再后来到了科学史所。

熊：他的研究主题和方法跟自然科学史研究所的传统差别很大。

范：他胆子很大，人也很聪明。我约他在《自然辩证法通讯》写马赫。马赫这个人很了不起，既是力学家，又是哲学家，还实际是社会主义者。他崇尚社会主义，但与列宁主张暴力革命不一样，他主张通过工团主义来实现社会主义理想。结果列宁写书骂他，将他打成敌人。我想让董光璧写马赫的人物评传，给这样一个敏感人物恢复名誉。起初董光璧还有点担心，我鼓励他写。与此同时，我还请胡作玄来写罗素的评传。

熊：后来他们写出来了吗？

范：写出来了，都登了。我想给这些人平反、翻案。我自己写了梁启超。蔡元培是很重要的人物，我让刁培德写。蔡元培原为国民党左派，跟陈独秀关系挺好，陈独秀死后，他还写了悼念文章，但1927年国民党清党的时候他也参加了，为什么如此我一直没搞清楚。

7　关于许良英、戈革

熊：科学史家里面，与您交往得最久、最深，对您影响最大的，肯定是许良英先生了。他的个性和您的差别很大。

范：我不如许先生那么自信。许先生很执着，他搞什么，什么就是最重要的。搞物理时，物理第一；搞自然辩证法时，他想让中国的自然辩证法超越苏联；后来他到科学史所工作，就是科学史家，不再搞哲学了。

熊：戈革和许良英本来是很好的朋友。后来戈革不时在报纸上刺一下许良英，这是为什么？

范：戈革只要有机会就点许良英，不但点许良英，还点许良英的学生。“文化大革命”以前，他们两个人没有来往。“文化大革命”以后，戈革去看许良英，还送许良英礼物。后来，在几件事情上许良英把他得罪了。一件事情发生在杭州开物理学史会议期间。当时我可能不在国内，戈革、许良英、陈恒六等一起去的。戈革写了一篇批评爱因斯坦的文章，许良英说那篇文章不能发，不让他在会上讲，把他得罪了。争论的焦点是，许良英认为爱因斯坦是20世纪最伟大的科学家，戈革不同意，说最伟大的科学家不止一个，玻尔跟爱因斯坦相当，不能说爱因斯坦就比玻尔高。陈恒六评论说，好像是他研究谁谁就最伟大。

熊：戈先生是怎么批评爱因斯坦的呢？

范：他主要讲了玻尔和爱因斯坦长达30年的争论，现在看来玻尔更正确。

熊：这个观点是有依据的。戈革资历和许先生差不多，许先生能够压制戈革，不让他发言吗？

范：戈革资历浅一些，他毕业比我还晚，解放时还在念研究生。还有一件事也让戈革对许良英不满。《中国大百科全书·物理学》中有一个物理学史部分，由钱临照任主编，许良英任副主编，我是编委，戈革也是编委。戈革分工写“海森伯”的条目，他把海森伯（W. Heisenberg）狠批了一下，说他和法西斯合作等。钱临照可能觉得没必要把科学家骂得那么凶，就另外请复旦大学的王福山教授（他是海森伯的学生，直接在海森伯下面做过研究，但他对物理学史恐怕是没有戈革研究得深）写那个条目，把戈革那个条目给否了。这是钱临照和许良英决定的。戈革因此很生许良英的气。戈革这个人很自负，他写的东西是不能否定的。

熊：戈先生和许先生当面冲突了没有？

范：好像没有当面吵过，只是后来就不来往了。而且，戈革一有机会就刺许良英一下，但许良英不理他。戈革总觉得许良英压了他，一个是在杭州没有让他讲，一个是这个关于海森伯的条目不用他的。我不知道为什么不叫戈革讲那个文章。我当时没在场，何成钧去了。许先生劝戈革时，所用的理由可能是那篇文章观点有问题，发表出来后会挨批。

许良英这个人啊，他搞什么，就觉得什么东西重要。在浙江大学物理系的时候，他就将“科学至上，物理第一”写在实验室门口。王淦昌还表示过欣赏。后来，他搞马克思主义、自然辩证法了，又把这看得最重要。到科学史所后，他又突出科学史，不谈自然辩证法了。他搞现代科学史，搞西方的，认为自己所搞的东西很重要，看不起那些搞古代中国科技史的人。人家虽然主要是讲中国古代的成就，但搞了那么多年，搞出来的那些东西不管怎么样还是有价值的。

熊：许先生与许多人的冲突都是源于个性。他不够随和，不太能求同存异，导致很多无谓的冲突。

范：20 世纪 50 年代在中国科学院院部工作时，大家就都有点怕许良英，因为他不但是党员，还是党组很信任的人。他后来研究爱因斯坦，认为爱因斯坦是 20 世纪最伟大的科学家。

熊：而且，似乎别的研究爱因斯坦的人，都没有他研究得好。至少得让他看过、认可了才能发表。是不是戈革也有类似的问题？他研究玻尔，似乎也认为别的对玻尔的研究都没有他的好。批评玻尔是不行的，说玻尔好也不一定行，因为没他说得好。

范：文人相轻，是中国知识分子的一个弱点。爱因斯坦和玻尔争得那么厉害，都没有影响他们的友谊，彼此还是很尊重。爱因斯坦和玻恩交流时，有些话也说得很尖刻，像“我替你脸红”之类，但他们一直都有很深的友谊。

熊：我是这样想的，世界上有很多的问题，爱因斯坦能解决一些难题，别人也能解决另外一些问题。并不是能解决难题的人就能解决相对简单的问题。譬如，我的相机出了故障，相机维修站没读过什么书的小青年能修好，可爱因斯坦未必能修好。所以各人有各人的长处，虽然爱因斯坦很聪明，很伟大，但也不好说他就是最聪明、最伟大的，因为别的一些杰出的人也有其聪明、伟大之处。

范：后来物理学的主流肯定是量子力学。爱因斯坦的广义相对论很伟大，但他晚年搞统一场论就不成功，引力场和电场就是统一不起来。后来，实际上是弱相互作用力和电磁力先统一，至于万有引力和强、弱相互作用力的统一问题，到现在还没有解决。另外，从培养人才来讲，玻尔的功劳确实要大些，他在哥本哈根的研究所培养了多少人才！不过，玻尔的文章确实没有爱因斯坦的那么漂亮……

熊：那些人才是玻尔培养的吗？好多人都到玻尔那里去工作过，但他们未必是玻尔的研究生。量子理论起步于玻尔的原子模型，但后来的很多发展并不是玻尔做出来的。

范：所以，关洪对玻尔评价很低，说玻尔的互补原理根本不是物理的东西。好像量子理论后来的发展主要是海森伯、狄拉克等人做出的。我的文章也提了此事，同时，我也批评了关洪。玻尔的原子结构理论是非常了不起的，用经典量子论解释了原子结构、量子态等，而且用光谱的观测资料证明原子结构，这是非常了不起的工作。爱因斯坦说这是一个神韵，以前光谱那么复杂，结果他用原子结构理论、电子态的能级完整地解释了光谱……

要没有原子结构这个基础，量子力学根本不可能建立起来。后来，在洛克菲勒基金的支持下，玻尔研究所有这个条件——谁量子力学做出成就了就请去。海森伯和泡利这两位大将开始都是玻恩的学生，后来讨论量子力学都是到玻尔那里去。海森伯关键的那一步，是他跟玻尔两个人讨论了好久才搞出来的。另外一点就是，哥本哈根学派是玻尔领导的。尽管泡利、海森伯这些人都参加了索尔维会议，但跟爱因斯坦争论都是由玻尔出面，他们这些小喽啰跟在后面，玻尔胜利时他们就高兴得很。爱因斯坦提出了一个难题（光盒子的思想实验），玻尔当天解决不了，想了一晚上才解决，还用上了爱因斯坦的广义相对论中的引力红移，证明测不准关系是正确的。

玻尔提出原子结构理论，已经做出很大的成就，但原子中粒子的动力学（量子力学）还在摸索之中。他邀请一些青年才俊到自己的研究所访问，跟他们讨论问题。

说起许良英，我想起了20世纪50年代初我们还在杭州时的一件事。有一天，许良英和我们聚会。他说：从事地下工作时，我们这些地下党员是涸泽之鱼，相濡以沫，现在解放了，我们可以各奔东西，相忘于江湖，在不同地方、不同岗位各自干一番事业。没想到，命运把我和他紧紧地绑在一起，终身都是相濡以沫。许良英还说：他是个完美主义者，all or none，非全则无。他确实是这种个性，要么完全接受，要么全部拒绝，对理论如此，对人也是如此。这种个性，影响了他的一生。

融会中西话科技　贯通古今促研究 *

——访潘吉星

黄　兴，李　昂 / 问，潘吉星 / 答

编者按：潘吉星先生是著名的编辑家、科技史家。他于 1931 年 7 月生于辽宁北宁，1954 年毕业于大连理工大学。现任中国科学院自然科学史研究所研究员、国家古籍整理出版规划小组成员、国际科学史研究院（巴黎）通讯院士、中国科技大学研究生院兼职导师。曾任英国剑桥大学罗宾逊学院客座研究员、美国宾夕法尼亚大学文理学院客座教授、日本国京都大学人文科学研究所客座教授及同志社大学新岛讲座讲师、大连理工大学社会科学系兼职教授。先生用中外文发表学术专著 30 部、论文 170 余篇，如《中国造纸技术史稿》《天工开物校注与研究》《宋应星评传》《天工开物译注》《中外科学之交流》《中国造纸－印刷技术史》等，主编《李约瑟文集》。获中国图书荣誉奖 1 项、中国优秀自然科学图书一等奖 1 项、中国科学史优秀图书一等奖 3 项、国家首届古籍整理图书二等奖 1 项、中国优秀社会科学图书二等奖 1 项、辽宁省 1984—1986 年优秀图书奖 2 项、四川省近 20 年优秀图书银帆奖 1 项。先生以其惊人的学习能力，完成了《中国火药史》中涉及的近 10 种外文参考资料的翻译工作，先生的“初心”本是成为外交官，却阴差阳错的以化学作为起点，直至杖朝之年，仍潜心科技史的浩瀚学术之路，著书立说，孜孜不倦。近一年来，潘先生正在书写自传，

---

*　收稿日期：2016-12-26。

作者简介：黄兴（1981—　），男，河北省张家口市宣化区人，中国科学院自然科学史研究所助理研究员，研究方向：古代指南针，古代冶铁史，古代机械史，技术史仿真研究。李昂（1976—　），女，北京人，中国科学院自然科学史研究所副研究员，研究方向：生物学史。潘吉星（1931—　），男，辽宁省壮宁县人，中国科学院自然科学史研究所研究员，国际科学史研究院通讯院士。

目前已完成 20 万字，预计总共 30 余万字，每五年一个阶段，每个阶段 2 万字左右。让我们期待它的完成吧。

2016 年 10 月 19 日，应同所青年学者黄兴、李昂之请，先生带病在北京光华里的家中接受了访谈，对自己学术的兴趣侃侃而谈，将自己的研究经历娓娓道来。

黄：潘先生您好！喜逢自然科学史研究所成立六十周年大庆，所里希望多收集一些老前辈们的资料，听老前辈们讲讲往事；委派我们来采访您，我们感到非常荣幸，感谢您接受我们的采访。《自然科学史研究》上刊登过您讲治学方法的访谈；在《中国火药史》的发布会上，您也谈到了自己的学术经历。您的研究范围很宽，今天主要想请您再多谈一点。

潘：我这一辈子主要研究七个方向：造纸史、火药史、印刷史、指南针、中外交流、宋应星和天工开物、德国化学家肖莱马和他的著作；再有就是研究自然科学的哲学问题，就这几个方向。

1　中外交流与四大发明

黄：您为什么选择研究中西交流？当时是怎么想的？遇到过什么困难，又有哪些收获？

潘：我过去看到国内有些作品，都是讲中国科学受外国的各种影响，甚至就是传入的。我认为交流从来都是双向的，有来有往，有进有出。我就想反其道而行之。有的人专讲外国传入，甚至说中国古代无科学，比如冯友兰就有篇这样的文章，许良英先生也认为中国古代无科学。但是，李约瑟就不同意。科学首先要看怎么定义。随着本身的发展，它的内涵在不断扩大，方法和手段也在不断改善，不能用现代自然科学的精密来要求古代。现代数学、物理学和化学都是用一些符号来表示，不能要求古代也是这样的。这是不太可能的。古代有古代的特点和要求。近代自然科学兴起的特点之一就是数学化，用数学语言来表述自然规律，比如 $E=mc^2$。李约瑟认为古代科学是定性的，一直到达·芬奇时代、文艺复兴的时候，都是定性的。中国古代的科学一直停留在定性阶段，处于达·芬奇阶段，没有产生伽利略式的人物。

伽利略把物理现象数学化是基于两点，一个是理论思维、思想，再就是实验，他做了好多像比萨斜塔那样的实验。把实验数据结果整理出来，然后用数学语言来表示。天文也是这样，得观测。哥白尼提出《天体运行论》，对几大行星、日食、月食和小行星都做了系统观测。在前人观测数据的基础上，德国开普勒总结出行星运动定律①。这就把天文学革命推动起来了。这是近代的东西，古代有古代的形态。但物理学的绪论都是讲古希腊的亚里士多德、苏格拉底怎么说的，没有提到中国古人是怎么说的。这是过去毛泽东主席批判过的：有人言必称希腊罗马。

纸张也是中国发明的。怎么发明的呢？中国养蚕，出蚕丝。中国是丝绸的故乡，古代在丝绸上写字，但是丝绸很贵，老百姓用不起，只供上层人物使用。像过去贵族都用丝绸做大便纸，这都是有记载的。我有一个日本朋友专门收藏各国大便纸，有样品。阿拉伯人大便完以后在盆子里洗完用布擦，这些都很费事。中国用大便纸就很方便，擦完扔了就是了。纸是用植物纤维做的。比如麻，可以做麻绳、麻布。后来发现麻纤维可以造纸，旧麻衣服、麻布、麻鞋都可以做原料。后来需求量大了，麻纸供应量少，又发现树皮可以造纸，比如像安徽宣纸就是用檀皮来造的；后来又发现竹子也可以造纸。这样原料逐渐便宜，不断供应。所以，中国一直是世界上纸产量最大的国家，也是文明之邦。我国古代很多文献典籍都可以通过纸传递过来。咱们现在能看到先秦时代的著作，像老子的《道德经》，就是一代代靠纸保存下来的。所以说，全世界的文明，最后靠纸来维系，好多人的思想通过纸来传递，这样传播的速度就很快了。

在中国古代，先秦的数学、自然科学很发达，我们的星表、星图是很了不起的，“四大发明”也是这样。火药是很危险的，中国人非常勇敢，不知牺牲了多少人命，最后才把火药制服。硝石、硫黄、木炭单独甚至两种混在一起都不会爆炸，奇怪的是三种放在一起就很敏感，容易爆炸。怎样让爆炸随我所欲，炸别人而炸不到我？这就得有一套安全措施，总结出规律和办法。硝石含多少，硫黄含多少，木炭含多少，各起的作用是什么？不能说全是定性，也有定量。我国古代通过经验总结出规律，这难道不能算科学吗？比如说，想让火药起爆炸作用，适当增加硫的含量到20%左右；要想起燃烧作用，就增加硝石含量，这都是有比例的。西方国家早期做火药不懂配比，本来是想做一种燃烧的火药，结果硫黄加多了，爆炸了，炸死好多人。中国火

① 当然，开普勒是在第谷的数据基础上总结出来的。

药配方传到西方以后他们才会做火药。火器也很危险，放在桶子里，怎样能往外喷火，攻击敌人，都要有一定控制。保存状态也有关，早期的火药为了防爆炸，处于潮湿状态，加了好多植物油，把火药配成糨糊状态就比较安全，这种火药只能爆炸，不能燃烧，不能作为发射剂。作为发射剂，必须是固体，把水分、保湿剂去掉，这就很费劲了。做出湿的以后，再阴干，变成粉末状；后来知道颗粒要均匀，像小米粒大小，这种火药作为发射剂才能把炮弹推出去，甚至能喷火。这都是一步步的进步，西方早期不懂这个。所以，火药最早是在中国发明的。

我这人是民族主义特别强烈的。不能只说中国受外国影响。我从20世纪50年代起搞中外交流史，到现在，一直反其道而行，侧重研究中国对外国的影响。这是我的终身事业。后来写过一本书，你们看过没？

黄：我已经读了您的这本《中外科学技术交流史论》，内容非常丰富。

潘：本来还有很多内容，可以写200万字。编辑部说太厚了，没办法，就删了。搞交流最大的困难是要掌握多门外语和中外史料，了解中外历史，做中外比较研究。

李：研究中外交流需要比较强的语言能力。大家都知道您会的外语多，您上大学时学的是哪种外语？

潘：我是1950年考入东北工学院的，后来并入大连理工大学。刚开始学的英语，我记得很清楚，普通化学学的是戴明（H. G. Deming）的化学。有机化学是学J. Conent的，他是哈佛大学教授，他的有机化学是世界风行的。当时教我们的老师是从上海圣约翰大学请的，那是个教会学校，完全用英语讲课。有机化学老师苏企洵，他用汉语和英语两种语言讲课，有机化合物的命名都是用日内瓦命名法。我那时候做实验的报告是用英语写的。他的助教也都是从上海过来的，一开始完全是中华人民共和国成立前那套系统。1952年以后教学改革，成立了俄语教研室，学俄语的那些人把苏联那套化学教材翻译过来，又学苏联那一套。等到我大三的时候，1953年开始分专业了，就完全是苏联那一套。我在大学期间，学了英语、俄语两种语言。我在中学以前学的是日语，那时我在东北，东北还是日本的殖民地，从小学到中学，理科的教材全是日语。校长、教务长全是日本人。

李：您最好的外语是哪种？

潘：最好的外语是俄语，但使用最多的还是英语，起初准备到苏联留学，专门到俄语训练班学习，由俄国人教我们。全是用俄语讲话，看电影都没问题。原来是准备到列宁格勒大学（今圣彼得堡国立大学）学习高压乙炔化学，后来中苏关系恶化，列宁格勒大学对这个专业保密，不对外国开放，不让去。后来让我到远东的一个尼龙厂，我自己不想去，到那儿干吗呀。尼龙是美国发明的，已经在世界各地公开了，中国已能制造，各地都卖尼龙，我没去。之后，领导就发火了，培养你这么久，这么多人都退了，就留你们两人，让你去你还不去，那就到化工厂当工人。当完工人后，到北京化工学院当教员，因业余搞科学史又下放到农村劳动。

我和一个农民在北京一个黄土岗子上放几十只羊，每天吃着窝头咸菜凉开水，晚上烧油灯。放羊的时候，突然对达尔文进化论感兴趣，借了达尔文的书看了其中养羊的片段，里面讲了中国古代好多经验。从那儿回来后到图书馆查达尔文原著，研究中外交流就开始了。1959 年在《科学》杂志第 35 卷第4期上发表了一篇长文，讲中国文化在西方的传播和对达尔文的影响①。我考证达尔文引用了 100 多条中国古代的科学资料，包括达尔文引用了《本草纲目》哪一卷，达尔文怎么说的，李时珍怎么说的，进行对比，还有贾思勰的《齐民要术》等，以此证明他对中国古代科学资料的引用。达尔文从全世界范围内收集资料，包括给中国大使馆写信，到大英博物馆看《本草纲目》，从法文著作里查到好多资料，非常勤奋，登高望远，比同时代其他生物学家看得更高更远。

碰巧中国科学院副院长竺可桢也在这一期发表文章，我的长文引起了他的注意。他一向对科学史有兴趣，对生物学很关心，反复看了我的长文后，在日记中提道：他曾建议院生物学部主任童第周看潘吉星的文章，以改进对达尔文著作的翻译和注释。但不知“潘吉星是何许人也”。实际上我是他部下，中国科学院的实习研究员。严（敦杰）先生后来在我评职称的时候说，潘吉星 1959 年的时候就可以评副研了，这一篇就够了。所以，我放羊的收获也很大。抓住这个大题目后，便不断深入研究，扩大战果。

后来我为什么学法文，因为法国资料里有这些。1960 年自学法文，就是为了读这些资料。达尔文引用了法国 18 世纪的资料。后来我就把 18 世纪的资料弄出来翻译成中文。一个字一个字地查字典，查完后再把这些字综合起来的意思翻译过来。比如资料里说病羊一定要隔离开，否则一传染，圈里的

① 此文题为《中国文化的西渐及其对达尔文的影响——为纪念达尔文诞辰 150 周年及其〈物种起源〉发表 100 周年而作》。

羊都染病了。羊羔生下来后第一要保暖，不要冻死，第二给予营养，羊羔的时候注意身体成长，避免互相伤害，这是达尔文讲的。这些东西来自哪儿?中国古书,《齐民要术》里提到了。达尔文看的是法文资料，而有些法文资料是法国传教士在中国看了《齐民要术》后写的。证据确凿的是，法国人引用了《齐民要术》，达尔文引用了法国人。法国文献是18世纪的,《齐民要术》是6世纪的，是北魏的时候。

达尔文还提到有乌骨鸡，骨头是黑的，可养身治病。这让西方人感到很新鲜，鸡骨头怎么是黑的。实际上的确是这样，中药里有。我吃过，味道好，养身体。这就是很有力的证据。李时珍提在前边，达尔文提在后边。与《本草纲目》卷48对上了。再比如牡丹花，乃富贵之花，后来传到西方。西方关于牡丹的记载都是18—19世纪才出现。但是早在中国宋朝牡丹就成为国花了。这些东西很有意思。

黄：明代《本草纲目》是集大成者，在之前的唐宋有好几种本草。达尔文看的是《本草纲目》还是其他的本草?

潘：是《本草纲目》。我在大英图书馆档案中查到达尔文读《本草纲目》的证据，是懂中文的馆员替他翻译的，这事引起馆长的注意。我就感觉到搞我这一行必须懂法文，不然一窍不通。这样我就拼命地学。我常用的书《法汉合璧字典》，1891年（光绪十七年）出版，是中国第一部法汉字典，在北京和巴黎联合出版。作者是同文馆的法国教习。当时由时任钦差大臣直隶总督大学士肃毅伯李鸿章作序。研究18—19世纪中法交流看这个字典很有用。

我研究中外交流还有一个例子，就是关于王仁。王仁是汉高祖刘邦的后代，在汉朝覆灭后，皇族的人逃亡到朝鲜半岛改名换姓，姓王。王仁是南北朝时期的人，生活在公元5世纪，在朝鲜半岛已经传了好几代了。他在朝鲜半岛担任五经博士，后来在百济那儿受挤压逃到新罗，又到日本。日本应神天皇派了海军舰队武装保护，以礼相待，担任太子老师，随意出入皇宫教授《论语》，被称为日本文化之祖。他带了一套《论语》《千字文》教太子、贵族学汉字。儒家经典传到日本，日本才有了文化，那时还把造纸术也传过去了。日本天皇死了，两个皇子相互谦让，太子说自己无能，要传给他弟弟，都举中国的例子相互谦让。后来，弟弟为了把皇位让给哥哥，自杀了。哥哥即位后马上免除赋税，穿素服，把灾年度过。这是受王仁教育的影响，但是这个人在当代中国和日本书里一笔带过。2001年我考证两万字做了详细的调查，包括这个人的祖先，在朝鲜、日本分别干什么，影响，坟墓在哪儿。

韩国前总统金大中到日本访问，说这个人是韩国人，他要把韩国的无穷花[①]献给王仁。我建议中国派个人把王仁传到日本的《论语》摆出展览。当时的文化部孙家正部长给我打一个小时电话，说这个事得跟外交部联系，文化部没那么大权利，后来就没下文了。日中友好协会的会长宋健给我来封信，说不知我是旅日学人，相知恨晚，说我两万字的著作很重要[②]，这就证明王仁对日本影响之大，没有王仁，日本就没有汉字。

后来，在飞鸟时代圣德太子颁行的十六条宪法里，第一条“以和为贵”，这就是《论语》里讲的“以和为贵”。儒家思想进入日本古代宪法里。

日本承认受中国影响，跟韩国人不一样。韩国受中国影响不承认，说好多东西都是他们的。量雨计本来是乾隆年中国造，硬说是他们的；印刷术也说是他们的；甚至孔子也是韩国人。他们的民族主义偏激。我写完传记，写一写关于印刷术的文章，回应一下韩国。

黄：您为什么选“四大发明”这个研究方向？

潘：我大学专业是化学工程。造纸跟高分子化学有关，火药跟化学有关，这是我本行，功夫下得就多一些。李约瑟之所以在第5卷写了这么长，也是他书中最长的一卷，就是因为他是化学专业。鲁桂珍也是化学专业，她学营养化学。李约瑟是生物化学。不管怎样，都是化学出身。美国的席文也是化学出身。我主张搞科学史必须理工科毕业。历史系的人搞科技史有困难。因为他缺乏理工科的训练和知识。如果缺乏理工科的知识，就看不懂古书，没有专业知识分析不了。比如指南针，我不是物理专业，知识比较薄弱。

国际上像李约瑟这样的大家有不少物理出身的。库恩是，贝尔纳也是物理学家，是研究结晶的。俄罗斯有几个，如库得列夫米夫、瓦维洛夫，苏联科学院院长是物理学家。爱因斯坦、玻尔对物理学史研究不多。伯恩斯坦曾经请爱因斯坦看恩格斯的《自然辩证法》。爱因斯坦看了之后评价很低，说恩格斯这些内容在科学上全都过时了。比如电磁学，现在已经到了相对论了，恩格斯还停留在伽法尼的水平上；其他方面很多甚至还停留在牛顿那时候的水平上。因此，他不主张出版《自然辩证法》。第二国际的伯恩斯坦请爱因斯坦审稿，听了爱因斯坦的意见，恩格斯的这个手稿就没出版。一直到1924年，俄共（布）中央派人到荷兰看了恩格斯的手稿，把德文稿复印回来，出了个德俄对照本，发表了。这时候好多有见识的人就觉得恩格斯的手

① 即木槿，韩国国花。

② 指潘吉星先生在北大《国学研究》卷8发表的《王仁事迹与世系考》。

稿了不起。当时李约瑟读过德俄对照本，他自己很得意回忆此事。但美国吉里斯皮[①]给他扣红帽子，攻击李约瑟，说马克思主义科学史是不可信的；李约瑟是马克思主义者，所以李约瑟的书是不可信的。后来证明，爱因斯坦他是伟大的科学家和渺小的哲学家。马克思1863年的读书笔记讲很多技术史问题。马克思在手稿中提出科技是生产力的思想，特别重要。我读到后向上面打报告，建议全文译出并加译注。当时主管中央宣传口的耿飚将军批示由学部处理。中文版后来在1979年5月份赶在科学大会开幕前发表，由人民出版社出版。标明自然科学史研究所翻译，我们所立功了。没讲谁翻译的，其实是丘琴（1918—2006）老先生翻译的。我帮他作技术校订，并将俄文文献还原为英、德、法文。

李：丘琴是怎么来到咱们所的？

潘：当时所长是仓孝和，很有魄力。他来之前，所内翻译组全是俄文出身，缺乏懂西语的，仓孝和来后，我建议增加西语人才，与仓孝和的想法不谋而合。首先把刘祖慰、李天生调进来。这两个人是新华社的英文编辑，1957年被打成“右派”。仓孝和1979年把他们从农场里调出来。又把“中苏友协”的丘琴和蒋洪举调来。那时中国跟苏联已经闹翻了，“中苏友协”名存实亡。丘琴是张学良当校长的老东北大学俄文系毕业，是瞿秋白以后党内一流的俄文专家。他资格很老，俄文很棒，是俄语翻译界中数一数二的人物。咱们所有4个宝：刘祖慰、李天生、丘琴、蒋洪举。许良英也调来了。仓孝和对所内建设是有功劳的。刘祖慰来了以后，想把妻子调到北京来，就安心了，可是其妻喜欢上海，不喜欢北京。刘祖慰分居了多年后又回到上海。李天生留下来了，《自然科学史研究》英文提要都是他弄的，过去所里编了本《中国当代科学技术史》的书，刘祖慰和李天生翻译成英文，德国人又从英文翻译成德文。咱们的书论述精准，很早就被西方人吸收。所以他们的功劳都不小。

黄：钱临照院士复原司南的工作您了解吗？

潘：钱临照跟我说，郭沫若院长作为中国科学院访苏团团长，想把王振铎搞的司南的那个大勺子送给苏联作为礼物。但指向性不好，让他改良一下，通过物理的方法把磁性给加强。

黄：这件事情应该深究一下。

潘：中国科学技术大学张秉伦也知道这件事，但他去世了。不过，中国

① Charles C. Gillispie，普林斯顿大学科学史教授。

科学技术大学其他人也应该知道。李强不是搞科学史的，他是考古的。他把别人对王振铎工作的“误解”做了个纠正。指南针的问题得下功夫做一下。

黄：我研究指南针的时候也学习了您的著作中有关指南针发明及其在世界传播的章节。目前从实验结果来看，古代发明磁石指向器在技术方面没有丝毫问题，古代地磁条件下的指向性比现在还好；现有资料都不能构成否定；已有的迹象都指向当时是存在的。

潘：指南针的传播那部分我收集了好多新资料；指南针发明资料谈得少。指南针是个大问题。如果你把这个突破了，就是做出了重大贡献；将来再写本《中国指南针历史》就更好了。

2 宋应星与《天工开物》

黄：您当时研究宋应星出于什么想法？

潘：当时是看了薮内清的文章。他把《天工开物》翻译成日文，对宋应星评价很高。跟李约瑟一样，说宋应星可以和18世纪法国启蒙时期代表人物、百科全书派首领狄德罗相比，宋应星是中国的狄德罗，狄德罗是法国的宋应星。他那里边的确有很多中国科学文化的东西。比如插图，这个图后来被人们所忽略。看这一评价以后，再看狄德罗百科全书就了解了，里边很多科技内容方面来自中国。

我想外国人对中国这么热情，李约瑟对宋应星评价这么高，中国人更应该好好研究。一看到《天工开物》我就被插图吸引了，造竹纸跟现代造纸一样，采矿、冶金、车船跟20世纪60年代在农村看到的完全一样，还有水车、风箱也都一样，几乎没变化。

于是我有个想法，要把这个人事迹搞清楚。原来地质学家丁文江先生研究过宋应星。他主要是根据地方志，结果把这个人的祖先、前人和他本人事迹搞得一塌糊涂，张冠李戴。虽然都姓宋，实际上是他的旁系，也安到宋应星头上。此外，宋应星的生卒年，担任的职务，以及业绩，其他著作是否还有；明朝灭亡以后，宋应星对清朝什么态度。这些问题都没有解决。但当时丁文江的成果是唯一的文献，只能看他的。几十年来，没有人在这方面有什么突破，都是照抄。当时我就下决心，一定要有所突破。

怎么突破呢？我到他老家走一趟，调查他的情况。宋应星专门找最先进的地方去调查，养蚕去杭嘉湖，陶瓷去景德镇。我再把他到过的地方走一趟。根据他的足迹调查，农村城市都调查。专门研究土法传统生产，拍照做笔记，然后再查图书馆。有大量的新发现。

首先我到长沙，我会讲长沙话，在长沙师范学院图书馆查到他哥哥在崇祯年写的一个文集，里边提到他的家庭情况，讲得非常详细。宋应星是家中老三。所以他的出生年，一下子就清楚了。崇祯年这个版本非常珍贵。它比江西省图书馆藏的乾隆年本早100多年。他哥哥叫宋应昇，是个抗清派，明朝灭亡后服毒自杀殉国。宋应星本来也想殉国，但是有老母在世无人奉养，另有子弟无人当家。他就留在世上隐居。考证这人生卒年，我学到一个办法。吴晗先生告诉我，只要参加过科举考试，就可以推算出来。《中国文学家大词典》（1934）上，只要跟文学沾上边，生卒年就有。经调查和考证后，我把宋应星生卒年定于1587—1666年。

宋应星对奉新县周围土特产做了调查，《天工开物》好多都是奉新周围的。那里有早稻的优良品种，当地到现在还叫“浏阳早”；南方油榨，跟奉新的油榨完全一样。这样就证明他的图不是杜撰的，是根据调查画的。他曾经中了第三名举人，但是到北京考进士落榜了，第二次还是落榜；后来再进修，在江西白鹿洞书院专门补课，连续五次全失败了；最后他就下决心与功名进取一刀两断，专门研究国计民生的实学。

他把自己的书房叫“家食之问堂”，意为“在家研究工农技术”。同时写了一部政论集《野议》，发表对国家大事的看法，发出在野者的议论；对明朝封建社会的制度进行无情揭露批判，提出自己改革的意见，挽救国家命运，对教育制度、军政制度、用人制度和经济财政都有他的看法。有些见解很精彩。比如什么是财富，有人认为银钱、黄金白银是财富，一个国家富足，有更多金银才叫财富。西方也有这样的财富观。宋应星说国家财富不是金钱，国家并不缺少金钱，缺少的是工农业产品百货。没有粮食，金银再多没用，饥不可食寒不可衣。只有生产粮食、衣服、工具，国家才能有商业、贸易流通，才能积累财富。这个想法和18世纪英国亚当·斯密（Adam Smith）的国富论的观点几乎一样。亚当·斯密是在宋应星100多年以后。东方封建国家的和资本主义上升的国家财富观点上不谋而合，此外还有好多相同之处，这就了不起。

黄：您觉得《天工开物》中有什么错误吗？

潘：有，比如造纸部分，纸帘子图有错误。中国抄纸帘子是两个部件，一个是竹帘，可以活动，可以弯曲；一个是框架，不可拆分的。抄完纸以后，先把活动的帘子拿下来，把湿纸转移到另外的地方。框架放纸槽上。他那把框架和纸一起带走是错误的。另外，他说朝鲜造纸不用帘子，这是误传。

黄:《天工开物》插图中的冶铁炉的高径比、炉型有问题。另外冶金常用木扇，风箱少一些。《天工开物》里边全是风箱，没有木扇。所以，有些内容是否是宋应星听来的?

潘：对，风箱风力不太大，不够用，特别是对于大炉子。此外，关于火药部分讲得不好，很落后。火药成分没有提，火器画的图有问题。这是他最薄弱的一环。他没能看到同时代的茅元仪的《武备志》(1621 年)。他说因无财力购书，难免有遗漏。茅元仪出于将门，参考书很多。有的地方做得比较深入，比如养蚕，受达尔文高度评价。

黄：火器可能是出于保密的原因，没有接触到多少实物资料，也可能看到了但是没理解。

潘：板画靠宋应星画底稿，光凭说，画家是画不出的。比如说设备，炉子，他得有草图。实际上，我调查的时候就画过好多草图。画的草图都是粗线条，回来再回忆。这样必然就会有些不一样的地方。这些是我调查时画的草图(潘先生展示他的草图)。

李：您当时做调查的经费是怎么来的呢?

潘：我当时有三个任务，一是调查宋应星传记；二是提议成立了宋应星研究组，把《天工开物》翻译成白话文加注释，农业找农业专家，工业找工业专家，这个得要到各地落实交卷的时间；三是发掘新资料，除了《天工开物》，是否还有其他著作。把三件事一次完成可省经费，花钱不太多，正式列入所内财务预算中。当时立项我外出调查的原则是少花钱，多办事。

3 化学家肖莱马

李：请您给我们讲讲您眼中的化学家肖莱马。

潘：肖莱马很了不起，是马克思、恩格斯的战友，优秀的共产主义者、有机化学的奠基人，又红又专的典范。我在这个人的身上下了很多功夫。他是工人出身，跟我是同行，学有机化学。我对这个人崇拜得五体投地。他是第一个在大学里作为一门课讲化学哲学的，同时讲化学史，写了一本有机化学史的书，是马克思主义科学史经典著作。我翻译成中文出版了。

李：您最早接触到这个人是什么时候？

潘：1950年开始接触，从1932年出版的《自然辩证法》里看到绍莱美尔（肖莱马）。恩格斯对他评价很高，说肖莱马是马克思之下国际共产主义运动最著名的人物。我觉得他不得了，1960年开始收集肖莱马的资料。在北京图书馆帮助下，通过馆际互借从英联借到俄文书，从联邦德国得到德文本影本，用中国古书与英国交换英文书，又在《马克思全集》《通讯集》俄法文本中查得大量资料，尤其在曼彻斯特得到档案资料。

我对肖莱马喜欢得都成迷了。他是恩格斯和马克思之间的秘密联络员，在英国做教授。他是德国人，有一次回老家探亲，他有个弟弟被带到警察局审问，在家翻了半天没翻出什么，又到肖莱马住处搜查，查出他的一本英国护照。他为从事革命工作需要，几年前已加入英国国籍。德国警察发现了，为此与英国发生外交纠纷。马克思、恩格斯通信经常谈到他。一到寒暑假，他就到恩格斯或者马克思家里，共度假日。我写了两本《肖莱马传》，其中一本58万字，已经出版了。我还为他写了一本小人书，专门给儿童看。

李：肖莱马这些资料是从哪儿取到的？

潘：英国曼彻斯特大学的档案室，肖莱马后来是那儿的教授。那是我在李约瑟所访问的时候，我说要去，李约瑟认为希望不大，以前他们不开放的。李约瑟在剑桥的英籍朋友也去过，吃了个闭门羹。我事先准备好说辞怎么说动他们，说我从中国不远万里自费（确是自费）来到曼彻斯特大学。我已经给肖莱马写了一个传，打算再写个扩大版。经过我言辞恳切的请求，最后同意给我拿出一大箱子有关肖莱马的资料。我自费复印，中午顾不上休息，一直到晚上七点。除了这儿没有第二个有这么多资料的地方。我把肖莱马所有的资料一件不漏地都带回来了。

我做得比德国人还细，掌握的资料比德、俄人加在一起还多。这个传记写的难度比较大。我20世纪50年代学的德文大量都用上了。另外还有个立场问题。肖莱马的弟弟找了个化学家给他写传，但是站在资产阶级的立场上。这个传被恩格斯否定了。我写传完全按恩格斯的要求，我不是共产党人，但是我站在无产阶级的立场上写。德国统一社会党（即共产党）领导人昂纳克访华时候，赵紫阳总理将这本书作为礼物送给他。德国驻华大使给我的来信，我还保留着。

肖莱马很穷的，当选为英国皇家学会院士的时候，还拿助教的工资。我比较欣赏来自下层通过自己努力获得成就的人。我想树立这种榜样。英国法拉第，铁匠出身，最后当了皇家学会会员，封他贵族他不要。他发现电磁感应，是现在电器工业的心脏部分。宋应星是个未入流没有官职的中学教师，家里很穷，写了《天工开物》这个世界名著。我就要为此等人树碑立传，为他们受到的不公平待遇鸣不平。

4 与李约瑟、薮内清等人的交集

李：李约瑟对您的影响是不是很大？您是什么时候第一次见到他的？

潘：我受李约瑟影响很大，同样也受薮内清的影响。李约瑟甚至矫枉过正，比中国还中国，有时说过头。1972 年他来中国，我第一次与他相识并保持 20 多年的交往，谈各种学术问题。他一共来过 8 次，中华人民共和国成立前是在重庆，在英国大使馆当科学参赞。

黄：前几年外交部解密了一些自己形成的档案，里面记载了一些关于李约瑟的有趣的事情。您跟李约瑟都有哪些往来？

潘：我在 1979 年出版了一本书:《中国造纸技术史稿》。这是我研究造纸史一个总结性的著作。第二年翻译成日文，很畅销。那时候，李约瑟写《中国科学技术史》(Science and Civilization in China)，第五卷是化学卷，有造纸，火药，还有化学等，特别多。李约瑟不懂造纸，就委托他的科学合作者美国芝加哥大学钱存训教授写稿。钱是搞印刷的，造纸也不太懂，就给我来信，起草过程中向我问了好多问题。但是这些信被军宣队控制住了，我一封都没收到。影响了钱的写作进度，李约瑟很着急。

当时，各个单位有宣传队进驻。我在那时候是受批判的，罪状是替邓小平右倾翻案。邓小平刚出来，以江青为首的“四人帮”就批判他搞右倾回潮。下边有一批追随者，给邓小平翻案的。我们就属于其中之一。当时在哲学社会科学部，有 15 人贴大字报，揭露军宣队的不正之风。举个例子，军宣队进驻学部以后，他们的干部就把农村的老婆接过来住学部公房。但文学所大专家，杨绛，她的丈夫钱钟书，他们的房子下干校时交公了，回来以后没地方住了，挤在办公室一角内住，在楼道做饭就餐。后来我就想，这么大的专家，让人家挤住在办公室一角，于心何忍。所以，我们就给军宣队贴了大字报。一个单位署一个名。科技史就我署名了。周总理病重住院后，纪登奎派工军宣队进驻学部，我变成所内重点审查对象，隔离审查，关在小屋内失去自由，甚至我的小孩高烧 39℃不让回家。整天写检讨，交代怎样替邓小平翻案。1975 年 8 月邓小平出山后，把工军宣队从学部赶走，把我们解放出来。粉碎“四人帮”后，我从“反革命集团人员”一下子成为戴大红花的先进工作者，发生了戏剧性变化。

20 世纪 50 年代周总理接见过李约瑟，大部分是郭沫若陪同。陈毅也接见过一次。“文化大革命”后李约瑟来中国，中共中央政治局开会讨论，有国家主席李先念、中共中央总书记华国锋。我看过一个关于李约瑟来访的红头文件，李先念画圈了，其他几个副总理画圈了。李约瑟到中国来，享受正部级待遇，坐红旗牌轿车。另外，他想到哪儿一律放行，包括军事部门一律放行。李约瑟向有关部门含蓄反映他的合作者无法与大陆学者交流的情况。

1986 年李约瑟最后一次来华访问，我给胡耀邦总书记写信，建议由胡总书记接见，对李约瑟所建楼给予适当资助，成立班子加紧翻译他的著作，不能落在台湾后面，建议被采纳了。同年 11 月，胡耀邦总书记接见李约瑟的谈话，大约一个小时，我当时做记录。胡耀邦指出中国科学过去是落后了，现在要向西方学习才能赶上，希望年轻人向李约瑟学习，有实干精神。胡耀邦亲自对我说，回到北京按他的思想写篇文章在《人民日报》发表。我回去后按照胡总的意思马上写成文章送到人民日报社。人民日报社压住了，没发表。这段时间我找人为李翁画了个油画，在人民大会堂展出。作画的张庆涛是军旅画家，画面由我设计。李约瑟很高兴，把画放到了李约瑟研究所前厅。

李：薮内清是什么时候来的所里？

潘：薮内清先生与我在研究宋应星和《天工开物》方面有共同兴趣，后又都涉猎了印刷史，与我们通信不断，但他来得比较晚，2000 年，他相当于我现在这岁数。1943 年左右来过，到上海这一带。他对中国很友好，有个研究中国科学史的班子，并且出版了好多书。他又培养了一批年轻人，现在都成长起来了。他去世后也有接班人，接班人退休后又有接班人，一步步有序地进行。现在他那里的势头和水平比过去有所下降，后来的人需要成长嘛。

李约瑟没有接班人，甚至他本人没有后代。何丙郁后来继任李约瑟研究所所长，年龄大了[①]；接着是古克礼（Christopher Cullen），英国人，跟我特别

① 何丙郁已于 2014 年 10 月 18 日逝世。

熟，他的汉名就是我给起的。他原来是伦敦的中学教师，他们夫妻都学过汉语，他夫人是研究中国戏曲的，他是研究天文学的。他一直想到剑桥李约瑟那儿。李约瑟去世后，何丙郁把他请去了当副所长，后来他又当所长，现在岁数也不小了。

黄：古克礼现在也退休了。现在是梅建军教授担任所长。中国人在李约瑟研究所做负责人，对推动中国科技史的国际化发展是件好事情。就像您说的，不仅是国外科技传入中国，也是中国在影响世界。

潘：中国人到日本访问，薮内清很少请到家里去，杜石然和我是例外。薮内清在日本是偶像级的人物，1987 年我在日本时赶上他过生日，很多人参加祝贺，喊他万岁，是我亲耳听到的。他家离我的住处很近，我和席文夫妇也去过。

李：我看您后来跟叶笃庄还有些通信，研究达尔文的时候跟他有交流吗？

潘：有。这个人也了不起。他被打成“右派”后，在劳改农场翻译《物种起源》。他把他的床当成书桌。

李：您在哲学社会科学部的时候，跟哪些所的人有交往？

潘：与文学所杨绛、钱钟书都有交往。我在学部干校用法语唱国际歌，就是在他家学的，我们一起唱，心灵感到震撼。外文所、历史所也都有联系。吴世昌，研究红楼梦的，跟我长期通信。他与我谈起诺奖得主巴甫洛夫（I. P. Parlov）条件反射理论可能受中国影响。我还与历史所的谢国桢老先生有 20 多年的交往。考古所王世民、外文所德文专家张藜是我随时可以请教的老友。与考古所所长夏鼐先生也常见面，谈科学史。与民族所不少人有往来，如王森、热西地、吾守尔等专家。史金波对西夏印刷的研究也给予我不少启发。

5　对往事的回忆

李：“文化大革命”时，您在做什么？

潘：“文化大革命”时把中宣部说成是阎王殿，学部就是阎王分店。“文化大革命”前学部实际上受中宣部领导。对外讲中国科学院哲学社会科学部主任是郭沫若，实际上郭老只是挂名。学部的人不愿受中宣部掌控，因为总搞运动，一搞运动学部就是重点，让大部分人下去，参加社会主义教育运动，一去就是一年半载的，没有时间搞业务。当时的党支书对我特别“照顾”，每次社会主义运动、“四清”运动，都有我一个，一待就是七个月。跟农民同吃同住同劳动，在那儿干业务没门。我那会儿研究宋应星，刚弄到资料整理，马上下来搞运动。1965 年又把我弄到门头沟搞运动。结果没多久，“5·16 通知”下达，“文化大革命”开始了，一下子十年，业务全部停止。

“文化大革命”时又派工军宣队来占领学部，让“工人阶级领导一切”。那时候就搞这些运动，我们的宝贵时间全错过了，没有任何进展。这是所里一段不堪回首的历史。新买来的图书原封不动，干校回来多少年以后，连包都没打开，没有时间搞业务。

李：您下乡去的哪儿？

潘：北京通州两个农村、安徽寿县、河南息县农村。在河南息县，那个地方非常穷。搬到那儿以后，一穷二白，什么都没有。自己盖房子，自己种地种菜，一切靠自己来做。根本就谈不上业务了。所里几乎所有人都去了，只有少数人，包括徐进管图书的这批人，留京。研究所房子被人占了，只有图书馆图书还保留。

“文化大革命”十年不准看业务书，但我买了各种语录学外语，看红宝书总算无罪：英文语录，俄文语录，法文语录。但都是政治语言，没有科技语言。那时候每个人开口说话都得先来段语录。早请示晚汇报、吃饭排队都要念一段语录“千万不要忘记阶级斗争”，然后进食堂吃饭。军宣队说有个空军指挥员，完全用毛主席语录指挥空军战斗。这都是形式主义，学习语录变得庸俗化。当时也觉得好笑但是没人敢说，回家也得供着毛主席像，早请示晚汇报，这是不可想象的。

有的老干部在干校生病无法就医，毛主席下令老干部一律从干校回北京。历史所顾颉刚是跟胡适齐名的。回来后，周总理把他保护起来，给他任务是点校二十四史，就在中华书局的大楼里。我那时住在建外，好多人在顾颉刚手下做事，如我们楼里的孙毓棠。后来创刊《文物》杂志，我在上面写了几篇关于造纸的文章。宣传队队长宣布：“潘吉星在文物界有一条黑线要追查”，总在《文物》上发表文章。我不是给他扣帽子，他矛头是指向周总理的。《文物》是总理亲自批准创办的，让一位建党时期老党员当主编，是红线，怎么变成黑线了？这是红线啊。这时学部人员跟国外通信要在院里审批，国外给我来信，全扣下了，看不到。后来涉及外交形象问题了，当时周总理抓外交，要求不要扣押信件，才算解决了。钱存训将给我写的一些信重新写好，1972 年托李约瑟带给我。

再比如，我翻译了恩格斯读书笔记，须先在所里报备，然后学部业务主管吴亮平审批。他是长征干部，在苏联留过学，在延安住窑洞，跟毛主席是邻居，在延安任中宣部副部长。当时恩格斯的《反杜林论》就是他翻译的。我向他汇报，他支持我的工作，给我写了介绍信，让我见中共中央编译局局长张仲实。后者一看吴老推荐的，就同意授权翻译，由人民出版社王惠德社长落实出版。最后报到耿飚那儿，耿飚是中央宣传口总负责人。我看到了耿飚批示："交学部处理"。这样就不用再请示别人了。耿飚同意后就出版了。那时候出恩格斯手稿要惊动这么多人。

当时，总理要求学部回北京搞业务，但回来后还是搞运动，继续批邓小平。我拒绝批邓小平，我对他有好感。他有句话我特别欣赏，就是"不管白猫黑猫，抓住耗子就是好猫"。其中，有很多哲理。邓小平的理论水平相当高，语言非常朴素。

黄：我看到这里有一本您的履历，是您自己整理的吗?

潘：是我自己整理的。你看这些与胡耀邦、李约瑟等人的合影。这是我获得全国的自然科学一等奖的奖状，来之不易，中国科学院院长路甬祥评奖。我不愿意搞行政，少开会，可以多做点儿研究。我为人低调，不争名争利，得到的荣誉都是主动送上门的。多次去欧美和日本没花过公家钱，相反我在外挣了好多钱，给所里做了一些贡献，包括自己在美国买的多卷本大百科全书，少有的插图版，捐赠给所里，由自己付运费。当时我是唯一一个这么做的人。我送给所里的书都有账。我挣的美金，一部分反馈给科学院外事局，也有账可查。我原来在通州，搬家的时候，好多卡片、好多书都损失了。不过，还有好多通信保留着。有刘祖慰、李约瑟、吴世昌、钱存训、钱临照和岛尾永康的信，还有英国大使的邀请信等。

黄：非常感谢您接受我们的采访！最后，想请您简短的评价一下古代中国科学史?

潘：科学是场运动。中国科学在整个世界潮流中不断运动，在此过程中同其他支流汇合，最后流入近代科学的大海。欧洲只是出海口，水来自各方，百川归海。中国是个巨流。人类走入大同世界，科学统一。

执着钻研排众议　勤勉治学立新说 *

——访宋正海

张志会 / 问，宋正海 / 答

编者按：宋正海，1938 年生于浙江海宁，1964 年北京大学地质地理系毕业后，分配到中国科学院自然科学史研究所从事科研工作，1993 年评为研究员，1998 年退休。曾任该所生物学史和地学史研究室主任，兼研究所科技史综合研究中心（组）主任，中国科技史学会地学史专业委员会主任。正式发表论文和重要文章 500 余篇；在《天地生人学术讲座快讯》等非正式刊物发表文章 60 余篇；出版专著和主编论文集 20 余部；主编丛书 3 套。获中国科学院自然科学奖二等奖等十多个奖励。先生是一位兴趣广泛且著作等身的知名科技史学家，在地学史、海洋史和黄河学等多个交叉学科领域享有广泛的认可度。先生生性谦和，半生勤勉治学，虽年近八十却坚持科研。因创立且坚持组织和参与“天地生人学术讲座”，他本人也面临质疑和争议。不过“天地生人学术讲座”是个群体现象，非常复杂，需要由历史和后世做出科学客观的评断。

＊　收稿日期：2017-05-10。

作者简介：张志会（1982—　），河北省保定市人，中国科学院自然科学史研究所副研究员，主要研究方向：中国近现代水利史。宋正海（1938—　），浙江省海宁市人，中国科学院自然科学史研究所研究员，主要研究方向：地学、海洋史和黄河学。

1 求学生涯和偶入科学史所

张：自然科学史研究所很快将迎来六十年所庆，研究所号召年轻人对已经退休的老专家进行口述访谈，丰富我们对老前辈们的治学经验和研究所所史的了解。十分感谢宋老师您在百忙之中接受我的访谈。首先请您谈谈您的家庭背景与教育经历，特别是您个人的性格爱好。

宋：好的。我对研究所有非常深厚的感情，很乐意接受这次访谈。我的教育经历很简单。1938 年，我出生于浙江省嘉兴市海宁县（市）。家中兄弟姐妹 10 人，弟弟妹妹多人上山下乡，父亲早亡，生活一度十分艰难。我幼年身体较弱，在家门口读了小学，初中在海宁一中就读，1954 年起高中在嘉兴一中，1957 年考入北京大学，家中仅我一人上了大学，算是赶上了时机。

初中时，我就对自然科学有着广泛的兴趣，热衷科普图书和杂志，经常与好友一起谈论自然科学知识，还曾与两位同窗好友李宗岩、咸立金在李家建了一个小小实验室，做些物理、化学等小实验，待黄昏时我们还到空旷地带，对照星图去认识星座。高中时，我离开了家乡，但继续保持着对自然科学课程的热情，十分热爱自然地理学。由于对大自然的感情，当时对《知识就是力量》等刊物上介绍的苏联改造自然的宏伟工程感到很新奇。那时候开始接触自然辩证法并产生兴趣，也集中读了不少小说。但我对语文、历史从没有产生大的兴趣，故成绩一般。

张：大学生活对您今后的人生和自然科学史研究有哪些影响呢？

宋：我 1957 年考取了北京大学地质地理系自然地理专业。1958—1959 年，因病休学一年，又赶上学制由 5 年改为 6 年，因此我大学一共读了 7 年，直到 1964 年才毕业获得理科学位。

这 7 年是我人生打基础的阶段，对于我今后的人生产生了深刻的影响，很值得回忆。20 世纪 50—60 年代，受苏联模式的影响，学科分化和分类研究占主流地位，大学也不例外，但是唯独自然地理学是个例外。因为当时地理学面临着空前的生存危机，亟待提出解决办法，在这方面，苏联地理学家做出了杰出贡献。他们强调自然地理环境是由四个圈层相互依存、相互渗透、相互作用形成的复杂的自然综合体。在这个综合体中有着十分复杂的内在联系，有着各个圈层所没有的特性和规律，而自然地理学就是研究这种复杂自然综合体的现状、发生发展及其规律的学科。当时，中国地理学就在学习苏联这套综合自然地理学。北京大学自然地理学受到苏联综合自然地理学的影响，强调地理圈是综合体，是岩石圈、水圈、大气圈、生物圈长期作用形成的。我们当时要学的基础课很多很广，还包括地理学综合理论和基本技术等。在还原论科学占统治地位的学术大潮中，我能在高水平的大学中学习综合自然地理学，提前几十年打下了多学科基础，接受了正规系统的综合训练，这对于我后来几十年的学术思维和事业开拓是至关重要的，因而使我在当前科学由还原论到整体论，由简单性探索到复杂性研究的转型中，较敏感地看清科学大潮的变化，并较早为促进“天地生人”的大交叉研究和综合研究做了些工作。

值得一提的是，尽管我后期致力于从事地球史和地球科学史等整体论科学，但也能从力学、物理、化学等还原论科学来分析问题，并且发表了多篇物理学史、化学史、天体力学史方面的文章。而当时在校内目睹“反右”“大跃进”等经常性的政治运动，也使我经历了大风雨，见了大世面。当时，我更多地接触和了解了大自然。尽管后来无缘再跑野外，但与大自然的感情是较深的，这也使我的科学史研究工作中蕴含着较强的自然倾向。

北京大学兼收并蓄的学术民主精神的影响使我基本能耐心听取不同学术意见，以提高自己的见解或完善自己的想法。在组织“天地生人学术讲座”后，我能坚持学术平等，坚持多学科交叉和保持不同学术观点间平心静气的交流，有意识支持年轻同志，促进他们的创新。

张：请您回忆一下您当初来到自然科学史所工作的经历。科技史研究跟您以往的学术兴趣相投吗？

宋：大学毕业时，我分配到我所，此后一直工作到退休。我来自然科学史所工作是很偶然的，可以说是不得已而转行。因对自然科学特别是自然地理兴趣浓厚，大学期间我一直憧憬毕业后做个地学工作者，投身大自然，从未想到会以科技史研究为职业。据说，我开始时是分配到中国科学院植物研究所植物生态与地植物室的，但植物所认为我的身体无法胜任野外工作。后来，我又被分配到中国科学院地理研究所，基本同样的原因，他们也没要我。正在这时，中国科学院哲学社会科学部中国自然科学史研究室（自然科学史所的前身）招收大学毕业生，殷美琴到北京大学地质地理系要人，学校就把我分配到了自然科学史所，说不用跑野外，只做室内工作。殷美琴不敢决定，就回所商量。当时自然科学史所的所领导段伯宇、黄炜均在农村搞“四清”，可能经与当时党支部马约、刘宪宁等同志商量后，同意接收我。我后来多次开玩笑“我是作为废品被殷美琴招到我们所的，是废物利用”。

因我对语文、历史没有产生大的兴趣，而对自然科学情有独钟，在不得已从事自然科学史工作后，所涉方面很多，但特点也很明显，那就是没有重视考证工作，而强调多学科相关研究，努力发挥中国传统文化的自然科学倾向（优势），致力于整体论发展，强调发掘中国传统文化的现代科技价值等。

张：您对自然科学史研究所的最初印象如何？是否适应这一人生境遇的巨大变化呢？

宋：我1964年去研究所报到时，我所就已经在朝阳门内大街137号大院的东北角办公了，这个古建大院也就是大家俗称的“九爷府”（现称孚王府，是全国文物保护单位）。当时研究所的任务就是研究中国古代科技史，发掘中国古代科学遗产。图书馆所藏的古籍和旧书不少，但关于现代科学的却少得可怜。由于当时全所大部分人在通县（今通州区）和安徽寿县搞“四清”，研究工作处于停滞状态，留守的研究人员基本属于“老弱病残”。我们这批1964年的毕业生正赶上跟所里老同志到安徽寿县一起“四清”，所里照顾我让我回京。当时共有钱宝琮、王奎克、汪子春、吴和梅和我五人，大家都集中在西厢房一个有套间的外间办公室。

物理学家叶企孙[①]每周会有两天来到研究室，指导天文学史和物理学史的研究。这个环境很安逸，大家都彼此和气，但我仍一度很不习惯。因为刚脱离了生气勃勃的大学生活的我，对于今后藏身在这人少而冷清的古建筑中埋头读古书，从事发掘遗产工作并没有思想准备。当时，也远远没有意识到中国古代科学史所具有的巨大的社会价值。

张：那您后来是如何从一名外行成为科技史研究的专家？有老先生提供指导吗？

宋：分配到研究所后，我才知道自然科学史所是中国科学院哲学社会科学部下属的专门研究中国古代科学技术史的机构。这虽不是我向往的现代科技和大自然探索，但深信国家成立此所必有重要用处。我身体不好，研究所还同意我来所工作，充分体现了对我的关心和照顾，所以我没有任何专业偏颇。当我了解到，竺可桢最初创立自然科学史研究室的目的是发掘、整理中

① 叶企孙是1954年成立的全国自然科学史委员会副主任委员。在竺可桢和叶企孙的积极倡导与建议下，1957年，中国科学院成立了中国自然科学史研究室，隶属中国科学院哲学社会科学部。1978年，哲学社会科学部改组成中国社会科学院，中国自然科学史研究室转入中国科学院，并改名为自然科学史研究所。

国古代科学遗产，以驳斥当时国际学术界流行的“中国古代无科学论”，我就爱上了科学史。

我所老先生和其他科学史研究者对青年人的影响非常深远。他们大多很善良，为人正派，是我们年轻人学习做人的榜样。关于业务，当时全国尚没有专门培养科学史的系或专业，我们新来所的大学生要搞科学史研究，均要补学许多知识。所内专门安排古文献课等课程，但更主要在实际工作中由老同志带着搞，边搞边教边学。我所老同志实际上以老师的身份，热情帮助向他们请教的年轻人，我也是如此。虽“文化大革命”中一度因派性影响了团结，但“文化大革命”后随着派性的消除，又逐步恢复相互关心和帮助。年轻人之间相互帮助和关心，对此我是深有体会的。

张：您印象比较深的老领导和老同事都有谁？

宋：我分配来到自然科学史所的第一任所长是段伯宇同志。他哲学水平很高，虽然是高级干部，却平易近人。我至今仍清晰记得他有关我身体健康的金玉良言，并心存感激。我年轻时就体弱多病，大学曾休学一年，毕业分配时，北京植物所、北京地理所因我无法胜任野外工作而拒接纳，感谢我所最后接纳了我。来所后我又因身体不好而从“四清”工作上回北京，故一度很悲观。有一次，在与段伯宇同志聊天时，他知道我情绪很不好，就给我打了一个比喻，说有两个水罐，一个有些破但可以用，只要每次用时很小心就可以用很长时间。另一个水罐是好的结实的，但正是结实的，所以人们用时往往就不小心，这样可能一不小心就碰碎了不能用了。他的话让我很受触动，自此我改变精神状态，生活中特别注意身体保护和锻炼，身体慢慢好了起来，现在年近八十仍能继续工作。

张：叶企孙每周两次去研究室，那您跟他有具体的交往吗？

宋：叶企孙先生并非是我所编制。他是中国科学院自然科学史研究委员会副主任，又在我所兼任研究员，所以每星期一、五来所。大约有一年时间，我有幸与叶企孙先生在同一办公室。他来所不去别处，一头就扎在我们办公室套间里。

可惜其时政治斗争空气还很重，大家也很小心。我所同志尽管对叶先生很尊重很客气但见面只打个招呼，交谈很少，我们也只能这样。叶先生也同样，见面只点头示意很少说话并很快进了套间里间。除了倒开水，基本不见出来。他背有点驼，坐下来就是看书。书是大厚本的旧的外文书。就这样一坐就是一个上午。尽管里外间没有门相隔，但我们外屋的人也不会进去，他也不会出来进行交流。当时给我的深刻印象是他学识很深，知识广博，值得尊敬。

当时我所人不多，所以吃饭就在科学出版社食堂。通常我们吃饭时叶先生还在看书，较晚才回家。一次，我较晚去出版社食堂，叶先生突然出来对我说，小宋，我们一起去吃饭，我听了很高兴地答应他。但当他后来说是到大同酒家（在王府井北口华侨饭店下面），我突然有点慌张，忙说不去不去就跑了。后来我回想此事，感到很内疚，辜负了叶先生的好意。后来“文化大革命”在哲学社会科学部最早开始，学部大乱，我所也是两派。叶企孙也不再到我所看书，我也不再见到他也没有打听他的消息。后来1975年，我与我所邢润川同志合作撰写《万有引力定律究竟是怎样发现的？》一文，就是否能在《科学通报》上发表，找叶先生把关。

2　科学史新方向的拓荒者

张：您刚才讲道，读大学期间您经历的政治运动扩展了您的视野。那么您在科学史所工作后，是否也经历过“文化大革命”等政治运动的干扰？

宋：我在政治运动期间的经历是比较平常的。“文化大革命”期间虽因年轻而积极响应，但也只是一般性工作。我为人也比较低调，方方面面尽量搞好关系。下放到干校期间，我当时在铁路边的信阳市的哲学社会科学部干校联络站工作。无论“文化大革命”中是总队还是联队的同志，我跟他们关系都很好，尽力帮同志们解决困难。

“文化大革命”后，我特别注意跟那些观点不同的同志搞好关系。办“天地生人学术讲座”时，我虽然坚持整体论的自然观，但十分注意搞好团结，努力促使多学科交流、不同学术观点争鸣、“官科”“民科”的团结。我为人没啥特殊的，这辈子比较特殊的就是在整个社会基本是还原论思想体系的背景下，我具有很强的整体论思想体系。这虽给我带来一些麻烦，办讲座也比较困难，后来我也尽量淡化。总体上，讲座坚持办了26年，出了好多书。我想尽量多谈我这些年做的科研工作。

张：“文化大革命”结束后，您最初的主要研究方向是什么？这些研究方向是您自选的，还是根据研究所布置的任务而形成的？

宋：我进入自然科学史所正赶上连年政治运动，全所科研长期停顿。“文化大革命”结束后，中国科学院哲学社会科学部升格为中国社会科学院，自然科学史所归属中国科学院。1963—1964 年分配来我所的大学生们已经有十多年没有搞学术研究了。此时，我才开始搞研究，更觉出时间之宝贵，想把逝去的时间补回来。经过努力，我们这批同志也取得不少成果，为研究所今日的辉煌做出过历史性贡献。

我来自然科学史所后主要在地学史室工作，研究地学史、科学史。1975 年研究所开始恢复业务，我所又提出“文化大革命”前的编写大书（《中国古代科技史》丛书）计划。我们地学史室则承担大书中的《中国古代地理学史》书。写书的分工基本是根据兴趣的，一些无人承担的章则请外单位同志。我本人受海宁观潮文化的熏陶，对海洋有较深感情，自然要求承担了海洋学史章，自此我的海洋学史研究一发而不可收。

于是，结合研究所的主业，我将海洋史和海洋文化研究作为自己的主要研究方向。现在想来，幼年经历对我后来的学术发展应当有所影响。我出生在观潮胜地——海宁，名字中就有“海”字，海宁又是钱塘江观潮胜地，潮汐文化熏陶了我，因此令我在从事科技史研究时对海洋文化和海洋学史情有独钟。

研究中，我首先注意到了中国古代非正统的海洋开放型地球观①。1987 年 9 月 23—29 日，我和叶龙飞参加了在德国汉堡举行的第 4 届国际海洋学史大会，提交了我与陈瑞平、郭永芳、叶龙飞合作的《中国古代传统海洋学的形成和发展》②。这是中国学者第一次参加这一学科的国际会议，我们的研究在会上受到重视。在会议大厅，我们还举办了小型“中国古代海洋学成就”图片展，吸引了与会者的目光。1989 年，我和陈瑞平、郭永芳一起出版了《中国古代海洋学史》③。

后来，我又扩展到海洋文化，在一定程度上推动了国内海洋文化的研究。我曾与陈瑞平同志一起到青岛、海宁、宁波、舟山、福州、莆田、厦门等地进行海洋文化调查。我的《东方蓝色文化——中国海洋文化传统》（1995）④ 一书，系统驳斥了黑格尔有关中国古代没有海洋文化的谬论，引发

① 郭永芳，宋正海．大九州说——中国古代一种非正统的海洋开放型地球观［J］．大自然探索，1984（2）：144-148．

② Song Zhenghai et al. Formation and Development of Traditional Oceanography in Ancient China（-1840 A. D.）［J］．Deutsche Hydrographische Zeitschrift，1990，Nr.22．

③ 宋正海，陈瑞平，郭永芳．中国古代海洋学史［M］．北京：海洋出版社，1989．

④ 宋正海．东方蓝色文化——中国海洋文化传统［M］．广州：广东教育出版社，1995．

了中国传统海洋文化研究和建设的高潮。关于这本书的影响，赵君尧曾评论“自宋正海《东方蓝色文化》出版以来，引起大陆学术界对海洋文化的关注与研究，20世纪90年代初，我国有了比较系统的海洋文化研究”[①]。1997年，青岛海洋大学成立了内地第一个海洋文化研究所，并创办年刊《中国海洋文化研究》。此后，浙江海洋大学、湛江海洋大学、宁波海洋大学、广东海洋大学、厦门大学等高校也相继成立了海洋文化研究机构。2005年，我有幸被聘为广东海洋大学客座教授。山东、广东、浙江、福建、江苏、辽宁、台湾等地均召开了一些不同规模的海洋文化研讨会，出版了一些海洋文化方面的刊物、文集等。随着可持续理念的提出，我还研究了传统海洋文化与当代中国沿海地区的持续发展的关系[②]。

时至2015年，我出版了《以海为田》一书，全面梳理中华传统海洋文化，系统论述其农业性本质。由孙关龙、我和刘长林主编的《中国古代传统海洋文明丛书》（7本）2016年完稿已交付海天出版社，其中我撰写的《有机论海洋观——中国传统海洋哲学》，于2017年6月出版。

我还研究了古代潮汐文化，出版了《潮起潮落两千年——灿烂的中国古代潮汐文化》一书[③]。2011年，我组织20位专家联名向浙江、杭州、海宁地方政府写信，提出建立钱塘江潮汐文化长廊的建议。2016年9月，在杭州召开了“钱塘江海塘保护与申遗”会议，我受邀在会上代表20位专家介绍有关钱塘江潮汐文化长廊的建议，得到关注和讨论。

张：“黄河学”也是由您最早创立的，现在已经成为一门“显学”了。

宋：“黄河学”是我们在20世纪80年代创建的，这是一门有关黄河及其流域的自然、人文、历史及其未来发展的区域综合科学。1988年11月5—9日，在福州召开了“第四届全国地学史会议”。会议期间，我组织了“黄河学专题讨论会”。同年，我在山西大学作了以《黄河学——一门研究黄河区域问题的综合科学》为题的报告。

1989年，我和陈瑞平等8人发表了《黄河学纲要》，以及《黄河区域问题综合研究的发生发展——试论黄河学在中国崛起的历史必然性》（收于

① 赵君尧．天问·惊世——中国古代海洋文学［M］．北京：海洋出版社，2009.

② 宋正海．传统海洋文化与当代中国沿海地区持续发展［N］．中国科学报（海外版），1999.

③ 宋正海．潮起潮落两千年——灿烂的中国古代潮汐文化［M］．深圳：海天出版社，2012.

《天地生综合研究进展》，中国科学技术出版社）。同年，我们8人还发表了《黄河区域的综合研究》（《科学学研究》4期）。1989年10月22—26日，我们在宝鸡组织召开了“全国黄河流域重大灾害及其综合研究暨第二届全国地球表层学会议”。会上，我们举办了系列活动，全面推出了“黄河学”；我作了以《黄河学》为题的报告；《科学报》陕西站采访了我；“黄河学”也被写入大会“纪要”；宝鸡电台宣布“黄河学”在宝鸡诞生；《人民黄河》专门就“黄河学”组稿。会后不久，我发表了《黄河学》[①]一文。1989年，瞿宁淑、李革平和我等人联合主编并出版了《黄河黄河——黄河流域重大灾害及其综合研究》[②]。1994年，我和艾素珍与张九辰共同发表了《黄河学与黄河问题的根本解决》[③]。

到了21世纪，“黄河学”这门学科日益受到重视。河南大学逐渐成为“黄河学”研究的重镇，建立了以打造“黄河学”与“黄河学派”为宗旨的“黄河文明传承与现代文明建设协同创新中心”。迄今为止，“黄河学”高层论坛已举办8届，最近的一次会于2016年11月5日上午在河南大学召开。

3 拓展科学史理论研究，拓荒整体论科学

张：除了开拓新的学科领域，您还致力于发展学科理论，并应用于教学。请您谈谈基本情况。

宋：上高中、大学期间，我开始对哲学、自然辩证法感兴趣，认识到理论有普遍的指导作用。在段伯宇任所长时，我建议我所也要发展科学史理论研究。但我所传统是重考证很难改变。在廖克时，他虽支持理论研究，但成立的中心也只能用“科技史综合研究”名称。中心成员包括我本人均不是搞理论出身的，这对科学史理论研究不利。

“文化大革命”后，我在从事中国古代地学史的同时，也积极思考并参加科学史整体发展工作，如参加全国科学史发展规划制订。早在1988年和1989年，我就在山西大学自然辩证法系（所）与邢润川教授合作，为研究

① 宋正海．黄河学［N］．中国西部防灾简报，1989（5）．

② 瞿宁淑，李革平，等．黄河黄河——黄河流域重大灾害及其综合研究［M］．北京：中国人民公安大学出版社，1989．

③ 宋正海，艾素珍，张九辰．黄河学与黄河问题的根本解决［C］//地学的哲理．西安：西北大学出版社，1994．

生开设“科学史理论”课，并合作培养研究生。我还参加了《自然辩证法百科全书》（地学哲学、环境科学哲学）编写组。参加组织多届全国地学史会，提议并参加成立中国自然辩证法研究会地学哲学委员会，1997年和2000年我两次被选为该地学哲学委员会常务理事，参加了一些组织性工作。20世纪80年代我积极参加张衡学社，组织过中国科协赞助和支持的三届全国天地生相互关系会议。此外，我还组织并参加了自然科学史所理论小组（李家明、林文照、宋正海等）、原北京科学史理论小组（樊洪业、李家明等），以及北京地学哲学讨论会等。

回顾一下我的科学史理论方面的工作并非科班正统，而主要来自地学、生态学、天地生相关、天人合一等具体问题中抽出来的哲学性理论，是土包子性的，没有时间和机会进行真正的哲学提高。我与自然辩证法界联系较多，故在这些领域发表了不少成果，但我的理论性文章纯理论的东西并不多，主要是科学史问题的综合研究。即使我与邢润川同志在山西大学合作开设“科学史理论”课，我承担的部分也较少涉及很抽象的理论。因此，我从事的这种科学史理论性工作，我所极大部分人并不反对的，相关文章也不少发表在我所正统的《自然科学史研究》上，因而我曾被该学报评为“优秀论文作者”。在我所多届领导和广大同事的理解和支持下，我长期呼吁的又一个愿望在1993年实现了，我所成立了“科技史综合研究中心（组）”。

我一直坚持进行哲学思考，总体上也取得了一些成果。譬如，1983年，我提出中国传统地球观不是“地圆观”而是“地平观”。这涉及不少学术问题的大变动。1989年，提出人类对自然界认识能力的有限性和无限性的矛盾是自然科学发生发展的内因①。1988年，提出地理环境决定论是人类的优秀文化遗产，为遭受长期批判的这一理论翻案。而且我和同人对我们所提出的“历史自然学”“自然国学”均从自然观、科学观和方法论等理论层面进行了充分论证。

张：您对中国传统文化一直十分热爱，对中国科技传统也有一些客观性的反思和批判。

宋：是的。20世纪80年代，社会上非常沉湎于“李约瑟难题”，热衷于反思研究科学传统的缺陷方面，总结历史的教训。譬如，郑和下西洋是

---

① 宋正海．人类对自然界认识能力的有限性和无限性的矛盾是自然科学史的内因［J］．科学技术哲学研究，1995，12（6）：36–39.

中国古代的伟大航海，其规模、技术与世界影响是后来西方的地理大发现无可比拟的。但郑和航海却没有导致中国人去完成地理大发现，这是十分遗憾的。尽管我所科学史工作的重点是弘扬传统科技，但科学史研究工作也有必要研究历史教训。于是乎，我开始对我国科学传统的缺陷进行思考和研究。

1983 年，我和陈传康发表了《郑和航海为什么没有导致中国人去完成地理大发现？》(《自然辩证法通讯》1 期)。此文所述理由基本是前人没有提到的，故引起学界重视，先后被收入中文论文集《科学传统与文化》(陕西人民出版社，1983 年)和英文《波士顿科学哲学学报》(1996)[①]。这一研究的主要结论是，中国古代地球观是地平大地观，相应涉及了较多大尺度的科技史问题，例如，①地图（技术）系统；②所谓的“地理纬度”“地球子午测量”与“地球大小测量”；③远洋航行；④潮汐成因理论；⑤海球观、陆球观等问题。其时，在中国学术界中，地球观占统治地位，因而华东师范大学金祖孟老教授谈论地平观的论文不能发表。我了解这一情况后，就在桂林召开的第二届全国地学史会议上，专门组织了有关中国传统地球观的讨论，结果会上地平观占了绝对优势地位，会后，我专门发表论文阐释中国古代的地球观是地平大地观[②]，如僧一行就是这种观点。《科技日报》1986年8月13日，我又发表《僧一行的地平大地观》[③]，并阐释中国古代为什么没有出现世界地图[④]。金祖孟等教授的地平观论文也得以顺利发表。

之后一段时间内，有关讨论还比较顺利。1996 年，我发表了《为什么中国人未能发现哈雷彗星》(《自然辩证法通讯》第 3 期)。1997 年,《科技智囊》第 1 期上，发表了我的《“天地生人”学术讲座举行中国古代球形观研讨》一文。1998 年，我和李勇锋主编，在《科学学研究》第 2 期举办了讨论《中国科技传统的缺陷》的笔谈。1999 年我和孙关龙主编《中国传统文化与现代科学技术》论文集（浙江教育出版社），其中第七编即“科技传统缺陷的研究与当代科技发展”编，包括 18 篇论文，其中有我的 3 篇文章。

① Song Zhenghai, Chen Chuankan. Why did Zheng He's Sea Voyage Fail to Lead the Chinese to Make "Great Geographic Discovery"? [J]. Boston Studies in the Philosophy of Science, Vol.179, 1996.

② 宋正海. 中国古代传统地球观是地平大地观 [J]. 自然科学史研究，1986 (1): 54-60.

③ 宋正海. 僧一行的地平大地观 [N]. 科技日报，1986-08-13.

④ 宋正海. 中国古代为什么没有出现世界地图 [N]. 科技日报，1986-11-10.

这里还有一个很有意思的故事，21 世纪初，英国学者孟席斯出版了《1421 年——中国发现世界》（中文版，京华出版社 2005 年），提出 1421 年（明永乐十九年）郑和航海到达美洲，还进行环球航行。孟席斯对中国十分友好，但他的结论与科学史实不符。大约 2001 年，他到北京访问，先后在国家海洋局、考古所作报告，两次我均参加。我在会上第一次向他提出了不同看法。纪念郑和航海 600 周年纪念时，民间推动委员会特地邀请孟席斯夫妻，而我也是民间推进委员会的成员，这次会上我只把将发表的论文《孟席斯的郑和环球航行新论初评》① 稿送给他“请指正”。2013年10月19日，《大众日报》发表了我的《地平大地观阻碍中国科学近代化》一文。

张：历史自然学是您的一大学术特色。那您是如何逐渐开创起这门学科的?

宋：20 世纪 80 年代，为解决地震、气候灾害等的综合预报问题，在北京大学地学楼成立多学科交流合作的张衡学社。我也参加，希望整体论的中国传统文化能发挥作用。1983 年，张衡学社组织“首届全国天地生相互关系学术讨论会”，将“历史自然学——一门在中国崛起的现代自然科学”列为大会中心议题，会后出版了《历史自然学进展》论文集（高建国、宋正海主编）。第二届又设《中国古代有机论自然观与当代天地生综合研究》专编，由我负责，包括 16 篇论文。

就这样，我们于 20 世纪 80 年代初提出了历史自然学。这一学科研究人类出现以后自然界本身的历史，集中探索中国历史上古代时期自然界（包括天、地、生、人体）发生发展的状况及其基本规律，主要利用古代文献资料采用考证方法进行研究，目前主要的分支学术有：历史地理学、历史气候学、历史天象记录、历史极光记录、历史地震学 、历史水文记录、历史海啸记录 、历史虫灾记录、历史野人记录等。这是介于历史学和自然科学之间的新的边缘学科，总体属于自然科学，指出历史自然学与自然科学史既紧密联系，又有本质性区别。1983 年，我发表了《历史自然学在中国崛起》，此文受到媒体较大重视。同年，《新华文摘》《世界科学》《百科知识》《北京科技报》等刊物纷纷转载。1984 年《大自然探索》4 期组织第一个《历史自然学》专栏，其中我发表《历史自然学——一门在中国崛起的现代自然科学》。同年，《北京周报》以“Historical Nature Study”（vol. 27,

① 宋正海．孟席斯的郑和环球航行新论初评［J］．太原师范学院学报（社会科学版），2002，1（3）：27-34.

No. 3）向海外介绍。1986 年，“首届全国天地生相互关系研讨会”召开，“历史自然学”为大会中心议题之一，会后出版《历史自然学进展》论文集[①]。同年和第二年，我在北京大学研究生院讲过“历史自然学”两次课。后来，我们更加关注将历史自然学的理论与实践相结合，1994 年出版《历史自然学的理论与实践》论文集。后来我们意识到了中国古代自然灾异整体性，并进入了深入研究[②]。

张：您晚年仍笔耕不辍，学术思想活跃，21 世纪初，您开始积极复兴自然国学。

宋：是的。20 世纪下半叶以来，人们对传统科学体系的特点及其显现的现代创新功能有了更深刻的认识。由于对“中国古代有无科学”的争论，引发了对中西科学本质的讨论，涌现出了有关自然国学的一个全新的综合性学科群，只是名词尚未统一，诸如周易科学观、科学易、有机论自然观、东方科学、民族科学、天人合一观、系统论科学观、整体论科学等。在这一背景下，顺应学术综合潮流，提出并合力复兴自然国学已到了水到渠成的时候。于是在 2001 年，我们组织 10 位学者联名发表《“自然国学”宣言——为中华科技走向未来敬告世界人士书》，在这份“宣言”中，共同确定了“自然国学”这一学科名称[③]。

2001 年初开始，举办“自然国学”系列讲座，印发《自然国学简报》《天地生人学术讲座快讯·自然国学》等。《文汇报》还曾有记者专文宣传京城学者挖掘中国传统科技文化精华，助力科技发展的举动[④]。2006年，我们出版了《自然国学——21 世纪必将发扬光大的国学》论文集（孙关龙、宋正海主编，学苑出版社）。2012 年，中华自然国学学会（筹）成立，孙关龙任会长，宋正海任常务副会长。在大众报业集团、深圳海天出版社、中航工业集团等单位的大力支持下，自然国学复兴开始进入快车道，成果明显，出版了 30 余本《自然国学丛书》，分别于 2013 年和 2015 年召开了两届全国性学术

① 高建国，宋正海. 历史自然学进展（论文集）[C]. 北京：海洋出版社，1987.

② 宋正海，孙关龙，艾素珍. 历史自然学的理论与实践（论文集）[C]. 北京：学苑出版社，1994.

③ 刘长林，孙关龙，杨伟国，等. “自然国学”宣言——为中华科技传统走向未来敬告世界人士书[J]. 汉字文化，2001（4）：1-4.

④ 吴娟. “自然国学”应助科技一臂之力——京城一批学者提出挖掘中国传统科技文化精华[N]. 文汇报，2001-7-30.

研讨会，通过了振兴自然国学的倡议书[①]。

张：您的科学史研究成果许多与自然界的整体性、有机论自然观和人地关系相关，这与国家倡导的生态文明建设有相通之处。您曾尝试为长期遭受批判的地理环境决定论进行学术平反。

宋：早在北京大学读书时，我的学年论文和毕业论文均为植物生态学。学年论文题目是《北京百花山的植被》，导师是地质地理系副系主任王恩涌教授。本科毕业论文题目是《内蒙古伊克昭盟合同察哈淖尔的沙地植被》，导师是著名生态学家陈昌笃教授（后任中国生态学会理事长、北京大学生态系名誉主任）。我的生态学训练深受他们影响。

所以20世纪80年代，我就参加了"张衡学社天—地—生"相关研究；90年代组织了"天—地—生—人学术论坛"，尽管困难重重，但几十年痴心不改。有关生态文明建设的一个关键点是观念的转变，我认为首要任务是为长期遭受批判的地理环境决定论进行学术平反。1990年起，我从地理环境对经济、政治、意识形态的作用谈起[②]，探讨应如何理解和对待"地理环境决定论"[③]。阐释了地理环境决定论的发生发展及其在近现代引起的误解[④]。1994年，我提出，应该公正地评价地理环境决定论[⑤]。1996年，我探讨了地理环境决定论与历史唯物主义的关系[⑥]，通过回顾和分析1983年以来国内有关地理环境决定论评价问题的讨论，提出地理环境决定论较全面阐述了劳动对象的社会历史作用，因此它没有违背历史唯物主义，而是丰富了历史唯物主义。1998年，我提出，回归这一生存信仰主题，才是面对地理环境决

① 2012年开始，《自然国学丛书》至今已出版30本，2016年10月份再出7本。在第一辑中，首先出版了孙关龙和宋正海全面论述自然国学的《中国传统文化的瑰宝——自然国学》一书。2013年开始，《大众日报》开辟《自然国学》专栏，至今近50期。2013年"首届全国自然国学学术研讨会"在青岛顺利召开。会议通过《振兴自然国学呼吁书》。2015年12月12—14日，"第2届全国自然国学学术研讨会"在北京召开，会议通过了《开启自然国学信息宝库，全方位推动21世纪科技创新》倡议书。

② 宋正海．试论地理环境对经济、政治、意识形态的作用［C］//地学与智慧．北京：地质出版社，1990.

③ 宋正海，周嘉华，高建国，等．应如何理解和对待"地理环境决定论"［J］．地理与地理信息科学，1991（2）：18-23.

④ 宋正海．应该公正地评价地理环境决定论．中国环境报［N］．1994-6-11.

⑤ 宋正海．应该公正地评价地理环境决定论．中国环境报［N］．1994-6-11.

⑥ 宋正海．地理环境决定论与历史唯物主义［J］．华中师范大学学报（自然科学版），1996，30（2）：239-243.

定论所应采取的明智、理性的选择，也是必然的抉择[①]，系统阐述了为地理环境彻底翻案的理由。2006年，我又进一步提出，地理环境决定论是人类优秀文化遗产[②]。可见我对这一问题的认识经过持续思考而不断深化。在前期研究的基础上，我陆续和同人主编了一系列以“天地人生”为主题的出版物[③]。

4 推动传统文化服务现代科技创新

张：您从20世纪90年代开始，积极致力于发挥传统文化的现代科技功能，特别是强调中国古代有机论自然观的现代价值，这具有怎样的背景。

宋：鉴于20世纪90年代，科学的综合潮流已明显发展，科学潮流已由以还原论为主的近代科学进入到以整体论为主的现代科学阶段，因此学术界再不能同80年代那样过多沉湎于“李约瑟难题”，而更迫切任务是抓紧机遇推动创新，推动科技大发展，要揭露已在中国泛滥的科学主义及其在一些领域对整体论思维的重大创新成果的压制和排斥。

近些年，人们似乎重新发现了中国古代有机论自然观在当前科学整体化过程中，以及在当前综合研究、综合思潮发展中的重大启发作用，但过去300多年里，哲学从机械唯物主义时期、德国古典哲学时期发展到辩证唯物主义，自然科学史经历了分析和综合两种潮流，莱布尼兹、白晋和李约瑟等科学家和哲学家都曾经对中国有机论自然观有过研究[④]。我还全面讨论中国古代科学遗产与当代中国四化建设的关系，阐述如何充分利用优秀的科学遗产为

---

① 宋正海. 如何面对人类古老的生存信仰：地理环境决定论［J］. 太原师范学院学报（社会科学版），1998（2）：6-12.

② 宋正海. 地理环境决定论是人类优秀文化遗产［J］. 广东海洋大学学报，2006，26（5）：14-19.

③ 宋正海此处述及的出版物包括：宋正海. 中国古代有机论自然观与当代天地生综合研究（会议论文摘要汇编）. 天地生综合研究，1989；高建国，宋正海，徐钦琦，等. 中国地学大事典·天地生综合研究卷［M］. 济南：山东科技出版社，1992. 缪经良，宋正海，刘吉照.《生命系统学的理论与实践》论文集［C］. 北京：知识出版社，1996. 1995—2003年，他和同人陆续出版《天地生人丛书》12本。1996年，出版了《生命系统学的理论与实践》论文集。

④ 宋正海. 中国古代有机论自然观的现代科学价值的发现——从莱布尼茨、白晋到李约瑟［J］. 自然科学史研究，1987（3）：193-202.

四化服务[①]。1990年，我组织并主编有关当代《周易》热评价之争的笔谈，讨论《周易》热是落后文化现象还是先进文化现象[②]。我认为,《周易》热是科学进步的必然[③]。

1996年《中国科学报》曾就传统文化与当代科技发展的关系对我进行专访[④]。同年，我还从科技史的角度，阐释了中国古代自然史料的现代科技价值[⑤]。这一年的9月3日，我还在中国科学院物理所参加“国际世界语科技会议”，主持了“中国传统文化与现代科学技术”会议单元。1997年，“讲座”与我所一起组织了第58次香山科学会议“中国传统文化与当代科学前沿发展”，陈述彭、席泽宗两位院士任会议主席。我起草并参与组织全体高级专家联名发表了《中国传统文化在21世纪科技前沿探索中可以做出重大贡献》呼吁书[⑥]。

我在科学史工作中常常考虑如何让中国传统文化能为现代科学创新服务，这样使我的工作也得到现代科学界的认可和支持，这使我在国家自然科学基金、国家社会科学基金上的申请较为顺利，有关成果也比较容易得到出版社的支持。这些做法也得到了我所绝大部分同事的肯定和鼓励。20世纪90年代末，我和孙关龙等执行国家社会科学基金项目“中国传统文化在当代科技前沿探索中如何发挥重要作用的理论研究”。1999年，出版了这一基金的研究成果《中国传统文化与现代科学技术》大论文集（浙江教育出版社），中国科学院老院长卢嘉锡题写了书名。著名学者贾兰坡院士、路甬祥院士、王绶琯院士、席泽宗院士，以及社科界名人季羡林、张岱年等任本论文集顾问[⑦]。它全面系统梳理并公布了包括系统思维与当代科学整体化在内的实现新功

---

① 宋正海. 古代科学遗产与当代四化建设［J］. 科学技术哲学研究，1987（1）：53–60.

② 徐道一，陈传康，李申，等. 当代《周易》热是落后文化现象还是先进文化现象（笔谈）［J］. 科学技术哲学研究，1990（5）：3–8.

③ 宋正海，徐道一，陈瑞平，等.《周易》热是科学进步的必然［J］. 科学，1991（2）.

④ 叶子. 传统文化与当代科技发展——访中国科学院自然科学史所宋正海研究员［N］. 中国科学报（海外版），1996–07–25. 1997年香港《京港学术交流》转载。

⑤ 宋正海. 简论中国古代自然史料的现代科技价值［J］. 科技导报，1997，15（1）：13–14.

⑥ 佚名. 中国传统文化在21世纪科技前沿探索中可以作出重大贡献（呼吁书）［J］. 科技智囊，1997（2）：6–9.

⑦ 著名学者贾兰坡院士、路甬祥院士、侯仁之院士、陈述彭院士、王绶琯院士、胡仁宇院士、席泽宗院士，欧亚科学院院士、中国科学中心主席廖克，以及社科界名人季羡林、张岱年、李学勤、辛冠洁、蔡美彪等任本论文集顾问。

能的6大方面[①]，为21世纪全面开发传统文化的科技创新功能提出了纲领性的意见，也促进了21世纪“自然国学”名词的提出和相关学科的迅速复兴。

1992年，为了给历史自然灾害学的综合研究提供基础史料，在国家自然科学基金资助下，我们研究、汇编、出版了《中国古代重大自然灾害和异常年表总集》[②]，陈瑞平同志曾去广州协助我通稿，此书获中国科学院自然科学二等奖等4个奖项。在此基础上，我们又于2002年出版了《中国古代自然灾异整体性研究丛书》[③]。

为了加深社会公众的认识，1998—1999年我先后组织了几个笔谈，阐释中国传统文化与当代社会可持续发展的关系[④]，以及“中国传统文化与现代物理学”的关联[⑤]，讨论当代《周易》热是落后文化现象还是先进文化现象[⑥]。21世纪初，我和刘长林等人组织召开了三届“全国中华科学传统与21世纪研讨会”[⑦]。我们还成功协办了两次国际会议。2003年，韩国东洋社会思想学会在北京召开“东亚传统与新文明探索国际学术研讨会”。2005年，在位于布鲁塞尔的欧盟总部大楼的圆形会议厅召开了“欧盟中华文化高峰会议”，徐道一和我担任学术委员会主席。

5 保卫中医和民间科学，推进学术争鸣

张：据说您在推动学术争鸣和保卫中医方面做了很多努力？

宋：是的，我喜欢独立思考，不盲从现成的观点。我个人不学中医，基

① 6个具体方面如下：系统思维与当代科学整体化、古代自然史料与当代自然史探索、天人合一观与当代人与自然协调发展、当代大型工程的历史论证、传统科技基因与当代科技创新，以及科技传统缺陷的研究与当代科技发展。

② 宋正海．中国古代重大自然灾害和异常年表总集［M］．广州：广东教育出版社，1992.

③ 宋正海，高建国，孙关龙，等．中国古代自然灾异整体性研究丛书［M］．合肥：安徽教育出版社，2002.

④ 宋正海，等．中国传统文化与当代社会持续发展（笔谈）［J］．地理学与国土研究，1998（2）：56-64.

⑤ 宋正海，李勇锋，张钟静．中国传统文化与现代物理学（笔谈）［J］．山西大学师范学院学报（哲学社会科学版），1998（4）：3-17.

⑥ 宋正海．当代《周易》热是落后文化现象还是先进文化现象［J］．科学技术与辩证法，1999（5）：3-8.

⑦ 第一届研讨会于2001年在北戴河召开，第二届于2003年在曲阜召开，第三届于2005年在黄山市召开。

本是还原论科学体系培养出来的，但“天地生人学术讲座”（以下简称“讲座”）举办后，有不少涉及中医的内容，我也不得不面对有关争论。经过学习、思考，我逐渐认识到中医的重要性，也认识到“中医存废之争”实际是少数绝对科学主义者在作怪。因而2004年我在接受采访时明确了自己的观点，发表文章《要振兴中医首先要批判科学主义》①。

21世纪初，学术界“伪科学”政治帽子、棍子满天飞，严重阻碍了科技创新事业。2003年，我撰文批判学术界不管事实，借反对“伪科学”之名，乱打棍子的现象②，2005年撰文，认为“伪科学”一词是中国科学界的最大耻辱③。

2006年，张功耀扬言要发动万人大签名，以逼迫中央废除中医。正是在这严重关头，“讲座”不能再沉默，12月1日我起草并共同组织了150位专家学者，联名发表《不要让“伪科学”一词成为灭亡传统文化的借口——恳请将“伪科学”一词剔除出科普法》的呼吁书，由此引发了中国学术界的大争论。《凤凰卫视·一虎一席谈》进行“反伪”与“废伪”的大辩论，我受邀组织天地生人学术讲座，协办这一大辩论。同时，我也接受《凤凰卫视·社会能见度》曾子墨的采访，与何祚庥院士进行背靠背的辩论。

这一大辩论后来取得了一系列的积极成果：一是全国人大常委会修改了《科技进步法》，删去了“伪科学”一词；二是国家开始大力支持中医的发展，中国中医研究院升格为中国中医科学院④。但是，科学主义一直对中医采取打击态度，为此我继续为保卫和发展中医做了一些努力，如发表《“废医验药”何时休》⑤一文，而且我在接受记者采访时明确表示，中医从业人员没有必要回避谈科学⑥。

2016年，上海中医药大学60周年校庆，我荣幸地被邀请参加校庆，并

---

① 宋正海. 要振兴中医首先要批判科学主义［N］. 中国中医药报，2004-8-20.

② 宋正海. 学术界“打棍子”歪风何时了？——评方舟子与野鹤对簿公堂［J］. 科学对社会的影响，2003（4）：56-59.

③ 宋正海的《“伪科学”一词——中国科学界的最大耻辱》于2005年发表在《益生文化》。

④ 中国中医研究院更名为中国中医科学院是在2005年，而非2006年后。中国中医科学院始建于1955年，2005年12月举行五十周年院庆时，更名为中国中医科学院，是国家中医药管理局直属的集科研、医疗、教学为一体的综合性中医药研究机构。

⑤ 文章收入2007年由重庆市中医药学会等主编的《全国传承创新中医药高层论坛论文集》中。

⑥ 李静. 中医从业人员没有必要回避谈科学——访中国科学院自然史所退休研究员宋正海［N］. 经济参考报，2012-11-30（3）.

被聘为客座教授。会上我作了题为《自然国学、自然科学史、中医三者的真实关系》的报告。

张：民间科学也是一个很敏感的领域。您跟他们交往较多，似乎也持支持态度？

宋："天地生人学术讲座"为多学科各方专家学者的交流提供了条件。长期处在中国科学院的大环境中，我得以有机会较多地接触了解"民科"，发现他们思路很活，具有丰富的传统智慧和大量实践经验，具备较强的综合能力，这是值得我们专业出身的科研工作者学习的。中华人民共和国成立初期，"民科"受到重视，甚至出现了李瑞环[①]、张百发[②]等杰出人物。但近来"民科"似乎没有得到应有的重视和帮助，困难较大，为此我们发表文章呼吁。2003年，张浩和我在《南方周末》上撰文[③]反思"蒋春暄现象"[④]，指出这一事件折射出，我国现今的科技体制还不够健全，缺少应有的推动科学原始创新的机制和保证学术成果得到公正评审的健全体制。我认为，民间科学家与一般的科学爱好者不同，是已经在某一科学问题上进行了长期而系统的研究，从而产生出一定研究成果的人群[⑤]。我认为"民间科学"是重要宝藏[⑥]。

2005年，我起草并组织20位专家就民间科学技术开发问题联名给中央写信，建议：将民间科技重视起来、管理起来并给予支持。温家宝总理在当月作了批示，中国科协组织人事部部长召集我们，有7—8位专家到会。人

① 李瑞环，男，1959年9月加入中国共产党，1951—1965年在北京第三建筑公司当工人，其间1958—1963年在北京建工业余学院工业与民用建筑专业学习。后任中共第十二届、十三届、十四届、十五届中央委员，十三届中央政治局委员，十三届四中全会增选为中央政治局常委、中央书记处书记，十四届、十五届中央政治局委员、常委。第五届全国人大常委会委员。

② 张百发，男，河北香河人。1954年加入中国共产党。历任北京市第三建筑公司一工区青年突击队队长、公司党委副书记、副经理，北京市建工局副局长，国家建委副局长、副主任，北京市常务副市长。1955年被评为全国青年社会主义建设积极分子。1959年获全国先进生产者称号。中共十大至十三大代表、第四届全国人大代表、第五届全国政协委员。

③ 张浩，宋正海．令人深思的"蒋春暄现象"［N］．南方周末，2003-7-3．

④ 1961年毕业于北京航空学院、长期工作在我国航天战线的航天工业总公司二院的蒋春暄高级工程师，因对数论极感兴趣，自1973年以来利用业余时间钻研数论，并一直注意与国内外数学家进行交流。30年的奋斗，他已在数论上取得举世瞩目的成就，用自己创立的全新的数学方法，解决了世界公认的几大数学难题。他在国内遭遇数学界冷落和排挤，却得到国外刊物的肯定。

⑤ 宋正海．民间科学开发问题之我见［J］．科学对社会的影响，2004（1）：20．

⑥ 宋正海．"民间科学"是重要宝藏［N］．中华读书报，2004-6-23．

事部部长传达了温总理的批示，对我们作了表扬；要求我们有事可与他联系反映。但后来事实上不了了之，不过总理的批示也鼓舞了“民科”同志。当年，山西企业家郝建宇到长沙找到《发明与创新》杂志主编黄友直，商量组织召开“首届全国民间科技发展研讨会”，并要我和许少知担任会议论文集编委会主任；郝建宇、王文光等担任副主任。首届会议于11月17—20日在长沙召开，由发明与创新杂志社、北京天地生人学术讲座、香港发明协会等联合主办。全国政协常委袁隆平院士任大会名誉主任。他题词，“发展民间科技，促进自主创新”，并在会上作了《科学研究不问出身，科学面前人人平等》的报告。大会通过了《发展我国民间科技的建议》和《长沙宣言——全国民间研究者的心声》，及时呈送中央有关领导和部门。国务委员陈至立对此作了批示，人大教科文卫主任朱丽兰，中国科协党组书记邓南作了积极的回应。在首届会基础上，第二年（2006年）在深圳又召开一次全国民科大会。2007年，在都江堰召开第二届大会，目前已召开六届全国会（长沙、深圳、都江堰、徐州、北京、太原、惠州）。我个人也参加多次民科会。2006年我接受记者申剑丽采访。访谈中，我表示民间科学家的处境很可怜，我担心中国传统文化被全盘否定[①]。我国民科问题至今仍难解决。

我一直重视对当前社会热点和重大问题的讨论，欢迎创新性的、不同的见解。1999年，我们出版了《边缘地带——来自科技前沿的报告》论文集[②]，所选篇目均属数理化天地生等基础学科与科学史、科学哲学、科学学、灾害学等本学科中的“不同政见者”，批判性分析了自然科学和社会科学大交叉中所产生的非主流派的重大科学理论和研究成果，对近几十年来形成的科学上的“规范”提出了大胆的质疑。

6　由历史来评价“天地生人学术讲座”

张：您于1990年创办了“天地生人学术讲座”，迄今为止已经26年，可否请您讲讲您创办该“讲座”的缘起？

宋：20世纪70—80年代，接连发生了邢台地震、海城地震和唐山地震，

---

① 申剑丽. 民间科学家处境很可怜——中科院退休研究员宋正海表示，担心中国传统文化被全盘否定［N］. 新京报，2006-12-16.

② 宋正海，孙关龙. 边缘地带——来自科技前沿的报告［C］. 北京：学苑出版社，1999.

其他气象灾害也相当严重。这说明对地球重大变动的预测，仅依靠单因素分析方法是无法解决的，于是“天、地、生”的相关研究崛起。80年代初，在北京大学地学楼，一个旨在推动多学科相关研究的组织——张衡学社诞生。我参加了学社，相信秉承整体论的传统科学在当代相互关系研究中发挥着作用。在中国科协的支持下，张衡学社组织了多个全国一级学会在北京联合召开了第一、二、三届“全国天地生相互关系研讨会”。1983年，首届会议把“历史自然学”列为中心议题之一。1986年，第二届会议把“中国古代有机论自然观与当代天地生综合研究”列为中心议题之一。

1990年，中国科协虽表示继续支持天地生相关研究，但要张衡学社自筹经费，这就无法继续下去了。我所由“干校”回京后，一直无固定办公地。1990年，所址总算在孚王府安定下来。在所领导和广大同事支持下，我和周嘉华、李安平、北京天文台的高建国四人，借用我所会议室办起“天地生人学术讲座”。原只是想临时办一段以替补全国会议的学术交流功能，没想到全国会议因经费问题无法再开成，于是讲座坚持下来。讲座主要讨论“宇宙—地球—生物—人类社会”的综合性重大问题，努力推动整体论科学体系在中国的发展，实现整体论与还原论两种科学体系的优势互补，但这也就把“天地生人学术讲座”推向风口浪尖，引起极大的争议，直到后来“讲座”地点因某些原因被迫离开我所。迄今为止，“讲座”已办了1270多讲、60余次座谈会、几十次会议，组织全国会议较多次、香山科学会议1次、国际会议2次。编印《天地生人学术讲座快讯》2300多期，以及多种《简报》，联合发表过各种宣言、呼吁书、建议书共近30个。话说回来，1990年创办“天地生人学术讲座”目的之一也是为了科学史学科在天地生人综合研究中路子越走越宽，对社会有更大贡献。

我已78岁，时有力不从心之感。但只要身体可以，我就要坚持把“讲座”办下去。由于一些原因，“天地生人学术讲座”在社会上存在一些争议，几十年的发展过程也历经艰难，但我深信历史会做出结论的。

张：据我所知，您对科学哲学非常感兴趣，还曾组织过时空理论相关的学术讨论，对吗？

宋：时空理论是几千年来各民族十分关心的科学哲学课题。我本人对时空理论的争鸣也有些兴趣。早在1975年，我就在《科学通报》上和邢润川发表了《万有引力定律究竟是怎样发现的？》[①]。

① 宋正海，邢润川．万有引力定律究竟是怎样发现的［J］．科学通报，1975（7）：306-400．

时空问题是学术问题，有不同学术观点是正常现象，最好的办法就是开展学术讨论，为此“天地生人讲座”组织了多次学术讨论，出版了两本论文集，介绍各家观点。2002年，我又专门讨论了爱因斯坦相对论的争鸣①。后来我和其他人主编出版了《相对论再思考》论文集②。

2002年5月27日，“天地生人学术讲座”第473讲邀请到了美国学者张操教授，他作了《超光速运动和相对论的参数》的讲座。在此次讲座会上，中国科学院高能研究所吴水清教授组织成立“北京相对论联谊会”。此联谊会由中国科学院高能所、物理所等单位一些数理水平很高的专家学者组成，还在美国创办《格物》杂志。于是，“天地生人学术讲座”也就逐渐减少了有关讨论，不过2005年，我们又出版了《时空理论新探》③。

张：不知您是否避讳“天地生人学术讲座”曾组织过就“气功外气存在性”问题的大讨论一事？

宋：“天地生人学术讲座”确实曾组织“气功外气存在性”的学术争鸣，这也导致有些同志对我的学术活动容易产生误解。所以，这次访谈，我就不能也没有必要回避这件事。

20世纪末，社会上一度流行气功热，涌现出了许多人体特异功能的现象和传说。于是，学术界难免提出“气功外气是否存在”这一问题。钱学森院士曾提出研究气功来探测人体特异功能的存在性的学术途径和方法。我基本同意钱学森的学术观点，认为学术上有不同观点时，应贯彻百家争鸣的方针。

由于“天地生人学术讲座”追求“当代学术热点，或是估计会引起激烈争论的重大学术问题”，正赶上气功热，1995年12月4日至1998年4月5日，我在“天地生人学术讲座”组织了“气功外气是否存在”专题的系列学术讨论，估计有60个报告，讨论各抒己见。对少数派观点，我还特意照顾，以便更充分地发表意见。其中，中国中医研究院气功研究室主任张洪林的报告《“外气”存在论至今没有科学依据》。为此，我还专门为张先生单独组织了第106讲，他报告了《传统气功遭遇到的“现代”磨难》，可见我的安排是有利于深入讨论的。我也将自己的学术观点公开发表，目的是征求各方意见。1997年10月9日，我作了《科学实验的当代困惑——从人体特异功

① 宋正海．关于爱因斯坦相对论的争鸣［J］．科学新闻，2002（22）：10.

② 宋正海，范大杰，许少知，等．相对论再思考［M］．北京：地震出版社，2002.

③ 郝建宇，宋正海，杨金城，等．时空理论新探［M］．北京：地质出版社，2005.

能之争谈起》为题的报告。当年分四部分别发表于《中国气功科学》第10、11、12期。

总体来看，“天地生人学术讲座”关于气功的讨论，有成果但也有副作用。后来认识到副作用后，我也作了自我批评，并反复强调“神秘文化可以研究，也应当研究，但天地生人学术讲座不搞”。这条规定至今仍坚持着。

在医学界，医疗气功至今广泛存在，并在治疗和养生中发挥了大作用。当代暗物质、暗能量、量子纠缠等前沿科学问题的提出，大大挑战了传统科学观念。这又一次挑动了多学科专家学者的兴趣。

张：不得不说，因您所研究的某些学术问题的敏感性与“天地生人学术讲座”的争议性，可能会影响别人对您自身的学术评价。对此您有过担心吗？

宋：我的学术工作涉及方面很广，形式多样，功能也不尽同。如前所述，我为人比较低调随和。“文化大革命”之后，本人特别注重消除派性，努力恢复与原不同派同事的友好关系。我与老、中、青同事私人关系均较好。我的课题，我所同事参与较多，但从未见有人在合作上对我有大的意见，因此能多次合作。

我发表的成果较多，先后发表了论文和重要文章约500篇，撰写学术专著和主编论文集近30本，主编丛书3—4套，包括《天地生人丛书》[①]《中国古代自然灾异整体性研究丛书》[②]《自然国学丛书》[③]和《中国传统海洋文明丛书》[④]。我也在古典文献的发掘整理上做出过一定贡献。20世纪80年代，我在山西大学任客座副教授，2000年后在广东海洋大学、上海中医药大学任客座教授，先后完成3个国家自然科学基金、1个国家社会科学基金，研究成果获得过中国科学院自然科学二等奖。我积极争取同事参加和合作，争取学界支持，积极消除派性，跟同事们相处融洽。至于我组织的关于爱因斯坦相对论、民间科学、科学伪科学问题、蒋春暄现象等学术敏感性问题的讨论并（合作）主编，以及出版的《相对论再思考》《时空理论新探》《自然国学》《挑战丛书》等，基本在我退休之后搞的。在这过程中，我严格遵循百家争

① 宋正海，孙关龙，徐钦琦．天地生人丛书［M］．广州：广东教育出版社，1995.

② 宋正海，高建国，孙关龙，等．中国古代自然灾异整体性研究丛书［M］．合肥：安徽教育出版社，2002.

③ 孙关龙，宋正海，刘长林．自然国学丛书［M］．深圳：海天出版社，2012．之前袁立主编的《中华自然国学丛书》，于2011年2月由武汉大学出版社出版。

④ 孙关龙，宋正海，刘长林主编《中国古代传统海洋文明丛书》2016年交付海天出版社，预计2017年正式出版。

鸣方针以及公平、公正、不歧视社会的做人原则，所以我确信我所老先生和同事们对我有公正评价的。

对天地生人学术讲座如何评价，主要应留给历史去评说，这对我近80岁老人是无所谓的。我自认为在世界科学潮流从还原论向整体论，从简单性探索向复杂性研究过渡中，我用晚年26年时间在首都办了一个多学科交流平台，在推动科学整体化潮流方面做了一些工作，我就安心了。

7 建议研究所发展自然国学

张：您一辈子都在自然科学史所工作，对研究所感情极深，能否谈谈对自然科学史所的历史发展的认识？您对研究所的未来发展有哪些建议？

宋：研究所是我们成就事业的家，我内心也非常关心研究所的发展，关注研究所学术体系的发展和优化。当对研究所的工作有了较清楚了解之后，我的确对我所只搞中国古代科技史研究并主要搞发掘、考证是有意见的，早在段伯宇任所长期间，我为此给所领导写了一份关于全面拓展我所研究领域的建议书（可称“万言书”），提出过三点建议：一是不能只研究古代科技史，也要研究近现代史；二是不能只研究中国史，也要研究世界科学史；三是不能只搞考证研究，也要从事理论研究。研究所的档案可能还保留着这份报告。我认为我所老先生和同事们绝大部分对我的评价是不错的。这是因为我所同志从理论上是同意我的观点的，他们作为科学史工作者能更多了解科学发展的曲折性和艰巨性，所以对科学研究的途径、方法、观点的多样性有很大的宽容性。

约1978年，仓孝和任所长。他筹建近代科学史室时说看过我的上述报告，动员我参加筹备。在近代史室期间，我参加了《20世纪科学技术简史》的研究和编写，负责地球科学史部分。该书出版后，我与周嘉华回到古代史室继续工作。

20世纪90年代初，廖克任所长时，赞同我发展科学史理论研究的建议。1995年，研究所成立科技史综合研究中心（组），由我担任生地史（生物学史地学史）室主任，兼任科学史综合研究中心主任。大约同时，我和周嘉华、高建国、李安平共同创办“天地生人学术讲座”。这一讲座得到了廖克所长和席泽宗院士的大力支持，并任讲座的学术顾问。我退休后，该讲座仍利用研究所的会议室定期举办。截至2008年11月已经办了777讲。

退休后，我仍十分关心研究所的学术研究和学科体系的发展。1991 年 3 月 27 日，我在所内作了一场题为《我所发展历史自然学大有作为》的报告。第二天，我参加研究所职工代表大会时又提交了《关于在我所大力发展科学史理论研究，成立研究室》的提案。2006 年所 50 周年大庆时，我专门发表了《竺可桢：开发中国科学传统现代科技功能的奠基人——庆祝中国科学院自然科学史研究所成立 50 周年》一文[①]。今年（2017 年），我们在向中央写信建议发展自然国学时，我也写信给自然科学史所的领导和学术委员会，建议发展自然国学，希望研究所能抓住整体论科学复兴的历史机遇。

张：您讲得很好。非常感谢宋先生！

① 宋正海．竺可桢：开发中国科学传统现代科技功能的奠基人——庆祝中国科学院自然科学史研究所成立 50 周年［J］．太原师范学院学报，2007（6）：7-13.

代　跋
与科技史家对话
向学界智者问津

一、缘起

广西民族大学（原广西民族学院）是一所地处边陲的民族院校。2003年，《广西民族大学学报》编辑部为了提高学报（自然科学版）的质量，决定改版，吸收学报（哲学社会科学版）特色取胜、“小校办大刊”的成功经验，每期以科技史为主打栏目，并配发科技史家的系列访谈，争取把《广西民族大学学报（自然科学版）》办成中国科技史界学术窗口和研究成果的交流平台之一。广西民族大学科技史专业自1983年开始孕育，经过20年的努力，于2003年获得硕士学位授予权，逐步聚集了一批人才，学科带头人与全国科技史界有着广泛的联系，中国科技史学会下设的少数民族科技史专业委员会就挂靠在这里，在中国科学技术大学的支持下，还设立了科技史与科技文明国家哲学社会科学创新基地的南方工作站，因此改版具备一定的学术基础。

我们一开始就想把科技史家系列访谈作成亮点。当我们把这个想法告诉时任中国科学院自然科学史研究所所长刘钝后，他说：“系列访谈的想法很好，万事开头难，你们可以先做中国科技史学会两届老会长席泽宗院士和柯俊院士的访谈。这两个访谈做好了，后面的事就办好了。”我们按照刘钝先生的建议，2003年9月25日，在席泽宗院士的高足张柏春研究员的引荐下，拜访了席泽宗院士，并提出了访谈他的请求，席老先生当即给予热情回应，他说：“你们学报改版，将科技史作为特色栏目是个善事，这将有利于科技史学科的发展，我应当支持你们。”2003年9月28日，在黄祖宾、李晓岑、曲用心三位同志的陪同下，我们如约对席老先生进行了访谈，访谈在亲切的气氛中进行，席老先生介绍了他的研究历程，并通过自身的经历告诉我们做人做学问的道理，临别时他向我们赠送了他的自选集《古新星表与科学史探索》，并为我们学报提供了一篇名为《20世纪中国学者的天文学史研究》的论文，还向我们赠送了一张他本人的彩色照片，同意将这张照片刊登在学报的封面上。他语重心长地嘱咐我们："一定要认真把系列访谈做好，贵在坚持，切忌半途而废！"这次访谈内容刊登在《广西民族大学学报（自然科学版）》2004年第1期上，这是《广西民族大学学报（自然科学版）》首次刊登的科技史家访谈录。接着我们又在李延祥教授的帮助下对柯俊院士进行了访谈。在席先生和柯先生的带动下，我们学报的改版和系列访谈进行得很顺利。

二、访谈回顾

访谈活动得到众多专家学者的支持，截至2017年10月，我们共进行了56次访谈。访谈形式灵活多样，内容丰富多彩，受访者普遍认为访谈是一种很好的学术交流和学术传承方式，不仅可以介绍科技史研究的传统和方法，还涉及学者的身世、成长道路等，可以让世人了解他们做学问的态度。访谈中专家们的体会给了读者很多启迪，可读性较强，访谈也是宝贵的科技史的口述史。

以下是《广西民族大学学报（自然科学版）》2004年改版以来刊登的系列访谈一览表。

《广西民族大学学报（自然科学版）》2004年以来刊登的系列访谈统计表

序号	题名	采访者	访谈对象 / 单位	发表时间
1	院士慧眼观天文	万辅彬	席泽宗院士 / 中国科学院自然科学史研究所	2004年第1期
2	"钢铁大师"的冶金史情缘	万辅彬	柯俊院士 / 北京科技大学	2004年第2期
3	走近少数民族科技史	万辅彬	李迪教授 / 内蒙古师范大学	2004年第3期
4	走近吴文俊院士	黄祖宾	吴文俊院士 / 中国科学院数学与系统科学研究院	2004年第4期
5	中国科学文化必将复兴	万辅彬	朱清时院士 / 中国科学技术大学	2005年第1期

续表

序号	题名	采访者	访谈对象 / 单位	发表时间
6	走向世界的中国科学技术史事业	万辅彬	刘钝研究员 / 中国科学院自然科学史研究所	2005 年第 2 期
7	疑似之迹，不可不察	万辅彬	刘广定教授 / 台北大学	2005 年第 3 期
8	听从内心的呼唤	万辅彬	江晓原教授 / 上海交通大学	2005 年第 4 期
9	科技史研究应文献与实证并重	万辅彬	张秉伦教授 / 中国科学技术大学	2006 年第 1 期
10	乐为中西文化架桥铺路	万辅彬	何丙郁（澳大利亚）教授 / 剑桥大学李约瑟研究所	2006 年第 2 期
11	笔底春秋铸古魂	王扬宗	杜石然教授 / 中国科学院自然科学史研究所	2006 年第 3 期
12	观时顺变　应势有为	万辅彬	陈美东教授 / 中国科学院自然科学史研究所	2006 年第 4 期
13	潜心研究古代冶铸技术，竭力保护民族传统工艺	万辅彬	华觉明教授 / 中国科学院自然科学史研究所	2007 年第 1 期
14	传承国学薪火，阐发天人古意	万辅彬	李志超教授 / 中国科学技术大学	2007 年第 2 期
15	继往开来　薪火不断	刘　钝	古克礼（英国）所长 / 剑桥大学李约瑟研究所	2007 年第 3 期
16	从天文到人文	万辅彬	黄一农院士 / 台湾“中研院”、台湾“清华大学”	2007 年第 4 期
17	探索·创新·解码	万辅彬	陈久金教授 / 中国科学院自然科学史研究所	2008 年第 1 期
18	认识文明进化的“挑战应战”与“冲突融合”	刘　兵	董光璧教授 / 中国科学院自然科学史研究所	2008 年第 2 期
19	细推物理，何用浮名	万辅彬	戴念祖教授 / 中国科学院自然科学史研究所	2008 年第 3 期
20	走进中国数学史	冯立昇	郭书春教授 / 中国科学院自然科学史研究所	2008 年第 4 期
21	走向西方科学史　走向科学通史	万辅彬	吴国盛教授 / 北京大学	2009 年第 2 期
22	从科学史家到科普家	万辅彬	王渝生教授 / 中国科学技术馆	2009 年第 3 期

续表

序号	题名	采访者	访谈对象/单位	发表时间
23	让中国古玻璃研究走向世界	万辅彬	干福熹院士/中国科学院上海激光技术研究所	2009年第4期
24	世界陶瓷科学院院士的心路历程	万辅彬	李家治研究员/中国科学院上海硅酸盐研究所	2010年第1期
25	文献钩沉炼丹术　实验求证化学源	万辅彬	赵匡华教授/北京大学	2010年第2期
26	殷勤修农史　耋龄话古今	杜新豪	游修龄教授/浙江大学	2010年第3期
27	席龙飞教授的古船情结	万辅彬	席龙飞教授/武汉理工大学	2010年第4期
28	终偿之约：口述史会议中的“访谈”与“口述”	万辅彬	廖育群研究员/中国科学院自然科学史研究所	2011年第1期
29	研究中国机械——广索博求　复原古代兵器——锲而不舍	万辅彬	陆敬严研究员/同济大学	2011年第2期
30	从科学史家到科技战略专家	万辅彬	汪前进研究员/中国科学院自然科学史研究所	2011年第4期
31	一生为纸	陈　彪	王菊华研究员/中国制浆造纸研究院	2012年第1期
32	独辟蹊径探幽微	陈　彪	金正耀教授/中国科学技术大学	2012年第2期
33	五十四岁才起步的科学史家	芦　笛	张之杰教授/世新大学通识中心	2012年第3期
34	女考古学家的学术之路	孟　欣 章梅芳	叶小燕研究员/中国社会科学院考古研究所	2012年第4期
35	探索无界辟新径	陈　彪	朱亚宗教授/国防科学技术大学	2013年第1期
36	以史为学　教书育人	蒋　茜 李欣欣	申先甲教授/首都师范大学	2013年第2期
37	情系冶金史36年	李秀辉	韩汝玢研究员/北京科技大学	2013年第3期
38	姜振寰教授的技术史情缘	万辅彬	姜振寰教授/哈尔滨工业大学	2013年第4期
39	数学史家曲安京教授的好奇心	陈镱文	曲安京教授/西北大学	2014年第1期

续表

序号	题名	采访者	访谈对象 / 单位	发表时间
40	孙淑云教授的冶金史治学之路	章梅芳	孙淑云教授 / 北京科技大学	2014 年第 2 期
41	科学史“地方研究”	姜红军	罗见今教授 / 内蒙古师范大学	2014 年第 3 期
42	多样性的研究与多元的立场	章梅芳	刘兵教授 / 清华大学	2014 年第 4 期
43	中国科学思想史研究的开拓和创新	韩玉芬	周瀚光教授 / 华东师范大学	2015 年第 1 期
44	科研、编辑两相宜，苦在其中，乐在其中	韩玉芬	林文照 / 中国科学院自然科学史研究所	2015 年第 2 期
45	哲人与儒将	黄松平	刘戟锋教授 / 国防科技大学	2015 年第 3 期
46	贾湖遗址发掘成果丰硕　骨笛研究国际影响极高	万辅彬	张居中教授 / 中国科学技术大学	2015 年第 4 期
47	详较管窥蠡测衡万物 细推质测通几识大千	万辅彬	关增建教授 / 上海交通大学	2016 年第 1 期
48	老骥伏枥　志在编史	万辅彬	周嘉华教授 / 中国科学院自然科学史研究所	2016 年第 2 期
49	永不忘祖，深念恩师：回顾中国古代度量衡史研究之路	万辅彬	丘光明研究员 / 中国计量科学研究院	2016 年第 3 期
50	周潮生先生的钱塘江史志研究之路	王　森 李海静	周潮生教授 / 浙江省水利河口研究院	2016 年第 3 期
51	为中国现代科学史研究铺路	熊卫民	樊洪业研究员 / 中国科学院院史研究室	2016 年第 4 期
52	生当万里留鸿爪　更作鲲鹏越海山	万辅彬	长北教授 / 东南大学	2017 年第 1 期
53	继承大国工匠精神 恢复传统铸造绝艺	万辅彬	谭德睿研究员 / 上海博物馆	2017 年第 2 期
54	引入新学理　改造旧学科	熊卫民	范岱年研究员 / 中国科学院科技战略咨询研究院	2017 年第 2 期
55	融会中西话科技　贯通古今促研究	黄　兴 李　昂	潘吉星研究员 / 中国科学院自然科学史研究所	2017 年第 3 期
56	执着钻研排众议　勤勉治学立新说	张志会	宋正海研究员 / 中国科学院自然科学史研究所	2017 年第 4 期

从以上记录看，接受采访的56位专家境内外均涉及，其中，英国1位，澳大利亚1位；他们有的是院士，有的是科研院所的研究员，有的是高等院校的教授；研究领域涉及天文学史、数学史、化学史、物理学史、冶金史、陶瓷史、玻璃史、农学史、医学史、地学史、造纸史、古船史、机械史、科学思想史、少数民族科技、中国古代传统文化等领域。他们的工作岗位虽然不同，但都是在科技史领域取得过丰硕的成果，为中国科技史事业做出了重要贡献。

每次访谈言犹在耳，情景历历在目，至今难以忘怀。56篇访谈让我们从不同的角度窥见20世纪中叶以来中国科技史研究与科技史事业发展的历程，检阅了中国科技史研究的诸多领域的丰硕成果，描绘了科技史家为科技史事业执着奋斗的一幅幅壮丽画卷。

三、几点体会

（一）积累的初步经验

经过15年的科技史家系列访谈，我们从中逐渐积累出一些经验。

（1）访谈前首先要对访谈对象做比较全面深入的了解。比如，访谈对象的学科根底与学术背景、从事过的科研工作、做过的重大项目、取得的科研成果、发表的著作、媒体的报道等基本情况，对其代表专著和论文进行研读，以便找到访谈的切入点。

（2）事先拟好访谈提纲。在搜集了受访者大量信息的基础上，主要围绕被访者的成长经历（尤其是学术经历）、治学经验与感悟、科学研究方法等，拟好访谈提纲。提纲要提前交给受访者，这样做有两点好处：一是使受访者有较充分的准备，便于聚焦，避免访谈时内容分散，使访谈过程更加紧凑而有序；二是便于受访者对访谈提纲提出修改和补充意见。

（3）在访谈过程中注意情景的交流，使访谈逐步深入。呆板的问答不会有生动的效果，也很难使问题深入，采访者要善于通过面对面的交谈，在情景交流的过程中让受访者敞开心扉，披露心路历程，以利于访谈双方的有效沟通和访谈的逐步深入。访谈过程应该是轻松的、漫谈式的，可以有限度地发散、补充、追踪，但整个访谈要围绕基本提纲进行，这将有利于突出主题、亮点，提高访谈质量。

（4）访谈后的整理。访谈后的整理工作尤为重要，它将是受访者的口述内容转化为书面材料的关键工序。在整理工作中，一定要恪守以下几个原则。第一，访谈记录的内容要忠于作者的原意，不得加入非受访者的观点，扭曲或美化、变更事实都不可取。第二，谈话中的问题可能有些时间的倒置或空间的差错，整理时要根据可靠的文献资料加以纠正。第三，对记录中出现的个别弄错的人物、事件进行必要的订正，当然受访者在访谈中的口误也在订正之列，这要求整理者在整理过程中具备足够的细心与耐心。第四，文字上做必要的梳理，尽可能让整理后的访谈录条理清晰，以免给读者的阅读理解造成障碍。

（5）整理后的稿件一定要经过受访者本人的审核才能发表，以免文中出现一些受访者不愿公开的材料，这是对受访者的尊重也是访谈本身的规范之举。所以，整理后的稿件务必要交由受访者本人审阅修改并签名方可发表。

（二）产生的效应

一次成功的访谈不但会唤起被访者对过去奋斗过的事业的追忆，也会使后来者从中得到启迪。

2004 年，访谈柯俊先生后不久，正赶上北京科技大学冶金与材料史研究所成立 30 周年，为纪念这一盛事，系列访谈录之二——《“钢铁大师”的冶金史情缘》作为纪念文献被要求大量加印。人们通过阅读访谈录了解到柯俊先生当年为创办这个机构所付出的艰辛努力，了解到他的独特的教育教学方法培养了大批的高素质科技史研究人才，为中国科技史的发展做出了重要的贡献。

张秉伦先生弥留之际的访谈成了秉伦先生留给后人的遗言，成为众多同人和学生缅怀他的纪念物。

樊洪业先生看了我们《广西民族大学学报》2010 年第 1 期李家治先生的访谈录，便约我们在访谈的基础上对李家治先生进行深度访谈，列入《20 世纪中国科学口述史丛书》，后来他又同意将接受访谈的干福熹院士的口述自传列入《20 世纪中国科学口述史丛书》计划。杜石然先生的访谈录发表后被多所高校作为硕博士学习的重要资料和科研活动的重要参考资料。

（三）系列访谈的意义

1. 访谈是口述史的重要形式之一

“口述史是亲历者叙述的历史”[①]，而访谈录则是口述史的重要形式之一。

---

① 程中原. 谈谈口述史的若干问题［J］. 扬州大学学报（人文社会科学版），2005，9（2）：20–23.

通过访谈，受访者讲出自己亲身经历过的事情，这些事情由受访者亲口叙述出来，往往更加生动、更加真实，可以提供有价值的史料信息和线索。

2. 访谈是抢救性的记录

访谈作为口述史的一种途径，具有抢救性质的挖掘和记录功能。在上述访谈录一览表中我们可以看到席泽宗、李迪、张秉伦、陈美东、何丙郁、李家治、吴文俊、柯俊等几位科技史老前辈均已作古。我们还清楚地记得当年李迪先生接受我们访谈的情景，老人家回忆了 1956 年，为了支援边疆，他从当时的东北师范大学调到内蒙古师范学院任教。到了内蒙古以后，他想到了内蒙古在古代的科技成就，于是把蒙古族科技史研究作为永久课题。就这样，他一直沿着少数民族科技史研究之路走了近 50 年。时隔不久，李先生不幸病逝，使这次访谈成了对李老先生的永久怀念之作。同样，其他前辈们的相继离世让我们更加感到访谈的迫切性和必要性，须尽快与更多的科技史家接触。

3. 访谈为厘清学科发展史提供了线索

系列访谈为人们了解中国科技史发展过程，为今后撰写中国科技史学史提供了重要的资料与信息。受访者是中国科技史事业从无到有、从小到大的见证人和参与者，有些是国家队的领队和骨干，有些是科技史重要方向的领军人物。上述系列访谈无疑是 20 世纪中叶至今中国科技史学科发展史的重要参考内容和线索。

四、余论

2004 年接受过我们采访的席泽宗院士，三年后出席了由广西民族大学承办的第 11 届中国科技史国际学术研讨会。开幕式上放映了“席泽宗星”命名仪式盛况的录像，席老在会议上还作了意味深长的演讲。会议期间，席先生再次肯定了我们的系列访谈，叮嘱我们坚持下去，不仅要做专业科技史家的访谈，还要多做一些各学科领域中对科技史有重要贡献的专家的访谈。席先生的嘱托进一步坚定了我们要把系列访谈活动开展下去的信念。

我们的系列访谈之所以开展得比较顺利，除了我们自身的努力，还要归功于来自中国科学技术史学会和中国科学院自然科学史研究所历届所领导（席泽宗、陈美东、刘钝、廖育群和张伯春先生）及科技史界的同人的真诚帮助，王扬宗、刘钝、刘兵、冯立昇、杜新豪、陈彪、芦笛、章梅芳、孟欣、蒋茜、李欣欣、李秀辉、陈镱文、姜红军、韩玉芬、黄松平、王淼、李海静、熊卫民、黄兴、李昂、张志会等好朋友还在百忙之中为我们进行了多次重要访谈，我们内心深深感激。我们将已经发表的56篇访谈录结集出版，以飨读者。前32篇已于2013年7月由科学出版社出版发行，后续的24篇现由中国科学技术出版社出版发行。我们将在过去成功访谈的基础上，继续努力，继承席泽宗院士等老一辈科技史家的遗志，兢兢业业把系列访谈继续下去，为中国科技史事业的发展贡献我们应尽的力量！

万辅彬

2019年10月2日

后　记

科技史家系列访谈自2003年访席泽宗院士起，已历经十四个春秋，第一个结集《史家心语——当代科技史名家访谈录》收录了在《广西民族大学学报（自然科学版）》上发表的32位科技史家的访谈，于2013年由科学出版社出版。如今第二个结集问世了，这次又收录了24位科技史家的访谈，由中国科学技术出版社出版。我们觉得第一集由梅建军先生和胡化凯先生撰写的两篇序写得很中肯，征得二位先生的同意，第二集访谈录仍然保留。

随着科技史家访谈的陆续进行，广西民族大学科技史系与科技史界的联系越来越深入、广泛，《广西民族大学学报（自然科学版）》在科技史界的影响也日渐扩大。我们感到欣慰的是好几所大学科技史专业把《史家心语——当代科技史名家访谈录》作为硕士生乃至博士生的必读书目，因为这些访谈都是肺腑之言，不仅能了解科技史家们的成长之路，领略他们各自不同的研究领域和研究方法，还能窥见他们坚守科学精神、勤奋学习、严谨治学、认真做人的品格，更能了解中国科学技术史学科筚路蓝缕、薪火相传的发展历程。

感谢各位专家在百忙之中接受访谈，无私奉献。这也是我们的荣幸。

感谢《广西民族大学学报（自然科学版）》的编辑和诸多研究生在整理访谈录音过程中付出的辛劳。特别感谢学报编辑部的苏琴和黄招扬编辑在本书成稿中的辛勤工作。

我们要特别感谢《广西民族大学学报（自然科学版）》15年来一如既往地慷慨给出很多版面开设科技史栏目，支持科技史学科的发展。《广西民族大学学报（自然科学版）》也因此在众多学报中独树一帜，受到全国科技史学科各硕士、博士学位授予权点的师生们的青睐。

我们也衷心感谢中国科学技术出版社长期支持科技史学科，出了不少科技史专业的书籍。希望我们长期合作，为科技史学科的发展多做贡献。

作为这一系列访谈的发起者，我如今已七十有七，在第一集32位科技史家访谈中我访了24位，超过2/3，第二集24位访谈中只做了7位。一方面本人感到自身知识的局限，延请了多位有专长且了解被访问学者的同行参与；另一方面，岁月确实不饶人，渐渐感到精力大不如前。好在热心于访谈的后生越来越多，学界对口述史重要性的认识越来越深，很多同行在这方面已经做出了很出色的工作。我们决心把科技史家系列访谈继续做下去，为中国科技史学科发展史留下更多的口述史料。

万辅彬　于相思湖畔

2019年10月2日